배움나무의 생각

배움나무의 생각

한창기 지음
윤구병·김형윤·설호정 엮음

휴머니스트

 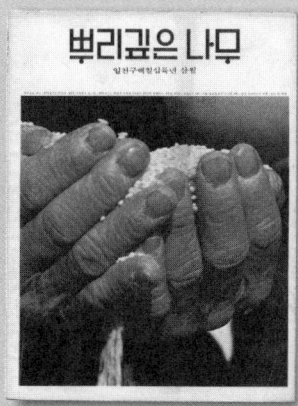 

한창기라는 사람,

울며 떼 쓰기를 잘 해서 별명이 앵보였던 아이,

논두렁 위에서도 학교에서 배운 좌측 통행을 고집하던 아이,

청소년기의 그이는 라디오의 단파 방송을 들으며 혼자 영어를 터득했다.

대학에서 법대를 다녔지만 고시 공부 같은 데엔 관심이 없었다.

젊은 시절의 그이는 미군을 상대로 영어 성경책을 팔고 비행기표를 팔다가

브리태니커 백과 사전을 파는 회사를 만들었다.

이윽고 뿌리깊은나무라는 잡지를 만들었다.

판소리와 민화와 한국 민속에 깊이 빠져서

판소리 전집도 만들고 민요 음반도 만들고

찻그릇도 만들고 차도 만들고 반상기도 만들고 옹기도 만들었다.

군사 정부의 손에서 뿌리깊은나무가 폐간된 뒤로 한국의 발견을 만들었고

뒤이어 샘이깊은물을 내기 시작했다.

사람들은 그이를 멋쟁이로 기억하고 한국어와 한국의 문화 예술을

남달리 깊이 알고 사랑한 사람으로 기억한다.

천구백삼십육년에 태어난 그이는 천구백구십칠년에 예순한 살로 세상을 떠났다.

좀 일찍 떠났다.

엮은이의 말

한창기의 생각,
그 작고 가느다란 것들의 아름다움

한창기 씨는 생전에 말도 많이 하고 글도 많이 썼다. 세상 떠난 뒤로는 어디서 어떻게 지내고 있는지 모르지만 우리 곁에 있던 때의 그는 말하고 글쓰기를 즐겨 했다.

우리는 그와 밥 먹는 시간을 그다지 좋아하지 않았다. 밥은 늘 그가 샀지만 밥을 먹는 동안 그의 말상대가 되어 주는 일이 반드시 즐거운 것은 아니었다. 그는 유머 감각도 있었고 우스갯소리도 곧잘 했다. 그러나 대개 그가 꺼내는 화제들은 밥 먹는 자리에서 나누기에는 좀 까다롭고 진지했다. 진지했지만 좌우 이데올로기나 남북 통일 또는 한미 관계 같은 굵고 큰 것은 아니었다. 우리말에서 '서릿발', '나잇살' 할 때의 사이시옷의 문제, 왜 하필 그것이 디귿이나 지읒이 아니고 시옷이냐 하는 문제, 소나무는 소나무이되 홍송은 왜 홍송이며 해송은 왜 해송이며 그것들은 어떻게 다른지 하는 문제를 그는 이야기하고 싶어했다. 그는 이렇듯 사람들이 평소에 잘 거들떠보지 않는 작고 가느다란 것들을 늘 머릿속에서 궁굴리고 있었고, 그것들로 밥 먹는 동안만큼은 먹는 일에 몰두하고 싶어하는 우리의 욕구를 방해했다.

다르게 말하자면, 그 자신은 보통 사람들이 무심코 넘어가는 일상의 수많은 것들로부터 방해를 받고 살았던 듯하다. 거리의 벽에 붙은 벽보 한 장, 청계천 고가 도로 밑에 둥지를 튼 비둘기들, 새벽의 학교 운동장에 어슬렁거리며 모여드는 민방위 대원들 따위로 그의 머리는 늘 와글와글 붐비었던 듯하다. 그는 그런 것들을 이야기로 꺼냈고, 이야기하는 것만으로는 모자라 글로 썼다.

 우리는 그가 많은 글을 쓴 줄은 알았다. 그러나 '이토록' 많이 썼다고는 생각지 못했다. 이 책을 준비하면서 참으로 많이 썼구나 하는 느낌을 가지게 되었다. 천구백칠십년에 창간한 잡지 《배움나무》에서 시작해서, 천구백칠십육년에 창간한 《뿌리깊은나무》, 그리고 천구백팔십사년에 등장한 《샘이깊은물》을 거치며 이 세 잡지를 중심으로 썼던 그의 많은 글들이 이제 책 세 권에 묶인다.

 원래 그의 글들을 책으로 내자고 했을 때 모든 글을 다 싣기보다는 추리고 가려서 두 권쯤으로 낼 생각을 했었다. 그러나 글들을 읽어 본 휴머니스트 출판사의 선완규 주간을 비롯한 편집자들이 글을 하나도 버리지 말고 한꺼번에 다 담은 책으로 만들었으면 좋겠다는 의견을 냈다.

 "이 책을 펴내는 것은 눈앞의 이익을 좇는 우리 사회에 '삼십 년 전 한 문화인의 사유'를 던지는 것이다. 우리 시대가 잊어서는 안 될 '소중한 가치'를 담은 책으로 만들어야 한다. 글은 대부분 괜찮다. 당시에 세계인이었던 한창기 선생님의 사유는 지금도 여전히 유효하고 흥미롭다."

 이는 휴머니스트의 편집자들이 이 책의 출판을 결정하며 만든 기획서의 내용이다. 우리는 한창기 씨가 남긴 글들에 대해 우리가 품고 있는, "지금도 여전히 유효하고 흥미롭다"는 생각을 오늘의 젊은 편집자들이 같이 가지고 있다는 사실에 감동했다. 그래서 모든 글을 세 권에 나누어 담자는 그들의 제의에 기쁜 마음으로 따랐다.

　이 책 세 권은 각각 '뿌리깊은나무의 생각', '샘이깊은물의 생각', '배움나무의 생각'이라는 제목을 가지고 있다. 그렇다고 해서 세 잡지에 실렸던 글들을 잡지 이름에 따라 발표된 순서대로 나누어 묶은 것은 아니다. 어디에 발표되었든 '언어'에 대한 한창기의 생각을 담은 글들이 중심이 된 것이 《뿌리깊은나무의 생각》이다. 《샘이깊은물의 생각》은 전통과 민속과 문화를 다룬 글들로 엮었다. 《배움나무의 생각》은 문화 시평이라 할 글들을 중심으로 엮었다.

　이 책 세 권은 우리 민족의 운명, 하다못해 한국 문화의 운명, 또 하다못해 한글의 운명 같은 큰 담론을 담고 있지 않다. 일상의 밥 먹는 자리에서 그가 꺼내기 좋아했던 작고 가느다란 이야기들로 가득 차 있다. 사람들이 모른다고 해서 당장에 아무 일도 일어나지 않을 것들, 그러나 만약에 알게 되면 사람들의 머릿속에 변화의 작은 불씨를 일으킬 것들, 그런 것들로 가득 차 있다.

　이른 나이에 아쉽게 세상을 떠난 한창기 씨, 그가 아직 살아 있다면 틀림없이 오늘도 젊은이들과 밥 먹는 자리에서 어울려 그의 복잡한 머릿속을 비워 내지 싶다. 사람들은 이 책 속에서 그토록 부지런한 그를 만날 수 있다. 밥 먹는 자리가 아니라면 이 책 때문에 방해받는다는 생각이 결코 들지 않으리라. 오히려 고개를 자주 끄덕거리게 되리라.

　이 책을 내는 일에 의욕을 내어 열심을 다해 주신 휴머니스트의 편집자들께 감사한다.

이천칠년 구월 윤구병, 김형윤, 설호정

차례

007　엮은이의 말　한창기의 생각, 그 작고 가느다란 것들의 아름다움

1. 배움의 씨 뿌리기

019　편견
023　공적인 의견과 사적인 의견
026　술을 마심
029　선배와 후배
031　남과 다를 권리
035　장사꾼과 거짓말
037　너무나 예외를 바라는 사람들
040　심각한 소리
043　소금을 뿌리는 마님
046　아직 임금이 못 된 고객과 이미 임금이 아닌 고객
049　광고와 공치사
052　사람과 제도
055　호화로운 집과 호화스러운 집
060　바른 소리
062　일러바침을 되씹는다

066	희디흰 사람과 검디검은 사람
068	성탄절과 노는 날
070	먹칠과 우롱
072	보리차
074	'간판 홍수', 이대로 좋은가
076	변화와 날림
078	땅 짚고 헤엄치는 사람들
081	확신과 그 과녁
084	나팔바지와 홀태바지와 아름다움
086	욕심, 없애거나 채워야 하는 것
088	호기심
090	소, 사람과의 인연
101	토산품 가게
104	주인과 손님
107	미스 코리아
110	노인과 머리카락
113	검은 사람과 흰 사람
118	뒷간에 대해서
121	단상과 단하
124	받을 전화와 받지 말 전화
127	주최와 후원
130	초파일과 '성탄절'
133	돈과 차별 대우

136 세대 교체
138 이 죄와 저 벌

2. 돌고 도는 세상 형편

143 텔레비전의 광고 정책
150 예수와 장삿속
155 푸대접
158 새 다방과 헌 다방
161 악수와 절의 범벅
166 호텔 바람이 분다
180 똥오줌의 도시
186 술 못 마시는 사람
188 도덕적인 판단
191 법의 존엄성
193 여호와의 증인
195 여자 이름과 병원
197 고향을 배반한 사람
201 동상과 기념탑
203 손에 '흙 묻는' 일
207 외국 사람의 한국 칭찬
210 의심받는 수표

- 213 '미국놈' 시늉
- 216 늦게 태어나서 서러운 사람
- 220 택시와 장관실
- 224 사업이라는 것과 술과 '계집'
- 228 여관잠
- 232 '북한 구경'을 구경하고
- 236 수재 의연금품과 언론 매체
- 240 땅 팔지 마세요
- 244 미국 독립 이백 주년에 본 한국 속의 미국인
- 253 건설 회사들의 못 믿을 소리
- 255 대통령의 머리털
- 259 전화 타령
- 264 윤리와 도덕의 구호
- 266 밥투정
- 269 어떤 '욕'
- 271 아무개의 죽음
- 274 자연 농원
- 277 떠돌이들의 땅
- 280 '문화 부업'과 '허수어미'
- 283 새마을과 헌마을
- 286 이 운동과 저 운동
- 291 차라리 양담배를 수입해라
- 294 공무원의 여름옷

300 구호로 하는 '선진'
304 작은 기념관
308 '과감한' 관리와 짐승 몇 마리

3. 생각하고 행동하는 지식

315 박동선 사건과 국민의 기대
318 국회의원의 오입질
321 국회의원의 '금빼지'
325 이 자유 국가의 낡은 풍물
331 대통령의 책임
335 대통령 사진
339 대통령의 아내
346 대통령의 동생
350 일해 재단을 해체해라
354 '마유미'와 재벌들
358 까마귀 노는 곳
362 사실을, 모든 사실을, 사실만을?
367 미군은 어서 용산에서 물러가거라
371 시간의 주인
375 올림픽과 '국위 선양'
379 말로 합시다

383 전화 도청과 우편 검열

387 금강산 개발을 걱정한다

391 세계화, 무엇인지나 알고 하자

412 한창기 연보

일러두기

1. 이 책에는 순수한 우리말과 우리글로 전통적인 아름다움과 올곧은 정신을 표현하는 데 평생을 바친 한창기 선생의 생각이 담겨 있습니다. 온전한 한글 표현으로 생각을 펼쳤던 선생의 뜻을 담아 한자와 외래어는 물론, 아라비아 숫자까지 모두 한글로 표기하였습니다.

2. 민중의 언어를 생동감 있게 전해 주는 토박이말과 사투리 표현은 그대로 살려서 표기하였습니다.

3. 비표준어일지라도 시대의 분위기를 전해 주는 말들은 그대로 살려서 표기하였습니다. '자꾸', '호테루', '금빽지' 들이 그런 예입니다.

4. 모든 글의 끝자락에 그 글의 출전을 표기하였습니다. 출전을 알 수 없는 글은 표기하지 않았습니다.

1

배움의 씨 뿌리기

편견

나는 며칠 전에 또 그 변명을 들어야 했다. 내 앞에서 전라도 사람의 욕을 한참 하고 난 다음에 내가 전라도 사람임을 늦게야 알고는 얼굴을 붉히면서, "그렇지만"으로 시작하여, "실은 전라도 사람들이 훌륭하다"라고 이야기해야 하는 또 한 사람의 변명이 무척 불쌍했다. 그가, 내가 전라도 사람임을 알고도 아마도 그의 마음속에 도사리고 있을 그의 첫 뜻을 관철하려고 시도했던들 그는 생각에 충실한 말의 공적으로 나의 존경이라도 받았을 텐데, 그는 내 앞에서 위선자 노릇을 했다. 그러고도 그는 전라도 사람이 위선적이어서 싫다나? 그의 생각이 옳다손 치고 전라도 사람이 위선적이라고 하자. 그러면 그는 전라도 사람이 자기와 같아서 싫은 셈이다. "그렇지만"으로 시작된 변명은 나에게 무례했음을 메우기 위하여 예의로 한 말이라고 하자. 그는 예의 유지의 이기적인 목적을 위하여 거짓을 동원했을 뿐이다.

나는 전라도 사람이다. 어머님이 날 거기에서 낳았기 때문이냐? 아니다. 강원도 아낙네가 전라도를 여행하는 동안에 낳아서 다시 고향으로 데리고 가서 키운 아이는 전라도 사람이 아니라고 하기 때문이다. 그러면 내가 거기서 자라서 사고방식의 형성기인 초등학교, 중학교 또는 고등학교 교육을 거기서 받았기 때문이냐? 아니다. 서울에서 출생하여 가족이 전라도에 피난 가서 정착하였기 때문에 거기에서 교육을 받은 학생은 자라서, 비록 교육을 난리 통에 거기에서 받았지만, 자기는 서울 사람이라고 강조하더라. 그러면 출생에도 교육에도 상관 없이 전라도에 몇 년 동안에 걸쳐 거주함이 전라도 사람 됨의 자격이냐? 이십대에 어느 기관에 취직하여 육십대에 퇴직할 때까지 전라도 지부에서만 근무한, 서울에서 출생하고 교육을 받은 사람이 스스로 전라도 사람이라고 하랴? 사람이 본적이 전라도에 올라 있으면 전라도 사람의 자격을 얻나? 그러면 본적만 충청도로 옮기면 충청도 사람이 되게? 조상이 전라도에 있었어야 전라도 사람이냐? 그러면 서울에 사는 전주 이씨도 전라도 사람이게? 솔로몬 임금의 심판은 위에서 생각나는 대로 열거한 모든 요건을 다 갖추어야 전라도 사람이 된다고 하랴? 그러나 이 까다로운 자격의 조건에도 불구하고, 그리고 자격이 불비한 점이 있더라도 전라도 사람임을 자처하는 사람도 많다. 나도 그중의 하나이다.

실로 위의 모든 조건을 다 갖춘 전라도 사람은 무척 드물 것이다. 그러나 그 조건 중 하나만으로 전라도 사람 되기에 충분하다면 우리 나라에 전라도 사람은 많기도 하겠고, 전라도 사람을 욕하는 많은 사람 중에는 스스로 전라도 사람인 분이 많으리라. 전라도 사람을 욕하는 사람 중에 핏줄의 사분의 일이 전라도 조상에 속한다면, 그의 모든 결점을 이 사분의 일에 돌릴 만큼 그는 전라도 사람을 미워해야 할까? 전라도 사람 중에 핏줄의 사분의 일이 다른 지방의 조상에 속한 사람이 있다면, 그의 미덕의 전부를 이 사분의 일 핏줄의 축복에 돌려야 할까? 안 될 말이다. 고비 사막 쪽에서 왔다고 하는 한민족 조상들의 아들과 딸들이 슬슬 반도의 남쪽으로 거슬러 내려와서 전라도에 정착했다는데, 그래 전라도 후손의 미덕이 그 조상이 내려오다가 밟은 전라도 북쪽의 흙 때문이라고 우길 수 있을까?

전라도 사람에게 결점이 있다면, 이는 다른 지방의 사람에게 결점이 있음과 마찬가지이다. 특정 환경의 지배 아래에서 사고방식이 형성된 사람들에게 다른 환경에서 사고방식이 형성된 사람들과는 다른 특징이 있을 수는 있다고 본다. 그러나 환경의 영향을 받은 특징이 다르다고 해서 다른 점수를 매기려고 하는 것은, 기침했다고 해서 매를 한 대만 때리고 재채기를 했다고 해서 두 대를 때리는 잘못과 마찬가지이다. 사람 마음의 선과 악의 정도는 하느님만이 헤아릴 수 있다. 그러나 미련한 사람에게는 자기에게 익숙한 것이 선이요, 익숙하지 않은 특징은 악이다.

전라도 사람 모두를 나쁘게 만드는 것은 그들의 특징도 그들이나 그들의 조상이 밟은 땅도 그들이 받거나 받지 못한 교육도 아니요, 바로 그들을 판가름하는 사람의 편견은 그 희생물이 된 사람들로 하여금 피부의 색이나, 언어나, 풍습이나, 국적이나, 신앙이나, 집안이나, 부락이나, 면이나, 군이나, 도가 다른 사람이 위협이나, 공포나, 증오의 대상이라고 생각케 하는 정신적인 무질서이다. 편견의 희생물이 된 사람은 흔히 남의 편견에는 분개하면서도, 자기에게는 편견이 없다고 생각한다. 링컨의 흑인 해방의 역사를 음미하고 감격하면서도, 그리고 미국의 인종 차별이나, 남아프리카 연방의 흑인 분리 정책을 보고 분개했던 분도 자기의 딸이 비록 교육은 잘 받고 인품은 좋지만 흑인인 미국인 병사에게 시집을 가겠다고 하면 질겁을 하는 분이 많으리라. 일본에서 규슈나 홋카이도 사람들이 중부 지방의 사람들에게서 차별 대우를 받고 있다고 하면 한탄할 사람도 낯선 곳에서 온 사람을 머슴으로 맞기를 꺼려 할 사람도 있다. 일본에서 재일 교포가 민족적 차별을 받는다고 슬퍼할 사람도 서울에서는 화교를 업신여긴다.

나는 우리 나라가 둘로 나누인 것을 무척 서글퍼 한다. 이 땅의 서글픈 나누임의 근본 원인이 이 땅에 사는 사람들의 마음의 나누임이 아니었더냐? 반으로 나누인 이 좁은 땅에 무슨 세분이 더 필요해서, 중요한 일들을 제쳐 놓고 출신 도를 따지고 있어야 하랴? 자연은 다행스럽게도 편견뿐만이 아니라 편견으로부터의 해방을 택할 수 있는 능력을 가진 형태의 생명체를 그 안에서 재배하고 있다. 이 형태의 생명체가 사람이요, 한국인이다.

천구백칠십일년, 엉겅퀴

공적인 의견과 사적인 의견

　법관이 하나부터 열까지 반드시 옳지만은 않은 법의 가리킴 때문에 양심의 가책을 참고 판결을 하여야 하는 때도 있으리라. 공무원이 행정적인 결정을 내릴 때에 정의감보다도 윗사람의 힘의 영향을, 비록 자기는 싫어하더라도, 받아야만 하는 때도 있으리라.
　공적인 일과 사적인 일을, 그리고 일과 우정을 구별할 줄 아는 것은 동양에서나 서양에서나 다들 미덕으로 친다. 그러나 우리 사회에서는 때때로 이 두 일의 구별은 공적인 의견과 사적인 의견의 격차가 흔히 잘못의 소산이어도 그것이 덜 그릇되게 보이도록 하는 들러리 노릇을 한다. 많은 사람의 마음은 공적인 의견이 으레 사적인 의견의 정반대이어야 하는 것으로 비뚤게 생각하고 있다.
　"글쎄요. 제 개인적인 생각으로는 그렇게 해 드리는 것이 좋을 것 같아도, 죄송하지마는 안 되겠습니다." 이것은 국민이 관공서에 어떤 신청을 했다가 허가를 못 받고 나올 때에 흔히 듣는 소리다. 이는 공무원이 양심의 부름을 좇자면 해 줄 수 있는 일이어도, 양심 밖의 다른 표준을 좇아야 했기 때문에 못해 주었다는 말이다. 모든 법이 모든 사람의 양심의 부름에 일치하도록 만들어지는 것은 거의 불가능하다. 실로 따지고 보면 대부분 사람의 양심에 어긋나는 법도 많으리라. 법으로 적히어야 할 사항 중에서 되도록 많은 내용이 되도록 건전한 양심에 일치하는 사회를 그리워하지 않을 사람이 있으랴? 그러나 법의 개선이 나의 화제는 아니다.

비록 법의 가리킴이 그릇되었다고 하더라도 법을 좇아 공적인 결정을 짓는 사람은, 그가 법을 뜯어 고칠 처지에 있지 않는 한, 우리의 동정을 받을 값어치가 있다. 한 사람의 명령의 거역이 가져올 불리한 상황 때문에 법의 정신에 일치하지 않는 결정을 짓는 사람도 용서해 줄 수 있다고 하자. 그런데 흔히 법이 정확하게 규정 짓지 않은, 또는 법의 해석을 어떻게 수행하는지에 따라 달라지는 일이 있다. 여기에서 정책이나 방침이라는 것이 생긴다.

내가 말하는 '공적인 의견'이란 앞에서 지적한 법의 부름에 좇은 의견이기 때문만이 아니라, 이 정책이나 방침의 원인이 되는 사고방식의 소산을 일컫는다. '사적인 의견'이란 사람이 남을 속이고 싶은 때에 거짓으로 표현하는 의견 말고, 티 없는 양심과의 통신에서 전달받은 사연을 말한다. 나의 한정된 소견이 상상하는 사람의 양심은 긍정적이요, 창조적이다.

새 방침을 수립하는 보통 사람은, 또는 여러 가지로 해석되는 법을 적용해야 할 보통 사람은 부정적이기 쉽다. 그는 현상 유지에 새로운 변화가 첨가될 때에 생길지도 모르는 위험을 무서워하고 이 공포로부터의 자기 방위가 그로 하여금 양심의 창조성을 내동댕이치게 한다. 그는 법이 금지하지 않는 한 좋다고 생각하는 일은 가능하게 하라는 양심의 부름을 거역하고, 법이 해 주라고 하지 않는 한 안 해 주는 방침을 고수한다. 그는 새 일을 창조하지 않는 공적으로, 그리고 사회 개선을 위한 결정을 회피하느라고 흘리는 땀으로 비싼 임금을 받고 있다.

내가 여기에서 말하는 사적인 의견이란 사람이 사사로운 욕심을 채우기 위하여 자기 마음의 어느 숨은 구석에 덮여 있을 양심의 부름을 마다고 내세우는 의견을 뜻하지 않는다. 또 지도자들로 하여금 낮의 연설에서는 땅에 떨어진 도덕을 한탄하고서는 밤에는 스스로 부도덕한 짓을 하게 하는 위선이 사람에게 주는 두 개의 서로 모순된 행동들의 간격도, 그리고 이 간격에 대한 나의 규탄도, 오늘 내가 말하는 공적인 의견과 사적인 의견의 차이로 오해되어서는 안 된다.

우리는 우리의 일에서, 양심이 분부하는 사적인 의견과 현상 유지의 필요성이 요구하는 공적인 의견의 간격이 반드시 좁혀져야 한다. 실로 현상 유지의 필요성 그 자체가 유능한 사람의 판가름에는 존재하지 않는 수가 많다. 우리가 속하는 공동 사회에서 규범이 양심의 분부에 어긋나거든, 이 아름다운 양심을 푸대접하기에 앞서서 이 규범의 개선을 위해서 투쟁하자. 규범에 규정이 없다고 해서 현상 유지의 변혁에 대한 책임이 무서워 창조와 긍정과 건설을 낳을 결정을 주저하지 말자. 겉으로 보기에는 해로운 듯할 이 결정이 초래할지도 모를 실패에 관한 책임이나 성공이 가져올 영광도 알고 보면 다 기쁨의 원천이다. 양심에게 더 꿈틀거릴 기회를 주자.

천구백칠십일년, 엉경퀴

술을 마심

내가 아는 많은 사람들은 학교 시절에 시험 공부를 하는 것처럼 술 마시기를 고역스럽게 '배웠다.' 남과 잘 어울리는 '사교적인' 사람이 되기 위해서였다더라. 또 내가 아는 몇 사람이 술을 처음으로 마시게 된 동기는 정신적인 강압감, 고뇌 또는 슬픔에서 자신을 해방시켜 보려는 시도에 있었다더라. 때로는 아버지 앞의 '엄격한' 규율 아래에서 '절도 있게' 술 마시기를 배웠음을, 그래서 자기에게 훌륭한 '주도'가 있음을 자랑으로 내세우는 사람들을 우리는 보기도 한다.

사람이 어떠한 동기에서 술을 마시게 되었는지, 또는 얼마나 자주, 많이 또는 잘 술을 마시든지 간에, 우리 사회에서 술은 많은 불행의 원인이 되고 있다. 나의 소견으로는 술은 사람에게 행복보다는 불행을 더 많이 가져다준다. 강압감, 고뇌 또는 슬픔이 우리의 마음을 엄습하는 것은 실상 또는 가상의 외적인 요인 때문이다. 술을 마시고 도취 상태에서, 즉 사고방식이 마비되기 때문에 순간적으로 잊힌다고 해서 이 외적인 요인이 없어지랴. 이 외적인 요인이 우리가 술을 마시거나 안 마시거나 계속해서 존재할 바에는, 그리고 술을 마심이 이 요인에 관련한 마음이 평화를 얻기 위함이라면, 오히려 기도와 명상이 술보다도 훨씬 더 오래 지속되는 치유 방법이리라. 그런데 사람은 기쁘다고도 술을 마신다. 술을 마셔서, 마취 상태에서 순간적으로 얻은 '더 기쁨'이 영속하는 더 기쁨이랴? 더구나 기분이 나쁘다고 술 마시는 사람 중에는 취해서 더 기분 나빠 하는 사람도 많더라. 불행은 술 때문에 행복으로 바뀔 수 없다. 오히려 술이 창조하는 불행이 수없이 많으니, 그중의 몇은 평균 가정부인에게 가서 물어보라.

나의 관찰로는 사람에게는 거의 다 크거나 작은 육체적인 질병이 있다. 그런데 한의사나 양의사는 모두 환자를 치료하는 동안에 그가 술을 마시지 않기를 바란다. 술이 때로 훌륭한 혈액 순환과 영양분을 몸에 준다고도 하지만, 동시에 신경 마비 및 질병 악화의 영향을 준다. 술이 질병을 악화하는 것은 그 환자가 의사에게서 치료를 받고 있지 않은 경우에도 마찬가지이다. 그런데 스스로 환자일 수도 있는 여러 의사를 포함한 많은 사람들은 오늘도 술을 마신다. 건강이 사람에게 중요한데, 술 마시는 사람은 건강하지 않기를 바라는 소행을 하고 있다.

술은 많은 실수와 부정과 현실 외면을 정당화한다. 그리고 많은 사람은 스스로의 참 또는 거짓의 도취 상태를 이용한다. 우리의 인습과 사회의 불문율은 취중에 범한 실수를 용서해 준다. "취중에 정신이 없어서 그랬으니, 용서해 주십시오"라는 변명을 우리는 수없이 들어 왔다. 그런데 서구의 사고방식으로는 사람이 자기의 몸이나 마음가짐을 가누지 못할 정도로 술을 마시는 것 자체를 실수로 생각하고, 과음과 실수가 둘 다 견책을 받는다. 술집에서 취중에 고래고래 소리를 지르면, 주인은 이를 우리 나라에서처럼 손님이기 때문에 비교적 예의 바르게 진정시키려고 노력하기에 앞서서, 문 밖으로 쫓아낸다고 한다. 실제로 사고를 내거나 말거나 간에, 취중에 자동차를 운전하는 것을 경찰이 취조하는 것이, 이 서구의 영향력이 우리 나라에 뚜렷이 미친 예라고 하겠다. 우리 나라에서 내려지는 많은 중요한 결정이 마취 상태에서 일어난다. 중요한 사업이나 정책에 관한 결정이나 계약이 맑은 정신이 작용하는 대낮의 사무실에서가 아니라, 밤의 요정에서 이루어진다. 계약이나 정책의 결정이, 맑은 정신이 판가름하는 옳고 그름에서가 아니라, 때때로 정도의 차이는 있을망정, 술이 마비시킨 정신 상태가 다스리는 기분이 좋은지 싫은지에 의해서 수행된다. 결정이 옳지 않다면, 그리고 결정이 사태의 명료한 이해를 수반하지 않는다면, 없는 것이 더 좋으리라. 제발 앞으로도 이들이 꼭 요정에 가야 하겠다면, 결정은 낮에 냉철하게 해 놓은 다음에 나중에 가는 것이 풍습이었으면 좋겠다.

 우리 성인 사회의 대부분을 차지하는 밑바닥 사회에서 술은 엥겔 지수를 가속하는 데에 공헌하고 있다. 버젓한 신사 차림의 월급쟁이가 지갑에 있는 돈보다도 많은 값의 술을 마시고 시계를 잡힌다. 다음 달 수입이 전달에 너무 마신 술값 때문에 없어진다. 그리고 술값 때문에 수입의 대부분이 쓰이는 것을 남에게 거리낌 없이 자랑하고, 듣는 이는 이를 애교로 받아들인다. 그러나 그가 성공하려면, 지출이 수입을 넘어서는, 아니, 가까이 접근하여서도 안 된다. 과연 이들은 성공하지 않기가 소원이랴?

 이 모든 이익 또는 손해에도 불구하고, 사람이 스스로 술을 마시기로 결정하기와 안 마시기로 결정하기는 자기 자신의 무척 개인적인 일이라고 나는 생각한다. 다만 우선 사람이 술을 마셔야 하겠거든, 몸과 마음을 가눌 수 없을 만큼 너무 마시지 말기가, 또한 자기가 버는 돈보다 더 많은 값의 술을 마시지 말기가, 그리고 제발 안 마셔도 되겠거든 마시지 말기가 나의 호소이다.

천구백칠십일년, 엉겅퀴

선배와 후배

내가 중학교 일학기를 마치었을 때의 일이더냐! 지금 서울에서 보기에는 무척 작으나 거기에서 생각하기에는 무척 큰 도시인 순천에서 중학을 다니었다. 초등학교를 그곳보다 더 작은 고장인 벌교에서 나온 학생이 학기말 시험에서 전교에서 일등을 했다는 이유로 상급생들에게서 뭇매를 맞았다. 아마도 현대 의학으로는 커다란 구강 외과적인 치료를 받아야 할 정도의 큰 입 안 상처를, '옥도정기'만 바르고 긴 세월에 걸쳐 아물렸다. 나는 요새도 아침에 세수를 할 때에 가끔 아랫입술을 당겨서, 하느님이 주신 조직이 크게 파괴된 입술 안을 들여다본다. 그리고 '선배와 후배'를 생각한다.

학교 교육과 관련되는 '선배와 후배'의 관념은, 비록 그 뿌리는 가장 깊이 유교 사상에 있다손 치더라도, 일본식 교육 제도와 연관이 많으리라.

선배는 군대 조직에서처럼, 후배에게 자신을 존대하기를 강요한다. 선배와 후배는 명령과 복종의 당위적인 관계에 있으되, 이 당위의 실천성은 물론 완전히 다른 또 하나의 문제이다. 누가 길에서 나이가 자기와 비슷하고 기억에 정확하게 안 떠오르는 사람을 만나면, 우선 그는 저쪽이 선배인지, 동창생인지, 후배인지 정의를 급히 내려야 한다. '하시오', '하소' 또는 '해라' 가운데에서 적절한 활용을 찾아 이야기해야만 하기 때문이다. '형님', '너' 또는 '자네'는, 저마다 독특히 부르는 사람과 상관되는 계급이 있다. 이 상대방의 계급을 정확하게 인식하지 못하는 것은 우리 나라에서 가장 큰 실수들 가운데 하나이다. 이 관념 때문에, 무릇 사람이 남을 처음으로 만날 때에, 이 남이 자기보다 신분이 상위에 있는지 하위에 있는지를 당장 규정 지으려고 하고, 이 규정에 따라 말투를 결정한다. 그리고 이 첫 규정이 잘못되었을 경우에, "말씀 낮추십시오" 또는 "용서하십시오. 실은 잘 알아뵈옵지 못하고……" 또는 "자네인 줄은 모르고……" 따위의 말이 뒤따른다.

'당위'의 상위는 '존대'의 하위일지도 모른다. 실제로, 으스대는 선배보다 사회적 신분이나 부귀나 지적인 차원에서 앞서 있는 후배들은 얼마든지 있다. 후배의 사회적 성공이 두드러지면, 군에서 자기의 것보다도 계급이 낮던 사람을 부하로 부리는 이의 경우에 있을 수 있다시피, 선배의 윗분 됨이 깎이는 수가 있기 때문이다. 그러고 보면 선배의 선배 됨은, 그리고 그것이 주는 이 모든 특권의 옳음은 이로워서 있지, 의로워서 있지는 않은 모양이다.

한 학교의 선배와 후배는 사회에 나가서도 서로 '끼리끼리' 돕고 살도록 되어 있다. 남을 도움이야 미덕이려니와, 선배나 후배를 돕기 위해서 그 도움이 더 필요한, 선배나 후배가 아닌 사람을 묵살하거나 방관하는 것은 따지고 보면 죄악이다. 선배나 후배가 '끼리끼리' 도움은, 언뜻 생각하면 아름답기만 하여도, 사실은 사회의 현대화를 가로막는 여러 부패를 정당화한다. 우리가 미래의 사회 생활에서도, 상대방이 '형님'인지, '자네'인지, '너'인지를 꼭 구분하여야 한다고 하자. 그러나 대개 받기가 필요해서 옳지, 주기가 필요해서 옳지는 않은 선배와 후배의 전통적인 뜻만은 수정하고 살자.

천구백칠십일년, 엉겅퀴

남과 다를 권리

겨우 몇 해 전만 해도, 많은 사람들이 '미니' 스커트를 입은 여자를 보고는 '말세의 증상'을 한탄했다. 그런데 그 짧은 치마를 나무라던 사람들이 요즈음에는 긴 치마 '맥시'를 꾸짖는다. 그리고 둘의 중간치라고 할 수 있는 '미디' 스커트를 보고도 눈살을 찌푸린다. 그러면 이들은 여자에게 치마를 벗고 다니라고 요구하고 있을까? 물론 그렇지 않다. 양복점에 걸린 남자 옷감의 색깔, 그리고 대부분의 남자가 입고 있는 옷의 색깔은 한결같이 검정색 아니면 회색이요, 외도래야 기껏 감색 또는 밤색 정도이다. 과연 한국 남성들은 검정색과 회색 이외의 색깔의 옷은 좋아하지 않을까? 물론 그렇지 않다.

여자의 치마 길이를—그 길이가 짧거나 길거나 간에—새롭다는 까닭만으로 나무라는 사람은 자기도 모르는 사이에 '모난 돌을 정으로' 때리고 있다.

흔히 검정색이나 회색 옷만을 입는 남성은 '모난 돌이 되어 정 맞기'가 싫어서 그러는 것이 대부분이다. 서양 옷이 어느 때부터 우리의 옷이 되었는가? 아무리 거슬러 올라가 봐야 백 년도 채 넘지 못하는 세월이 흘렀을 뿐이다. '우리의 옷'이라는 문제를 놓고 본다면, 실상 뚜렷한 우리의 옷이란 우리 선조들이 입어 내려온 바지저고리 등의 한복이다. 그렇다면 서양 옷을 입은 모든 사람들이 그 '모난 돌'이라는 결론이 나온다.

그러나 지금 서양 옷을 입었다고 뭐라고 하는 사람은 하나도 없다. 시대착오의 정신 나간 국수주의라면 또 모르지만 서양 옷을 입었다고 '모난 돌'이 되는 시대에 살고 있지 않다는 것은 우리에겐 일종의 축복이다. 그리고 그 축복 뒤에는 지난날 개화기에 살았던, 많은 '모난 돌'의 덕분이 있다. 그 모난 돌들은, 생각해 보면, 남에게서 구설 듣는 것의 괴로움과 그 구설들이 가져오는 여러 가지 불리한 결과를 무릅쓰고 자기 나름의 아름다움을 추구하기 위하여 소신껏 행동한 선구자들이다. 나는 양심이나 소신의 부름과 사회 규범이나 법의 부름에 차이가 있을 때에, 비록 나 스스로는 반드시 그렇게 하진 못하더라도, 양심이나 소신의 부름을 좇는 사람들을 존경한다.

이 새로운 것들에 대한 저항은 어느 사회에서나 있을 것이다. 그러나 몇몇 뜻있는, 그러나 그 석공들에게는 다만 지각이 없을 뿐인 사람들을 서글프게 하는 것은 다른 나라의 경우보다 한국에 그러한 경향이 더욱 두드러짐과, 그 저항하는 사람들이 자기가 왜 저항하고 있는가를 모르고 그저 정으로 쪼아대고 있을 뿐임이다.

우리는 역사적으로 전통에 부합하라고 강요당해 왔다. 먼 역사는 그만두고 일제 시대만 보더라도 그렇다. 이때의 '전통'은 일제의 전체주의였다. 그 일제가 강요한 '해야 할 것들'은 '하지 말아야 할 것들'을 자동적으로 수반하였다. 현대의 우리 나라 '기성'의 형성은 일본 통치의 영향을 받았고, 이 '기성'은 우리로 하여금 기성에 부합할 것을 요구하고 있다. 해방 이후에도 정보와 국민이 갈망하던 민주주의의 아름다움에도 불구하고, 분단된 한국의 시련은 우리에게 많은 '하지 말아야 할 일들'을 주었다. '강요된 기성'은 어느 때엔가 사람들로 하여금 그것이 강요된 것임을 잊고 그것을 당연히 받아들이도록 하는 수가 많다. 중학교와 고등학교 학생들의 교복을 보라. 이들에게 제복을 입히는 것이 옳아서 입혔는가? 어느 분의 관찰로는 이 제복이 일제 시대의 것이요, 그대로 입혀 두어야 한다고 내세우는 여러 가지 아름다운 이유에도 불구하고, 반드시 옳아서 입힌 것은 아니다. 옳아서 입혔다면 왜 전국 초등학생을 비롯하여 대학생과 대학원생들에게도 모두 입히지 않는가? 새로운 것이 이 사회에서처럼 냉대를 받음이 옳다면 훈련병들의 머리를 삭발하지 않기로 한 논산 훈련소의 새 지도자는 큰 과오를 저지르고 있는 것일까?

우리가 '하지 말아야 할 일들' 중에는 알고 보면 해도 무방한 일들이 너무나 많은 듯하다. '기성'이 우리에게 준 주입 때문에 우리가 남들이 하지 말기를 기대하는 일들 중에는 '과감하게 마음을 고치기만 한다면' 오히려 남들이 하기를 기대하게 될 많은 일들이 생겨날 것이다. 낯설다고 해서 위협의 대상으로 여기는 것도 편견의 관념 안에 포함될 듯하다.

여인의 치마폭 길이는 여인 스스로에게 맡기자. '젊은 놈이 건방지게' 파이프를 물고 다닌다고 못마땅하게 생각지 말자. 우리 조상은 그보다 더 긴 장죽을 물지 않았는가? '불건전한 외래 풍조'에 물들어 머리카락을 보통 사람보다 더 길게 길렀다고 해서 그 젊은이를 보고 탄식하지 말라. 우리 조상은 그보다 훨씬 더하여 상투를 꽂지 않았는가? 긴 머리를 하고 있는 예술가들은 모두 이단자인가? 우리가 기성의 요청 때문에, 반드시 그르지는 않지만 '하지 말아야 할 일들' 가운데에는 '남과 달라 보려는 시도'가 있다. 우리는 어떤 사람이 남과 달라 보려고 꾀하는 것을 너그럽게 허용하여야 한다.

그래야만 이 사회에 더 빠른 발전의 터전이 잡히게 된다.

나는 지금 기껏 겉치장인 옷에 대해서만 얘기하고 있는 것이 아니다. 우리의 사회 풍조를 깊숙이 다스리고 있는 우리 국민의 사고방식이 가지는 한갓 속성으로 나타난 것으로서의 옷을 얘기한 것이다. 나는 우리 사회에서 반드시 옛것을 좇는 것만도 아닌, 옳거나 그르거나 간에 현상 유지만을 고집하는 사고방식을 꾸짖는다. 어쩌다가 현상 그 자체가 바뀌면 새 현상을 따라, 전에 고집하던 옛 현상을 나무랄 사람들이, 새것이 생소하다고 해서 저항만을 해야 할까? 이들이 그러다가도 세태가 바뀌면 새것 편을 들게 되는 현상을 나는 비겁한 일로 본다.

이 '남과 다를 권리'의 사회적인 박탈 때문에 관리는 '모나면 정 맞을까 무서워서' 새로운 발전적인 결정을 내리기를 꺼려 하고, 많은 유능한 젊은 이들은 '건방지기'가 싫어서 위선의 울타리 안에 갇혀 있다. 이 '남과 다를 권리'를 우리는 자신과 이웃에게 주어, 날로 그늘에서만 형성되어 가는 새로운 가치관이 빛을 보아 사회 발전에 이바지하도록 해야 하지 않을까? 나는 그렇게 믿는다.

천구백칠십일년, 엉겅퀴

장사꾼과 거짓말

　많은 분들은 스스로 파는 일에 종사하면서도—따라서 스스로 장사꾼이면서도—파는 일에 종사하는 다른 사람을 장사꾼이라고 일컬어 업신여긴다. 자기의 상품을, 지식을, 재능을, 경험을, 신념을, 그리고 기술을 남에게 파는 일로 생활이나 생존을 누린다는 점에서는 대부분의 사람이 장사꾼이다. 그 가운데에서도 손으로 만질 수 있는 상품을 파는 분이 가장 뚜렷한 장사꾼이라면, 자기가 하는 일은 사업이요, 다른 장사꾼이 하는 일이 장사라고 업신여겨 잘못 생각하는 많은 사람들 역시, 비록 덜 두드러지게일망정 장사꾼이다. 이들이 자기가 장사꾼임을 부정하는 것은 자기 기만이요, 위선이다. 그러나 그들이 그리 생각하는 것을 전적으로 그들의 탓으로만 돌릴 수는 없다. 그들은 그렇게 생각하기를 그들의 어버이들이 이룬 역사의 맥락에서 인습적으로 익혀 왔기 때문이다.

　파는 일이 그르고 파는 사람이 천하다면, 사람이 공짜로 주고 공짜로 받는 일이 마땅해야만 한다. 장사꾼을 업신여기는 사람은 스스로 자기가 가진 모든 물질적이거나 정신적인 것을 공짜로 남에게 줄 마음가짐이 되어 있어야만 한다. 그러고 난 뒤에야 비로소 그는 파는 사람을 업신여길 양심적인 자격을 얻는다. 자기가 파는 상품이 눈에 보이고 손으로 만져질 수 있는 것이거나 그렇지 않은 것이거나 간에, 자기가 파는 상품과 다른 상품을, 또 그것을 파는 사람을 업신여기는 순간에 사람은 자기 얼굴에 침을 뱉고 있지 않으면 자기에게 거짓말을 하고 있는 셈이리라.

장사꾼의 마음 씀이 올곧게 바뀌는 것이 바람직하다. 그렇게 되면 더 많은 장사꾼이 자기가 장사꾼임을 받아들이게 되고, 장사꾼이라는 말 자체의 뜻이 바뀌게 되리라. 그런데도 우리 나라의 장사는 거짓말투성이이다. 우리가 이 거짓말 버릇을 비록 조상 탓으로 배웠다손 치더라도, 우리는 이제부터라도 덜 거짓되게 팔고 사는 풍토를 이루기 위해 힘써야 하겠다.

물건을 사러 가게에 가 보아라. 묻지도 않은 원가를 거짓되게 댄다. 묻지도 않은 이윤이 얼마밖에 되지 않는다고 부르짖는다. 그래서 손해를 보고 판다고 엄살을 떤다. 썩은 것을 성하다고 우겨댄다. 날림인 것을 공들여 만들었다고 눈 감고 아웅 한다. 상표에 덧붙인 '최고급품' 또는 '품질 보증'이라는 말은 이 물건을 만들어 파는 사람이 그 물건의 질이 좋다고 고객이 생각해 주시라고 바라는 것밖에 아무런 의미가 없다. 나중에 가서 물건의 품질에 관해서 불평을 하면 까다롭다고 언짢다 한다.

장사꾼은 남이 장사꾼이라고 업신여기는 한에는 업신여김 받음 직한 행동을 쉽게 할 것이요, 업신여김 직한 행동을 하는 장사꾼으로부터 물건을 사는 사람은 그를 계속해서 업신여기리라. 그러니 파는 사람이나 사는 사람이나 다 같이 노력해야 한다. 거짓말 없이는 장사하지 못한다는 말처럼 거짓된 말은 없다.

천구백칠십이년, 배움나무

너무나 예외를 바라는 사람들

하늘이 보시기에는 몹쓸 짓을 저지르고도, 그 짓이 세상 사람이 거의 다 저지르는 일이면, 사람은 죄의식을 덜 느낀다. 또 흔히 사람은, 자기도 저지르는 잘못을 남이 저지를 적에는, 자기가 저지르지 않은 죄를 남이 저지를 적보다도 심판에 더 푸짐한 관용을 베푼다. 그래서 우리는 사회에 널리 퍼진 큰 잘못들을 잘못이 아닌 것으로, 또는 적어도 그처럼 큰 잘못은 아닌 것으로 착각하기 쉽다. 이것은 마치 시간이 비슷하게 틀린 시계를 가진 두 사람이 틀린 시간을 옳은 시간으로 잘못 생각하기 쉬움과 비슷하다.

내 눈에는 우리 나라 사람들이 예외를, 그리고 예외로 취급받기를 즐기는 것 같다. 내 소견으로는 우리 나라 사람들은 다른 나라 사람들보다 예외를 더 즐기고, 더 바라고, 이의 실현을 위해서 더 악착스럽게 싸우는 듯하다. 외국 사람들이 우리 나라에 와서 이 현상을 목격하고 한국인이 '스페셜 케이스'―이것은 우리 스스로가 지은 말일지도 모른다―에 대한 집념이 강하다고 뇌까렸을 적마다, 나는 이 말의 참뜻을 실감하지 못하였다. 나도 아마도 잠재적으로 이를 바랐고, 또 이를 바랐을 사람들의 틈에 끼여 있었기에, 이를 덜 추구하는 사회를 더 구체적으로 상상할 수가 없어서 그랬으리라.

예외를 바람은 사회 체제에 대한 자발적인 순응을 거부함이다. 그러나 사회 체제에의 순응이 순리적인 인간의 건실한 욕망을 충족시켜 주지 못할 때에 사람은 예외 취급을 갈구하게 되고, 이의 요구가 습관화되면, 그 버릇이 곱셈으로 번식하여, 예외로 취급되지 않아도 될 일에서까지 예외를 바라게 된다.

잦지도 길지도 못해서 관찰이 아마도 퍽 한정되었을 몇 번의 외국 여행은 나에게 예외 취급에 관한 나의 평가에 눈금이 다른 자를 주었다. 일본에 가면 우리는 여러 곳에서 보이는 사람들의 '나라비(줄서기)'—아니, 줄서기에 끼여서 기다려야 하는 고통—에 놀란다. 나는 여러 해 전에 처음 밟는 하와이 땅의 어느 식당에 들어간 적이 있었다. 나는 거기에서 식당이 거의 텅 비어 있는데도 자리를 잡기 위해서는 줄 쳐진 입구에 있는 안주인의 안내를 반드시 받아야 함에 놀랐고, 또 안주인의 지시에 고분고분 복종하는 순한 손님들에게 놀랐다. 한국 식당에서 상감이 출두하듯이 버티고 들어가서 내 마음대로 자리를 잡았고, 또 때때로 음식을 빨리 가져오지 않는다고 고래고래 소리를 지르기까지 했던 나에게 그 안주인은 환영인이 아닌 제지자요, 순경이었다.

내 눈에 비친 서양 사람들은 그들을 임금으로 섬긴다고 하는 서비스 업체를 포함한 모든 시설 속에서 주인에게 우리보다 훨씬 더 잘 복종한다. 사람들은 백화점에 가서 가장 하찮은 또는 가장 비싼 기성복 바지를 사고도 주인이 바짓가랑이를 키에 맞게 잘라 주기 위해서 두 주일을 기다리라고 하면, 그 말에 순응한다. (하기야 내가 언젠가 뉴욕의 한 명성 있는 점포에서 미국 수준으로는 몇 푼 안 되는 삼천오백 원짜리 바지를 사 올 적에, 내가 주인에게 뉴욕을 떠나기 여러 날 전인 '글피' 안에 잘라 달라고 요구하니, 주인이 기꺼이 응낙해 주긴 하더라.) 일반적으로 미국인 고객은 이 예외의 요청을 우리보다는 덜 하고, 오히려 주인이 오라는 날에 온다. 그리고 내가 알기에는 자기가 요구하는 배달 날짜를 주인이 수락하지 않기 때문에 고객이 물건을 못 사는 일이 많다.

나의 이런 이야기는 내가 구태여 어느 쪽이 더 옳다고 우기고 싶어서 하는 말은 아니다. 다른 사회에 가서 사람들이 기본적인 일상 생활의 특정 분야에서 달리 행동하는 것을 보고 나 나름으로 낯섦을 느꼈음을 소개할 따름이지, 이 자리에서 어느 쪽이 더 옳고 그른지를 섣불리 판단하지는 않으련다. 그러나 여러 현실에 비추어 볼 적에, 우리는 아마도 너무나 예외를 바라는 사람들인 듯하다. 우리의 예외를 위한 싸움의 목적이 정직으로 줄 서서 하면 도저히 되지 않을 옳은 일에 있다면, 나는 할 이야기가 없다. 그러나 우리가 바라는 많은 예외 취급 가운데에 자기와 남이 그저 그렇게 해 왔기 때문에 생긴 사회적인 마취에서 버릇된 것이 있다면, 이를 바라지도 주지도 말자!

천구백칠십삼년, 배움나무

심각한 소리

소리가 많이 있다. 새 소리, 벌레 소리, 그리고 다른 소리는 그만두고라도 우선 사람 소리가 있다.

사람 소리 가운데에는 우는 소리, 울부짖는 소리, 뇌까리는 소리, 잘 말하는 소리, 그리고 거짓에서든지 미련함에서든지 잘못하는 소리가 있고, 심각한 소리가 있고, 심각하지 못한 소리가 있다. 내가 가장 그리워하는 소리는 심각한 소리이다.

심각한 소리는 흔히 들리기도 한다. 학자금 마련을 걱정하는 부모의 대화가 그것이요, 아들이 걸린 병의 치유를 갈구하는 어머니가 의사에게 호소하는 소리가 심각하다. 불이 났을 때에 사람들이 외치는 "불이야!"가 심각하고, 경비를 절감하자는 경영자의 외침이 심각하다. 위험이나 재난이 닥치면 사람의 소리는 심각해진다. 심각한 소리는, 그렇지 못한 소리에 견주어서, 흔히 정직하고 착하다.

이처럼 재난이나 걱정을 당해서 나오는 정신의 긴급-피난적인 반작용으로서의 심각한 소리 말고도 여느 때의 긍정적인 상황에서도 심각한 소리가 더 자주 오고 가는 것을 듣고 싶다.

일상 생활의 너무나 많은 대화가 심각성이 없다. 너무나 잦은 상황에서 심각한 대화가 재미없고 메마르다고 잘못 여겨진다. '농담 반, 진담 반'의 성명이 우리의 생활에 너무나 깊이 침투해 있어서 상대방의 말이 진담인지 농담인지를 분간하기가 어렵게 됐다. 인사는 이른바 '히야카시'로 대치되어 있고, 사람과 사람이 마주보고 앉아서 삶의 뜻에 관해서, 나라의 장래에 관해서, 하느님의 질서에 관해서, 물질적인 성공의 의미에 관해서, 그리고 무엇보다도 '너'와 '나'에 관해서 심각하게 이야기하는 것을 시시하고 골치를 아프게 하는 일로 생각한다. 심각한 대화가 시시하고 골치를 아프게 하는 일로 여겨지기 때문에 외면하려고 한다. 이것을 일컬어 현실 도피라고 하던가? 그런데 문제는 이것들이 시시하고 골치를 아프게 하는 일임에 있지 않고, 이것들이 시시하고 골치를 아프게 하는 일이라고 사람들이 생각하는 데에 있다.

사람은 상대방에게 인사를 할 때에 '히야카시'가 아닌 심각한 말로써 상대방의 마음을 기쁘게 할 수도 있다. 삶의 뜻에 관한 대화에서 큰 보람을 느끼는 사람들이 이 세상에는 많이 있다. 나라의 장래에 대해서 의견을 나누는 것이 흥미로울 수도 있다. 하느님의 질서에 관해서 얘기하는 것이 가장 큰 기쁨의 원천일 수도 있다. 물질적인 성공의 의미를 매기는 것이 가장 중요하다고 생각하는 사람이 있을 수도 있다. '너와 나'에 관해서 심각한 얘기를 하는 것처럼 기쁜 일이 없는 사람이 이 세상에는 상당히 많이 있다. 이런 사람들이 더 많이 있고 이런 대화가 더 많이 나누이는 사회가 그립다.

집에서 보내지 않는 저녁이나 밤이 나는 싫다. 어둠 속의 술집—기생집에서 대폿집에 이르기까지—에서의 얘기를 엿들어 보아라. 높은 벼슬을 누리는 사람들로부터 지게꾼에 이르기까지 사람들이 어둠 속에서 뇌까리는 소리는 심각하지 않은 소리이다. '와이당'이라고 흔히 부르는, 더러운 소리를 가장 자주 배앝는 것이 화술의 큰 업적으로 여겨지는가 하면, 무책임한 저주와 욕지거리가 영웅적인 자질과 혼동된다.

이 현상을 낮에 맺힌 긴장의 발산이라고 가볍게 해석하려는 사람들도 있다. 그러나 나에게는 어쩐지 밤의 심각하지 않은 소리는 낮의 심각하지 않은 소리의 연장으로 느껴진다. 밤에 뇌까리는 불평이 낮에 축적된 마음 아픔의 폭발임은 틀림없겠으나, 이처럼 광폭하고, 현실 도피적이고, 심각성이 없고, 사람들이 말하는 것을 의미하지 않는 유흥가의 전통은 다른 나라에서는 목격되지 않더라. 우정이나 사랑의 대화에서도, 그리고 고독의 독백에서도 밤은 빛을 달리하는 낮의 연속이지, 현실에서 도피하는 피난처는 아니더라.

낮에도 밤에도 심각한 소리를 더 자주 듣고 싶다. 심각한 사람들의 심각한 소행으로 건설되는 사회가 더 오래 지탱될 터이니까.

천구백칠십삼년, 배움나무

소금을 뿌리는 마님

얼마 전에, 꽤 오랫동안에 걸쳐서 별러 오던 고적 답사를 위해서 길손이 되어 부산의 어느 여관에서 하룻밤을 지낸 일이 있습니다. 세계 어느 나라에 가든지, 여관의 종업원들이 아침 식사를 포함한 일들을 실질적으로 시작하기는 일곱 시쯤이더군요. 그런데 저는 흔히 다섯 시 반이나 여섯 시쯤에 일어납니다. 반드시 부지런해서가 아니라, 심한 갈증을 느끼면서 마치 술을 마시는 분들이 해장국을 찾듯이, 목을 축일 더운 음료를 찾아 일어납니다. 여관에 머무를 때에마다 느끼는 불편은 아침 여섯 시에서부터 일곱 시 사이에 내 목구멍이 찾는 것을 못 얻는 것입니다.

이날 아침에는, 행여나 일찍이 문을 여는 다방이 있을지도 몰라서 밖으로 나가 걷기로 했습니다. 목을 뚫을 더운물은 못 찾았으나, 그날 나를 깊은 생각에 젖게 하는 것을 목격했습니다.

한 커다란 식당에서 안주인인 듯한 마님이 문을 열고 나와서 문턱의 양쪽 끝에 소금을 뿌리고 들어갔습니다. 나는 그 안주인의 마음을 꽤 잘 뚫어 읽을 수는 없었습니다. 아마도 그 마님은 소금을 뿌리면서 '오늘 장사가 잘 되지 않게 할 요인들아, 들어오지 말아라'라고 소원했겠습니다.

이 마님으로 하여금 소금을 뿌리게 했던 정신적인 요소는, 호남의 아낙네들이 부엌에서 '조왕 중발'에 물을 떠놓고 빌거나 영남의 가정에서 문 위에 부적을 붙여 놓고 액운을 막는다고 믿는 것과 같은 유형으로, 또는 주어진 여건 속에서 '한국식'으로 반응하는 유형으로, 우리 국민의 사고와 행동에 퍽 뚜렷하게 판 박혀 있는 듯합니다. 그 마님이 소금을 문에 뿌림이 그날의 액운을 막는다고 믿음은 신앙입니다. 그 마님에게는 액운이 장사가 잘 되지 않음이요, 장사가 잘 되지 않게 하는 요소가 집 안에 있지 않고 집 밖에 있습니다. 따라서 장사를 잘 되게 할 요소는, 정성을 들여 차린 음식이나 깨끗한 분위기나 상냥한 고객 섬김의 태도라기보다는 액운이 없어서 꾸역꾸역 밀려 들어와서 불평과 잔소리가 없이 돈을 펑펑 쓰고 나가는, 많은 수의 손님입니다. 나는 이와 같은 사고방식이, 옳거나 그르거나, 우리 사회의 구석구석에서 너무나 깊이 도사리고 있다고 생각합니다.

우리는 이 사고방식을 우리의 조상에게서 배웠습니다. 이 사고방식은 우리로 하여금 주체적이고 개성적이게 하는 공헌도 했겠습니다. 그러나 이 사고방식은 우리에게 행복의 공도 불행의 탓도 남에게 돌리는 습성을 주어 왔고, 자기 개선을 위한 투쟁보다도 환경 개선에 대한 막연한 기대가 우리의 마음속에서 도사리고 있게 하기 쉽습니다. 무당을 불러다가 집에서 굿을 하는 가정부인의 마음에는 경건성도 윤리관도 없기가 일쑤입니다. 우리의 사고나 체념 속에서는 자신이, 좋거나 궂거나, 높거나 낮거나, 그리고 옳거나 그르거나, 주어진 운명입니다. 이 주어진 운명의 행복 정도가 주어진 운명에 상대적인 환경의 높낮이에 달려 있다는 생각이 우리의 머릿속에 잠재해 있는 듯합니다. 우리가 무당에게서 바라는 것은 자기 개선을 위한 하늘의 원조가 아니라, 주어진 자기의 행복에 도전하는 나쁜 귀신을 쫓음이요, 달램이요, 주어진 자기의 행복을 보살필 귀신의 달램입니다. 이제 우리는 깨우쳐야 하겠습니다. 우리에게 현대화를 위해서는 환경 개선에 대한 기대에 이어서 자기 개선을 위한 노력의 요소가 있어야 하겠음을!

천구백칠십사년, 배움나무

아직 임금이 못 된 고객과
이미 임금이 아닌 고객

"고객은 왕이다"라고 하는 속담이 있습니다. 이 말은 아마도 서양에서 우리 나라에 들어왔겠습니다. 사람들은 이 땅의 '서비스' 정신의 부족을 한탄하면서 흔히 이 속담을 인용합니다.

옛날에 주인이 종을 부리고 살기는 동양에도 서양에도 있었습니다. 그런데 서양에서는 산업 혁명 다음의 합리주의 사상 전파와 함께, 근본적으로 사람이 저마다 남과의 관계에서 자기가 '파는' 일에 대해서는 종 노릇을, 그리고 '사는' 일에 대해서는 주인 노릇을 수행하는 사회 질서가 생겼습니다. 이것은 우리가 초등학교 교과서에서 배운 권리와 의무의 관계와 통합니다.

어진 주인이 없이는 훌륭히 종 노릇을 수행하기가 무척 힘듭니다. 아무리 착실한 신하라고 하여도 폭군에게 충성하기는 어렵습니다. 물건을 '파는' 사람이 훌륭히 종 노릇을 수행하는 사회를 건설하려면, 물건을 '사는' 사람이 훌륭히 주인 노릇을 수행하기가 실질적으로 필요합니다. 그래서 이상적인 사회에서는 사람의 '팔기'에도 다 권리와 의무가 주어집니다.

이 땅의 역사 속에서는 주인이 종을 부리는 관계뿐만이 아니라 '파는' 일이 가장 비천한 일로 여겨지는 인습이 있었습니다. 그래서 조선 시대의 양반은 집안이 망해서 처분해야 할 맨 마지막 논 서 마지기를 팔기 위해서도 하인을 내세웠습니다.

오늘날엔 세상이 바뀌어서 모든 사람이 팔기도 하고 사기도 해야 합니다. 모든 사람은 주인이자 곧 종입니다. 어진 주인 노릇도, 훌륭한 종 노릇도 골고루 이 사회에 필요합니다.

그런데 오늘날에 귀가 아프게 들리는 불평은 파는 사람의 잘못된 종 노릇에 관한 것뿐이오, 사는 사람의 어설픈 주인 노릇에 관한 것은 거의 없습니다. 고객이 임금이라는 말은 잘못 해석되고 있습니다. 이 말은 고객이 어진 임금 노릇을 수행하는 만큼 임금이라고 해석되어야 합니다. 이것을 깨닫지 못하면, 아무리 많이 사는 고객도 아직 임금이 아닙니다. 전통이 우리에게 주인이 어질어야만 함을 가르쳤다고 하면, 우리는 어진 고객이 아닌 만큼 이미 임금이 아닙니다.

못된 종과 못된 주인은 서로 못된 점에 부채질을 합니다. 칭찬받을 일에 꾸중하는 주인에게 머슴은 흔히 불성실합니다. 호텔 식당에선 온갖 예의를 다 갖추는 사람도 너절한 식당에 가면 마룻바닥에 함부로 침을 배앝습니다. 기껏 수분 전에 와서 자리를 잡았을 뿐임에도, 설렁탕을 삼십 분 전에 시켰는데도 안 가져다준다고 소리 지르는 고객에게, 하루 종일 일에 지친 어린 아이의 얼굴이 언제나 웃음만을 머금기는 어렵습니다. 손님에게 상냥해야 함이 의무인 점원이, 아예 물건을 사려고 하면서도 값을 깎을 욕심으로 얼굴을 찡그리면서 물건을 탓하기 일쑤인 손님의 속셈을 얕잡아 보지 않기가 어렵습니다.

우리는 인습에서 남이 자기에게 진 빚을 갚으라고 독촉하는 것이 점잖지 않은 것으로 배워 왔습니다. 그래서 지금도 고객의 사무실에 술값을 받으러 오는 술집의 머슴은 세상에서 가장 죄송스러워 하는 사람처럼 조아립니다.

옛날의 경제 질서는 사람들에게 이런 '점잖음'을 허용했습니다. 그러나 전통이 이 '점잖음'에 덧붙여서 남에게 진 빚을 약속대로 갚지 않고 무작정으로 방치하는 것이 옳지 않음도 동시에 가르쳤음은 우선 제쳐 놓고라도, 기계화되고 기능화된 현대 경제의 건전한 성장이, 사람이 받을 돈이 약속된 때에 지급되어야 하는 기반 위에 놓여 있음을 지적하지 않을 수가 없습니다. 이른바 신용 경제는 돈이 의도되는 속도 속에서 유통되는 만큼만 존재합니다. 우리 나라의 빚진 사람들은 빚 받으려는 사람들의 무례함이나 야속함에 짜증을 내기 전에 약속대로 갚지 못할 위험이 있는 돈을 우선 꾸어 쓰지 말아야 함을 되새겨야 하겠습니다. 마음이 불량해서가 아니라 불가피해서 아직 못 갚은 것이지, 언젠가 돈이 생기면 반드시 갚으려고 한다는 다짐만으로 정직해지는 세상은 이미 지났습니다. 받을 돈을 독촉하지 않는 점잖음은 받을 사람이 자발적으로 품어야 미덕이지, 갚을 사람이 기대해서는 미덕이 아닙니다. 고객이 상품 값을 약속대로 갚지 않고 파는 사람에게서 받은 독촉과 연관하여 받지 못하는 임금 대접은, 그가 임금 노릇을 제대로 수행하기만 하면 자동적으로 받게 됩니다.

우리 나라에 서비스 정신이 부족하다고들 합니다. 우리 나라에서보다도 이 정신이 더 부족한 곳은 선진국의 여러 구석에서도 엿보입니다. 그러나 서비스의 개선이 계속해서 촉구되어야 함은 마땅합니다. 한 걸음 더 나아가서 고객이 어질게 임금 노릇을 수행하는 것도 촉구되어야 하겠습니다.

천구백칠십사년, 배움나무

광고와 공치사

좋거나 싫거나, 광고가 우리 환경의 큰 부분이 되었습니다. 신문에도 방송에도 광고의 홍수가 흐릅니다. 우리는 광고를, 보고 싶어서가 아니라 보이기 때문에 보고, 듣고 싶어서가 아니라 들리기 때문에 듣습니다.

광고를 보지 않거나 듣지 않는 유일한 방법은, 적어도 광고가 있어야만 하는 사회에서는, 아마도 눈을 감거나 귀를 막는 수밖에는 없을 듯합니다. 그러나 사람의 의식이 깨어 있는 한에는 뜨인 눈과 뚫린 귀가 그에게 가장 자연스럽습니다.

그래서 우리는 뜨인 눈이나 뚫린 귀로 광고를 보거나 들어야 할 숙명을 가집니다.

광고를 어떻게 계획해야 효과가 있고 보기 좋고 듣기 좋은지에 대해서는 광고학자들이 꽤 큰 소리로 외쳐 왔습니다. 또 이 학자들은 소비 대중이 광고의 마술 때문에 "자기들도 모르는 사이에" 또는 "그 광고를 귀찮게 생각하면서도" 또는 "자기들의 의사와는 반대로" 광고주가 그들에게서 바라는 바를 얼마나 쉽사리 꺼내 주는지를 설명해 주기도 합니다.

광고주의 윤리성이 얼마나 두툼한지는 그만두고라도, 그가 뿌린 돈으로 만든 광고가 수용자의 눈과 귀에 귀찮은 작용을 하지 않고도 그가 바라는 효과를 가져올 수 있으면 더 좋겠습니다.

광고주가 어떻게 창의적으로 광고 이야기를 꾸며서 수용자에게 보기에도 듣기에도 좋을 뿐만이 아니라 노리는 효과를 얻기는 지극히 그에게 속하는 문제입니다. 그러나 광고가 우리가 겪거나 누리는 환경의 두드러진 한 부분일 바에야, 우리는 환경 개선을 재촉하는 뜻에서 광고가 우리를 귀찮게 하는 요소를 꼬집을 권한이 있습니다.

우리가 해서는 되지 않는 것으로 역사에서 배워 온 것 중에 공치사가 있습니다. 지난 몇 해에 걸쳐서, 우리 나라에서 사업을 하는 이웃 나라의 여러 회사들은 우리 나라 신문에 한국 경제 건설에 자기들이 공헌한다는 광고를 내왔습니다. 그들은 돈벌이 투자를 원조라고 일컫고, 감정을 누를 대로 눌러서 표현한 것이 고작 경제 협력입니다. 타이 왕국과 인도네시아에서 최근에 학생들이 일으킨 반일본 운동은 폭력에 호소했음으로써 꾸짖음을 받아야 마땅하겠으나, 이유 없는 반항이라고 제쳐 버릴 수는 없겠습니다. 배고픈 사람에겐 입에 닿는 것이 음식입니다. 그러나 굶주림을 메우고 난 다음에는 배앓이가 주는 아픔의 탓을 더러운 음식이나 이를 준 사람에게 돌릴 마음의 여유가 생깁니다. 그러니 주는 이들은 왜 받아먹고서는 뒷소리를 하느냐고 투덜대지 말아야 합니다. 오히려, 음식을 아예 주려거든 배고픈 사람에게일망정 깨끗한 음식을 주어야 합니다. 음식을 주는 이의 공헌은 받는 이가 내세울 때에 아름답고, 주는 이가 내세울 때에 공치사입니다. 우리 나라는 이웃 나라의 '경제 협력'이 필요하다고 합니다. 이것이 그들이 얘기하듯이 '협력'이라면, 양쪽이 서로 노력해서 서로 이득을 얻는 관계에 있습니다. 그러니 그들이 그들의 공헌 말고 우리의 공헌을, 그리고 우리가 우리의 공헌 말고 그들의 공헌을 외칠 때에 공헌의 우김은 공치사가 되지 않습니다.

지난 여러 해에 걸쳐서 우리는 또 "수출 업적을 많이 거두어서", "외제에 지지 않는 훌륭한 국산품을 개발하여 외화를 절약해서", 어떤 형태의 "국위 선양"을 이루어서, "소비자 보호에 앞장서서" 또는 "국민 보건에 이바지하여" 자기 회사가 얼마나 애국심으로 가득 차 있는지를 내세우는 광고를 신문에서와 방송에서 보고 들어 왔습니다. 우리는 이들 중 여러 회사가 적어도 그들보다도 덜 애국적인 회사보다 더 애국적일 수 있는 가망성을 인정합니다. 그러나 회사가 대중에게 팔 수 있는 여러 가지 상품 가운데서 으뜸 상품은 기껏 '애국심'밖에 없음을 서러워합니다.

따라서 '애국'의 상업화에 저항을 느낍니다. 이것은 마치 인간 관계에서 '의리'를 강조하는 사람이 자기가 우리의 미덕을 남에게 베풀고 싶어서 강조하기보다는 남의 '의리'가 자기에게 주는 이득이 필요해서 강조하기 쉬움과 통합니다.

우리는 우선 '애국심'을 내세우는 광고주가 아무리 애국적이더라도 그것을 대중에게 광고하는 만큼 덜 애국적이고, '애국하는 회사'의 상품을 사야만 수용자가 애국한다며 간접적으로 위협한다고 의심할 수가 있겠습니다. 돈이 없어서 텔레비전의 화면에 태극기와 자기의 이름을 나란히 비추지 못할망정, 하늘이 내려다보시기에는 '애국하는' 회사들보다도 나라를 훨씬 더 사랑하는 사람도 회사도 이 나라에는 많습니다. 우리는 그들이 상품을, 상품의 질을, 그리고 상품의 필요성을 애국 대신에 광고에서 팔기를 바랍니다. 광고주의 애국심은, 수용자가 자발적으로 느낄 때에 거룩하고, 광고주 스스로가 내세울 때에 공치사가 됩니다.

천구백칠십사년, 배움나무

사람과 제도

우리는 어디서 어떤 제도를 도입하여 많은 능률을 얻었다고 하는 말을 자주 듣습니다. 그것은 사실일 수가 있습니다. 그러나 이 제도의 도입에 즈음하여 향상된 능률은 그 제도보다도 눈에 보이지 않는 다른 요인의 힘을 입었을 수도 있습니다.

구체적으로, 어느 공장에서 직공들의 생산성을 향상시키기 위해서 어떤 상여금 제도를 신설했더니만, 생산성이 몇 할이나 오르더라고 하는 기업 경영의 통계를 두고 이야기합시다. 이 제도가 우선 생산성 향상에 보탬이 되었다고 짐작할 만하지만, 사실은 이에 연관되는 눈에 보이지 않는 여러 직공의 심리 연쇄 반응 때문에 이 제도가, 생산성을 더 크게 향상시킬—예컨대 날씨와 같은—다른 요인들이 가져오는 생산성의 성장을 저해할 수도 있겠습니다. 또는 이 상여금 때문에 이루어졌다고 믿는 생산성의 향상이, 실제에서는 상여금 제도와 날씨의 공동 작업의 소산인데도 불구하고, 사물을 꿰뚫어 보는 사람의 눈의 제약 때문에 모든 공을 상여금 제도에만 돌릴지도 모릅니다.

공무원의 부패 원인을 봉급이 적음에 흔히 돌립니다. 그래서 그들이 일하는 직장에서 소득이 충분해지면 부패가 없어지리라고들 합니다. 일반적으로 공무원의 봉급이 적음은 누구나 다 인정하는 사실입니다. 그러나 남보다 더 적은 봉급으로도 한눈을 팔지 않고 착실하게 사는 공무원이 있기도 하고, 더 많은 봉급을 타고서도 썩은 짓을 저지르는 버릇에 젖은 공무원이 있기도 합니다. 그러니 봉급을 많이 주는 제도가 반드시 부패를 쫓지는 못하는 성싶습니다.

좋은 제도가 일의 능률에, 그리고 그 일에 종사하는 사람의 마음가짐에 보탬이 될 터임이야 우리는 부인할 수가 없겠습니다. 그러나 제도보다도 더 일에 중요한 요소가 사람일 듯합니다. 훌륭한 제도를 가지고도 덜된 사람은 일을 수행할 수가 없어도, 덜된 제도를 가지고도 훌륭한 사람은 일할 수가 있기 때문입니다.

오늘날에 너무나 많은 조직 사회에서, 그토록 갈망한다고 외치는 능률의 향상을 위해서, 사람의 중요성을 잊고 제도만을 과신하고 있습니다. 외국의 기업 경영 잡지에서 그럴싸한 이름이 붙은 제도를 맹목적으로 채택하여 조직 속의 질병이 치유되기를 기대합니다. 그러나 제도는 이를 운용하는 사람들의 마음가짐보다도 더 옳기가 힘듭니다.

오늘의 한국을 주름잡는 사람들의 사람 됨은 이미 여러 십 년 전에 형성되었습니다. 어제에 배운 바가 이제에 하는 바를 결정하니까요. 오늘의 어린이가 앞날의 우리 나라 운명을 결정짓는다고 말하는 것처럼 추상적으로 외치기 쉬운 말은 드뭅니다. 이의 참뜻을 이해하고 그들이 받는 교육이 우리가 받은 교육보다도 낫게 하기는 선각자의 실천력을 필요로 합니다. 새 세대가 주어진 여건에서 더 슬기롭게 반응할 수 있도록 하기 위한 교육은 우리가 오늘날에 누리고자 하는 물질적인 풍요보다도 더욱 중요합니다. 우리가 받은 교육이 '외우기' 공부였다면, 새 세대의 교육은 '생각하기' 공부이어야 합니다. 생각하는 세대는 제도를 부리지, 제도에 기대지 않습니다.

천구백칠십사년, 배움나무

호화로운 집과 호화스러운 집

"잘살아 보세!" 이렇게 우리는 여러 해에 걸쳐서 외쳐 왔습니다. 잘삶은 그 정신적인 뜻은 그만두고라도 잘 먹고 잘 입고 좋은 집을 지님을 일컫습니다. 그러니 잘살자는 다짐은 좋은 집에서 살아 보자는 의욕을 포함했습니다. 좋은 집은 살기에 편하고 식구에게 안식과 아름다운 분위기를 줄 뿐만이 아니라, 적어도 돈을 아껴야만 하는 많은 사람들에게는, 유지하기가 비싸지 않은 집입니다. 좋은 집이 반드시 호화스러운 주택일 필요는 없습니다. 따라서 좋은 집은 반드시 값이 호화스러운 주택만큼 비싸지 않아도 됩니다. 그러나 실제로 좋은 집은 흔히 비쌉니다. 우선 사람이 근본적인 안락을 누릴 최소의 집 넓이나 땅 넓이의 값이 있고 집 안의 온도를 유지시킬 벽 두께의 값이 있기 때문이지요. 게다가 난방과 위생 시설이 요구하는 값도 있습니다. 이와 같은 여러 가지 값을 치러야 하기 때문에 좋은 집은 흔히 소득이 한정된 서민의 손에 미치지 못합니다. 집이 좋아지면 호화로운 집이 되기 쉽고, 이 호화로움은 그 안에서 사는 사람에게는 최저 안식의 보장이지마는 그 밖에서 사는 서민에게는 호화스러운 집이 됩니다. 이는 마치 중앙청에서 일하는 분에게는 그 건물의 현대적인 시설이 당연하지마는 연탄

난로 곁에서 사무를 보는 면서기에게는 그것이 호화스럽게 보일 터임과 비슷합니다. 저는 여기서 '-로움'을 바람직한 것으로, 그리고 '-스러움'은 바람직하지 않은 것으로 뜻매김을 하고 있습니다.

　아파트에 세 들어 있는 저의 눈에도 호화로움을 넘어선 호화스러운 집들이 눈에 거슬리게 보임은 당연할지도 모릅니다. 근본적으로, 아름다움이 사물을 보는 이의 느낌에 달려 있기는 합니다. 그런데 현대에 사는 사람들의 세계적인 느낌은 단조로움과 소박함에서 아름다움을 발견합니다. 서울과 부산을 비롯한 큰 도시 속의 많은 주택들의 호화스러움은 단조로움과 반비례 관계를 이루고 있는 듯합니다. 이른바 '호화 주택'들 중 많은 집들은 살기에 알맞은 기능과 편리를 지나치게 추구하여 오히려 기능과 편리를 잃고 있습니다. 사람이 널찍한 집에서 살기를 바라는 것이야 이해한다손 치더라도 필요한 공간보다도 더 넓고 높은 집을 지었기 때문에, 그리고 이것을 유지하느라고 애써야 할 노력이 필요해져서, 집을 다스리기보다는 집한테서 다스림을 받고, 따라서 기능도 편리도 상실되는 경우를 우리는 목격합니다. 이런 집들의 주인들은 흔히 집을 지을 때에 세상에서 알아주는 온갖 이질적인 건축 자재들을 골고루 동원해서 건축물의 안팎 치장에 사용합니다. 이 집들의 바깥벽은 돌과 벽돌과 콘크리트의 싸움터요, 융단으로 덮여 보이지 않을 마룻바닥마저도 세상에서 가장 비싼 나무로 되어 있기도 합니다. 오락실을 비롯한 여러 명목의 방과 구석이 따로 있어야 한다고들 믿습니다. 이 호화스러운 치장들엔 돈이 들었고, 바로 이 돈 때문에 이 집들은 보기에 어지럽고, 단조로움을 빼앗깁니다. 바로 돈 때문에 이 집들은 덜 아름다워지기 쉽습니다. 따라서 반드시 이처럼 비싼 집만이 아름다운 집이 되는 것은 아닙니다.

'호화 주택'을 갖는 것이 죄라고들 생각합니다. 그래서 최근에 많은 공직자들이 자기가 사는 집 때문에도 자리를 떠나야 했습니다. 이들을 물러가게 한 조치는 마땅했습니다. 그러나 이들이 부정한 방법으로 돈을 모아 집을 샀다고 치면, 그르게 돈을 모았음을 처벌해야지, 집을 처벌할 수는 없겠습니다. '호화 주택'이 호화스러운 주택으로 뜻이 한정되었으면 합니다. 그러나 세상이 말하는 호화 주택은 호화로운 주택마저 포함하는 성싶습니다. 호화로운 주택이 질 좋고 아름다운 주택인 한에는 그것은 되도록 많은 국민이 갖도록 장려되어야 합니다. 우리는 좋은 집에서 삶의 뜻을 포함한 "잘살아보세"를 외치면서도 좋은 집에서 사는 삶이 옳지 않은 양으로 생각하도록 집단 최면을 받고 있습니다. 좋은 집을 지님이 죄로 취급받는 풍조 때문에 많은 사람은 자기 집을 남에게 빌려 주고—또는 남의 이름으로 옮겨 놓고—겉으로 초라한 곳에서 거짓 가난을 과시하고 있습니다. 우리 나라에 순수한 국산 승용차가 아직 어디에 있겠습니까마는 한때 외국산 차를 타고 다니는 분들을 저주하던 경향 때문에, 외국산 차는 차고에 두고 '국산' 차를 따로 사서 나들이하는 분들이 있었다고 합니다. 부정한 공직자가 단순히 사는 집 때문에 자리에서 물러날 위험이 있으면, 그의 부정한 마음이 있는 한에는 그의 부정한 치부는 집이 아닌 다른 음성적인 곳에 숨겨지기 쉽겠습니다.

  거짓 가난은 아마도 오랜 역사를 통해서 우리 민족의 집단 무의식 속에서 길러진 조건 반사일지도 모릅니다. 원님에게 불려 가서 재화를 바치기를 강요받았던 근세 조선의 지주는 자기가 지닌 것이 적다고 강조했어야 했습니다. 일본 식민지 시대의 농촌 부자는 공출이 무서워서 쌀을 감추었고, 곳간에 쌀이 있어도 남의 눈이 무서워서 보리밥을 먹었습니다. 오늘날에도 많은 가게의 주인은 세금이 무서워서 가게를 깨끗하게 꾸미기를 마다합니다. 겉에 나타난 것으로 사물을 판단하는 사회의 구성원은 분위기가 깨끗하고 아름다운 가게에서 물건을 살 수 있는 축복 대신에 너절한 가게에 가서 물건을 사야 하고 무질서한 가게로 가득 찬 어지러운 거리를 걸어야 하는 벌을 받습니다.

집, 이것은 누구의 것이든지 튼튼하고 아름다워야 합니다. 그리고 가능하면 널찍해야 합니다. 싸구려 주택만을 위해서 은행이 융자를 해 주어 왔던 사실은, 아마도 정책 결정자만은 그 불가피성을 잘 설명해 주실 터임에도 불구하고, 얼마 안 가서 쓰러질 날림집을 이 땅에서 장려해 왔습니다. 이번에 헐리게 되는 일곱 채의 서울 시민 아파트처럼, 날림집은 재화의 낭비입니다. 이 점에서 좋은 집은 비난의 대상이 아니라 소망의 목표이어야 합니다. 가난이 이상이 되어서는 안 되고, 가난한 삶의 주택이 우상화되어서는 안 됩니다.

건축 재료의 절약을 위해서 집 넓이가 오십 평이 못 되는 집만 짓도록 한다고 합니다. 신문 보도에 따르면, 이 한계를 넘는, 이미 지어진 집의 값이 치솟는다고 합니다. 이십 평 집에서 살아왔으나 부지런히 일해서 더 큰 집에서 살게 되기가 소망인 사람이 많습니다. 지금까지 오십 평 이상의 집에서 살아온 사람이 그렇지 못한 사람보다도 더 살림이 넉넉했다면, 새집 넓이의 제한은 이미 부자인 사람을 더 부자로 만듭니다. 지금까지 가난해 왔던 사람은 평생의 소원이던 더 큰 집을 사기 위해서 훨씬 더 많은 금액의 돈을 치러야 하게 됐습니다. 또는 큰 집이 값이 오르지 않았던들 이를 살 수 있었으나 이제는 사지 못하는 사람의 눈에는 이미 부자인 사람만을 위한 특권이 되었습니다.

자본주의 사회에서 가난한 사람은 부자가 되기 위해서 더욱 부지런히 일합니다. 이 부지런한 일 속에 나라의 경제 성장이 있습니다. 벌어서 얻은 바가 감추어야 할 바가 되지 않는 사회에 더 큰 번영이 있습니다.

천구백칠십사년, 배움나무

바른 소리

많디많은 사람이 '바른 소리'를 하다가 일하는 자리에서 물러납니다. 또는 그렇다고 우리는 자주 듣습니다. 사람은 마땅한 처지에서 울부짖는 '바른 소리'로 이름을 떨쳐서 남에게서 영웅의 여김을 받습니다. 그런데 '바른 소리'는 도대체 무엇입니까?

바른 소리는 흔히 반항자의 반체제적인 소리입니다. 근세 조선의 선비가 이녘이 옳다고 생각하는 나랏일의 실현을 위하여 목숨을 걸고 임금에게 올린 상소의 내용이 바로 바른 소리요, 요즈음의 사회 체제 속에서도 자기의 지위가 주는 이득을 앗길지도 모르는 위험을 무릅쓰고 윗사람의 비위를 거슬러 자기가 옳다고 생각하는 바를 말하는 사람의 소리가 바로 바른 소리입니다. 바른 소리—이는 말하는 이에겐 해로운 모험이요, 듣는 이에겐 이로운 쓴 약입니다. 그것은 양심의 화신이요, 용기의 구현입니다.

우리 사회의 네 모퉁이에는 골고루 반항자들이 있습니다. 반항자들은 흔히 자기의 소리가 늘 바르다고 우깁니다. 반항자들의 울부짖음은 바를 수가 많습니다. 그러나 이 바름이 순응자들을 반드시 그르게 만드는 것은 아닙니다. 바른 소리 때문에 윗분의 미움을 사서 승진에 지장을 받고, 윗분의 귀가 바른 소리에는 막히고 아첨의 소리에만 솔깃했기 때문에 아니꼬워서 직장을 떠났다는 반항자의 이야기를 우리는 너무나 자주 듣습니다. 사팔뜨기 반항자에겐 자기가 반대하는 것은 다 그른 것이요, 자기가 내뱉는 반대의 소리는 다 바른 소리입니다.

그것뿐입니까? 그는 때때로 미련한 소리, 더딘 소리, 무딘 소리, 하찮은 소리, 못난 소리, 엉뚱한 소리, 빠른 소리, 설익은 소리, 답답한 소리, 빗나간 소리, 비뚤린 소리, 무엇보다도 거짓 소리 때문에 남에게서 쫓겨나서도 바른 소리 때문에 자리를 물러났다고 우기기가 일쑤입니다. 이와 같은 그른 소리는 바른 소리의 탈을 쓰고 사람들의 동정을 사고 의분을 부추깁니다.

바른 소리는 이처럼 옳으면 사회의 약이고, 그르면 사회의 독입니다. 생각하는 사람은 올바른 바른 소리뿐만이 아니라 협동과 신의와 합당한 복종의 미덕마저도 높이 삽니다. 우리가 흔히 듣는 그른 '바른 소리'는 이 미덕을 갉아먹는 이빨의 소리입니다. 올바른 '바른 소리'는 옳은 생각이 펼치는 굽은 생각과의 벼름이요, 앎에서 모름으로 흐르는 타이름입니다.

그래서 누가 직장에서 '바른 소리' 때문에 물러나거나 쫓겨났다고 해서 그 직장이 반드시 그른 것도, 그가 반드시 바른 것도 아닙니다. 그도 그의 직장도 바를 수도 그를 수도 있기 때문이지요. 흔히 한 질서나 그 속에 머무르는 사람은 부분적으로만 바르거나 그릅니다. 그래서 모든 바른 소리가 바르기만 하다고 여기지 맙시다.

옳은 바른 소리는 혁명에, 그른 바른 소리는 반란에 견줄 수 있습니다. 튼튼한 사회의 눈은 혁명과 반란을 그 성공이나 실패에 상관이 없이 가릴 줄 압니다. 아니, 혁명과 반란을 가릴 줄 아는 눈을 가진 사회가 튼튼합니다.

천구백칠십사년, 배움나무

일러바침을 되씹는다

고발 정신이 아쉽다고 거듭해서 듣습니다. 남의 비행이나 부정이 처벌이나 제재를 받도록, 이를 일러바침이 필요하다고 합니다. 다른 나라에서 기어들어 와 이 땅 안에서 염탐꾼 노릇을 하는 사람을 신고하여야 하듯이, 법이 고발을 강제로 요청하는 일도 있습니다. 또는 어느 땅이 이녁 것인데 남이 부당하게 차지하고 있음을 시정해 달라고 자발적으로 또 공개적으로 법에 호소하는 수도 있습니다. 그리고 남이 법을 어겼노라고 몰래 일러바치는 사람도 있습니다. 고발 정신은 이제 반복된 그 중요성의 강조 때문인지는 몰라도 이 사회가 더 살기 좋은 곳이 되기에 공헌하는 요소가 되는 것으로 흔히 인정을 받습니다. 고발로 영웅이 된 사람이 많습니다. 또 고발이 무서워서 그른 짓을 말리는 만큼 고발은 사회에 이바지하겠습니다.

아래 법원에선 유죄이던 것이 위 법원에선 무죄로 판가름이 나기도 하듯이, 어느 행위가 죄로 여겨지기는 바라보는 사람의 눈에 달려 있기도 합니다. 또 어느 사람에게는 가장 커다란 죄의식을 가지고 하는 일도 다른 사람에게는 터럭만큼도 거리낌이 없는 떳떳한 일이 되는 경우도 있습니다. 또는 사회에 공헌하는 일의 수행도 자질구레한 '나쁜' 수단에 의존하기도 해야 하는 수가 있다고 우리는 듣습니다. 또는 법이나 관습에 따라서 바라보면 나쁜 일이, 양심에 따라서 바라보면 떳떳할 수도 있고, 법이 강제하거나 허용하는 일을 하고도 양심의 건드림 때문에 괴로워하는 사람을 봅니다. 진리를 말하다가 폭군에게 맞아 죽은 역사 속의 철인처럼 처벌자보다도 더 어질고 바른 죄인도 있습니다. 그리고 무엇보다도 양심과 법과 관습을 다 합한 자로 재 보아도 흔들림 없이 죄가 되는 일을 저지르는 사람도 있을 수 있습니다.

인간은 숙명적인 미완성성 때문에 '털어서 먼지 안 나는 사람이 없을' 만큼 거의 모든 사람은 죄인입니다. 인간의 이 숙명적인 미완성성 때문에 법이 필요하기도 합니다. 죄인이 할 일은 뉘우침입니다. 그래서 예수님은 사람더러 뉘우치라고 가르쳤습니다. 참으로 뉘우치는 사람에겐 자기의 죄가 온 세상 누구의 죄보다도 더 크고, 그에게는 이의 해결이 가장 긴급한 문제입니다. 그에게는 남의 흠을 고자질할 겨를이 없습니다. 고발 정신은 그에게도 필요하되 자기 고발의 긴요성 때문에 가장 필요합니다. 이런 죄인, 아니, 상대적으로 선량한 시민, 그는 감옥에 갇힌 반복성 범죄자와는 달라서 늘 무서워합니다. 경찰관의 관대한 판단으로는 용서받고도 남을 수 있는 하찮은 죄를 저지르고도 그는 무서워서 벌벌 떨 수도 있습니다. 그는 가상적인 죄마저 무서워해서 남이 대화를 엿듣고 고발할까 봐서 벗과 찻집에서 흉금을 털어놓고 이야기하기는커녕 귀엣말로 수군거립니다. 하찮은 화제를 놓고도 남이 엿들을까 두려워합니다. 그는 이녁이 모르는 사람을 다 가망적인 적으로 여기려니와, 이녁이 아는 사람마저도 아는 만큼만 벗이라고 여깁니다. 그가 모르는 사람은 따지고 보면 세상 사람 대다수입니다. 그는 호전적인 인간 환경 속에서 포로로서 목숨을 이어 가고 있습니다.

우리가 얼핏 미덕이라고 여기는 그 고발 정신은 이처럼 사람을 움츠리게 하고 도사리게 하는 수도 있습니다. 움츠리거나 도사리는 사람은 흔히 남을 믿지 못합니다. 흔히 이것을 불신이라고 하더군요. 불신—이것은 믿지 않는 사람의 잘못이기도 하려니와 미덥지 않은 사람의 탓이기도 합니다. 그가 믿는 사람에게 하는 말과 그가 믿지 못하는 사람에게 하는 말의 사이에 엄청난 틈이 생깁니다. 그의 이야기에는 공식적인 것과 사적인 것의 이중성이 깔려 있습니다. 움츠리거나 도사리는 사람은 늘 마음의 문을 닫고 여간해서는 열어 주지 않습니다. 그의 표정은 흔히 굳어 있고, 그의 웃음은 이빨만 내밈입니다. 그는 불안해 하고 초조해 하며, 어느 정도인지는 몰라도 피해 망상증에 걸려 있을 수가 있습니다. 그는 이 땅의 신경 안정제의 판매를 촉진시킵니다. 그는 내일에의 도전이 현재의 것보다도 더한 불행을 초래할까 봐서 현상 유지에 집착하여 행동에서 창조성을 잃습니다.

다행히 우리는 자유 사회에서 살고 있습니다. 우리의 이웃에 사는 모든 사람이 이 자유 속에서 서로 믿고 얽히고 엮여 있어야 우리의 힘이 강해집니다. 그러나 무서워하는 사람은 남과 엮여 있지 않고 듬성듬성 홀로 서 있습니다. 이들은 무서워하지 않아도 되는 사회 안에서 더 큰 안심과 융합을 얻습니다.

고발 정신—이것은 자연스레 흘러야지 부채질되어서는 안 됩니다. 정부에서 고발자가 이름을 밝히지 않는 고발은 다루지 않기로 했음도, 무고죄라는 죄목이 있음도 슬기로운 일입니다. 독립 운동에 참여한 사람의 활동을 남몰래 일본 관헌에게 일러바쳤음이나, 남의 수박밭에 가서 함께 수박을 따 먹은 아이를 보고 자기도 며칠 전에 그랬음엔 아랑곳없이 몰래 주인에게 일러바침과 같은 것은 그 옳고 그름은 제쳐 놓고라도, 우선 '더러운' 일입니다. 대가를 주지 않으면 일러바치겠다고 약점 있는 사람을 어르는 행위를 법이 다스리기도 하는데 이를 공갈죄라고 하더군요.

  실로, 남의 눈에 죄인처럼 보이는 사람도 알고 보면 깨끗할 수도 있습니다. 또 아무리 노력해도 망나니 취급밖에 받지 못하는 사람은 체념 속에서 줄곧 망나니 노릇을 하기 쉽습니다. 모든 사람이 수상한 사람으로 취급받지 않으려고 애써야 하는 사회 속에서는 수상한 사람을 찾기가 더 어렵습니다.

  이 사회에서 믿는 사람은 남이 미더운 사람으로 되는 데에, 그리고 미더운 사람은 남이 믿는 사람으로 되는 데에 이바지합니다. 믿는 사람이나 미더운 사람에겐 이녁 옷에 묻은 재가 남의 옷에 묻은 똥보다도 더 더럽게 보입니다. 이런 사람들로 빽빽한 사회가 우리가 염원하는 더 단단한 총화를 가져옵니다.

천구백칠십사년, 배움나무

희디흰 사람과 검디검은 사람

〈춘향전〉에서 이 도령과 변 학도는 아주 대조적인 사람들이었다. 흥부와 놀부가 대조적인 것도 물론이다. 한 사람은 하나부터 열까지가 다 좋고, 다른 사람은 모든 면에서 나쁘다. 그렇지 않으면 적어도 이 이야기들의 윤리가 그걸 의도한다.

신파 소설들도 거의 이 좋은 사람과 나쁜 사람의 싸움을 소개했다. 아마도, 홍성유의 〈비극은 없다〉가 좋은 기질과 나쁜 기질을 고루 다 가진 두 사람의 겨룸을 다룬 맨 처음의 소설이었을 성싶다.

우리의 의식 속에는 이처럼 모든 사람을 좋은 사람과 나쁜 사람 두 갈래로 나누는 버릇이 도사리고 있다. 그래서 흔히 신문 보도는 모든 사람이 '순사'가 아니면 도둑놈인 것으로 단정한다. 죄를 저지른 사람에 관한 보도를 보면 마치 그 사람이 죄의 화신이고, 그 사람의 이력이 죄만으로 점철되었고, 그 사람의 인격에 바른 사람으로서의 흔적이 하나도 없는 것으로 착각하게 된다. 독자는 그걸 보고 "이 죽일 놈 봐라!" 하고 흥분한다.

이처럼 우리는 부분만을 보고, 또 그것도 흔히 잘못 보고 전체를 판단한다. 부분만을 제시하면서도 보는 이로 하여금 그것이 전체라고 잘못 믿게 만들 뿐만이 아니라, '말했다'를 '으스댔다', '우겼다', '푸념했다', '넋두리했다', '뇌까렸다', '잡아뗐다', '말해서 주위의 빈축을 사고 있다' 따위의 주관적인 서술로 감정을 부추겨서, 상대방으로 하여금 이성적인 사실 판단이 아닌 감정적인 심리 반응으로 얘기를 들을 수밖에 없도록 만든다.

그러나 이 세상에서 가장 결백하게 보이는 사람일망정 스스로나 남이 알아차리지 못하는 결함이 있을 수 있고, 이 세상에서 가장 못된 사람으로 낙인이 찍힌 사람일망정, 결백한 사람에서마저 찾지 못할 아름다운 인간성이 있을지도 모른다.

작은 죄만을 짓고도 들켜서 큰 죄인이 되는 사람도 있으려니와, 더 큰 죄를 짓고도 들키지 않아서 죄 없는 사람으로 통하는 분도 있겠다. 큰 공을 세우고도 남이 몰라주어서 영웅이 안 된 사람도 있고, 작은 공으로 공치사를 잘해서 남이 알아주는 사람도 있다.

희디희게 보이는 사람에게도 검은 부분이 있고, 검디검게 보이는 사람에게도 흰 부분이 있다. 흥부와 놀부 사이에도 공통점이 있고, 놀부에게도 흥부가 알지 못하는 장점이 있다. 세상 사람들을 이 도령과 변 학도로 가르지 말자. 이 도령에게도 변 학도적인 자질이 있고, 변 학도에게도 이 도령적인 자질이 있다.

천구백칠십사년, 배움나무

성탄절과 노는 날

해마다 성탄절이라는 이름의 명절이 돌아온다. 이 나라에 불교 신도도 많은데, '부처님 오신 날'은 공휴일로 안 정하고 예수님이 오신 날만을 공휴일로 정하였다고 해서, 이날을 평일로 되돌리든지 초파일도 공휴일로 정하든지 하라고 소송했던 어느 분의 주장이 좌절된 것이 생각에 떠오른다.

나는 예수님의 어지신, 정신적인 지도자 됨을 인정한다. 그리고 적어도 그분을 좇는 사람들에게 그분의 탄신일이 공휴일이 되는 것을 마다하지 않는다. 모든 신앙의 추종자들에게는 그 종교의 창시자 생일이 아마도 꽤 중요한 명절일 터이다. 우리 나라 같은 민주주의 나라에선 신앙의 자유가 있고, 신앙은 이를 믿는 사람의 정신적인 질서를 다스리는 중요한 요소이니, 공휴일이 나라가 국민에게 주는 혜택의 하나라면, 불교를 믿는 사람이 '성탄절' 말고 초파일을 공휴일로 갖고 싶어할 터임은 너무나 당연하다.

성탄절은 신앙과 연관되는 공휴일이다. 나라가 분별심 있게 신앙상의 공휴일을 개인에게 주려거든 개인이 선택한 신앙상의 중요한 날짜를 공휴일로 누리도록 함이 더 옳겠다. 불교 신도에게는 '성탄절'에 일하게 하고 초파일에 쉬게 함이 얼마나 더 이상적이랴! 다른 신앙의 신도에게는 그들이 더 중요하다고 여기는 날이 공휴일로 인정받는 공평성을 허락하자. 신앙이 있는 사람에게 주어지는 공휴일이 한 해에 하루 또는 이틀이면, 무신론자들에게도 하루 또는 이틀의 신념의 공휴일을 인정하자.

 국민의 다양한 신앙과는 상관이 없이, 모든 사람이 노는 우리 나라의 도시 속의 성탄절이 역겹다. 해마다 이 성스런 날이 오면, 모든 사람이 예수님이 하지 말라고 인간에게 타이르던 일만을 골라서 하는 듯한 광란을, 우리는 되풀이해서 보아 왔다. 한국의 성탄절을 하늘이 굽어보시면 얼마나 꾸중이 많을까 두렵다.

 한국의 '성탄절'—이것은 이제 깊숙이 상업화되었다. 해마다 십이월에 접어들자마자 예수님 가르침의 '가'자도 여느 때엔 외면하던 많은 사람들이 이녁 가게 앞에 '메리 크리스마스'를 내걸고, 이녁이 파는 물건에 비싼 값을 매겨 놓고서는 가장 싼값으로 판다고 거짓으로 외치는 구실로 전락한 것이 바로 성탄절이다. 지난 삼십 년 동안에 이 명절 때문에 일어난 너무 많은 물질적인 낭비도 정신적인 방종도 그분이 가르치신 뉘우침의 과녁 속에 포함됨 직하다.

 성탄절—이것은 신앙을 달리하기에 따라 다른 날에 오는 공휴일이면 더 좋겠고, 도나캐나 '즐거운' 날이 아니라 반성과 명상으로 채워지는 날이면 더 좋겠다.

천구백칠십사년, 배움나무

먹칠과 우롱

 언론의 공정은 보도의 올바름뿐만이 아니라 보도의 두루 바름을 포함한다. 보도에 사심이 깔려 있지 않고, 선택이나 비중이 보도자 말고 수용자에게 공평해야 함을 뜻한다.
 지난 사분세기 동안에 언론인들이 신격화한 화제는 아마도 보도의 자유와 인권의 존중이었던 듯하다. 언론인들의 반복된 중요성의 강조 때문에 이 두 문제는 대량 매체의 가장 두드러진 문제인 것으로 대중의 의식에 심겨 있다. 적어도 언론인들의 생각에는 이것들이 주어진 여건 속에 흡족히 있지 못해서 강조된 중요성이리라.
 그런데 언론인들이 거의 망각하는 수용자의 불평이 있다. 이것은 '없어서' 있는 불평이 아니라, '있어서' 있는 불평이다. 한정된 지면이나 시간의 공평한 활용이 국가적인 역량의 극대화라면 커다란 문제가 하나 있다. 그리고 이 문제는 아마도 언론인들 스스로가 생각하는 두 문제보다도 더 큰 질병의 소산일지도 모른다. 이것은 공평한 보도에 관한 화제이다.
 며칠 전 어느 신문을 보니, 경쟁 신문의 방계 재단 법인의 탈세 혐의의 중요성을 부풀려서 보도했다. 그런데 그 경쟁 신문에는 자기의 방계 재단이 겪는 이 화제에 관해서 한마디 보도도 없었다.

흥행 사업을, 전시회를, 운동 경기를 부수 사업으로 삼는 대량 매체는 자기 집에서 주최하는 행사의 실질적인 광고를 위해 너무나 푸짐한 지면이나 시간을 할애한다. 그리고 다른 경쟁 매체는 이를 너무나 인색하게 취급한다.

예컨대 백화점을 방계 회사로 갖고 있는 매체는 그 백화점에 직접으로 또는 간접으로 호의적인 관계가 있는 보도를 힘주어 다루는가 하면, 다른 매체는 그 백화점의 기사가 객관적으로 중요하더라도 이를 회피한다.

신문이나 방송은 많은 중요한 인사들이 날마다 출국하거나 입국하는 것은 시간이나 지면이 아까워서 보도하지 못하고서는 자기 회사의 사장이나 부장이나 다른 간부나 기자가 우리 나라 국경을 넘나드는 일은 사진까지 곁들여 보도한다. 그리고 다른 매체 간부들의 나들이에 대해서는 한마디도 없음은 물론이다.

그러면서도 이들 매체들은 보도의 상업화를 걱정해서 찢어지게 가난한 사람의 눈물겨운 사연과 얽혀 있지 않으면 역사의 형성에 창조적으로 참여하는 사람들의 이야기를 꺼려 한다. 이 현상이 너무나 오래 지속되었기 때문에 사람들은 이를 오히려 마땅한 것으로 받아들여서 그 보도가 불공평함으로 보지 못하는 성싶다. 그러나 이는 대량 매체마다 자기가 그 화신이라고 내세우는 보도의 공평성에 대한 먹칠이요, 대중에 대한 우롱이 아니랴? 대량 매체들은 이제 스스로가 사회의 공기라는 우김을 버리든지, 특정 사업체들의 기관임을 시인하든지, 이것들이 싫거든 자기 선전과 관계되는 공평성의 결핍을 중요한 문제의 하나로 마음에 새겨야 하리라.

천구백칠십사년, 전남일보

보리차

　산 좋고 물 좋음이 예로부터 살기 좋은 고장의 으뜸 요건이었다. 어느 고장이 물이 좋다고 함은 빨질이나 농사에 좋을 뿐만이 아니라 마시기에 좋음을 뜻하기도 한다. 깨끗한 물—이것을 찾아 선비는 표주박을 차고 먼 길을 걸었다.

　옛사람이 차를 달여 마셨음이나 요새 사람이 술 섞은 물을 마심을 우선 제쳐 놓으면, 우리가 흔히 마시는 물로 숭늉과 찬물을 들 수 있다. 요새 도시에서 마시는 숭늉과 찬물은 수돗물이다. 본디 더 더러웠지만 약을 타고 체로 걸러서 덜 더럽게 된 물이다. 이걸 끓여 먹어야만 덜 탈이 난다고 의사들이 우리에게 일러 준다.

　어느덧 우리 나라의 대중 음식점이나 다방에는 찬물이나 숭늉을 갈음하여 보리차나 엽차가 등장하였다. 그런데 이것은 우리가 바라듯이 보리를 볶아서 달인 따끈하고 구수하거나, 차 잎새를 정성 들여 달여 만든 싱그러운 차가 아니요, 그 맛이 물감에서 왔는지 또는 차 찌꺼기에서 왔는지는 몰라도, 씁쓸하기만 해도 괜찮으련만 그렇지도 못하고 설쓰기만 한 미지근한 물이다. 흔히 보리차는 사람의 입에서, 그리고 손에서 옮은 기름기 탓으로 촉감이 끈적끈적한 더러운 그릇에 담겨 온다.

뜨거운 보리차를 달라고 해도 이 미지근한 물이 나오고, 찬물을 달라고 해도 이 미지근한 '보리차'가 나온다. 더 차거나 더 뜨거운 것을 달라고 하는 사람은 까다로운 사람이 된다.

이걸 보리차라고 부를 바에야 보리를 볶아 달여 만듦이 가장 정직하리라. 그러나 어차피 공짜로 나오는 차이어서 경제성 때문에 볶은 보리를 못 쓰고 딴 재료를 꼭 써야 하겠거든 펄펄 끓여서 미지근하게 말고 따끈하게 만들어 내오든지, 또는 이걸 다시 차게 하여 미지근하게 말고 차갑게 만들어 내오는 걸 보고 싶다. 그리고 또 이 미지근하지 않은 물을, 그저 헹구었을 뿐인 기름진 그릇 말고 씻어 말린 그릇으로 들이키고 싶다.

식당이나 다방의 주인들이 보리차나 엽차가 덤이라고 해서 도나캐나 다룸이 옳지 않음을 알아차릴 날은 언제 올까? 더럽거나 맛없는 차를 마셔야 함은 질병이나 불쾌의 손해를 보아야 함이다. 그러니 보리차나 엽차를 공짜로 주더라도 더럽고 미지근하게 말고, 깨끗이 그리고 따끈히 또는 차갑게 만들어다오.

천구백칠십사년, 전남일보

'간판 홍수', 이대로 좋은가

온 나라가 간판과 구호로 덮였다. 도시에 있는 집들의 앞쪽은 문턱에서 지붕 끝까지 무질서한 그림과 글의 뒤범벅이요, 거리는 구호와 현수막의 비빔이다. 고속도로 곁엔 큰 기업들의 애국심을 과시하는 글귀의 간판이 즐비하고, 산엔 '절대 녹화'와 '칠십사년 조림'이 말뚝을 박았다.

어지러운 간판이 미관을 망칠 뿐만이 아니라, 이것들 속에 파묻힌 사람들의 마음을 어지럽힌다고 느끼는 사람은 나뿐만이 아니리라. 서로 크기와 빛나는 색깔의 싸움을 하는 간판들을 자기의 의사에 반해서 보아야 함은 정신적인 고문이다. 홍콩과 같은 곳의 뒷골목에서 어지러운 간판의 홍수를 보고 주민의 문화 수준을 짐작하는 외국인이 우리 나라에 와서 비슷한 생각을 하지 않으리라는 보장은 없다.

서울이나 부산과 같은 큰 도시의 길갓집들에서 우선 모든 간판을 떼어 내고 말끔히 청소해 놓으면 도시의 분위기가 훨씬 더 세련되고 차분해 보이리라던 분의 말을 믿는다. 누가 와서 간판이 너무 크다고 꾸중하고 갔다는 어느 가게 주인의 말로 미루어서 아마도 어디엔가 간판 규제의 법이 있기는 있는 듯하다. 그러나 온 국토의 아름다움을 이처럼 칼질하는 간판의 해독을 허용하는 규제는 있으나마나다.

우리가 누리는 사회가 자유 사회라고 해도, 우리의 분위기를 살벌하고 어지럽게 하는 자유만은 자신에게 허용치 말자. 자기 집의 간판을 옆 식당의 것보다도 더 크게 해서 손님이 찾아오길 기다리지 말고 자기 집의 음식과 분위기가 옆집 것보다도 더 빼어나서 찾아오도록 하는 설렁탕집 주인을 더 보고 싶다. '저축은 국력'과 같은 구호적인 글귀를 쓴 커다란 현수막을 걸어 호소할 대상이 기껏 고객의 애국심밖에 없다는 인상을 주는 대신에, 예금해서 고객이 얻는 이득과 예금하러 오는 고객이 받는 대접을 건물 안에서 차분히 설득함으로써 고객을 유치하는 은행을 보고 싶다. 책 한 권 크기의 놋쇠 간판만을 대문 곁에 품위 있게 붙였어도 손님이 꾸역꾸역 몰려드는 가게로 만들어야 할 것이다. 이해가 다 가기 전, 이 간판 문제 한 가지라도 새해를 맞는 것에서 연말의 참뜻을 찾는 게 어떨까.

천구백칠십사년, 조선일보

변화와 날림

근세 조선의 도자기와 목기 따위가 아름다워서 여러 나라 사람들이 앞을 다투며 사 갔다. 일본의 민속학자 야나기 무네요시로 하여금 "한국의 공예품은 제도된 것이 아니고 탄생한 것이라"라고 말하도록 한 한국 공예의 간결성과 소박성이 단순화를 추구하는 세계적인 심미 경향에 일치하기 때문이리라.

그러나 동전에도 두 얼굴이 있듯이, 우리가 자랑하는 소박성 뒤에는 또 하나의 얼굴이 있다. 정확한 치수의 자를 쓰지 않고도 운치 있는 집을 지은 목수의 솜씨도, 날쌔게 흙을 빚어 만든 조선 분청 사기의 힘찬 조형도, 제품을 '도나캐나', 그리고 '함부로' 만드는 '날림'의 전통을 우리에게 주었을지도 모른다.

사람은 환경의 동물이어서, '날림' 속에 파묻혀 살면 그것을 가장 당연한 것으로 받아들인다. 우리는 근대화의 깃발 아래에서 주기적이고 순환적이던 경제 생활의 틀을 벗어나서, 땅과 집과 옷과 먹이가 시각으로 바뀌는 변화의 시대에 살고 있다. 그런데 우리는 이 변화를 통해서 새로운 것들을 덤으로 얻는 것으로 얼핏 생각하기 쉬우나, 실은 얻는 것이 있으면 반드시 빼앗기는 것이 있다. 도시에 새 건물이 들어서면 헌 건물이 헐리고, 새 집을 짓기 위해서 시멘트가 쓰이면 땅에 묻힌 시멘트가 소모된다. 새 길이 나면 농토가 줄어들고, 새 시설의 아름다움이 있으면, 낡은 시설과의 조화의 상실이 있다. 그래서 빨리 바뀌는 국토의 모습을 보고 걱정하는 분들이 있다. 우선 상실되는 요소는 그만두고라도, 새로 생기는 것들이 날림의 소산이면, 어느 때엔가 대중의 눈이 더 밝게 뜨일 때에, 정신적인 장애물이요, 물질적인 쓰레기임이 판명되어서 아예 새로 생기지 않았음만도 못하다고 여길 터이기 때문이다.

그러나 변화는 불가피하다. 그리고 창조성이 어린 변화는 바람직하기도 하다. '날림'은 나쁜 재료를 쓰는 것뿐만이 아니라, 주어진 재료를 창조적으로 쓰지 못함을 뜻한다. 서울의 높은 건물들이 근대화의 상징인데도 미래를 내다보는 분들의 눈에는 없애기 어려운 괴물로밖에 보이지 않는다. 가장 정직한 한국 음악이라고 평가를 받는 판소리가 우러나온 곳이요, 많은 역사의 예술인들이 이곳 물을 들이켜지 않고서는 목말라 했으며, 이곳 주민의 선조들이 삼국 시대에 가장 승화된 백제 문화의 창조자들이었던 호남 지방은 가장 발전이 더딘 곳으로 알려져 있다.

그래서 '다행히도' 이곳은 이른바 근대화 과정에서 아직도 가장 덜 바뀐 곳이다. 그러나 변화의 필요성은 크다. 반드시 나쁜 것만은 아니었던 기존 질서의 파괴라는 대가를 치르고 바꿀 바에야, 남들처럼 쓰레기를 만들지 말고 선조가 준 창조성을 응용하여 바꾸자. 그래서 새로 생겨나는 것들이 옛 질서와 조화를 이룰 뿐만이 아니라, 후손에게 역사의 짐이 되지 않게 하자.

변화—그 존재 이유는 그 자체에 있는 것이 아니라, 사람의 삶에 되도록 길이 공헌하는 데에 있을 성싶다.

천구백칠십오년, 배움나무

땅 짚고 헤엄치는 사람들

한 나라의 번영이 우리에게 필요한 것이면, 나라 안에서 개인의 번영도 부추겨져야 한다. 우리는 주먹구구로도 나라의 번영이 그 안에 사는 개인의 번영의 총화라는 것을 알 수 있다.

우리는 요즈음에 나라의 번영이 우리 역사가 건전하게 뻗는 데에 무척 중요하다고 나날이 되풀이해서 배운다. 그런데도 대중 문화의 소용돌이 속에서, 그리고 이것을 실질적으로 형성하는 여론 지도자들의 대량 매체를 통하거나 입에서 입으로 전하는 여론에서, 번영을 누리는 개인들은 도끼질을 당하고 있다. 이 땅에서 부자치고 남의 욕을 먹지 않는 사람이 드물다. 이 탓을 다만 못 먹는 밥에 재 뿌리고 호박에 말뚝 박는 근세 조선의 핍박 받던 서민의 저항 의식의 유물로만 돌려야 할까?

해방이 되고 이승만이 나라를 다스리던 때부터 사회의 여러 분야에서 형성된 지도자 체제는 일본 제국주의 식민지 통치에 참여하던 분들을 적잖게 흡수했다. 이 현상은 나라를 재건하려는 과업에 만인을 참여시킨다는 숭고한 정신에도 불구하고, '어제'까지 일본 통치에 협력하지 않는다고 사람을 잡아다가 처벌하던 사람을 '오늘'엔 해방의 대열에서 죄를 지었다고 사람을 잡아다가 처벌하는 사람으로 만드는 데에 바람직하지 않은 이바지를 한 듯하다. 이처럼 일제 시대의 지도자들은 해방이 되고서도 거의 고스란히 지도자로서 남아 있었다. 따라서 일제 시대의 가치관이 새 질서 위에서도 도사리고 있었다.

그 뒤로 나라가 두 번의 혁명을 치렀다. 그리고 그 두 혁명이 새 질서 확립을 위해 끈질기게 노력했다. 그러나 혁명 이전에 국민에게 대가를 치르게 하고 치부하던 사람들—예컨대 바닷물을 퍼다가 나라에 간장으로 팔아먹은 사람—이 줄곧 눌러앉아 치부하고 있다고 아직도 적지 않은 국민이 생각하고 있는 듯하다. 이 생각이 통째로 잘못된 오해에서 비롯된 것일까? 나라에서 얻은 빚을 갚으면 빈털터리가 될 운명의 법인체의 주인은 따로 일찍이 땅을 사 놓고 개인적인 풍요를 누릴 뿐만이 아니라, 가난한 이웃의 열등감에 부채질을 할 정도로 큰 저택을 지어 살고 있다는 소리를, 국민은 이 민주 국가의 신문에서 되풀이해서 읽는다.

우리 나라의 민주 체제는 성실하게 땀을 흘리는 사람에게도 성공을 허용한다. 그런데도 대중의 의식은 성실한 대가를 치르지 않고 성공을 거두는 사람, 곧 땅 짚고 헤엄치는 사람만이 무더기로 이 사회에서 성공을 거두는 사람이라고 착각하고 있다. 어느덧 대중은 모든 경우에 결과가 과정을 정당화한다고 잘못 믿는다. 따라서 결과만 이루고 보면, 과정의 잘못에 대해서는 그 결과의 위력으로 빠져나갈 구멍이 반드시 있다고 하는, 옳지만은 않은 믿음을 근대 역사에서 받았다. 작은 도둑은 법에 걸려도 큰 도둑은 스스로 도둑인 줄조차도 모르고 있다는, 아마도 어딘가 잘못되었을 생각을 많은 사람은 마음에 머금고 있는 듯하다. 그리고 자기보다 앞서서 이 '진리'를 터득하여 더 빠른 '성공'을 거둔 개인들의 처지를 시샘한다.

이 풍조의 책임은 나라에도 있다. 몇 해 전에 정부가 그토록 실현하려고 애썼던 부패의 근절을 위해서, 부정 공직자를 가려내는 기준으로 그들이 사는 집의 규모를 따졌다. 이른바 '호화 주택'의 풀이를 그것이 이제 우리에게 주는 더러운 영상에도 불구하고, '살기에 편하고 널찍한 집'이라고 한다면, 되도록 많은 국민이 이와 같은 집을 누리고 삶이 바람직하다. 모든 국민이 좋은 집에서 삶이 바람직하듯이, 비록 공무원이라도 좋은 집에서 사는 것은 훌륭한 것이다. 공무원의 부패 원인을 캐지 않고 그들이 사는 집만을 보고 처벌하면, 그들은 집을 감춘 알부자로 둔갑하여 오두막으로 가서 거짓 가난을 과시한다.

나라의 번영이 중요하다면, 개인의 번영이 우상화되어야 한다. 그리고 개인의 번영을 우상화하려면, 땅 짚고 헤엄치는 사람이 남을 앞질러서 영화를 누리는 것을 이제부터라도 허용하지 말아야 한다.

천구백칠십오년, 배움나무

확신과 그 과녁

확신은 믿음의 하나이다. 실로 사람이 말하는 '믿음'에는 여러 가지가 있다. 어느 사람이 예수를 믿음은 예수가 옳다고 느끼는, 따라서 석가모니를 그르게 하는 배타적인 행위일 수가 있다. 그러나 어느 사람이 어떤 사람을 믿음은 반드시 다른 사람을 못 믿음직스럽게 만들지는 않는다. 현대의 말에서 확신은, 이 낱말을 구성하는 중국 글자의 전통적인 뜻이 꽤 넓고 느슨할지언정, 일이나 사실이나 사건과 연관되는 결과나 행위나 상태의 필연성을 믿는 행위이다.

그래서 확신의 과녁은 '내일쯤엔 날씨가 따뜻할 터임'이거나 '그가 도둑이겠음'이나 '내 아들이 아침에 타 간 돈이 학교에 바쳐질 것이 아니라 군것질을 위한 것이겠음'처럼 결과나 행위나 상태이지, 절대로 사람이 아니다. 때때로 사람이 관련된다고 해도 그 사람 자체가 아니라, 그의 행동이나 상태가 대상이 된다.

'내일엔 날씨가 따뜻할 터임'을 믿는 어느 사람의 확신이 내일의 날씨에 영향을 줄지에 대해서는 오직 하늘만이 아신다. 그러나 이와는 딴판인 확신도 있다.

개는 그를 무서워하는 사람에게 더 달려들어 짖는다. 따라서 그 사람이 그 개쯤이야 무섭지 않다고 확신함은 그 개를 덜 무섭게 만든다. 관공서에 가서 뇌물을 주지 않고서는 어떤 일의 허가를 받기가 힘들다고 확신하는 사람은, 뇌물이 없어도 떳떳하게 그 일의 허가를 받을 권리가 자기에게 있다고 믿는 사람보다도 뇌물을 바침이 없이 그 허가를 받을 가망성이 적다. 이처럼 우리는 '누가' 어떻다고 확신하는 경우에나, '누구'의 품성이나 자질이나 행동 때문에 어떤 일에 어떤 결과가 나오리라고 확신하는 경우에는, 따라서 확신의 과녁 속에 인격이 있는 주체가 있을 때에는, 그 주체의 행동이나 상태에 대한 우리의 평가가 그 행동이나 상태를 크게 주름잡는다. 확신은 이처럼 확신하는 사람과 그가 확신하는 일의 주체 사이에서 변수 노릇을 수행한다.

우리는 흔히 어떤 과제를 놓고 망설이거나 그것을 풀기가 어렵다고 생각한다. 그것을 풀기에 대한 우리의 확신이 묽어지기 쉽다는 말이다. 그래서 우리는 어떤 결과가 우리의 소망인데도, 그것을 얻을 자신이 없어서 노력조차도 포기하기 쉽다. 물론 아무리 큰 확신을 갖더라도 우리가 영향을 끼치기가 어려운—예컨대 내일의 날씨와 같은—숙명적이고 객관적인 결과가 있기는 하다. 그러나 우리가 점치는 많은 객관적인 결과들 가운데에는 우리의 주관적인 신념이 결정짓는 일들이 많다. 이것은 마치 자석의 남극이나 북극은 객관적인 존재이지마는 그의 속성은 상대적인 것하고 통한다. 주어진 자석의 남극에다가 다른 남극을 대면 서로 밀고, 북극을 갖다 대면 서로 붙는다.

우리가 상상하는 많은 불가능한 일들 중에는 우리가 가능하다고 확신해서 가능하게 될 수 있는 일들이 많다. 가능할 수 있는데도 불가능하다고 믿는 것은 자기 속임이다. 어떤 결과가 이루어짐이 소망이거든 우선 그 결과의 성공을 확신하자.

천구백칠십오년, 배움나무

나팔바지와 홀태바지와 아름다움

나팔바지도 홀태바지도 다 아름답다. 다만 그 아름다움이 그 바지를 받아들이는 시대에 따라 상대적일 따름이다. 통이 좁은 바지를 입은 아들을 '딴 따라' 같다고 꾸짖는 아버지의 바지 통도 이태가 못 돼서 좁아진다. 학생의 머리카락이 너무 길어서 멱살을 잡아 끌고 가서 꾸지람하는 순경의 머리카락 길이도 그전의 수준에 따르면 꾸지람감일지도 모른다.

'아름다움'이 '앎'에서 나왔으며, 따라서 한국인의 미적 감각이 지성적이라고 풀이하셨던 분이 고유섭 씨였던가? 그러나 그분의 풀이엔 덧붙임이 필요하다. '앎'은 지식일 뿐이지만, '알음'은 사람이 남과 서로 아는 관계요, 한 걸음 더 나아가서 자기와 서로 아는 남, 곧 지면이다. 아는 사람은 친밀한 사람이며 우리와 서로 보살핌을 주고받는 사람이다. 우리는 그를 용서하고 너그럽게 받아들인다. 무엇이 또는 누가 우리에게 아름다움은 우리와 알음알음의 관계를 이루어 친밀함에 이르름일 성싶다. 이처럼 우리에겐 아름다움이 흔히 경험의 소산이 아닐까?

어제 넓은 깃의 저고리를 보고 눈살을 찌푸리던 많은 수의 사람들이 오늘은 바로 그 넓은 깃의 옷을 입고 깃이 좁은 저고리를 입은 적은 수의 사람들을 촌스럽다고 얕잡는다. 이 경우에 '딴따라'라고 불리던 어제의 외톨박이는 오늘에 보면 선구자요, 개척자이다.

여러 종교의 창시자들이 그들이 몸소 가르침을 펼치던 시대에는 박해를 받았듯이, 이들 외톨박이 선구자들은 시대를 앞질러 사는 사람들로서 같은 시대의 사람에게서 서러움과 따돌림을 받는다.

변화라고 해서 다 옳으랴마는, 이는 우선 발전하는 사회의 기본 요건이다. 변화에 인색한 사회는 정체와 획일성에 얽매인다. 다르다고 해서 다 그르지는 않다. 달리 행동하는 사람과 달리 생각하는 사람의 행동이나 생각이 나의 것과 일치하지 않는다고 해서 아니꼽게 여기지 말자. 바로 그 외톨박이가 새로운 내일의 기수일지도 모른다.

천구백칠십오년, 배움나무

욕심, 없애거나 채워야 하는 것

　행복은 만족에서 오고 불행은 불만에서 온다. 불행은 바라는 것을 얻지 못해서 생기며 욕심을 채우지 못해서 싹튼다. 욕심은 채워서 없앨 수도 있고, 극기심으로 버려서 없앨 수도 있다.
　욕심은 채워서 없앨 것이 아니라 부정해서 없애야 한다고, 불만을 역겨워하는 사람들에게 불교는 가르친다. 욕심을 채워서 없애더라도 그 자리에 더 큰 욕심이 도사리게 되어 욕심이 끝없이 늘어나고, 늘어난 만큼 사람의 삶이 불행하리라고 이 가르침이 일러 준다.
　그런데 사람은 무엇을 바라지 않으면 나아가서 얻으려고 노력하지 않게 된다. 현대 사회의 자본주의 질서가 사람들의 소유욕에 바탕을 두고 있다면, 이 욕심이 없이는 '근대화'도 개발도 있을 수 없다. 이 점에서, 불교가 많은 사람의 마음의 평정과 행복에는 이바지한다손 치더라도 그 사회의 진취성이나 발전에는 훼방이 될지도 모른다. 행복도 풍요도 다 우리에게 필요한 요소이니 실로 우리는 욕심이 필요하기도 하고 필요하지 않기도 하다. 그래서 분수에 맞는 욕심이나 야망이 바로 우리에게 맞는 처방일지도 모른다.
　욕심이 있을 때에 자기가 대가를 치르고, 자기가 흘린 땀으로, 또 자기가 들인 공으로 이를 채울 수 있다. 욕심이 있어야만 하는 요소라면, 이를 그렇게 채우는 것이 가장 이상적이다. 그런데 스스로의 힘으로 채울 수 없는 욕심을 가질 때에 그 욕심은 분수에 넘치는 욕심이 된다.

 분수에 넘치는 욕심을 가진 사람은 이를 채우지 못해서 자기 학대를 하기 쉽다. 이 자기 학대가 구체화된 것이 불행이요, 절망이다. 그는 이 넘치는 욕심을 삭일 길이 없어서 정신 병자가 되기도 하고 스스로 목숨을 끊기도 한다. 넘치는 욕심을 가진 사람은 그 대가를 남에게서 얻으려고도 한다. 집에서는 훌륭한 아비요, 지아비인 사람이 밖에 나가서는 도둑질을 하는 어마어마한 범죄 조직에 참여하는 것이 그 하나의 예이다. 이 넘치는 욕심은 그 폭발의 방향이 집안으로 옮겨지기도 한다. 밖에 나가서 만나는 사람들과의 관계에서는 모든 체면을 다 지키며 마음씨 좋고 훌륭하다고 존경을 받는 사람의 금전적인 배경이, 집에 들어와서 마누라나 어버이에게서 행패를 부려 뺏은 돈일 수가 있겠듯이 말이다.

 욕심이 사람을 불행하게 만든다는 불교의 가르침을 따르는 것이 우리 사회를 영원히 정체하는 것으로 만들지는 도가 통한 사람만이 우리에게 일러 줄 바다. 그러나 분수에 넘치는 욕심이, 그것을 지닌 사람과 그들과 인연이 맺어진 사람들에게 불행의 원인이 된다는 것은 곰곰이 생각해 볼 만한 일이다.

천구백칠십오년, 배움나무

호기심

내가 더 어렸을 적에 기차에서 마주 앉은 스웨덴 사람에게 어디 가시느냐고 인사를 하고 받은 대답이 "한국 사람은 호기심이 많습니다"였다. 서양 합리주의의 윤리는 남에게 개인적인 질문을 해서는 안 된다는 것을 가르칠 뿐만 아니라, 대체로 남의 일에 끼어들려는 것을 말린다. "네 일이나 걱정해라" 또는 "날 내버려 둬 주세요" 같은 표현은 이제 한국인의 대화에서도 듬성듬성 나타나는 말이 되었다. 그런데 과연 우리는 분별이 없을 만큼 남의 일에 호기심이 많은 백성이냐?

호기심—이것은 알고파 하는 마음이다. 그러니 그것은 바탕으로는 건전한 마음가짐이다. 그러나 평화로운 사회 질서를 간직하려면 알고파 한다고 때와 곳을 가리지 않고 빠짐없이 묻는 것은 받아들여지지 않는다. 이는 마치 모든 자동차가 거침없이 목적지까지 가는 것이 운전사의 소망이지만, 교통 정리의 제약을 받아야 하는 것과 마찬가지이겠다. 그러니 지나친 호기심이 나무람을 받아야 하는 것은 서양에서뿐만이 아니라 우리 나라에서도 필요하다.

한국 사람의 사회 생활은 두텁거나 얇은, 정이나 느낌의 얽음새로 이루어진다. 우리의 삶에는 무엇이 옳은지 그른지보다는 마음에 드는지 들지 않는지, 또는 가까운지 먼지가 더 크게 작용한다. 가까운 사람 사이에서 서로 걱정하고 상대방의 안전을 다짐하는 일은 마땅하다. '나'는 늘 '너'에게 '네게 걱정거리가 없어야 내 맘이 편하게 되겠음'을 다짐해 주어야 한다. '내'가 세상의 모든 일을 다 알고 있지 않으니, 상대방에게 걱정거리가 있는지 없는지를 알려면 그에게 물어봐야 한다. 따라서 묻는 행위 자체가 정이나 가까움의 표시가 된다. 그는 묻기는 묻되 물음에 대한 자상한 대답을 반드시 기대하지는 않는다. "어디 가십니까?"라고 묻고도 "예"라는 대답으로 만족해 한다. "진지 잡수셨습니까?"라고 물었다고 해서, 밥을 먹지 않았음이 밝혀지면 밥상을 반드시 차리겠다는 의지를 나타내는 것도 아니요, 더구나 상대방의 안색이 밥을 먹은 뒤의 것인지, 먹기 전의 것인지를 가리려는 의학적인 탐구의 질문도 아니다.

　한국 사람이, 반김이나 인사에 연관되는 질문들 때문에 무분별한 호기심으로 가득한 백성이라고 잘못 생각하는 서양 분들의 관찰은 아마도 틀렸기 쉽겠다. 참으로 그들도 상대방의 안녕에는 관심이 없으면서도 "안녕하십니까?"라고 묻고, 골치가 아파서 괴로우면서도 그 물음에 답하여 흔히 "예" 하지 않더냐? 묻는 행위 자체가 그 친선에 대한 선의적인 반응이기 때문이다. 한국 사람의 호기심에 때때로 잘못이 있을망정, 서양 사람의 비판을 받을 만큼 잘못은 아니다. 짓지 않은 죄로 괴로워하지 말자.

천구백칠십육년, 배움나무

소, 사람과의 인연

　암소는 외양간에서 온몸을 부들부들 떨면서도 뼈를 찌르는 산고를 엄숙하게 참아 낸다. 이렇게 해서 이백여든하루 동안을 뱃속에서 키운 새끼를 낳고 그 태를 스스로 먹는다.
　이 세상에 막 태어난 송아지는 자유를 누린다. 맨 처음 자유의 행사는 제 힘으로 버티고 일어나서 휘청휘청 걸어 보는 걸음마다. 며칠 새에 이 걸음마는 외양간에서 집 마당으로 이어지며, 드디어 걸음마가 걸음걸이가 되고 걸음걸이가 뜀질이 된다. 송아지가 시도하는 맨 처음의 뜀질은 예쁘디예뻐서 볼 만하다. 그 동작에는 엉덩이가 위로 치솟으며 두 뒷다리로 허공에 뒷발질하는 서투르나마 힘찬 몸놀이가 반드시 뒤따른다. 송아지는 이렇게 노닐면서 고삐에 묶인 어미와는 달리, 자유를 당연한 것으로 누린다.
　그러다가 꽤 자라서 뼈가 굵어지고 살이 토실토실해진 어느 날, 송아지는 갑자기 평생에 못 잊을 충격을 받는다. 사람들이 저를 억지로 붙들고 목테를 달고 거기에 고삐를 묶는다. 송아지는 이미 자유의 몸이 아니다. 사람들은 또 얼마 있다가 송아지의 두 콧구멍 사이를 송곳으로 뚫어 거기에 코뚜레를 꿰고 그것을 머리팍에 굴레로 고정시킨 다음에, 고삐와 달랑거리는 풍경을 매어 단다. 생살에 구멍을 뚫은 그 아픈 자리에 사람들은 기껏 오줌 한 바가지를 퍼 쏟을 따름이다. 이것이 송아지의 '관례'이다. 이 순간에 '송아지'는 '소'가 되고, 그래도 얼마쯤은 자유로웠던 몸이 꼼짝달싹할 수 없는 노예가 된다.

이처럼 코뚜레와 고삐에 매이게 된 소는 처음엔 꽤 끈덕지게 사람에게 저항한다. 오라고 할 때에 가고, 가라고 할 때에 오기가 일쑤이다. 변덕쟁이로만 보이는 주인의 뜻이 무엇인지조차 처음에는 모른다. 다만 그의 뜻에 어긋나게 움직이면 고삐가 팽팽해지고 코뚜레가 고삐에 끌리고, 콧구멍에 참을 수 없는 아픔이 온다는 것을 알아차린다. 소는 또 버티거나 대드는 몸부림이 있기만 하면 사람이 고삐 끝을 휘둘러 엉덩이나 배를 후려갈긴다는 것도 숙명의 진리로 익힌다. 소는 억울해 한다.

태어나서 어미의 사랑을 받고, 자유를 누릴 일생이 자기에게 전개될 줄 알았지, 고작 어미처럼 고삐에 묶여 노예의 신세가 될 줄 미리 알았으랴! 실로 이 고삐만큼 소가 저주하는 것도 없을 것이다. 잘 추린 볏짚이나 왕골에 질긴 삼을 섞어서 단단한 새끼를 꼬고 이 새끼를 자새로 더 팽팽하게 틀어 두 겹으로 접어 꼰 겹새끼로 만든 이 고삐! 소는 이 고삐의 고문이 무서워서, 굴욕을 참고 사람에게 순응하기로 마음을 먹는다. 소는 마침내 '이랴' 소리가 가라는 말이고, '워'나 '와' 소리가 서라는 말이고, '쯧쯧' 하는 소리가 말을 듣지 않으면 매질을 하겠다는 경고인 줄을 터득하게 되고, 불룩 튀어나온 눈으로 곁눈질하여 뒤에서 저를 모는 사람의 눈치와 손짓을 살펴야 한다. 소는 또 사람이 고삐를 살짝 당기면 천천히 가라는 뜻이고, 세게 당기면 서라는 뜻임을 끝내는 깨닫게 된다. 때때로, 다른 일로 화가 난 주인에게서 괜한 분풀이를 받는 불공평한 경우에는 몰라도 사람이 시키는 대로만 하면 아픔이나 매질을 모면하고 가장 즐겨 먹고 싶은 것은 아닐망정 먹이가 보장된다는 것도 알게 된다. 이렇게 해서 소는 이 세상에 태어난 지 얼마 안 되어 사람의 노예가 된다.

송아지가 노예가 아니듯이, 아득한 옛날 소의 조상은 노예가 아니었다. 인류가 사냥이나 해서 먹을거리를 구하던 때를 벗어나 씨를 뿌려 곡식을 가꾸기 시작하던 무렵에 산과 들에서 노닐던 소를 붙들어다가 길들인 데서 사람과 소의 인연이 시작되었다. 그때의 소는 발가락이 다섯 개이고 몸집이 아주 작아 고양이만 한 짐승이었다고 한다. 이런 짐승이 진화를 거듭하여 몸집이 커지고 둘째 발가락과 셋째 발가락이 기형으로 발달하여 두 발굽이 되었다고 한다. 소와 사람의 가까운 관계는 서력 기원전 십 세기쯤에 비롯한 것으로 알려져 있다. 기록에 따르면, 서력 기원전 십일 세기쯤에 페니키아 사람들이 알파벳을 발명했는데, 그 알파벳의 첫 글자인 '아레후', 곧 지금의 '에이'가 소의 머리 꼴에서 따온 글자다.

이토록 소와 사람의 오랜 인연은 때와 곳과 소의 갈래에 따라 달리 펼쳐졌다. 소는 지금도 인도에서 거룩한 짐승으로 받들리듯이 신앙의 대상이 되기도 했고, 사람에게 젖을 빼앗기는 힘없는 짐승의 신세로 떨어지기도 했다. 우리 나라에서는 죽어서 뼈까지 추려 먹는 먹을거리가 되기도 해 왔을 뿐만 아니라, 평생 동안 사람의 종 노릇을 하면서 무거운 짐을 나르고 힘겨운 농삿일을 해 와야 했다.

우리 역사의 기록에도 소 이야기는 여기저기에서 보인다. 신라 시대에는 '우경법'이 있어서 소로 논과 밭을 가는 방법이 장려되었고, 고려 시대에는 정부 기관에서 '목우장'을 세워 소를 길렀고, 조선 시대 초기에는 정부가 씨받이 소를 확보하여 소의 개량과 증식을 꾀했다고 한다. 또 조선 시대의 그토록 많은 그림들과 선비들의 시조와 백성들의 노래가 소와 밭갈이를 그리는 것을 보면, 우리 역사에서 소가 사람에게 얼마나 가까웠는지를 알 수 있다. 소를 가리키는 조선 시대의 그 많은 속담은 아직도 오늘의 우리 생활에까지 이어져 있다. 이 많은 속담은, 온순하고 우직하고 참을성 있고 끈기 있는 사람을 소에 견주어 우러러보기도 하지마는, 흔히 미련한 사람을 소에 빗대어서 꾸짖기도 한다. 그러나 현대 선전 책략에 미련할 턱이 없는 민주 공화당에서마저도 그 '미련한' 황소를 상징으로 모시기까지 한 것은 소의 미련함 때문은 아니었겠다. 소를 미련하다고 함은, 사람에게 대들지 않고, 시키는 일을 때때로 못 알아듣기는 하지마는 느릿느릿하나마 고분고분하게 해내는, 사람에게 이로운 성격을 잘못 알고 조롱해서 하는 말이겠다. 말을 잘 듣지 않으면 나무라고 말을 잘 들으면 깔보는 것이 종잡을 수 없는 사람의 마음씨다.

소는 그 우악스러운 생김새와는 달리 온순하다. 그 무섭게 생긴 뿔도 공격을 막는 데에나 쓰이지, 공격하는 데에는 쓰이지 않는다. 뿔에는 고추처럼 영글어 보이는 '고추뿔'이 있고, 도나캐나 생긴 '자빡뿔'이 있고, 하나는 하늘로 뻗고 하나는 땅으로 흘러내리는 '천지각'이 있다. 뿔싸움에는 고추뿔이 으뜸인데, 짓궂은 아이들이 억지로 시키는 이 뿔싸움에서 혹시라도 뿔이 빠져 피가 흐르면 소는 어린애처럼 운다. 이럴 때에 사람들은 고작 된장이나 발라 주고 걸레 조각이나 감아 줄 따름이다.

암내를 피우는 암소를 놓고 두 마리 부사리가 목숨을 걸고 사납게 싸우는 일이 있기는 하다. 그때의 부사리는 그 육중한 몸과 곧은 뿔로 적수를 무찌르고, 좋아도 싫기나 하듯이 내빼게 마련인 암컷을 좇아서, 논과 밭도 산과 물도 가릴 것 없이 왕방울 같은 두 눈에 시퍼런 불을 켜고 내닫는다. 종족

보존의 본능 앞에서는 사람이 씌운 굴레도 거기에 매인 고삐도 없다.

그러나 소가 본디는 온순했다는 증거로 반추 동물의 특징인 네 개의 밥통이 있다. 온순한 소의 조상들은 저 사나운 육식 동물의 공격을 경계해야 했다. 따라서 그들은 널찍한 풀밭에서도 풀을 맛있게 씹어 먹을 짬이 없었다. 급한 대로 풀을 뜯어서 밥통에 넣어 두었다가 으슥한 곳에 가서 되새김질을 해야 했으리라. 되새김질은 밥통에 갈무리해 둔 먹이를 목줄기로 꿀꺽 게워 올려, 기계와 같이 되씹는 일이다. 그것은 마치 이가 바로 맞지 않은 두 개의 커다란 맷돌짝이 찌그덕찌그덕 엇걸리는 듯한 동작이다.

소는 또 참을성과 끈기가 있다. 서두르는 일이 없고 꾸준하다. 그 동작은 지루할 만큼 느리고 굼뜨다. 한여름에 그 뭉뚝한 다리로 땅을 든든히 딛고 서 있는 소의 몸집은 마치 발밑에 뿌리라도 내린 듯이 미덥다. 위에서는 뜨거운 불볕이 내리쬐고 사타구니에서는 진드기가 피를 빨고 몸뚱이에서는 쇠파리와 각다귀가 득실거려도 가끔 그 철렁 늘어뜨린 꼬리를 휘두를 뿐이지, 화를 내지 않고 버티고 있다. 이런 참을성 있고 꾸준하고 미더운 소의 품성이 소로 하여금 배가 고파도 개나 돼지처럼 보채지 않는 짐승이 되게 한다. 소는 살갗을 깎는 듯한 추위 속에서도 턱밑에 고드름이 주렁주렁 달렸을망정 그 무거운 몸가짐을 흩뜨리지 않는다. 그 참을성의 상징은 꼬리이다. 아무리 고된 일로 온몸에 땀을 흘리고 모든 힘살을 긴장시키더라도, 그 꼬리만은 수양버들 가지처럼 느슨하게 늘어뜨린다.

소의 주식은 풀이다. 소는 사람에게 매이지 않던 아득한 옛날부터 채식주의자였다. 기나긴 겨울 동안에 거의 외양간에 갇혀 있을 때에 사람이 가져다주는 여물도 채식이다. 말린 풀이나 볏짚을 작두로 썰어 쌀겨 같은 곡식 찌꺼기에 버무려 생것으로 주기도 하고 가마솥에 넣어 삶아 주기도 하는 것이 여물이다. 생것으로 주는 여물을 생식이라고 하고, 삶아 주는 여물을 화식이라고 한다. 화식을 먹는 소는 입이 갖아져 겨울에 생식을 먹지 않는다.

그러다가 봄에 날씨가 풀리고 들에 새 풀이 돋아나기 시작할 무렵이면 소의 고달픈 들일이 시작된다. 그리고 긴 겨울 동안에 그토록 먹고 싶었던 푸른 풀을 보고 논두렁에서 침을 흘린다. 그러나 매정한 사람들은 첫봄에 들일 하러 나가는 소의 입에 점심 망태를 씌운다. 새 풀 맛을 본 소는 여물을 먹지 않고 들에는 충분한 새 풀이 없으며 충분히 먹지 않는 소는 일을 못하기 때문이기도 하고, 또 봄풀은 독해서 혓바늘을 돋게 하기 때문이기도 하다. 소에게 정이 든 농촌의 머슴이나 아이는 이런 때에 먹고 싶은 것을 보고도 먹지 못하는 소에게 참으로 미안하게 생각한다. 봄이 흐드러져서야 일하러 나가는 소는 입에서 망태가 풀리고, 논두렁과 언덕에 수북이 자란 풀을 뜯을 기회가 생기고, 온종일 들이나 밭에서 뼈가 빠지게 일하고 터벅터벅 집에 돌아오면 담살이나 꼴꾼이 베어다 꼴망태에서 풀어 내주는 풀을 한껏 먹을 수 있다.

소를 논두렁이나 개울 언덕이나 산으로 몰고 가서 풀을 뜯게 하는 일을 곳에 따라서 '풀 뜯긴다' 라고 하기도 하고 '꼴 먹인다' 라고 하기도 한다. 늦봄부터 가을에까지 이어지는 일이다. 이 기간은 소가 일하지 않는 동안이다. 논두렁이나 밭두렁에 가서 소에게 풀을 뜯길 때에는 사람이 고삐를 쥐고 앞에 선다. 풀만 뜯고 사람이 먹는 벼나 콩의 줄기를 못 뜯도록 하려고 그런다. 사람이 한눈을 파는 사이에 밭두렁의 콩이나 논의 벼를 슬쩍 뜯어 먹다가는 고삐로 호되게 얻어맞곤 한다.

그러나 무엇보다도 소에게 즐거운 일은 주로 일이 없는 한여름에 주인집 아이와 함께 산이나 개울 언덕으로 가서 고삐에서 놓여나서 해거름에까지 널찍한 풀밭의 풀을 한껏 뜯어 먹는 일이다.

한여름에 소를 산으로 몰고 온 아이들은 소들을 풀밭에 놓아주고 자기들끼리 논다. 고누를 두기도 하고, 칡이나 도라지를 캐어 먹기도 하고, 버들피리를 불기도 하고, 씨름을 하기도 한다. 그러나 무엇보다도 날이 저물기 전에 그 날랜 낫질로 망태가 터질 만큼 꼴을 베는 일이 중요하다. 풀밭에서 풀을 뜯는 소 떼는 해가 서쪽으로 설핏해지면 이 아이들의 시선에서 점점 더 멀어진다. 풀을 뜯으면서 산 위쪽으로 더 멀리 옮겨 가기 때문이다. 그러나 소의 이런 움직임은 날이 어두워질 무렵에 그친다. 소는 그 산그늘이 길게 내린 등성이를 결코 넘지 않는다. 아무리 고삐가 놓여 있을망정 이미 사람의 노예가 된 소는 사람 없이는 외롭기 때문이다.

땅거미가 질 무렵에야 소 떼와 멀리 있었던 아이들이 소를 찾아 어슬렁어슬렁 올라온다. 그리고 저마다 제 소가 배불리 먹었는지를 살핀다. 소의 배부름은 엉덩이 곁의 잘록하게 들어간 부분이 부풀어 올라 있는 것으로 알 수 있다.

이렇게 먹고 싶은 풀을 배불리 뜯어 먹는 가을까지의 철이 지나고 날씨가 차가워질 때부터 소의 먹이는 다시 여물로 바뀐다. 소가 늦은 봄부터 가을까지 아무리 잘 먹는다고 하더라도, 야생하던 소의 선조들이 패거나 익은 곡식들마저 먹을 수 있었던 것과는 달리, 그가 먹는 것은 사람이 먹이는 것에 지나지 않는다. 오늘의 소는 잘 먹는 기간에도 가장 먹고 싶은 것을 먹지 못하고 있을 수도 있다. 오늘의 소가 먹는 가장 맛있는 먹이라야 고작 새끼를 낳은 다음에나 병이 나거나 지쳐서 비실거릴 때에 주인이 삶아다 주는 보리나 콩일 뿐이다.

겉보기엔 미련하나 소처럼 정 깊은 짐승도 드물다. 소는 팔려 간 송아지가 그리워서 눈물을 흘리며 슬피 운다. 어미에게서 떼어져서 팔려 가는 송아지가 우는 것은 말할 나위도 없다. 병들어서 아플 때 울고, 쇠전에 끌려가 주인이 바꾸일 때에 눈물을 흘린다. 그뿐만이 아니라 소는 '웃기'조차 한다. 좋아할 때에 웃는다. 암소의 암내를 맡고 고개를 조금 하늘 쪽으로 쳐들고 윗입술을 까고 별로 예쁘지도 않은 이빨을 드러내 놓고 '웃는' 황소의 웃음을 농촌 사람들은 흔히 본다. 아낙네나 머슴이 가마솥에서 막 퍼낸 여물을 담은 여물통을 들고 외양간에 갈 때에 그 구수한 냄새를 맡고 '웃고', 개구쟁이 아이가 그 코에다 대고 오줌을 눌 때에 혀를 널름거리면서 그 오줌물을 받아 핥으면서 '웃는다.' 이처럼 소는 사람 오줌을 좋아한다. 소에게 풀을 뜯기는 아이가 행여나 풀밭에 오줌을 누기라도 하면 소는 그 오줌에 적셔진 풀을 뿌리가 파일 때까지 깡그리 뜯어 먹는다. 소가 풀을 뜯어 먹고 난 다음의 오줌 싼 곳은, 기계독이 옮아 머리숱이 빠진 머슴 아이의 뒤통수같이 보인다. 또 날씨가 가문 여름날에 머슴이 소를 몰고 물 없는 높은 산에 올라가서 푸나무를 하다가 목이 타서 못 견딜 때면 쇠오줌을 손바닥에 받아 마시기도 한다. 이렇게 사람과 소는 서로의 오줌을 받아 마시기도 한다.

소의 가장 큰 값어치는 일함에 있다. 논의 쟁기질도 소가 도맡아 왔다. 무릎까지 빠지는 질퍽한 논에서 써레질도 해 왔다. 돌멩이가 많이 섞인 밭을 갈아 일군다. 지난날에는 무거운 연자방아도 혼자 끌고 돌았다. 때때로 산더미처럼 쌓인 짐을 달구지에 싣고 끌어야 한다. 옛날에는 장사꾼들의 태산 같은 장짐을 등에 지기도 했고, 성벽이나 둑을 쌓는 큰 역사에 동원되기도 했다. 공물 짐이나 전쟁 물자의 운반마저도 소의 힘이 없이는 어려웠다.

요새는 이런 소의 일들을 기계가 많이 앗아 간다. 드디어 경운기로 쟁기질을 하고 전동기로 방아를 찧는 세상이 왔다. 얼핏 생각하기에는 일감이 덜어져서 소의 팔자가 핀 듯하지만 그렇지 않다. 소는 이제 젊어서 잡혀 죽는 몸이 되었다. 살코깃감으로 젊어서 팔아 치우는 것이 더 이롭기 때문이다. 옛날에는 기껏 설날에야 쇠고기 맛을 볼까 말까 했던 사람들이 이제는 열흘이 멀다 하고 쇠고기를 찾는다. 사람들이 쇠고기를 어찌나 찾던지, 지난 한가위 때에는 뉴질랜드에서 쇠고기를 수입해야 했다.

한 주인과 오래오래 살아온 소는 병들고 나이가 들면, 제 스스로 눈을 감기 전에 그가 그토록 충실히 섬겼던 사람에게 맞아 죽는다. 사람은 병들거나 늙어서 저절로 죽은 소의 고기는 먹지 않는다. 반드시 잡은 소의 고기만을 먹는다. 부정직한 도수장에서 죽는 신세가 되면, 살코기의 근수를 늘리려는 사람들의 욕심 때문에 죽기 전에 억지로 너무나 많은 물을 먹어야 하는 괴로움을 겪는다.

사람은 이렇게 죽은 소의 배를 갈라 살은 살대로, 뼈는 뼈대로, 또 창자는 창자대로 추려서 먹는다. 이렇게 잡힌 소의 몸에서 사람이 내버리는 부분은 아마도 배내똥뿐이겠다. 사람은 그 뼈다귀까지 고아 먹고, 그것을 쪼개어서 핥고 또 핥는다.

소의 가죽과 뼈와 뿔로는 또 얼마나 많은 물건들을 만들어 쓰느냐! 우리는 지금도 가야금에 박힌 쇠뼈를 볼 수 있고, 화각 발림이나 안경테에 쇠뿔이 쓰인 것을 볼 수 있다. 민속 음악의 필수품인 북이 쇠가죽으로 되어 있으며, 정성스레 만든 조선 시대의 함에도 쇠가죽을 씌웠다. 심지어 쇠털마저도 예로부터 고급 베개나 팔받이 속을 채우는 데에 사용되었다. 소가 살아 있을 적에도, 외양간에 내갈긴 똥오줌은 바닥의 짚이나 풀에 섞여 논밭의 거름이 된다. 또 땔감이 적은 외딴섬에서는 쇠똥을 말려 땔감으로 쓰기도 한다. 쇠똥을 땔감으로 쓰는 습속이 없는 곳에서도 정월 보름날 저녁, 아이들이 논두렁에 쥐불을 지르러 다닐 적에도 마른 쇠똥에 붙은 불을 불씨로 쓴다.

우리 나라의 농촌에선 소가 아마도 사람에게 가장 가깝고, 비록 사람의 노예로서나마 사람의 보살핌을 가장 많이 받는 짐승이겠다. 소와 주인 사이에는 깊은 믿음이 있다. 특히 소를 가장 자주 부리는 머슴이나, 소에게 풀을 뜯기려고 가장 자주 산이나 들로 몰고 나가는 주인집 아이나 꼴꾼과 소의 관계는 사람 사이에서도 부러워함 직한 정과 이해로 얽혀 있다. 이처럼 우리 나라의 소는 서양에서 집단으로 길러지는 소들과는 달리, 집안 식구들과 '개인적인' 친분이 있다. 소는 집안 식구들과 낯선 사람을 가릴 줄 알고, 혹시 먼 길에 나섰다가도 식구를 만나면 반가워한다. 소에게 정이 든 머슴이나 아이는 자주 목덜미나 콧등을 쓰다듬어 주고, 이를 받아들이는 소는 흐뭇해 한다. 식구들은 소가 봄에 보드라운 새 털이 나면 헌 털을 빗으로 빗겨 내 주고, 손으로 사타구니의 진드기를 낱낱이 떼어 내 주고, 수컷을 그려서 암살(암내)이 나면 짝을 만나게 해 준다. 소에게 정이 든 아이들은 여름에 소를 시냇물로 몰고 나가서 물로 몸을 깨끗이 씻어 주기도 하고, 때때로 함께 헤엄을 치기도 한다.

그러나 이런 소와 사람의 정은 서글프게 깨뜨려지게 마련이다. 병들고 늙어 동네에서 몰래 도수되는 얄궂은 팔자는 그만두고라도, 소에게는 팔려 가는 서글픔이 있다. 곧 소는 시골집의 가장 큰 동산이다. 식구들은 아무리 소를 사랑하더라도 목돈이 아쉬울 때 그 사랑을 희생시킨다. 아들의 대학 등록금, 딸의 혼수 비용, 또 오래 앓는 어머니의 약값을 대는 유일한 수단이 소를 파는 일인 경우가 많다. 이럴 때에는 소는 정든 집에서 끌려 나와 터덜터덜 신작로를 걸어 떠들썩한 시골 장터의 쇠전에 이른다. 그 쇠전은 바로 그 소가 어렸을 적에 어미와 함께 끌려 나와 어미에게서 억지로 떼어져서 오늘의 주인에게 팔린 곳인지도 모른다. 쇠전의 거간꾼에게 넘겨진 소는 바로 낯선 사람에게서 모욕적인 검사를 받는다. 뿔테와 이빨로 나이가 밝혀지고 살갗의 탄력성과 털빛의 윤택으로 건강이 진단된다. 끝으로 저울로 몸무게가 달아진다. 그러고 나서 값이 매겨진다. 생식과 노동의 기능이 낮아진, 나이가 든 소가 여기를 거쳐서 끌려가는 곳은 도수장이다. 뼈가 휘고 발톱이 닳도록 사람에게 고역을 바치고 나서 이제는 육신마저 바치러 가는 것이다. 흥정이 끝나면 이런 소는 곧 짐차에 실려 간다. 이처럼 오늘의 소는 그들의 옛 선조와는 달리 철저하게 사람을 위해서 죽는다.

 소는 나서부터 죽는 순간까지 자기의 삶에 충실하다. 그리고 그 삶에는 오직 사람에게 주는 것밖에 없다. 달라는 것은 아무것도 없다. 이렇듯 소는 사람으로부터 수탈을 당하다가 사라진다.

천구백칠십육년, 뿌리깊은나무

토산품 가게

지난 몇 해 동안에 전국의 여러 큰 도시에는 이른바 토산품 판매소라는 이름의 가게들이 차려졌다. 서울 같은 곳에서는 꽤 커다란 기업의 규모로 여기저기에 진을 치고 있다.

토산품 판매소 또는 토산품점은 이른바 토산품을 파는 곳이다. 토산품이란 기껏 몇 해 전까지만 해도 우리 귀에 설익은 말이었다. 일본말을 모르는 대부분의 사람들은 토산품이라는 말을, 그 낱말을 이루는 한자의 뜻으로 보아 아마도 어느 주어진 고장에서 사람들이 예로부터 만들어 써 오던 토박이 물건이라고 풀이하리라. 그런데 알고 보면 이 말은, 선물이라는 뜻의 토박이 일본말인 '오미아게'라는 말을 일본 사람들이 글로 적는 데에 사용되는 세 한자를 한국 소리로 옮겨 적은 것일 뿐이다. 따라서 토산품점이라고 한자로 이름이 붙은 가게는 한국 사람의 눈에는 토박이 물건 가게요, 일본 사람의 눈에는 선물 가게이다. 그러니 절간 문턱 앞에 즐비한 토산품점은 손님이 거의 다 한국 사람이니 토박이 물건 가게요, 서울 거리의 토산품점은 손님이 거의 다 일본 사람이니 선물 가게이다. 절간 앞의 가게는 일본말의 얽음새를 빌려다가 한국 의미를 붙여 쓰고 있고, 서울 거리의 가게는 일본

말을 통째로 가져다가 대체로 일본 의미를 제시하고 있으니, 누가 그 이름의 아리송함을 주장한다고 해서 반드시 괴팍한 애국자나 의미론자만은 아닐 듯도 하다.

서울에 있는 토산품점들은 주로 일본 손님들만을 섬긴다. 입구에는 대체로 '내국인 출입 제한'이라고 적혀 있다. 국적이 한국인 사람은 들어오지 말란다.

한 나라 안의 모든 시설은 모든 사람에게 골고루 열림이 이상적이다. 미국의 검은 인구는 백인이 드나드는 식당에 가서 밥을 사 먹을 권리, 백인과 함께 버스를 탈 권리를 위해서 피를 흘렸다. 일정한 사람들만이 들어가는 시설은 거기에 들어가지 못하는 사람의 적대감이나 열등감을 부채질한다. 해방이 되고 서른 해가 흐르는 동안에 우리 나라에는 관광 사업의 깃발 아래서 외국인이 아니면 들어가지 못하도록 한 여러 시설들을 보아 왔다. 여러 호텔이나 그 안의 술집이 그러했고, 특정 외래품 판매소가 그러했고, 카지노라는 이름의 노름집이 그러했다. 그러나 실지로 얼마나 많은 한국인들이 외국인의 동반자라는 구실로 이 술집들에 가서 서양 술을 퍼마셨으며, 얼마나 많은 한국인이 같은 구실로 이 노름집에 가서 집 잡힌 돈을 날렸더냐! 또 이 땅에 사는 외국인들은 특정 외래품 판매소에 가서 한국인의 부탁을 받아 외래품을 살 수 있는 특전 때문만에도 일등 국민이 된다.

우리 나라 땅에서 우리 스스로의 제도 때문에 외국인은 드나들고 한국인은 드나들지 못하도록 되어 있는 시설이 하나 더 생길 때마다 그 시설을 그리는 한국인이 한국인임을 서러워하도록 촉구한다. 우리는 자랑스런 백성이다. 이와 같은 시설이 있어야 하되 한국인이 드나들지 말아야 한다면, 비싼 관세나 가격 때문에 돈을 아끼기 위해 가지 말게 해야지, 국적 때문에 가지 말게 해서는 안 된다. 이런 점에서 서울 거리의 토산품 가게 앞에 붙은 내국인 출입 제한의 표지는 시민의 정신 건강을 해친다. 한국인도 들어가게 하고, 사고파 하고 치를 돈이 있으면 사게 하여라.

서울의 많은 토산품점들은 흔히 일본 손님이 알기에는 선물 가게인데도 스스로 토박이 공예품을 파는 가게로 자처하고 있다. 그런데 이 토박이 공예품들이라는 것이 국적 없는, 따라서 한국인의 토박이 공예 솜씨와는 거의 관계가 없는 물건들이다.

듣기에는 이 관광객들은 버스에 단체로 실려 와서, 스스로의 판단으로 물건의 질이나 값을 다른 가게와 비교할 겨를도 없이 이것들을 한국의 예술품이라고 믿고 바가지 가격으로 사 간다고 한다. 일본 사람에게 많은 돈을 물리고 물건을 팔았음이 상인들의 자랑거리다. 그러나 바가지 요금의 적용은 비록 일본 사람에게 행해진 경우라도 그를 뿐만 아니라, 알고 보면 약삭빠른 일도 못 된다. 외국인에게 씌우는 바가지는 밖에 나가서 들여다보면 나라의 수치이다. 외국인에게 물리는 가격은 한국인에게 물리는 것을 넘어서는 안 된다. 이 손님들을 잇따라서 섬길 궁리를 시작할 때가 오늘이다.

토산품 판매소의 주인들이여, 우선 가게 이름을 한국말로 바꾸어라. 그리고 한자로 적힌 주인의 명함을 보고 성명을 일본 발음으로 바꾸어 부를 때에 그것이 자기 이름이라고 읊조리지 말아라. 그리고 그 가게에 이 땅의 주인들이 손님으로 출입하는 것을 허용하여라. 토박이 상품이라는 것이 그 가게의 자랑이거든 손님이 사 가지고 가서 한 달도 못 가서 역겨워 할 그 엉터리 예술품들을 우리 나라의 순수한 토박이 민예품들로 바꾸어 진열하여라. 그리고 버스에 실려 온 외국 단체 손님들에게일망정 납득이 가는 가격만을 우겨라.

천구백칠십육년, 뿌리깊은나무

주인과 손님

　이제 많은 사람들은 단골이 어느 가게를 정규 거래처로 정해 놓고 드나드는 손님인 것으로 안다. 그러나 '단골집'이 설명하듯이, 이 말은 본디 무당과 엇비슷한 말로, 그런 손님이 드나드는 정규 거래처의 주인을 일컬었다. 이처럼 역사의 흐름은 말의 뜻을 바꾸기도 할뿐더러, 그것이 가리키는 사람을 바꾸기도 한다.
　우리 나라의 부자는 자기가 일군 사업을 경영진에게 맡기는 대신에 스스로 사장이나 회장이 되어 죽는 날까지 움켜쥐는 것이 흔한 특징이다. 이 부자들은 돈이 얼마쯤 벌린 다음에는 거의 모두 수도 서울의 한복판에 빌딩이라는 거대한 기념탑을 세우고자 한다. 그리고 그 빌딩이 다른 부자가 세운 것보다도 한 치라도 더 높을 것이 소원이다.
　이 꿈이 이루어지면 되도록 높은 층에 백 평이 넘는 널찍한 공간을 '성역화하여' 자기가 거느린 많은 기업과 사람들의 총수로서 체통을 세우고자 한다. 이 총수들의 물리적이고 신체적인 호사는 볼 만한데, 자기가 사용하는 의자며 책상이 아랫사람의 의자며 책상보다도 한 치라도 더 클 것이 필수 조건이며, 자기가 타는 승용차가 세상에서 가장 좋은 것이로되―남이 뒤따라 같은 차를 살세라―다른 운전사의 운전으로 자가용을 타고 오는 지체 높은 운전사에 의해서 그것이 운전되는 수까지도 있다. 이것들은 다 자기가 번 돈으로 호사하는 부자들의 특권인 것으로 쳐줄 수 있다.

이들이 지은 건물들이 높이를 다투어 지은 것이기 때문에, 자기 기업의 식구들을 다 넣고도 공간이 남아 돌아가서 그것을 다른 많은 조무래기 회사들한테 호된 값을 물리고 빌려 주는 것이 보통이다.

그 조무래기 회사들은 비록 비싼 값을 치렀을망정 그런 빌딩에 입주하도록 허락을 받은 것을 은혜로 생각한다. 까다로운 면접과 구두 시험과 평판의 염탐 끝에 자기들을 합격시켜 주었으니 얼마나 고마워하랴?

이런 건물 주인들의 출근이나 퇴근의 거동은 볼 만하다. 어깨가 딱 벌어지고 힘살이 튀어나온 호위꾼을 앞뒤에 거느리기도 하고, 승강기를 타려고 그들보다 먼저 와서 기다리는 입주자들―그들에게 비싼 세를 무는 손님이 될뿐더러, 현대 상업 윤리로는 그들의 '임금'인 그 입주자들은 제쳐 놓고, 호위꾼들과 함께 달랑 올라타고 성역화된 높은 층으로 중간 정지가 없이 곧장 직행한다. 이런 채신머리없는 행동은 그가 그의 '임금'보다도 훨씬 더 중요한 사람이어서 다들 이해해 주리라는 확신 때문일 수도 있겠고, 받들리고만 살다 보니 그것이 도리에 어긋나는 일이라는 것을 스스로도 모르는 사이에 잊었기 때문일 수도 있겠다.

말을 말대로 하자면 이 총수들은 그들이 지은 사무실을 빌려 쓰는 사람들의 시중을 들어야 할 종들이다. 자기 사무실로 아무리 바삐 올라가야 할 사연이 있더라도, 그들의 지갑에 그들이 그토록 사랑하는 돈을 보태 주는 손님들을 위해서 길을 비켜 주어야 할 처지에 있다. 이것은 소금 장수가 소금을 사는 이에게 고분고분하던 우리의 오랜 전통에도 맞는 일이요, 손님을 잘 받들어야 할 현대의 상업 윤리에도 맞는 일이다. 이 총수들은 그들이 낮은 자리에 있었을 적에 남 앞에서 고분고분했을 태도를, 그가 지은 건물의 입주자들뿐만이 아니라 그들이 부리는 종업원들 앞에서까지도, 한결같이 보여 줄 수 있을 때에 지탄 아닌 존경을 받는 장사꾼이 될 것이다.

현대 사회는 얽히고설켜서 거의 모든 사람이 주인이자 손님이 된다. 그런데 이들이 올바르게 주인이 되고 올바르게 손님이 되는지가 문제이다.

오늘의 사회에는 주인 구실과 손님 구실이 크게 바뀌고 있다. 손님을 제쳐 놓고 승강기를 혼자 타고 올라가는 건물 주인의 거동이나, 자기 집 사람인 고급 관리의 차가 들어오면 경례를 하고 통과시키되, 민간인이 차를 타고 오거나 걸어오면 안보의 이유 때문에 꼬치꼬치 묻는 것이야 이해한다손 치더라도, 경례하기는커녕 사근사근히 맞이하지도 못하는 관공서 보초의 태도는 분명히 주인과 손님의 뜻을 바꾼다. 옛날엔 주인이 단골이었으나, 이제 손님이 단골이 된 것처럼.

천구백칠십육년, 뿌리깊은나무

미스 코리아

해마다 미스 코리아 선발 대회라는 행사가 열린다. 전국에서 아름다운 여자 세 사람을 뽑아, 외국에서 따로따로 열리는 '우주 미인 대회'와 '세계 미인 대회'와 '국제 미인 대회'에 보낸다. 이 선발 대회에 앞서서 여러 도시에서는 후보 선발 대회를 따로 연다. 또 이 선발 대회와는 따로, 이를테면 '미스 태평양' 후보 선발 대회와 같이, 별의별 미인 대회가 주로 오월이 되면 온 나라를 시끄럽게 한다. 드디어 '미스 무슨 과자'가 생겼는가 하면, 여자 대학교에서마저도, 굳이 잘생긴 여자만을 고르는 것이 아니라는 설명이 붙기는 했어도, 여왕이라는 칭호가 붙는 여자를 뽑는 행사가 해마다 있다.

이것이 남 앞에서 옷을 활활 벗고 나와서 "이래도 안 뽑아 줄래요?"라는 듯이 몸짓을 해야 하는 행사였으므로, 처음에는 남자 앞에서 씩씩한 동작을 하기에 익은 직업을 알게 모르게 가졌던 여자들만이 모여들었으나, 요즈음엔 꽤 교양 있는 집안 처자들도 비록 '양장점 주인의 강권에 못 이겨' 나왔기는 하지만 크게 수줍어함이 없이 뛰어든다고 한다.

'전국에서 가장 아름다운 여자'로 뽑히는 것은 무척 감격스러운 경험인 듯하다. 그러기에 그 관을 머리에 쓰자마자 사회자가 앞에 들이대는 마이크

에다가 입을 대고 눈물을 글썽이면서 "이 기쁜 소식을 고향에 계시는 할머니에게 먼저 알리고 싶어요" 했것다.

아흔아홉 살 먹은 할아버지에게 텔레비전 아나운서가 장수의 비결을 물었을 적에, "보리밥 세 끼를 알맞게 먹지요"라고 대답하는 것은 퍽 자연스럽다. 그러나 미스 코리아가 된 처자가 미인이 되는 비결이 무엇이냐는 사회자의 물음에 대뜸, "달걀 마사지를 자주 하고요, 능금을 많이 먹지요" 하는 것은 아무래도 귀에 설다. 기껏 얼굴 하나 문지르려고 그 소중한 달걀을 낭비했어서가 아니라, 미인이 되는 비결이 무엇인지에 그처럼 대뜸 대답하는 것으로 보아, 그 처자 스스로도 이녁이 미인—게다가 전국에서 가장 아름다운 미인—이라고 생각했을 터이어서 그렇다. 그런 자만이 누가 그 대회에서 미스 코리아로 뽑혔다고 해서 반드시 전국에서 으뜸으로 아름다운 여자인 것은 아니라는 과학의 진리에 어긋나는 것은 우선 덮어두고라도, 도대체 언제부터 반만년 동안이나 다진 우리의 윤리관이 뒤엎어졌기에 처녀들이—남자들이라고 해서 예외일까—그렇게 남 앞에 나타나서 "나는 얼굴이 잘생겼어요"라고 뽐내는 일이 예사가 되었을까? 겸허의 정신이 윤리의 요청인 사회에서 얼굴 자랑은 남자 할 일도, 여자 할 일도 아니다.

아름다움은 상대적이다. 그래서 주어진 역사와 주어진 풍토와 주어진 풍속 속에서 살아온 백성의 아름다움을 보는 눈은 다른 환경의 사람들이 보는 눈하고 다르게 마련이다. 그래서 미국에 가서 미인으로 뽑힐 사람은 이 나라 수준으로는 못생긴 사람이어야 할지도 모른다. 그리고 이 나라 수준에 따라 뽑힌 아름다운 사람은 거기에 가서 떨어지기 십상일 수도 있다. 그래서 여러 해 동안에 걸쳐서 서양의 아름다움을 어느 정도로는 마음에 두고 미스 코리아를 고른 듯하다. 그래서 미스 코리아가 될 만한 여자는 우선 평균 한국 여자보다 눈이 더 옴팍하고 커야 하며, 가능하면 쌍눈꺼풀이 있어야 하며, 코가 오똑해야 하고, 키가 커야 하고, 튀어나올 데가 튀어나와야 했다. 이런 행사는 드디어 전국의 거의 모든 여자들로 하여금 아름다움을 보는 눈을 전에와는 달리하도록 부추겼다. 이제는 여자가 비록 미스 코리아가 되는 것이 야망이 아니더라도 성형 외과 병원에 가서 쌍눈꺼풀을 만들고 코를 높이고 젖가슴을 돋우는 것이 지극히 자연스런 일로 받아들여졌다. 이런 것이 건강에 좋지 않으리라는 것은 상식으로 알 수 있으려니와, 사람은 자연이 빚은 상태에서 가장 아름답다는 이치에도 어긋난다.

  미인 선발 대회가 여자를 남자의 장난감으로 만든다는 주장으로 그 철폐를 외치는 사람은 서양 여권 운동가들이다. 이 글을 쓰는 사람이 여권 운동가들의 모든 주장을 다 받아들이는 것은 아니로되, 이 점에서만은 그들이 옳다. 흔히 이 땅을 여자들의 지옥이라고 잘못 생각하는 사람이 있지만, 이 나라도 옛날엔 모계 사회였고, 여왕까지도 있었고, 여자가 여자로서 존경을 받았다. 지금도 많은 여자는 숨어서나마 큰 힘을 휘두르고 있다. 여자는 남자의 장난감이 아니다. 따라서 미스 코리아 선발 대회나 그와 비슷한 선발 대회는 집어치우는 것이 옳겠다.

천구백칠십육년, 뿌리깊은나무

노인과 머리카락

사람은 어린 다음에 젊어지고 젊은 다음에 늙어진다. 몸으로 보면 자라는 시절엔 어렸고, 싱싱하게 물이 찬 시절엔 젊었고, 시드는 시절엔 늙었다. 그러나 마음으로 보면, 적어도 한국 사람의 전통 속에서는, 젊음은 가망성과 미완성 상태이고 늙음이 완숙 상태이다. 우리 나라 말이 '낡음'과 '늙음'을 구별하고 '늙음'이 사람을 비롯한 목숨이 있는 생물에만 사용되는 것은, 목숨이 있는 것들은 나이 듦이 몸의 시듦뿐만이 아니라 마음의 완숙도 뜻하는 것으로 사람들이 생각한, 산 증거일지도 모른다.

그래서 늙은이는 젊은이만큼 밭을 갈지 못하더라도 밭 가는 힘보다도 훨씬 더 값진 슬기가 있는 것으로 쳐져서 존경과 대접을 받았다. 하기야 이 사회가 낱낱이 갖는 육체의 힘만으로 그 구성원의 가치를 결정하는 원시 사회가 아닐 바에야, 이 경로 사상은 어느 젊은이가 어느 늙으신네에게 슬기가 있다고 생각한 것이 실수인 경우에라도 그런대로 뜻이 있다. '너'가 '네' 몸 잘 가누듯이 '나'도 '내' 몸을 잘 가눌 힘이 있다고 해서 버스 자리를 비워 주던 동양 청년을 흘겨보던 서양 노인의 비틀거리는 걸음걸이를 '힘찬' 걸음걸이인 것으로 쳐주는 서양 사회는 생각하기에 따라서는 위선의 사회요,

젊음과 늙음이 주먹으로 맞서는 사회일지도 모른다.

우리 나라에도 늙은이가 '없어져' 간다. 도시 길거리에 나가면 늙은이를 상징하는 흰 머리카락도 흰 수염도 안 보인다. 할머니도 할아버지도 앞을 다투어 머리에 검정물을 들인다. 흰 머리카락—이것은 이제 염색한 머리카락의 뿌리에서나 희끗희끗 보일 따름이요, 무척 드물기는 하지만 소신껏 늙은 아름다운 노인에게서나 보는 귀물이 되었다. 머리카락에 물을 들인 노인들은 서양 늙은이들처럼 젊은이와 맞상대하고파 하고, 사회 생활에서 지극히 불리한 경우에는 머리카락의 염색을 깜박 잊고 "후레자식 같은 놈, 어른을 몰라보고" 한다.

어른을 몰라보는 풍조가 도시 젊은이들에게 있는 것은 사실이다. 어른들이 머리카락에 염색을 했어서 몰라보는 수도 있겠지만, 도시의 젊은이들은 머리가 파뿌리처럼 희게 된 노인을 대할 때에도 옛날 젊은이가 옛날 어른을 대할 때만큼 예의가 바르지 못하다. 민주주의 평등 사상으로 수직의 사회 질서가 수평의 질서로 바뀌었을까? 수직의 사회 질서는 서양 직장의 아랫사람이 동양 직장의 아랫사람보다도 윗사람 앞에서 더 쩔쩔매는 수도 있는 것이 설명하듯이, 민주주의를 오래 한 서양에도 있다. 또 우리 나라 젊은이가 어른을 공경하면서도 그와 똑같이 투표장에 가서 한 표를 찍을 수도 있다. 이처럼 민주주의가 요청하는 평등은 우리 전통이 요청하는 윤리의 가치관과 양립할 수도 있다.

지난 서른 해 동안에 늙은이들이 늙음을 감추려고 해 온 데에는 그 책임이 늙은이에게도 젊은이에게도 있다. 어떤 새바람에도 불구하고 젊은이들은 늙은이와 주먹으로 맞상대하려고 들지 말고, 그들 속에 숨은 슬기가 있는 것으로 인정하고 늙음을 공경하려고 하는 의식적인 노력이 있었어야 했겠다. 이것은 젊은이들이 스스로의 젊음을 완성된 상태로 보지 않고 더 많은 지혜가 채워져야 할 미완성의 상태로 보는—따라서 자신을 더 성장할 값어치가 있는 존재로 보는—자기 존중의 태도이기도 하다. 그리고 늙은이는 자신의 늙음이 부끄럽지 않았어야 했겠다. 사람은 누구나 때가 되면 늙게 된다. 그런데 자기가 늙었음이 부끄러운 사람들이 이룬 역사야말로 부끄러운 역사가 된다. 머리에 검정 물감을 들인 노인들은, 비록 버릇없는 젊은이들이 자기들의 늙음을 얕잡아 보고 그 권위를 인정하려 하지 않았다손 치더라도, 그 아름답게 흰 머리를 지켰어야 했다. 이들이 시작한 머리 염색이, 또 그것이 상징하는 부끄러움의 역사가 이 땅의 미래에 되풀이될까 두렵다.

 어른들의 새하얀 머리카락이 그립다. 그 속에 슬기가 들어 있으리라는 젊은이들의 상상이 그릇되었더라도, 그를 주먹의 대결에서 구제할 주름살과 조화를 이루는 그 정직한 나이의 머리카락 말이다. 또 새로 어른이 되는 분들은 오늘의 노인들을 본받지 말고, 하늘이 시키는 대로 흰 터럭을 간수했으면 좋겠다.

천구백칠십육년, 뿌리깊은나무

검은 사람과 흰 사람

 신문사에 전화를 걸어 본 사람이면, 상대방이 광고부 직원이나 단발머리 소녀가 아니면, 대답이 좋게 말해서 무뚝뚝하거나 퉁명스럽고, 나쁘게 말해서 거칠고 불친절한 것을 느낀 경험이 얼마쯤은 있을 것이다. 이것은 마치 누가 상대방보다도 힘이 훨씬 더 세다는 암시를 말투에 깔지 않고서 경찰서에 전화할 때에 듣는 대답하고 비슷할 수도 있다. 그런데 이 사회에는 신문사보다 더 긴장된 분위기에서 일하는 사람들도 더 사근사근하고 신문사 사람보다 더 힘이 센 사람들도 더 부드러운 경우가 많다.
 대중의 눈에 비친 신문사의 얼굴은 여러 가지다.
 우선 신문사들이 흔히 내세우는 사회의 '공기'나 '목탁'으로서의 얼굴이 있다. 어찌 신문사들이라고 해서 돈벌이를 내팽개치고 이념만을 펼칠 수 있을까마는, 이 땅의 신문 창업자들은 다들 어느 정도 사명감을 가지고 신문사를 세웠다고 믿어 줄 수 있겠다.
 해방 전의 신문이 일제에 저항하고 민족의 편에서 싸우던 예를 우리는 알고 있고, 해방 뒤의 신문이라고 하더라도 아무리 주인이 돈벌이를 신문의 사명보다 앞세웠다손 치더라도, '공정한' 보도나 흔히 언론의 '지도성'이라고 부르는 구실을 지키려는 언론 간부들의 끈덕진 제약을 받았다고 보아야 옳겠다.

또 장사꾼으로서의 얼굴이 있다. 또 스스로 사회의 공기라고 우기면서도, 몇 주년 기념 특집이라고 해서 온갖 사람을 동원해서 통째로 할애한 지면 속에 지루한 자기 자랑의 '광고'를 기사의 탈을 씌워 늘어놓을 적에, 또 손님의 광고는 아래쪽으로 쫓고 축구나 야구 행사나 연주회나 전시회 또는 이러저러한 쇼와 같은 자기 돈벌이 광고는 지면 한가운데에, 많은 경우에 '사고'라는 딱지도 없이 튀어나오게 실을 적에, 또 자기가 주최하는 행사는 대문짝만 하게 보도하고 다른 신문이 주최하는 행사는 모른 체하거나 깨알만큼 보도할 적에—보도할 경우에도 그 행사를 주최하는 다른 신문사의 이름은 좀처럼 밝히지 않는다—이런 신문사는 좀스런 장사꾼이 된다.

또 한편으로 대중의 눈에 비친 신문사는 잘못 사귀다가는 큰일이 났던 전통 속의 관헌의 얼굴처럼 무서운 얼굴을 지녔다. 그리고 이 무서운 얼굴은 '사회의 공기'를 우러러보는 데에서 느끼는—이를테면 어려운 어른의 얼굴 앞에서 느끼는—것과는 달리 무서운 얼굴이다.

신문사에 다니는 사람과 함께 있다가 그에게서 '회사'에 돌아가 보아야 하겠다는 말을 들을 때에 우리는 흔히 야릇한 느낌이 든다. 신문사 사람이 자기 직장을 회사라고 부르는 것은 옳은 표현인 줄을 알면서도 어쩐지 귀에 거슬린다. 이것은 우리가 잠재 의식 속에서나마 신문을 사회의 공기로 보며, 따라서 신문사 직원을 행동파 '선비'로 보고 그에게서 공직자의 직위를 발견하며, 그의 일터가 자질구레하게 장사나 하는 곳이 아니라는 생각을 품고 있기 때문이겠기도 하려니와, 그를 방망이를 휘두르는 '포졸'과 동일시하기 때문일 수도 있겠다.

아까 말한, 수화기에서 들리는 신문사 직원의 무뚝뚝한 대답은 그것이 전형적인 '경찰서' 전화 대답을 닮은 것이라고 풀이할 수 있겠듯이, 대중으로 하여금 신문사를 무섭게 생각하도록 하는 요소와 크게 연관되어 있는 듯하다.

과거에 흔하던 가짜 기자나 사람들의 약점만 찾아다니면서 으르던 저질 기자가 낸 상처들이 아직도 많은 사람들의 마음에 남아 있어서, 오늘의 신문사가 대중에게 주는 인상은 억울하게도 선입견의 희생을 당하고 있는 수도 있겠다. 그러나 대중이 오늘날에도 사용하는 "누가 신문한테 얻어터졌다" 또는 "누가 신문에서 두들겨 맞았다"와 같은 거친 표현은 '누구'의 잘못을 두고 하는 말이기도 하겠지만, 신문이 '포졸'처럼 그 사람을 너무나 함부로 다루었다는 생각이 밑바닥에 깔려 있는 말일 수도 있겠다.

검찰에서 누가 나쁜 짓을 했기 때문에 입건했다는 발표를 하면 검찰의 말에 터럭만큼의 흠도 없다고 믿기나 하는 듯이 그 '누구'의 변명을 한마디도 싣지 않고, 그의 이름과 '죄'를 머릿기사로 다루어 온 국민이 주먹을 불끈 쥐고 '죽일 놈' 하고 분개하도록 만들었다가도, 그가 재판을 받아 무죄인 것이 판명되는 경우에는 보도의 길이가 쥐꼬리만 하거나 아예 보도조차 하지 않는 경우를 우리는 자주 보았다. 또 아직 죄를 지은 것으로 판결을 받지 않은 피의자에 대하여 보도하면서 그가 "뻔뻔스럽게 어떻게 뇌까리더라"라고 할 만큼 감정이 섞인 표현을 서슴지 않기조차 하는 것이 현대의 신문 기사다.

신문 보도로 깎인 개인의 명예는, 그 회복이 가능하다고 어느 누구가 길게 설명하더라도, 실제로는 되찾을 수 없는 것으로들 알고 있다. 신문과 싸워서 이길 생각은 아예 하지 말라고들 한다. 털어서 먼지가 안 날 몸이 없는 이 세상에서 신문에게 빼앗긴 명예를 찾으려다가는 그들이 다른 먼지떨이를 사용하리라고 해서들 도사린다. 대중은 누구의 이름이 신문에 나쁜 일과 연관되어 오르면 그가 재수 없이 구설수에 걸려들었다고 하기까지 한다.

　이와 같은 신문의 보도 태도 속에서 흔히 사람은 검은 사람과 흰 사람으로 나누인다. 사람은 '도둑'과 '순사'로 나누인다는 생각이나 가르침의 그림자가 자주 신문 보도를 각색한다. 많은 기사들은 나쁜 사람은 하나부터 열까지 나쁘고, 착한 사람은 하나부터 열까지 착하다는 위험한 전제 아래서 적히는 듯하다.

　이런 보도 태도가 예사 사람은 저마다 얼마쯤의 흰빛과 얼마쯤의 검은빛이 합해져서 이루어진 사실에 기자의 눈이 가리워졌음에서 말미암았는지, 또는 "이런 놈은 매장시켜야 마땅하다"거나 "이 아이가 선생님 서랍에서 훔친 총알이 큰 도둑을 잡는 실마리가 됐으니, 그의 작은 도둑질 따위야 문제로 삼지 않아야 이 사회에 고발 정신이 고취된다"라고 믿는 우국지사의 발상에서 말미암았는지를 따지는 일도 중요하겠지만, 더 큰 문제는 이런 보도 태도가 민주 언론의 공부와 투쟁을 서른한 해나 하고 난 오늘에도 존재하는 사실에 있다.

　바로 이런 원인 때문에 개인의 명예가 신문한테 되찾을 수 없이 억울하게, 또는 '재수 없이' 깎이기도 하고, 신문의 얼굴이 방망이를 휘두르는 몸짓이 반드시 옳지만은 않은 '포졸'의 얼굴로 대중에게 비치기도 한다. 바로 이런 신문의 보도 습성 때문에 신문에 이름을 잘 태운 사람이, 그로 하여금 이름을 떨치게 하는 구실이 지녔기 쉬운 검은 성격에도 불구하고 도매금으로 희디흰 사람이 되는가 하면, 속은 거의 텅 비어 있으면서도 피부만 단단한 사람의 대열에 끼어 꽤 설득력 있게 허세를 부릴 수가 있기도 하고, 선생 집의 서랍에서 물건을 훔친 아이가 도둑질한 공로로 전국적인 영웅이 되기도 한다.

사람이 환경의 동물이라고 함은 그의 마음씨가 그가 누리거나 겪은 경험이 맺은 열매라는 뜻을 포함한다. 얼마만큼 어질 뿐인 사람이 속속들이 어진 사람인 것으로, 또 얼마만큼 나쁠 뿐인 사람이 속속들이 나쁜 사람인 것으로 잘못 믿거나 각색하는 언론의 환경 속에 사는 대중은 누가 '순사'가 아니면 '도둑'이요, 벗이 아니면 적이라고 극단으로 가르기 쉽다.

이것이 어찌 다 신문 탓일까마는, 혹시라도 이런 풍조가 신문에게서 부분으로나마 부채질되었다면, 이제 이미 크게 성숙한 우리 신문은 심각한 반성이 있어야 하겠다.

사람은 누구나 희고도 검다는 통찰이 우리의 신문에 더 깊이 배어들면 좋겠다. 또 신문사의 전화 대답도 덜 무뚝뚝하고.

천구백칠십육년, 뿌리깊은나무

뒷간에 대해서

　높이가 한 네댓 층이 되는 어정쩡한 건물에는 으레 변소라는 남녀 공용의 시설이 있다. 거기의 문을 열고 들어서면 또 하나의 문이 있고 그 둘째 문 안에서 여자는 큰 일과 작은 일을 한꺼번에 다 치르고, 남자는 큰 일만을 치른다. 남자는 작은 일을 그 두 문 사이에 있는 공간의 벽에 붙은 오줌받이에 본다.
　안쪽 문 안에서 일어나는 행사는 때때로 그 소리로 짐작이 가능하기는 하더라도, 우선 그 비밀이 간신히나마 지켜진다고 치자. 그러나 그 중간 공간에서 일어나는 남자의 그 작은 역사—엉덩이를 평소보다 좀 더 뒤로 내밀고 하늘을 쳐다보며 하는 일, 게다가 마지막에 찔끔거리지 않고는 마무리되지 않을뿐더러 숟가락질하는 오른손에 최후의 한 방울을 떨어내는 수고까지를 맡기는 일인 그 너절한 의식—는 그곳을 드나드는 누구에게나 공개될 수밖에 없다.
　이처럼 아랫도리를 열어 젖뜨린 남자는 바깥문을 열고 들어오는 처녀와도 안쪽 문을 열고 나오는 부인과도 눈이 마주치게 마련이다. 그리고 이런 남자와 여자는 마치 상대방이 없다는 듯이 얼른 눈길을 돌려야 한다. 여기에서 서로 만난 남자와 여자는, 서로 보지 않았다는 듯이 행동하면서도, 이성이 아무리 거룩한들 기껏 뒷간에 올 수밖에 없는 몸임을 머리에 떠올린다. 또 때때로 생식 기관과 배설 기관이 서로 이웃임을 생각한다.

이제 근대화 바람이 불어 마천루들이 들어서고 남자 뒷간과 여자 뒷간을 구별하는 화장실 시설들이 드문드문 생겨나고 있기는 하다. 그러나 이 나라 도시 건물의 대부분에는 아직도 일본 사람들이 버리고 간 전통을 이어받아 남녀가 두루 쓰게 되어 있는 '변소'밖에 없다. 또 새로 지은 현대식 건물에도 이 두 측간이 따로 되어 있지 않은 수가 많다. 딱하다. 넓이가 좀 널찍하면 가운데 칸막이를 해서 둘로 갈라놓으면 되고, 좁으면 한 층 것은 남자만, 또 한 층 것은 여자만 드나들도록 하면 될 것을!

남자 뒷간과 여자 뒷간의 구별은 현대의 착상만은 아니다. 오히려 우리의 전통 가치관을 꽤 고스란히 간직하고 있는 농촌에 가면, 안 측간과 바깥 측간이 따로 만들어져 있는 것을 볼 수가 있다.

우리는 어릴 적부터 똥오줌을 가릴 것을 배웠다. 아무 데나 도나캐나 내갈겨서는 안 될 것이, 그 내갈기는 물질의 더러움 때문뿐만이 아니라, 그 내갈기는 행위의 무분별성 때문이기도 하다. 아무리 개방이 받들리고 폐쇄가 따돌림받는 사회에서도, 사람에게는 '몰래' 하고파 하고, 또 '몰래' 해야 하는 일이 따로 있다. 그래서 서양 사람들이 어느 자리를 뜨면서—남들이 자기가 어디를 가는지를 뻔히 아는데도—손을 씻으러 간다고 하는 '거짓말'마저 미덕이 된다. 또는 촌부가 산길을 걸으면서 마려운 것이 있을 때에 당장 아무에게도 들킬 걱정이 없으면서도 으슥한 덤불 사이에 가서 할 일을 치르는 것도 더럽거나 부끄러운 일은 몰래 하고파 하기 때문이겠다. 어쩌면 이것은 사람만이 가진 속성이 아닐지도 모른다. 개마저 똥오줌을 가리고,

또 고양이는 숫제 발톱으로 흙을 파서 제가 싼 똥오줌을 덮고서야 그 자리를 떠난다.

남자들끼리 오줌을 나란히 서서 누도록 되어 있는 정거장 같은 곳의 화장실에서마저도 낯선 사람이 어느 곳에서 이미 일을 보고 있으면 새로 들어오는 사람은 저만큼 멀리 떨어져 가서 일을 치를 만큼, 배설의 행위는 동성 사이에서마저도 자랑거리가 아니다. 제가 눈 오줌조차 더럽게 여겨서 침을 뱉는 것이 사람이 아니냐? 더구나 이 본능적으로 부끄러운 행동이 이성에게 들키는 것도, 이성으로서 이 부끄러운 행동을 넘보는 것도, 절도 있는 사람이 즐겨 할 바가 아니다.

도시의 많은 건물 주인들은 여자와 남자의 측간을 나누지 않음으로써 사람들로 하여금 이런 부끄러움을 이성에게 노출하도록 강요한다. 건축법이 아무리 까다롭던들 이런 것 하나 바로잡지 못한다고 치면 그 까다로움은 어디에다 쓸까?

천구백칠십육년, 뿌리깊은나무

단상과 단하

교장 선생이 올라가서 훈화하는 초등학교 운동장 앞에 우뚝 서 있는 조례대는 비록 제국주의 일본의 지배 아래서는 그 지독히 '높으신 분'이 많은 학생을 굽어 살피던 곳이었을망정 사람 위에 사람이 없고 사람 아래에 사람이 없다는 민주주의 나라에서는 한 어지신 스승이 말씀하시는 모습을 많은 학생이 바라볼 수 있도록 만들어 놓은 '무대'라고 볼 수 있겠다. 학교 강당이나 국회 의사당의 높은 단상도, 거기에 올라서는 사람의 벼슬이 높디높아서가 아니라 단상의 사람과 단하의 사람의 눈길이 서로 만날 수 있어야 해서 그렇게 높게 되어 있다고 풀이되어야 한다.

그런데 여러 강당의 단상과 단하 사이에서 시상식이나 수상식이라는 것들이 흔히 행하여진다. 초등학교 개근상에서부터 국전의 대통령상에 이르기까지 크고 작은 상들이 위에서 아래로 내려진다. 이런 상을 받는 사람들은 두 손을 추켜올려 상장을 내려 받고 주춤주춤 뒷걸음질을 하면서 물러서야 한다.

단상과 단하의 높이 차이가 위에 있는 사람과 아래에 있는 사람으로 하여금 서로 잘 보이도록 하려는 건축 설계의 고안이지, 위에 있는 사람과 아래에 있는 사람의 높낮이의 상징이 아니라면, 굳이 누구누구에게 상을 주는 자리에 선 위엣사람이 아래로 내려가거나 아랫사람이 위로 올라가서 수평의 관계에서 상을 주고받는 것이 옳겠다. '임금'이 '신하'에게 무엇을 '하사하는' 꼴의 의식은 서른두 해 전에 보따리를 챙겨 짊어지고 이 땅에서 쫓겨난 일본 사람들과 함께 일찍이 사라져야 했다.

사또가 대청 위에 올라앉아서 양민을 아래쪽 마당에 꿇어앉히고 족치던 세상은 이미 끝났는데도 우리 나라의 법정에서는 아직도 나라의 '머슴'인 검사가 나라의 '임자' 틈에 끼인 피고인을 마룻바닥에 세워 두고 단 위에서 굽어보면서 심문을 한다. 구형이나 제대로 잘하면 될 일이지, 이까짓 하찮은 과정이 문제가 되느냐고 묻는 분이 있을지도 모르지만, 아비에게 하는 아들의 반말도 내용이 옳은 말이기만 하면 옳다고 할 수 있을까? 법정에서 피고인에게 질문하는 검사의 말투가 사뭇 거친 반말지거리로 들리는 것도, 또 피의자를 조사하는 자리에서 검사가 노골적으로 피의자에게 말을 놓고 으르딱딱거린다는 소문이 도는 것도 다 검사와 피고인의 관계가 이처럼 단상과 단하에서 맺어지는 수직의 것이어서 그런지도 모른다.

서울 회기동의 아름다운 숲 속에 대학교가 하나 있다. 스스로를 세계의 일곱 가지 '불가사의'에 덧붙여서 여덟 번째 '불가사의'라고 내세우는 뜻의 조각을 건물 벽에 붙여서 심심치 않게 사람들의 입방아에 오르내리기도 하는 이 대학교는 총장실을 잘못 설계한 한 건축가의 실수로 말미암아 총장이 적지 않게 욕을 먹고 있다. 이 방을 설계했던 건축가는 총장의 책상이 놓인 저 먼 쪽의 바닥을 이 가까운 쪽의 바닥보다도 더 높게 만드는 소갈머리 없는 짓을 저지름으로써 민주주의 교육 이론을 펼쳐서, 세계의 몇몇 대학교 총장들을 감격케 하기도 했던 이 대학교 총장으로 하여금 그 방에 들어오는 손님을 굽어살피게 만들었으니, 그가 이 총장의 갸륵한 민주주의 이념에 끼친 손해는 이만저만이 아니다.

사람 위에 사람이 없고 사람 아래에 사람이 없다는 표어는 현실의 설명이 아니라, 독재 체제의 공산 국가에서처럼 인권 평등의 이념이 푸대접을 받는 가운데서, 억울하게 얻어맞는 사람, 양심의 부름을 좇다가 감옥에 갇혀 고달파 하는 사람, 바른 소리를 하다가 재갈이 물린 사람, 법과 윤리를 업신여기는 주먹 앞에서 무서움에 떠는 사람, 굶주림과 헐벗음에 대한 공포로 말미암아 시키는 대로 부정과 부패에 한몫 끼이는 사람이 적어지도록 인류가 애써야 하겠다는 과제의 설명이고, 또 무엇보다도 단상에 있다고 해서 단하에 있는 사람을 '내려다보거나' 얕잡아 보지 말라는 말이다. 그리고 형식이 내용의 거울이기도 하다면, 쓸데없는 단이거든 만들지 말라는 부탁의 말이다.

천구백칠십칠년, 뿌리깊은나무

받을 전화와 받지 말 전화

겨드랑이에 털이 가뭇가뭇 날 무렵에 여학생 집에 전화를 거는 사내아이가 누구냐고 묻는 어른의 물음에 선뜻 이름을 못 대는 것쯤이야 이해할 만하다. 또 자기 이름을 볼가지게 세우지 않는 것을 미덕으로 쳐 온 이 사회에서 뉘 집에 전화를 걸면서 먼저 '나'는 아무개인데 누구가 집에 있느냐고 묻는 것도, 그렇게 하라는 체신부의 권고에도 불구하고, 살짝 건방지게 들리기 쉽다.

아무개 씨 댁이냐고 묻고 누가 거는 전화인지를 받는 쪽에서 물어 온 다음에 이름을 대는 것이 가장 자연스런 한국의 전화 통화 예의일 것이다. 그러나 이때의 흔한 대답은 '어디입니다'이다. 어디의 누구냐고 물으면 어디의 친구라고 한다. 어디의 친구 누구냐고 하면 그렇게만 얘기하면 알 거라고 한다. 때때로 그렇게만 얘기하면 누구인지 아는 수도 있기는 하다. 그러나 문제는 그렇게만 얘기하면 누구인지를 도무지 모르겠는 수가 훨씬 더 많다는 데에 있다.

칠백만 인구가 우글거리고 사는 서울 같은 도시에선 자기가 만난 사람의 이름을 다 욀 수가 없다. 이름을 몇 번씩이나 정확하게 대 주어도 기억이 가

물가물하기 쉽다. 어찌 사람들이 남의 이름을 자기 이름 외우듯이 잘 기억할 수 있겠느냐? 더구나 수가 아마도 몇 백 안팎밖에 안 될 음절(글자) 중에서 세 개를 주워 맞춘 것이 한국인의 성명이고 보면 이름을 대 주어 봤자 나날이 만나는 사람이 아니면 다 그놈이 그놈 같기가 일쑤다.

도시 사람의 특징은 넓은 활동 배경이요, 그에 따른 고단하고 바쁜 생활이다. 만인을 만나서 하늘의 은혜를 널리 베풀어야 할 성직자마저도 얘기하거나 만나야 할 사람과 그러지 말아야 할 사람을 가리지 않을 수가 없다. 이걸 가리는 특권은 전화를 받는 쪽에 주어지는 것이지, 거는 쪽에서 '먹일' 것이 아니다. 전화를 거는 사람은 아무리 위대한 사람이라도 자기의 정체를, 그리고 통화하고자 하는 목적을 미리 자세히 말해야 한다. 그래야 전화를 받는 사람이 받아야 할 전화인지 그러지 않아도 될 전화인지, 또는 잘못 걸려 온 전화인지를 제대로 가릴 수 있게 된다.

'두드러기'가 아는 어떤 바쁜 사람의 전화 교통 정리는 그의 비서가 한다. 그 비서가 낸 통계가 재미있다. 힘을 휘두르는 것으로 알려진 기관의 조무래기 간부들은 자기가 누구라고 말하지도 않고 상대방을 대 달라고 윽박지른다고 했다. 마치 비록 자기가 이름은 대지 않지만 상대방이 자기와 통화하지 않으면 상대방에게 재미없는 일이라도 생긴다는 듯이! 그러나 바로 같은 기관의 높은 사람은 정체를 밝히면서 공손히 말한단다. 또 공손히 말하면서도 끝까지 '동네'만을 얘기하지, 이름을 대지 않는 사람의 전화에는 '켕기는' 사연이 있기 쉽다고 했다. 이런 사람의 통화의 청을 들어주면 반드시 그의 상사에게 언짢은 일이 생기기 쉽단다. 그리고 자기 이름 석 자가 너무 좀스러워서 부족했던지는 몰라도 무슨 '대의 명분'과 연관이 있는 '대국적인' 깃발을 들고 말해 오는 사람도 경계해야 할 사람들이라고 했다. 그 비서의 교통 정리 이론은 간단하다. 스스로의 이름을 떳떳하게 생각하지 않는 사람이 그의 상사에게 달가운 사람일 턱이 없다는 것이다.

  이름을 대지 않고도 바라는 상대방과 통화를 하게 되는 수도 있다. 그러나 바로 이런 태도가 상대방의 경계를 부추긴다. 상대방에게서 바라는 바가 있어서 건 전화라면, 이렇게 걸고서는 그걸 못 얻기가 쉽다. 전화를 걸 때에는 반드시 자기의 이름과 정체만은 공손하고 떳떳하게 얘기하자. 자기 생각엔 제 이름이 아무리 하찮게 보일망정, 성실하게 말하는 순간엔 거룩해진다. 그리고 부디, 이름을 대 주고도 통화를 못하는 것이 무슨 손해를 보기나 하는 것으로 믿는 헛생각을 버리자. 그런 손해는 자기가 마음속에 치부해 두는 것만큼만 존재할 따름이다. 끝으로는 어느 집에 전화를 걸어 자기가 바라는 사람이 나오면 얘기하고, 다른 사람이 나오면 아무 말도 하지 않고 끊는 일은 없도록 하자. 혹시라도 어디 무시무시한 범죄 단체에서 상대방이 집에 있는지 없는지를 감시하기나 하는 걸로 오해할라!

천구백칠십칠년, 뿌리깊은나무

주최와 후원

　더러 예외는 있지만 흔히 신문사나 방송국에서 무슨 문화 행사를 주최했다 하면, 그 행사가 돈벌이 행사라고 보면 거의 틀림없다. 이 거대한 대중 매체들은 흔히 광고 냄새 안 나는 '사고'라는 광고와 스스로의 행사에 대한 '소식'을 전하는 광고 냄새 나는 보도로 이 문화 행사에 대한 대중의 관심을 부추긴다.

　가뭄에 콩 나듯이 가끔 있기도 한 신문사의 순수 문화 행사에 전혀 입장료를 받지 않는 경우가 아니라면, 이 대중 매체들이 돈벌이 행사를 개최할 적에 그 허울 좋은 위선의 명분을 내팽개치고 적어도 그런 일 속에서는 스스로 흥행사이고 입장권 장수임을 인정해야 하련만 그럴 낌새는 조금도 보이지 않고, 어떤 때는 한 술 더 떠서 그런 행위를 '애국'이란 말로 치장하기마저 한다.

　돈벌이가 안 되는 문화 행사를 흔히 대중 매체가 아닌 다른 단체에서 주최한다. 그러나 그런 문화 행사를 주최하는 단체는 청중이나 관객을 동원해야 하는 필요성 때문에 힘센 신문사나 방송국과 '공동으로' 주최하는 일이 많다. 그러면 이런 공동 주최라는 것의 속을 좀 들여다보자. 이런 행사에 드는 돈은 공동 주최자라는 돈 많은 신문사나 방송국에서는 한 푼도 나오지 않고 돈 없는 다른 문화 단체의 호주머니에서 나온 것이기 쉽다. 신문사나 방송국은 이 행사가 오로지 자기들만의 애국심 때문에 이루어지고 있다는 듯이 사고와 같은 것들을 통하여 자기 이름을 더 크게, 또 앞에 내세우면서 공치사를 하고 이 행사를 위해 모든 현금 지출을 감수하는 다른 공동 주최 단체의 이름은 곁다리인 것처럼 다루기 쉽다. 이런 행사를 예고하는 '공동 주최' 신문사나 방송국의 보도의 말투에는 마치 자기들이 모든 희생을 무릅 쓰고 독자나 시청자를 위해서 거룩한 일을 하고 있다는 인상이 깔려 있기 쉽다. 게다가 그 '성공적인' 행사가 끝나고 나면, 숨어서 돈 쓰고 고생하던 공동 주최자의 이름은 보도에서 아예 빼 버리고 마치 그것이 제 홀로 이룬 업적인 듯이 나팔을 부는 수마저도 있다.

이런 처사를 정당화하는 신문사나 방송국의 논리는 뻔하다. 이처럼 돈으로 환산되는 이득이 없는 행사에는 아예 손을 댈 턱이 없었는데, 공동 주최자가 돈을 대겠다고 해서 끼어들었다는 것이겠다. 또 공동 주최자는 홀로 그 많은 청중이나 시청자를 동원할 수 없었을 터이니, 신문사나 방송국의 공헌은 비록 돈을 안 댔다고 하더라도 크다는 것이겠다. 옳은 얘기다.

그러면 무엇 때문에 그토록 공정과 정의를 내세우기 좋아하는 언론 기관에서 남의 돈으로 된 일을 마치 자기 돈으로 한 일인 듯이 대중을 속여야 할까? '공동 주최'를 해 본 경험이 있는 단체에 속해 있는 사람들 중에는 그것이 언론 기관의 우월감과 자만심과 특권 의식과 뻐기기주의와 불공평성 때문이라고 투덜거리는 사람이 적지 않다.

언론 기관은 돈벌이가 안 되는 문화 행사를 이처럼 '공동 주최'하기도 하지만, 때때로 '후원'하기도 한다. 그 돈 없는 단체에서 호주머니를 털어서 주최하는 문화 행사를 언론 기관에서 후원한다는 것은 무엇일까? 그것은, '후원'을 받아 본 적이 있는 단체나 사람들의 이야기에 따르면, 흔히 그 언론 기관의 '후원'으로 그 행사가 이루어지고 있다고 주최자가 말할 수 있는 특권밖에 아무것도 아니다. 그리고 그 언론 기관이 후원한다고 자기 매체의 보도에 깨알만 하게나마 마음에 내키면 말해 주는 은혜밖에 아무것도 아니다.

  몇몇 특수한 경우를 빼고는 언론 기관의 문화 행사는 우선 돈벌이 사업으로 보면 틀림없다. 그리고 그 돈벌이도 훌륭하고 그 문화 행사도 훌륭한 수가 있다. 그러나 어느 언론 기관이 공동 주최자인 것으로 되어 있는 문화 행사에 가거든 그 언론 기관의 떠들썩한 공치사에 가려 생색 한번 제대로 내지 못하는 또 하나의 공동 주최자의 숨은 공에 더 큰 존경을 보내야 할 것이다. 그리고 언론 기관이 후원하는 것으로 되어 있는 행사에 가거든, 아예 그 언론 기관에서는 아무도 안 나왔을 터이니, 그 진짜 주최자만 만나서 인사하고 치하나 격려를 해도 된다.

천구백칠십칠년, 뿌리깊은나무

초파일과 '성탄절'

며칠 전에, 불교 지도자들이 '부처님 오신 날'이라고 내세우는 석가모니 탄신일을 보냈다. 나라에서는 이날을 기독교의 '성탄절'과 함께 공휴일로 정하고 온 국민으로 하여금 푹 쉬거나 놀러 나다니도록 만들었다.

이 '부처님 오신 날'의 이름은 본디 초파일이었다. 아니, 그 아름다운 이름이 부끄러워서 내팽개치고 '부처님 오신 날'이라는 새 표현을 불쑥 내민 그 스님인가 중인가 하는 분들을 빼놓고는 아직도 다들 초파일이라고 부른다. 음력으로 사월 초팔일인 날을 석가모니의 생일로 치고, 처음엔 '초팔일'이라고 하다가 드디어 그 한문에 집착한 소리가 완전히 매끄럽게 한국화되어 초파일이 되었겠다. 따라서 초파일은 이미 토박이말이 된 지가 오래다. 그런데도 오늘의 불교 지도자들은 이 수백 년 묵은 한국말을 제쳐 놓고 부르기도 성가신 '부처님 오신 날'을 내세웠것다! 어서 다시 이날이 초파일이 되었으면 좋겠다.

서양 사람들이 '크리스마스'라고 부르는 '성탄절'은 아마도 한국의 기독교인들이 그날이 '성스러운 (분의) 탄생의 날'이라고 해서 그렇게 이름을 지었겠다. '성스러움'의 현대로운 뜻은 '하느님의 자질이 가득함'이다. 기독교인들이 이날을 '성탄절'이라고 부르는 것은 아무도 나무랄 수 없다. 그들에게 '석가모니나 마호메트나 공자와는 달리, 하느님에게서 오신 유일하게 성스러운 예수'의 생일이 '성탄절'일 수밖에 없기 때문이다. 그런데 나라에서마저 이날을 '성탄절'이라고 하고 일찍이 자유당 시절부터 공휴일로 정했다. 그때의 대통령 이승만은 기독교인이었다. 나라의 헌법이 신앙의 자유를 밝히고 온 국민이 스스로 바라는 방법으로 하늘을 섬길 수 있도록 보장받은 때에, 그는 정녕 자기에게 성스러운 날은 온 국민에게도 성스러운 날이어야 한다고 믿지는 않았을까? 나라에서 십이월 이십오일을 '성탄절'이라고 부르는 것은 모든 종교의 창시자들의 생일을 그렇게 부르거나 기독교를 한국의 국교로 선포하는 경우에만 옳다. 적어도 나라에서 부를 때는, 헌법의 존엄성을 위해서라도 이날을 '예수 탄신일'이라고 하자!

초파일도 '성탄절'도 모두 노는 날이 됐다. 많은 사람들은 예수도 석가도 믿지 않기 때문에 이 '성스러운' 날에 밖에 나가서 예수도 석가도 꾸중하실 일에 빠져 든다. 초파일에 야외에서, 또 '성탄절'에 밤거리에서 일어나는 문란과 소란을 보고 석가나 예수가 고개를 끄덕이면서 잘한다 하실까?

소수 종교를 믿는 사람은 남의 집 잔칫날에는 놀면서도 막상 스스로의 신앙에서 중요한 날에는 일해야 한다. 신앙의 부름으로 종교의 창시자의 생일 같은 날에 쉬려고 하면, 학교에 결석해야 하고 직장에 결근해야 한다. 그래서 나라에 따라서는 낱낱의 개인이 믿는 신앙이 요청하는 모든 휴일을 그의 공휴일로 인정하고 그날의 결석이나 결근을 결석이나 결근으로 치지 않는 곳도 있다.

자기가 믿는 신앙의 창시자 생일에는 나가서 일해야 하고 남이 믿는 신앙의 창시자 생일에는 놀아야 하는 소수 종교 신도의 억울함을 인정해야 한다. 소수의 보살핌이야말로 민주주의의 명제이다. 또 많은 사람들로 하여금 자기의 신념이나 신앙으로 봐선 아무런 뜻도 없는 날에 놀고 퍼먹고 떠들고 난잡한 짓이나 하게 하는 오늘의 형편은 심각하게 검토되어야 한다.

헌법이 밝힌 신앙의 자유가 중요하다면, 또 모든 종교의 신도들에게 적어도 그 창시자 탄생을 하루만이라도 쉬게 하는 것이 뜻있는 일이라면, 모든 종교의 추종자들에게 자기 종교 창시자 생일에 쉬게 함이 마땅하다. 기독교인은 '성탄절'에, 그리고 불교인은 초파일에 쉬게 하여 또 다른 외돌토리 종교인에겐 그에게 필요한 하루의 휴일을 허락하여라. 그리고 수많은 무신론자나 불가지론자에겐 그들이 선택하는 신념이나 양심의 날에 종교인에게 허락되는 하루의 휴식을 주어라. 그리고 그날이 자기 생일이 되거나 어머니 제삿날이 되거나는 간섭하려 들지 말아라.

천구백칠십칠년, 뿌리깊은나무

돈과 차별 대우

비행기를 타 보면 일등석과 경제석이라는 것이 있다. 같은 비행기 속이지만 가운데다 칸막이를 해 놓고 한쪽을 일등석 칸이라고 하고 한쪽을 경제석 칸이라고 한다. 경제석 칸은 자리가 빽빽하고 서비스가 보통일 뿐인 데에 반하여, 일등석 칸은 자리가 널찍하고 술과 밥을 달라는 대로 준다. 이런 일등석의 삯은 경제석의 삯보다도 훨씬 더 비싸다. 따라서 돈이 많아 주체할 줄을 모르는 부자나 회사 돈으로 여행하는 사람들이 누리는 호강이 이 일등석 여행이다. 쌈짓돈으로 여행하는 대다수 사람들은 비좁은 경제석에 앉아서 몸을 비틀면서 칸막이 뒤의 일등석 손님들이 누릴 호강을 부러워하기 일쑤다. 이것은 지갑의 두께가 신분을 결정하는 서양 자본주의 경제 체제의 속성이다.

통일호다, 관광호다, 새마을호다 하여 빠른 기차들이 많이 나왔다. 또 이제 막 우등 열차라는 것도 나왔다고 한다. 목적지까지 더 빨리 날라다 주는 이런 기차의 삯이 느리디느린 완행 열차의 삯보다도 더 비싼 것은 이해할 만하다. 그런데 돈에 비례하는 특권의 제도가 이런 기차에도 적용된다. 이를테면 새마을호의 맨 끝쪽에 특등실이 있는데, 이 칸에 앉아서 여행하는 호사를 누리려면 찻삯을 더 내야 한다. 알고 보면, 차를 타는 네댓 시간 동안에 커피 한 잔이 공짜로 나오고 여객 전무 같은 관리가 손님에게 좀 더 고분고분한 것이 고작인 것이 이 특등실의 특전이지만, 기차 손님의 대부분인 보통 칸 사람들의 마음에 '어떤 놈은 팔자가 좋아서 특등 칸에 타고……' 하는 생각을 심기가 쉽다.

게다가 이제는 기차 한 칸을 여럿으로 칸막이 하여, 몇몇 선진국에서처럼 부자들로 하여금 삯을 더 내게 하고 컴퍼트먼트라는 조그마한 방에서 남의 눈길의 방해를 받지 않고 여행하게 하는 제도까지 생겼다고 한다. 있는 사람과 없는 사람이 누리는 특권의 차이는 이제 그만큼 더 벌어진 셈이다.

장거리를 달리는 급행 열차가 시설이 완행 열차보다 더 좋은 것도 이해한다. 그리고 우리 나라에 있는 모든 기차 칸의 시설이 특급 열차의 특실 칸이나 컴퍼트먼트만큼 좋아지는 것도 바라지 않는다. 그러나 굳이 특실 칸이나 컴퍼트먼트를 찾는 손님의 수가 다수의 기차 손님에 견주면 몇몇에 지나지 않는데, 몇몇 부자의 호사를 위해서 낡아 빠진 시골 기차의 시설이나 완행 열차의 시설을 갈거나 고치기에 앞서서 서양 자본주의 국가의 차별주의를 무턱대고 받아들이는 것은 좀 다시 생각해 볼 만하다. 같은 기차의 특실 칸에 앉아 있는 사람과 그 보통 칸에 앉아 있는 사람 사이에 숨어 있는 심리의 갈등이 문제일뿐더러, 서울에서 목포까지 가는 사람이 오로지 찻삯을 아낄 목적으로 빠른 특급 열차를 마다고 느리고 낡아 빠진 완행 열차에 몸을 실은 때의 시달림을 힘이 자라는 대로 덜어 주는 일이 적어도 몇몇 부자를 위한 차별 대우보다는 훨씬 더 중요하다. 부자는 특급 열차 보통 칸의 시설이 눈에 덜 차면 자가용으로 목적지에 갈 수가 있지만, 대다수 민중에게는 기차와 같은 대중 교통 수단이 현대 생활의 유일한 발이 되기 때문이다.

우리 나라의 기차 시설은 되도록 많이 좋아질수록 좋다. 그러나 시설을 개선할 돈이 생길 때마다 큰 도시와 큰 도시 사이의, 이미 빨리 달리고 있고 꽤 안락한 시설을 갖춘 특급 열차를 생각하기 전에 후미진 곳에서 민중을 섬기는 낡아 빠진 완행 열차를 생각하자. 더구나 한 기차 안에 특실 칸을 두고 보통 칸을 두는 차별주의는, 비록 판단 기준이 피부의 빛깔이 아니고 돈이어서 서로 다르다고 하더라도, 남아프리카에서 흑인 자리와 백인 자리를 따로따로 두는 교통 수단의 차별 제도를 닮았음을 생각해 보자. 그렇다고 해서 이미 만들어 놓은 특실 칸의 호화 시설을 파괴하지는 말아라. 그대로 놓아 두고 노인과 병약자를 위해서 쓰면 된다.

천구백칠십칠년, 뿌리깊은나무

세대 교체

 흔히 옛 문화가 새 문화의 젖줄이 된다는 점에서 보수주의는 한 시대 정신에서 진보주의에 못지않게 중요하다. 그런데 지난 삼십여 년의 한국 보수주의 체제는 많은 나라의 경우와는 달리 토박이 문화의 전통뿐만이 아니라 식민 문화의 찌꺼기도 아울러 지녀 왔다. 그 동안에 여러 분야에서 식민 문화에서 비롯한 보수주의가 지양되어야 한다는 외침이 있어 왔음에도 아랑곳없이 이런 보수주의는 청산될 낌새를 보이지 않았다.
 그 까닭은 이런 유형의 보수주의를 이 땅의 정보 산업과 사회 지도층과 그들의 세뇌를 받은 계층이 단단히 붙들고 있다는 데에 있다. 현대 사회의 보수주의를 무너뜨리는 가장 큰 힘은 정보 산업의 미래를 지향하는 활동이라고 하는데, 어쩌다가 이 땅의 정보 산업은 식민 시대 보수주의에 아직도 넋을 팔고 있는 것처럼 보인다.
 그런데 얼마 전부터 이 땅의 여기저기에서 재미있는 새바람이 일고 있다. 이 새바람을 일으키는 주인공들은 해방 후에 우리 교육을 받은 사람들이고, 규범 문화에는 크게 관련이 없는 민중이다. 그들은 새 문화 형성에 앞장서야 할 출판사들이 흔히 케케묵은 식민 시대 전통을 본떠서 일본식 한자에

토만 우리말로 바꾼 고리타분한 책 광고를 하고 있을 때에, 밑바닥 민중이 사용하는 토박이말을 살려서 세련된 광고를 하는 젊은 장사꾼이요, 근대화를 부르짖고 나선 큰 기업들이 '우주'나 '세계'나 '아시아' 같은 진부한 간판이나 상호를 내걸 때에, 누구에게나 쉽게 기억되고 정다운 토박이말을 스스럼없이 간판이나 상호로 내세우는 전국의 술집이나 양장점이나 다방의 젊은 새 주인들이다.

이처럼 한국 문화의 진보주의가 여론 지도자들의 외침보다는 젊은 민중의 자발적인 몸짓으로 실천되고 있는 것도 재미있으려니와, 그 진보주의의 내용에 식민 문화의 물이 든 이른바 보수주의가 아닌 진짜 보수주의의 요소가 있음도 특이하다. 오늘의 젊은 민중은 한 십여 년 전에 정치인들의 입에 오르내리던 단순한 나이 바꿈의 물리적인 변화인 세대 교체에서와는 달리, 그 젊은 나이를 대변하기에 앞서서 한 역사의 사명을 대변하는 성싶다.

천구백칠십칠년, 동아일보

이 죄와 저 벌

　대목에 곰탕 값 같은 것을 올리면 그 올리는 행위 자체를 처벌할 법이 없으니 다른 법으로 다른 죄를 들어 닦달하겠다는 관청의 으름장을 우리는 과거에 자주 들었다. 그럴 때마다 나는 이 세상에는 법이 없어도 쥐도 새도 모르게 처벌이 행해지는 곳도 많다는데 적어도 법이 있어야 처벌이 가능하다고 믿는 성싶은 관청의 이런 자세가 미더우면서도, 동시에 찜찜한 생각이 들었다. '검인정 교과서'의 간부들이 관리들과 짜고 자기들만의 책을 전국의 학교에 독점으로 팔아먹어서 학생들이 더 좋은 새 교과서로 공부할 기회를 가로막은 것만도 이미 나빴는데, 게다가 엄청난 돈을 빼돌려 세금을 덜 바쳤다고 했다. 관계 기관에서는 이 회사의 주주인 출판사들의 장부를 모두 갖다 바치게 해 놓고서는, 그들이 소유하는 주의 비율로 증자해서 '검인정 교과서'의 세금 빚을 갚지 않으면 그 출판사들의 장부를 들춰 보고 그들의 탈세 행위마저 따지겠다고 했다. 이 말에는 그 출판사들이 '검인정 교과서'의 세금 빚을 갚아 주면 그 출판사들의 탈세 행위는 눈감아 주겠다는 뜻이 들어 있다.

　탈세가 들통 날 것이 두렵거든 '검인정 교과서'의 빚을 갚으라는 분부를 받은 그 출판사들은 이제 어처구니없게도, 그들이 세운 '검인정 교과서'를 살리고 싶은 '갸륵한' 생각으로 증자하고 싶어도 스스로 탈세했다고 오해받을까 두려워서 못 할 수도 있고, 스스로 켕기는 것이 별로 없더라도 그 역겹다고들 하는 세무 사찰이 싫어서 그 분부를 따르는 시늉을 해야 할지도 모른다.

  죄는 힘으로 말고 법으로 다스려야 한다. 법으로 벌을 정하지 않은 죄는 벌 받을 죄가 아니다. 곰탕 값은 그 주인이 저지른 다른 죄 말고 곰탕 값을 통제하는 법으로 다스려야 한다. 더구나 죄와 벌은 흥정거리가 아니다. '검인정 교과서'의 세금 빚은 돈을 축낸 사람들과 그 회사의 살림에서 받아 내야 한다.

천구백칠십칠년, 동아일보

2

돌고 도는 세상 형편

지었읍니다. ...
구나 뜻이 더 좁은 "뿌리깊은 나무"를 ...
우선 이름만이라도 ... 말과 ... 글자로 ...
이 이름은 우리 겨레의 "불휘기픈 남간ᄇᆞᄅᆞ매아니 ...
온 작품인《용비어천가》의 "불휘기픈 남간ᄇᆞᄅᆞ매 아니 뮐ᄊᆡ
다.(오랜 전통에 깊이 뿌리를 내리며 앞날로 가지를
머 알찬 열매를 엉글게 하는 일로 나이테를 더해 가기에
맞는 이름일줄로 압니다.)

...운 글에 담은 잡지-그러나 얼마쯤은 가다듬은 마음으로
...아쉬웠읍니다. 작은 이야기에도 깊은 생각이 두툼히 깔
...기에도 삶에 맞닿은 풀이가 촘촘히 들어있는 잡지가 꼭
...되었다고 생각했읍니다.

...가 할 일은 창조입니다. 창조는 역사의 물줄기가 위에
...하는 이치를 받아들이되, 도랑을 파기도 하고 보를 막
...줄기의 흐름에 새로움을 이루고자 하는 사람들의 일입니...

...보자"고들 합니다. 잘 삶이란 곧 보람차고 복되게 삶...
...복은 물질에 넉넉함이 있을 뿐만이 아니라 정신에 뜻
...그런데도 요즈음에 사람들이 흔히 찾는 "잘 삶"은 물
...누리는 삶인 듯합니다.《뿌리깊은 나무》가 맡기로 나선
...바로 이 정신에 뜻이 있는 삶을 북돋우는 일입니다. 따...
...나무》는 더 많은 사람이 잘 입고 잘 먹을 뿐만이 아니라
...과 외로움에서 벗어나 복과 보람으로 가멸게 사는 사...
...고 싶어집니다.

... 그 뼈대가 문화입니다. 흔히들 문화를 일...
... 나무는 ... 그러나 문화는 역사의 꽃이...

텔레비전의 광고 정책

　신문이나 잡지와 같은 인쇄 매체를 읽는 사람의 눈길은 넓은 평면을 탐색한다. 그는 한눈에 많이 보이는 것들 중에서 가장 관심이 있는 것을 골라 읽을 수 있다. 그리고 이미 읽은 것을 다시 읽을 수도 있고, 읽던 일을 멈추고 딴 일을 보고 와서 다시 계속할 수도 있다. 인쇄 매체의 독자는 읽을거리와 읽는 시간을 선택할 수 있는 능동적인 수용자다. 그러나 텔레비전 시청자는 수동적인 사람이다. 어느 순간에 나오는 텔레비전의 내용은—가끔 있는 재방송으로가 아니면, 또 그것도 자기가 선택한 시각이 아니라 방송국이 정한 시각에 보지 않으면—다시 되풀이되지 않는다. 따라서 그는 한 줄기로만 흐르고 옆으로 퍼지지 않는 시간의 구속을 받는다. 그는 텔레비전 앞에 앉아서 다음에 나올 흥미로운 것을 기대하여 흥미가 없는 것을 보고 있어야 하고, 작은 사건을 큰 사건과 마찬가지로 다루는 보도를 들어야 한다.

　이처럼 텔레비전은 일방적인 사연의 전달자이고, 밤 일고여덟 시쯤이면 국민의 육십 퍼센트나 되는 시청자를 수동적인 수용자로 만들고, 그들의 사고와 감정과 행동 양식을 크게, 또 집단적으로 제약하는 막강한 힘을 행사한다. 이 사회에 영향력을 행사하려거나 상품을 팔려거나 하는 사람들에게 텔레비전 방송에 끼어드는 기회가 특권이 되는 것은 이 때문이다. 또 나라가 텔레비전 방송국의 설치를 통제하는 사회에서, 이미 방송권을 얻은 사람들이 휘두르는 힘이 특권이 되는 것도 이 때문이다. 정부가 국민의 심부름꾼으로서 자유 기업의 이념에도, 또 텔레비전 방송국의 설치와 운영에 눈독을 들인 사람들이 그토록 많은데도 한정된 수의 사람들에게만 텔레비전 방송의 특권을 주는 까닭은, 첫째로 텔레비전 채널의 수가 한정되었고, 둘째로 좀 구차스러운 이유이기는 하지만, 전기 에너지 절약의 명제가 있기 때문이다. 전파 매체의 사회적인 책임이 여느 기업보다도 훨씬 더 무거운 것은 그것들이 이처럼 민중에게 진 근원적인 빚이 있기 때문이다. 민중은 이들에게서 그 빚을 받기를 기대한다. 그 빚은 곧 전파 매체의 지도성과 윤리성과 공평성이다.

그러면 그 눈부신 특권을 얻으면서 민중에게 그토록 엄청난 빚을 진 상업 텔레비전 방송국은 이제까지 광고 정책에서만이라도 민중이 맡긴 사회적인 책임을 다해 왔을까?

이 나라의 상업 텔레비전 방송은 개국된 이후로 주로 식품류와 의약품과 화장품으로 대표되는 소비자 상품을 생산하여 민중에게 파는 몇몇 기업에서 들어온 광고 수입으로 커 왔다. 이 기업들은 엄청난 금액의 돈을 텔레비전 광고에 쓰고 그 비용을 상품 가격에 파묻었다. 이 기업들은, 이미 민중을 수동적인 포로로 붙잡은 텔레비전의 엄청난 영향력 덕으로, 텔레비전 광고를 하면 할수록 판매가 거의 기하급수로 치솟아서 대형화되었다. 이렇게 되자 많은 수의 기업들이 치솟는 광고 요금에도 너도나도 텔레비전 광고에 눈독을 들이게 되었고, 특히 천구백칠십사년의 에너지 파동 다음에 방송 시간이 주로 저녁 시간으로 줄어들 때부터, 광고에 할당된 시간의 수요가 그 공급보다 훨씬 더 높게 되자 보통 기업으로서 텔레비전에 광고하는 것은 우선 돈이 있다고 치더라도 하늘의 별을 따기만큼 어렵고 기회 균등의 원칙에 어긋나는 특권이 되었다. 방송국의 특권이 드디어 기업의 특권을 낳았다.

그러면 이런 특권은 구체적으로 무엇일까? 그것은 말할 나위도 없이 시청자가 가장 많은 이른바 '황금 시간'에 거의 독점적으로 광고하는 특권이다. 인기 있는 시간의 비싼 텔레비전 광고는 이제 거대한 기업들의 전유물이 되었고, 이 거대한 기업들은 가속으로 더 거대해져 가고 있다. 민중의 삶에 유용한 새 소비자 상품을 개발한 중소 기업은 엄청난 금액의 돈을 꾸어 와서라도 광고 효과가 좋은 시간에 끼어들어야 할 길이 막혀 버렸다. 이미 그 시간을 실제로 독차지하고 있는 거대한 기업들이 그 자리를 비워 주지 않기 때문이다. 또 이 거대한 기업들은 자기들이 차지한 광고 시간을 빼앗기지 않으려고 광고 요금이 인상될 때마다 이를 받아들일 뿐만 아니라 방송국에서 '끼워 파는' 보통 시간의 광고마저도 받아들인다. 수요가 공급보다도 큰 이 시간의 값이 치솟음과 함께 방송국의 수입이 엄청나게 불어나는 것은 당연하다. 두 상업 방송국의 지난 한 해의 거래 액수는 자그마치 외형이 삼백억 원이 된다. 또 순이익만을 따지더라도 지난해의 법인세 고액 납세자 순위에 문화방송이 세 번째에, 동양방송이 일곱 번째에 들 만큼 엄청난 것이었다.

그러나 민중은 텔레비전 방송국들이 벌어들이는 돈을 그리 시샘하지는 않는다. 다만 그 엄청난 광고 수입을 민중에게 공헌하는 광고 정책 아래서 벌어 왔는지를 물을 따름이다. 이제까지 텔레비전 광고 정책은, 첫째로 특정한 기업들만을 키워 주는 결과를 가져왔고 훌륭한 상품도 개발한 다른 작은 기업들에게서 더 균등한 기회 속에서 시장을 개혁할 가망성을 상당히 앗아 갔다는 점에서, 둘째로 수동적인 민중의 잠재 의식 속에 하고 많은 상품들 속에서 이미 거대해진 회사들의 상품만이 훌륭한 것이라는 미신을 심어 그들에게서 생활에 유익한 정보를 더 골고루 얻을 기회를 박탈했다는 점에서 제 길을 벗어난 것이었다. 게다가 상업 텔레비전 방송국은 건전한 사회에서는 독립된 홍행 업자가 맡아야 할 국제 홍행 사업에까지 덤벼들어, 그것이 문화 사업이라는 구실로 화면에 마치 광고가 아닌 것 같은 '사고'나 '알림'의 탈을 씌운 광고를 내보내어 이들을 보는 일마저 있는가 하면, 대형 광고 대행점을 세워 그들과 광고주들의 사이에서 실질적으로 특권을 휘두르는 '중신아비' 노릇을 시킴으로써 윤리성과 합리성과 합리 경영의 바람을 기업계에 불어넣어야 할 독립 광고 대행점의 육성을 방해하고 있기도 하고, 더구나 방계 기업의 광고를 눈에 띄게 많이 내놓는 낌새마저도 있다.

일본 제국주의자들의 침략과 지배, 그리고 국토 분단과 한국 전쟁이 몰고 온 혼란으로 우리 민중은 실지로 인쇄 매체가 대표하는 글의 문화를 충분히 소화하지 못한 채로 전파 매체의 영향력과 때를 같이하는 산업 사회에 접근하고 있다. 따라서 오늘의 민중은 편지도 한 장 조리 있게 못 써 보고 전화통에 매달려 '흐트러진' 말만 하게 되었으며, 신문과 잡지를 제대로 읽어 옳고 그름을 판가름하는 사고력을 다지기 전에 텔레비전의 매력에 눈을 팔게 되었다.

이런 세상에서 사람들의 행동이나 판단에 일시성과 일회성이 판을 치게 되고 역사적인 연속성이나 연대 의식이나 기록성이 잘 투영되지 않을 터임을 짐작하기는 그리 어렵지 않다. 컬러 텔레비전을 국내에 풀어 놓아 그 수출 산업을 지원하는 것이 외화 획득에 이롭다는 지난 천구백칠십일년 십일월 이십육일의 유신 정책 심의회 연구 보고서가 백번 옳고 천번 되풀이되더라도 인쇄 매체의 흔들릴 수 없는 권위가 민중의 의식에 더 단단히 접붙여질 때까지 컬러 텔레비전의 국내 방송이 늦추어져야 하는 것은 이 때문이다.

정부는 상업 텔레비전 방송국들에게 민중에게 공헌하라고 해서 그 배타적이고 독점적인 특권을 주었다. 따라서 공헌은커녕 배반을 일삼는 텔레비전의 광고 정책은 바로잡혀야 한다. 텔레비전의 광고 정책에 정부가 간섭하지 않는 것은 아니다. 방송법 시행령 제십조 제이항과 제사항을 보면 저마다 "방송 순서와 방송 순서 사이의 토막 광고의 횟수는…… 텔레비전 방송에 있어서는 시간마다 삼 회 이내 매 회 오건 이내로 하며 그 광고 시간은…… 일 분 사십 초를 초과할 수 없다(천구백칠십사년 삼월 구일 개정령 제칠천팔십오호)", "텔레비전 화면에 방송 순서와 관계없이 문자 또는 그림으로 나타내는 자막 광고는 방송국 명칭 고지 또는 방송 순서 고지의 방송 시에 한하되 그 횟수는 시간마다 육 회 이내 일 회마다 십 초 이내이어야 하며, 자막의 크기는 화면의 사분의 일을 초과할 수 없다(천구백칠십육년 십이월 십오일 개정령 제팔천삼백사호)"와 같이 텔레비전 광고 시간을 법으로 규정해 놓았고 방송 윤리 규정 제칠장은 그 내용이 온통 광고 방송이 저지르지 말아야 할 여러 잘못을 낱낱이 들고 있으며, 지난 천구백칠십삼년 사월부터 천구백칠십칠년 사월까지 광고 방송에 관해서 내려진 중요 결정 사항만 해도 광고 노래에 기존 선율을 인용하지 못하게 한 결정에서 여자 용품, 생리대 및 피임 용구의 심의 기준 결정에 이르기까지 자그마치 열다섯 개나 된다.

그러나 이런 간섭은 '가지'의 조치였지, '뿌리'의 조치는 아니었다. 끝으로 나타나는 의식의 가장자리를 좀 성가시게 하던 부스럼을 없애려는 작은 조치였지, 민중 스스로도 모르는 사이에 그 잠재 의식을 곪게 하고 나아가서 이 나라의 미래 운명을 어두운 응달로 이끌어 가고 있을지도 모르는 속병을 없애 주는 조치는 못 되었다. 어차피 저속하게 만들어졌기 때문에 보고 듣기에 역겨운 광고가 그 조치로 하나라도 더 화면에서 사라지는 것을 보고 민중이 반가워했을지는 몰라도, 그 조치는 오히려 작은 기업들의 돈이 적게 드는 짧은 광고를 텔레비전 화면에서 죄다 몰아내고, 텔레비전 광고를 거대한 몇몇 기업들의 독점물로 더 굳히는 결과를 낳았다.

우리는 정부가 상업 텔레비전 방송국들로 하여금 공익성이 짙은 그 존재 이유를 더 두텁게 하기 위하여 그 광고 정책에 적어도 두 가지 수정을 적용하게 하는 제도를 구현하기를 촉구한다.

첫째로, 특정 기업과 그 방계 기업—곧 그 특정 기업의 어미 회사와 아들 회사, 또 그 특정 기업이나 그 어미 회사나 아들 회사와 소유권이 특정 비율이 넘게 겹치는 기업—을 한 광고주로 쳐서 한 광고주가 특정 광고 시간에 한 상업 텔레비전 매체에 내는 광고의 횟수와 길이를 제한해야 한다. 곧 얼마나 긴 광고를 초저녁이나 황금 시간이나 한밤중에 한 광고주가 한 주일에 또는 한 달에 몇 번을 내보낼 수 있는지를 정하고, 매체로 하여금 이를 초과하지 못하게 하자는 것이다. 이렇게 하면 텔레비전 광고와 그 효과를 거의 독차지하고 있는 거대한 기업들의 예산은 주어진 범위 안에서만 텔레비전에 몰리게 되고 그 나머지는 인쇄 매체나 다른 창의로운 수단의 광고로 돌려질 것이다. 또 여태까지 따돌림 받던 많은 작은 기업들에게도 텔레비전에 광고해서 시장을 개척할 더 균등한 기회가 주어질 것이다. 게다가 민중은 몇몇 기업들만이 아닌 다양한 기업의 소리를 텔레비전에서 골고루 듣게 되어 더 넓은 상품 지식과 생활 정보를 얻을 수 있게 될 것이다. 언뜻 생각하면, 이런 조치가 텔레비전의 살림을 위태롭게 할지도 모른다는 걱정이 들지도 모른다. 그러나 이미 가속화된 텔레비전 대수의 증가에 정비례하는 텔레비전 광고 효과, 또 많은 새 기업의 등장과 함께 텔레비전 광고의 수요는 그 공급보다도 어차피 늘 더 많은 것이다. 더구나 그토록 엄청난 두 상업 텔레비전 방송국의 근래 이익금을 검토해 보면, 비록 이런 종류의 규제로 텔레비전 광고의 수요와 공급의 비율이 좀 바뀐다고 하더라도, 그들이 돈을 '덜' 벌게 될지는 몰라도 '못' 벌게 되지는 않으리라는 꽤 분명한 조건이 있다.

둘째로, 상업 텔레비전 매체에 나가는 그 자체 사업이나 방계 기업의 광고는 위의 조치와는 따로 엄격하게 규제되어야 한다. 대중 매체가 그것을 세운 기업의 도구가 되어서는 안 되는 이치와 연결된다. 텔레비전 매체가 내보내는 그 자체 사업이나 방계 기업의 광고에 제약을 두는 일은 자유 기업의 소리가 훨씬 더 높은 일본 같은 나라에도 있다. 그런 조치가 없이는, 한 광고주가 한 텔레비전에 낼 수 있는 광고수 빈도와 분량에 아까 말한 제약을 가하는 제도가 실시되기 전에나 뒤에나, 광고의 수요가 공급보다 많아지면 상업 텔레비전 방송국은 그 자체나 그 방계 기업의 광고를 우선해서 내보내어 스스로를 기업의 도구로 전락시킬 걱정이 있기 때문이다.

언뜻 보면, 이런 조치가 텔레비전 방송국을 세운 기업이나 단체를, 적어도 텔레비전 광고를 내는 기회에서만은, 억울하게도 불리하게 만든다고 생각될 수도 있겠다. 그러나 사사로운 이익에 앞서서 공익성을 드높이는 텔레비전 매체의 임자가 되는 단체나 기업이나 그 방계 조직이 눈에 안 보이게 얻는 이득들은 이 불리한 점을 충분히 보상하고도 남을 것이다.

천구백칠십팔년, 뿌리깊은나무

예수와 장삿속

 천구백칠십팔년이 저문다. 그리고 이 논설이 독자의 눈에 미칠 즈음이면 이미 새해의 동이 텄을지도 모른다. 해마다 섣달에 접어들자마자, 또 때로는 동짓달 하순부터, 이 나라의 도시 사람들은 예수의 생일인 성탄절 맞이 때문에 상당히 마음이 들떠 있다. 기독교인들에게 이날이 중요한 날이 되는 것은 말할 나위도 없거니와, 기독교인이 아닌 사람들마저도 일찍이 자유당 시절부터 공휴일로 정한 이날을 명절로 별 저항이 없이 받아들이고 그 '뜻 깊은' 날에 '잘 놀' 궁리를 많이들 한다. 도시에 사는 사람에겐 이제 '크리스마스 파티'나 '크리스마스 선물' 같은 것이 보편스런 생활 개념이 되었다.

 예수가 태어난 날을 기독교인들이 그들의 풍속대로 기리는 것을 신교의 자유가 있다는 이 나라에서 나무랄 사람은 별로 드물 것이다(또 기독교의 문턱에는 들어서지 않았으나 멀찌감치서나마 막연히 예수를 존경하는 사람들도 이 위대한 분의 생일이 다가오면 석가가 태어났다는 초파일에도 그랬겠듯이 한번쯤은 옷깃을 여미고 깊은 생각에 잠기곤 할 것이다). 다만 분명하리라고 믿는 것 한 가지는 예수의 생일을 기리는 기독교인들의 서양 풍속이 아무리 요란하던들 그 알맹이는 하늘에 비는 마음이요, 뉘우치는 마음이요, 깨끗한 마음이겠지, 지난 서른 몇 해 동안에 해마다 그맘때면 이 나라의 도시에 사는 사람들이 휘말려든 소란과 퇴폐의 바람 같은 것일 턱은 없겠다는 것이다.

이 나라는 민중의 대다수가 기독교인이 아닌 나라이니, 예수의 생일을 쇠는 구실로 예수의 가르침을 오히려 욕되게 하는 사람들이 많이 생기는 것은 어쩌면 당연할지도 모른다. 그러나 예수 생일을 두고 피우는 도시 사회의 소란이 기독교의 모독을 시도하는 행위인 것은 절대로 아니다. 오히려 기독교인들은 흔히 이맘때면 예수하고는 별 인연이 없는 장삿속의 가게에서 귀가 찢어지게 큰 소리로 흘러나오는 〈고요한 밤〉 노래를 들으며 모욕을 느끼기보다는 예수의 은총이 온 누리에 번지고 있다고 생각하기 일쑤다.

온 서울의 거리와 골목이 십이월 이십사일 저녁이면 '미친' 사람들로 빽빽해지던 여남은 해 전의 얘기는 우선 그만두더라도, 적어도 신문 보도에 따르면 이제 예수의 생일을 쇠는 일이 꽤 조용해졌다는 천구백칠십팔년의 '크리스마스'를, 섣달을 반성해 보자. '크리스마스 파티'를 구실로 삼아, 또 통행 금지가 없는 틈을 타서 예수가 한사코 말리던 일들, 곧 계집질과 서방질과 노름과 술주정을 많은 사람들이 하는 것은 십이월 이십사일 밤만의 소란과 퇴폐로 치고 덮어 두자.

오히려 우리가 새삼스럽게나마 똑똑히 관찰해 보아야 할 대상은 섣달 내내 예수를 팔아먹는 장사꾼들의 소행이다. 예수의 가르침 하면 고개를 살살 내저을 재벌들이 운영하는 큰 백화점에서 많은 조무래기 가게에 이르기까지 '메리 크리스마스'의 꾸밈을 하고, 예수의 상징이라기보다는 오히려 서양 미신의 상징이고 문화적으로 한국의 민중하고는 조금도 밀착되어 있지 않은 코 큰 서양 할아범 산타클로스 허수아비를 내세워 물건을 사 가라고 꼬였다. 많은 민중은 막상 정신적으로는 예수의 '예' 자도 모르면서 이처럼 예수를 장삿속으로 이용하는 사람들의 꼬임에 빠져 들어 크리스마스 파티 준비니 크리스마스 선물이니 하여 월급 봉투를 날렸다. 술집 주인은 예수 찬송가를 틀고 탕아들을 꼬였고, 빚쟁이들은 십이월 이십오일은 넘기지 말고 꼭 돈을 갚아야 할 날짜로 못박았다. 많은 부정한 뇌물들이 거룩한 크리스마스 선물의 탈을 쓰고 오갔고, 많은 가짜 '예수쟁이'들이 진짜 기독교인 행세를 하느라고 부산했다.

그것뿐일까? 이제는 즐거운 성탄절이 어쩌고 하는 서양풍의 크리스마스 카드를 보내는 일, 그것도 흔히 제 서명 빼고 인쇄 업자 서명이 찍혔을 뿐인 것을 친지들에게 보내는 일이 이 나라에 뿌리박은 사회 제도로 굳어졌다. 언뜻 생각하기엔 기독교인이 아니라고 해서 예수의 생일을 맞아 기뻐하지 말라는 법은 없겠지만, 도무지 예수를 받아들이지도 않는 사람의 입에서 나오는 '예수의 신성한 탄생' 소리는 뿌리부터 위선과 거짓에서 출발한 것이 아닐까? 게다가 이것을 받는 사람도 흔히 기독교인이 아닌 것이 사실이라면, '우리도 기독교인 시늉 좀 해 봅시다'라는 저의가 거기에 깔려 있다. 사실, 이 크리스마스 카드라는 것을 보내는 사람이나 받는 사람이나 대부분 서로 기독교인이 아닌 것을 뻔히 알고 되풀이해서 주고받아 왔기 때문에 이제 그 성스러운 내용의 거짓 됨은 거짓되지 않다고 치자는, 거짓말을 참말로 치자는 약속이 거국적으로 되어 있는 것같이 되었다. 아니나다를까, 이제는 서양 기독교인들보다도 한 술 더 떠서, 예수와 별 상관이 없는 법인체와 개인 업체에서마저도 일 년 열두 달 내내 예수의 가르침을 외면했던 것이 장사의 수단이었음을 부끄러워할 줄도 모르고 뻔뻔스럽게 즐거운 성탄을 어쩌고 하면서 맨 밑에 업체의 이름까지 박은 크리스마스 카드를 수만 장, 수십만 장 찍어 나라 안팎에 돌리고 있다. 이런 카드를 받아 보고 '웃긴다' 하는 사람들은 서양 사람들이다. 예수에게 귀의하지 않은 사람은 양심에 어긋난다 하여 성탄절 얘기를 크리스마스 카드 내용에서 빼고, 아무리 큰 기업의 우두머리일망정 크리스마스 카드만은 개인과 식구의 이름으로 보내는 그들로서, 예수를 믿지도 않음이 뻔한 사람들에게서, 또 흔히 신앙의 주체가 될 수 없는 기업에게서 그런 카드를 받고 '웃지' 않을 수 없다.

기업의 '예수 팔이'는 이런 카드나 아까 말한 백화점이나 가게 같은 곳에서 하는 짓거리에 그치지 않는다. 지난 섣달에도 또 그 많은 기업들이 화장품을, 아파트를, 개집을, 약을 파는 신문과 방송의 광고물 속에서 예수를, 산타클로스를 업고 나왔다. 더구나 사회의 공기라는 방송국의 주인들도 한 달 내내 그 서양 크리스마스 노래를 내보내 민중으로 하여금 '예수 없는' 크리스마스에 넋을 팔고 향수심을 느끼게 했다. 이런 변칙적인 예수 팔이 사회에서, 대표자가 기독교 실업인이니 정직할 수밖에 없다는 내용을 담은 책을 회사 돈으로 발행하여 뿌린 한 재벌 업체가 나중에 탈세 사건으로 들통이 났던 것은 어쩌면 당연하다.

서양 사회에서는 크리스마스가 예수의 생일일 뿐만 아니라 실질적으로 이 나라의 설날 같은 날이다. 말하자면 우리 나라 도시 사회의 크리스마스 바람은 서양 흉내를 내어 설날을 정월 초하루에서 엿새 앞당겨 쇠는 경향이라고도 볼 수 있다. 설날의 전통적인 기능에 휴식과 인사와 놀이가 포함되어 있다면 적어도 인사의 일부분과 놀이만은 뚜렷하게 이레가 앞당겨졌다. 이것은 문화 수용의 문제다. 해방이 되고 나서, 일반적으로 예수를 믿고 크리스마스를 쇠는 미국 사람들의 문화가 조선 시대의 중국 문화와 일본 제국주의 시대의 일본 문화에 이어지는 가장 새로운 고급 문화로 등장했고, 덩달아서 '이승만 대통령' 개인적으로 믿는 기독교를 국교로 착각하고 이날을 거국적인 공휴일로 선포하고, 장사꾼들과 대중 매체들이 이날에 앞을 다투어 불어넣는 설날 기능 부채질에 대중이 말려든 셈이다. 그러나 이제는 반성을 해 볼 때다. 섣달에 예수를 팔아먹는 장삿속으로 기독교인들이 '거룩한 성탄절'을 쇠는 일을 훼방해서도 안 되겠고, 몇 천 년에 걸쳐서 내려온 설날이 비록 신식이면 다 좋아하는 사람들의 강압으로 양력 정월 초하루로 억지로 옮겨 오기는 했더라도, 그 동질성을 잃어 그 기능을 이레 앞의 예수 생일에 빼앗기게 방치해서도 안 되겠다. 올해부터는 꼭 설날과 '성탄절'을 잘 가려서 쉬고 인사하고 놀자.

천구백칠십팔년, 뿌리깊은나무

푸대접

 죽음 앞에서 장엄하고 용기 있는 처신으로 온 세계의 존경을 받고 있는 휴버트 험프리와 그 부인이 천구백육십구년에 서울에 와서 지금은 없어진 반도 호텔에 묵었을 때 일이다. 그 부인은 냄새 나는 수돗물이 싫어서 '미네랄 워터'를 달라고 했다. 시중꾼은 그것이 광물성 물, 광천수, 지하수 또는 약수일 것임을 알아차리고 부랴부랴 주전자를 들고 남산으로 가서 약수를 길어 왔다. 한국에서는 그때에 약수가 병에 담겨 상품으로 팔리지 않았음을 미리 알았던들 부인이 그런 청을 하지 않았을 터이고, 부인이 청한 약수가 병에 담긴 상품을 뜻했음을 그 시중꾼이 알았던들 남산까지 뛰어가지는 않았을 것이다.

 서양에서는 이 광천수가 병에 담겨 팔리는 상품이 된 지가 오래다. 수돗물이 나빠서 그렇다. 유럽의 여관이나 술집에서 물을 달라면 으레 나오는 것이 이 병물이다. 종류가 두 가지여서, 사이다처럼 가스가 든 물이 있고, 가스가 없는 맹물이 있다.

 이윽고 서울에도 물장수들이 나타났다. 그들은 먼 데서 물을 길어다가 판다. 한 회사에서는 어디에선가 지하수를 퍼다가 맑게 걸러 '다이아몬드 퓨어 워터'라는, 생사람을 무식쟁이로 만드는 상표를 달아 한국에 있는 외국 사람에게만 판다. 한국 사람에게는 팔기가 싫어서가 아니라, 그 회사의 말을 빌리자면 외국 사람에게만 팔겠다는 조건으로 보건 사회부에서 허가가 나왔기 때문이다. 또 '초정 약수'라는 업체는 충청도에서 탄산 가스가 많이 든 지하수를 길어다가 서울에서 병에 담아 파는데, 보건 사회부로부터 그것이 맹물이 아니라 탄산수이기 때문에 한국 사람에게 팔아도 된다는 허가를 받았다고 한다. 다만 많은 사람들이 탄산수의 가스를 싫어하기 때문에 이 업체에서는 탄산 가스를 덜어 낸 맹물에 가까운 상품을 따로 만들어 팔기도 한다. 그러니 땅에서 나온 맹물을 한국 사람에게 파는 일을 한 회사에는 허용하고 또 한 회사에는 금지한 셈이 되어 버렸다.

큰 도시에 사는 사람들은 수돗물을 마신다. 더러운 강물을 끌어다가 약물로 더러움을 가라앉히고 거르고 했을뿐더러, 맑게 들어가기만 하면 몸에 해롭지 않다고는 하지만 적어도 이로울 턱은 없는 독한 염소로 살균을 했기 때문에 입맛에 역겨운 것은 말할 나위도 없고, 낡은 수도관에서 녹물까지도 씻겨 나와 섞인 것이 흔히 도시 사람들이 마시는 수돗물이다. 이 수돗물이 지긋지긋하다는 것은 쉬쉬할 비밀이 아니라 이미 세상이 다 아는 사정이다. 그리고 지금까지의 나라 형편으로 보아, 그토록 많은 수의 도시 주택에 그런 물이나마 대량으로 대 주어 온 것이 꽤 대견스런 업적인 것도 다 안다.

이 역겨운 수돗물 대신에 맑은 샘물을 마실 수 있는 사람의 수는 많으면 많을수록 좋다. 따라서 깨끗한 물이 나올 수 있는 곳에 사는 사람들에게 우물을 파라고 하던 정부의 장려는 옳았다. 그런데도 불구하고 보건 사회부에서는 '다이아몬드 퓨어 워터'의 물장수들에게 한국 사람한테는 그 깨끗한 맹물을 팔지 말라고 했다. 한국 사람들은 제 나라 땅에서 솟아나는 지하수마저도 마시지 말아야 할 이등 국민이라는 말일까? 또는 말 못할 사정이 따로 있었을까?

  수돗물이 우선 몸에 해롭지 않다손 치더라도 맛이 역겹다는 이유 하나만으로도 더 좋아져야 한다. 그리고 수돗물의 맛이 그럴 바에야 깨끗한 맹물을 파는 물장수들이 온 나라에 판을 치는 것이 국민 복지에 도움이 된다. 어쩌면 시대의 요청일지도 모르는 이런 물장수들로 하여금 좋은 물을 민중에게 공급하지 못하게 하는 국가의 간섭이 있다면, 이것은 어처구니없게도 마시고 싶은 맹물마저도 못 마시게 하는 옹졸한 간섭이 될 수도 있다.

  광천수가 한국 사람이 마시지 말아야 할 나쁜 물이면, 외국 사람에게도 못 마시게 하여라. 그리고 그것이 외국 사람이 마셔도 될 좋은 물이면, 한국 사람에게도 마시게 하여라. 외국인 전용 '토산품' 가게, 외국인 전용 아파트, 외국인 전용 카지노 노름판과 같이 민족적인 열등감을 민중의 마음에 심고 있을지도 모르는 '내국인 출입 금지' 시설들에 이어서 이제는 내국인이 마셔서는 안 될 물까지 나왔다니, 어안이 벙벙하다. 한국 피를 타고났기 때문에 불리한 삶의 조건을 한국 사람의 손으로는 만들지 말자.

천구백칠십팔년, 뿌리깊은나무

새 다방과 헌 다방

이 나라에서 가장 큰 건물로 서울역 앞에 대우 빌딩이 있다. 그 일층에 대우 재벌이 직영하는 '한가람'이 있다. 서울에 이처럼 잘 꾸며 놓은 '새 다방'들이 많이 생겼다. '헌 다방'들이 분위기가 음침했다면, 이 새 다방들은 분위기가 밝다. 사무실이 없는 사람들이 모여 한밑천 잡을 궁리를 하던 곳, 어제의 건달들이 레지나 마담을 '꼬시러' 몰려들던 곳이 헌 다방이었다면, 오늘의 젊은 남녀들이 제 짝을 데리고 와 얘기하고 가는 곳이 새 다방들이다. 이 새 다방들은 이 사회에 헌 세대가 사라지고 새 세대가 등장하는 현상의 싱싱한 상징인 것같이도 보인다.

이런 새 다방에 들러 커피를 시켜 보자. 커피 맛이 헌 다방에서보다도 훨씬 더 나으나 그 값은 헌 다방 커피 값의 두세 곱에 가깝고 달라지도 않은 토스트가 따라 나온다.

이 나라의 법에 따르면 손님에게 앉을 자리를 제공하고 먹을거리나 마실거리를 파는 업종으로 제과점, 다방, 간이 음식점, 대중 음식점, 전문 음식점, 유흥 음식점이 있으며, 어떤 한 업종의 업체도 다른 업종을 겸할 수가 없도록 돼 있다. 이를테면 제과점에서는 과자와 청량 음료만을, 음식점에서는 주로 음식과 술만을 팔도록 되어 있다. 다만 대중 음식점과 전문 음식점에서는 후식으로 커피를 포함한 음료를 낼 수가 있다고 한다.

대우 빌딩의 한가람을 포함한 서울의 새 다방들은 굳이 법으로 말하자면 다방이 아니라 대중 음식점이나 전문 음식점이다. 다만 손님이 커피를 달라면, "여기는 다방이 아니라 음식점이어서 커피를 팔 수가 없어요. 후식으로 커피가 저절로 따라 나오니 합법적으로 팔 수 있는 토스트를 시키시지요"라는 설명은 생략하고, 그냥 토스트와 커피를 함께 내오고 토스트만의 값인지, 토스트 값에다 커피 값을 보탠 값인지가 분명치 않은 비싼 값을 손님에게 물릴 뿐이다. 음식점으로 허락을 받은 업체에서는 커피만을 팔지 못하게 하는 법의 요청 때문에, 이처럼 '눈 감고 아웅 하는' 현상이 우리 나라에서 가장 큰 재벌 축에 드는 기업에서 직영하는 '한가람'에서뿐만이 아니라 대부분의 '새 다방'에서 일어나고 있는 것은, 어떻게 보면 반가운 일이다. 그들의 '눈 감고 아웅 하기'는 법이야 어찌 되었거나, 커피만 찾는 사람한테 '정직하게' 커피만 내오는 경우보다 '준법 정신'이 더 강한 행실일 수도 있겠기 때문이다. 그러나 손님이 시키지도 않았던 이 토스트 조각이 손님의 입으로 들어가지 않고 퇴짜를 맞아 부엌으로 되돌아가서 다른 커피잔과 함께 다른 손님에게 제공되면 위생의 문제가 되고 고스란히 쓰레기통에 버려지면 이 물자 절약이 강조되는 시대에 낭비 문제가 생긴다.

그러면 이 새 다방들은 왜 실질적인 다방만 되고 법률적인 다방은 되지 않았을까? 시설에는 많은 돈이 투자되어서 손님에게 물려야 할 돈은 많은데 법률적인 다방이 되거나, 특히 커피 같은 것을 제대로 끓여 내올 때에 잇속을 제대로 차리기 어렵게 하는 다방의 가격 통제에 묶이기 때문이다. 또 다방이 되었다가는 점심때나 저녁때에 한자리에서 돈을 톡톡히 긁어내는 음식점 노릇을 못하기 때문이다(낮에는 커피를 가짜 후식으로 파는 이 새 다방들은 흔히 저녁에는 여기가 언제 커피 파는 다방이었더냐는 듯이 아예 진짜 후식으로도 커피를 내놓지 않는다). 한마디로 이 새 다방들은 가격 통제에 묶이지 않은 다방도 되고 파이나 아이스크림 같은 것을 파는 제과점도 되고 음식과 술을 파는 음식점도 되고 싶어하는 것이다. 이런 데에 손님이 몰려드는 것은, 그런 시설이 옳거나 그르거나 이 시대의 요청이기도 하기 때문일 것이다.

다방과 제과점과 여러 음식점을 법으로 갈라놓고 서로 영역을 넘어서지 못하게 하는 데에는 과거에는 그럴 만한 타당성이 있었는지도 모른다. 그러나 시대는 이제 바뀌었다. 과자는 이 집에서 시켜 먹고 차를 마시기 위해서 저 집으로 자리를 옮겨야 하는 것 자체가 비능률적인 요구다. '새 다방'에 가서도 토스트의 낭비가 없이 차 값만을 치르고 차를 마실 수 있어야 한다. 스스로 바란다면 다방 주인에게도 경양식을 팔 수 있게 하고, 스스로 바란다면 곰탕집 주인에게도 차를 팔 수 있게 하여라. 점심은 한 곳에서 먹고 차를 마시러는 딴 집으로 가게 하는 것이 법의 요청이어서는 안 된다. 다방과 제과점과 음식점에 대한 국가의 간섭은 그 위생 수준과 소방 시설과 세금에 관한 것으로 충분하다.

천구백칠십팔년, 뿌리깊은나무

악수와 절의 범벅

"오랜만이다. 악수나 한번 해 보자"라는 인사말이 아직도 자주 들린다. 악수나 한번 해 보자는 말에는 악수를 하기가 좀 계면쩍다는 생각이 깔려 있다고 보아야 할 듯하며, 그런 말을 먼저 내세우지 않고 손을 내미는 것을 좀 쑥스럽게 여기는 심리가 우리에게 있다고 보아야 할 것이다. 그러나 다들 부산히 악수를 하고 손을 흔들어댄다. 서울과 부산과 광주와 같은 대처에 사는 사람들은 말할 나위도 없고, 나의 경험으로는, 남쪽 제주도 가파섬의 수줍은 여자 교사로부터 북쪽 강원도 고성의 다방에 드나드는 우락부락한 건달에 이르기까지 악수 시합에 나가면 일등할 사람들이 수두룩한 곳이 이 나라다.

악수라는 것이 빈손을 내보이면서 무기가 없으니 안심하라던 데서 나왔다던가? 이와 같이 무장 해제의 증거로 내미는 것이 악수하는 손이라면, 본디 칼이나 권총 같은 것하고는 별 인연이 없던 우리는 불법 무기 소지자로 오인받을 험상을 지닌 사람이나 군인이나 경찰관이나 기관원이 아닐 바에야 애초부터 악수를 하자고 손을 내밀거나 받아들일 까닭이 아예 없지 않을까?

이 서양 인사법은 그 무장 해제의 동기가 그럴싸하게 보여 이 나라에 번진 것이 아니라, 서양식이라 하면 오금을 못 쓰던 제국주의 일본의 '하이칼라'들이 멋으로 시작했던 장난이던 것이, 이 나라가 악수하는 서양 사람들의 힘으로 해방이 되고 나서 새 세상의 상징, 곧 민주주의의 '상표'로 둔갑하여 유행하여 왔다고 볼 수 있을지 모른다.

과연 악수는 민주주의 이념에 알맞은 인사법일까? 오히려 그것은 윗사람만이 시동을 걸 수 있어서 민주주의의 평등 원칙에 어긋나는 인사다. 아랫사람이—또 서양 풍속으로는 윗사람인 여자에게 남자가—먼저 손을 내밀었다가는 뺨을 맞아 마땅할, 버릇없는 사람이 된다. 이처럼 서양식으로 인사하자고 손을 내미는 사람은 그 손이 상징하는 무장 해제의 갸륵한 본뜻에도 아랑곳없이 이녁이 윗사람임을 선언하는 셈이다. 그것이 총칼이 쥐어지지 않은 빈손이어서 평화의 상징이 된다고 하지만, 그 움직이는 방향이나 동작은 거의 주먹질이나 칼질을 닮았으니, 잘 보아주어서 진취적이라고 할 수 있겠지만, 우선 침략적임은 틀림없다.

그러나 절은 동작이 어질고 겸허하다. 강한 놈의 처지에서 손에 아무것도 없으니 안심하라는 '침략자'의 몸짓이 아니라, 아예 저편의 사나움 같은 것은 아랑곳없이 그 앞에서 겸허하게 순응하는 태도다. 그래서 비록 윗사람이 먼저 절을 하는 수가 있더라도 흉을 잡힐 수는 있을지언정 뺨을 맞지는 않는다. 악수가 저편에 반응이 있어야 하는 조건이 붙은 인사법이고, 저편의 마음을 움직여 그에게서 손을 끌어내고자 하는 책략의 꼬임이라면, 절은 저편에게서 바라는 대가가 터럭만큼도 없는 겸허성의 표현이다. 절하는 사람은 눈길이 미치는 곳이 저 아래 땅바닥이어서 절 받는 사람이 쥔 칼이나 허리에 찬 권총 따위는 의식하지 않는다.

절은 서로 지위가 엇비슷한 사람들이 하는 맞절이 아니면 대체로 아랫사람이 먼저 한다. 아랫사람의 절을 받으면 윗사람도, 비록 허리를 굽히는 각도는 덜할망정, 거의 때를 같이하여 절을 하는 것이 이 나라의 인사법이다. 그러나 흔히 오늘의 어른들은 절을 받고 절로 답례를 하기는커녕 고개를 빳빳이 세워 둔 채로 손을 내밀어 악수를 청한다. 윗사람이 내민 손을 본 아랫사람은 고개는 절했던 대로 숙여 두고 그 '훌륭한' 손을 그냥 만지는 것이 황송스럽다는 듯이 두 손으로 '받는다.' 특히 권위주의가 체질에 배어든 일부 사회에는 윗사람과 인사할 때에는 절을 하면서 오른팔을 왼손으로 받치고 악수하는 풍습까지 생겼다.

윗사람은 악수만 하고 아랫사람은 절도 하고 악수도 하는 이 신식 인사법은 이제 국가적인 예절같이 되어서 무슨 고관의 임명장 수여식이나 새마을 지도자 표창식 같은 공식 행사에도 거의 빠짐없이 나타난다. 그러나 얼핏 보기에는 아무렇지도 않은 이 절과 악수의 범벅은 무엇을 뜻하는 것일까? 그것은 이 신식 예절이 아랫사람의 절에 답해서 절하는 예절을 윗사람에게서 빼앗아 갔고, 아랫사람이 절할 때마다 내미는 손으로 자기의 권위를 선언하는 오만성을 그에게 주었다는 것이나 아닐까? 그리고 이런 경우에 아랫사람의 절은 이미 겸허성이 아닌 비굴성의 상징이 되고, 그의 악수는 윗사람의 권위에 항복한다는 표현일지도 모른다.

손은 사람의 몸에서 가장 더러운 데다. 적어도 하루에 한 번씩은 밑을 닦는 것은 그만두더라도, 나날이 만질 데, 못 만질 데를 분명히 가릴 겨를도 없이 무엇인가 부산히 만져야 하는 것이 사람의 손이다. 그리고 악수하는 두 손이 서로 나누어 갖는 것으로, 더러운 것은 있어도 깨끗한 것은 없다. 한쪽 손이 아무리 깨끗하더라도 상대편의 손에 병균 같은 나쁜 것을 옮기지 않을 것이라는 부정적인 보장은 있을지언정 상대방의 손에 묻은 병균에 대들 항생제 같은 이로운 것을 옮겨 줄 것이라는 긍정적인 보장은 없다. 세균학자에게 캐물어 볼 필요도 없이 이 나라에 번지는 많은 질병의 중신아비가 어쩌면 이 악수일지도 모른다. 그러나 우리 나라 사람들의 손은 서양 사람들의 손과는 달라서 아주 깨끗하다고 치자. 그렇더라도 저편의 손이 물컹하거나 땀으로 끈적끈적하거나 힘이 넘쳐 아픔을 주거나 힘이 없어 하느작거리거나 해서 싫고, 이편의 손이 저편에 그런 느낌을 줄까 보아 걱정이 되어 머뭇거려지고, 때때로 다급하면 동양 사람이나 서양 사람이나 바짓가랑이 같은 데에 손을 먼저 문지르고 하는 것이 악수다. 그러니 좋아하는 사람의 손을 잡아 보는 핑계가 되는 경우가 아니라면, 악수는 늘 즐거운 것만은 아니다.

반가워서 손을 잡거나 몸을 만지는 행위는 꼭 서양 사람만이 해 온 것은 아니다. 두 손으로 반가운 사람의 손을 덥석 잡는 아낙네의 한국식 악수도 있고, 예뻐서 머리를 쓰다듬어 주는 어른의 인사도 있고, 어머니의 가슴팍을 파고드는 아이의 응석도 있다. 따라서 우리가 서양식 악수의 뜻을 되새겨 보아야 하는 것은 그것이 육신의 접촉이기 때문이 아니라, 이 땅에 살아 온 사람들의 문화적인 동질성을 유지시켜 온 절의 훌륭한 뜻을 변질시키고 있기 때문이다. 서양 사람 시늉으로 시작된 이 손장난은, 휴가 나온 군인이 집에 돌아와 부모에게 하는 그 전투적인 거수 경례도 하도 자주 보니까 그저 씩씩한 아들의 공손한 절과 같이 보이고, 많은 시민이 한국말과 한국 동작으로 '국기를 대하여' 절을 하는 것이 아니라 직역된 일본말과 서양 몸짓으로 '국기에 대하여' 경례를 한답시고 가슴팍에 손을 얹는 행위도 되풀이 되니까 자연스럽게 받아들여지고, 관료 사회에서 유행하는 선서라는 이름의 맹세가 서양식으로 바른손을 들고(서양식으로 하려거든 왜 아예 왼손을 예수경이나 불경 위에 올려놓기까지 하는 것은 빼먹었을까? 이 선서라는 것의 효시는 아마도 구헌법 제오십사조에 규정되었던 '대통령 취임 선서'일 터인데, 거기에도 바른손을 들어 서양 사람의 시늉을 하라는 법은 없다) 하는 행위여도 눈에 익으니 괜찮아 보이는 것처럼, 그저 유행을 타고 이 나라에 번져 당연하게 받아들여졌을 따름일 것이다.

그러나 마음가짐이 행위를 다스리듯이, 행위가 마음가짐을 다스리기도 한다. 무턱대고 악수하는 행위로 마음가짐에 얼마쯤은 얼룩이 생겼을지도 모르는 형님들과 언니들보다도 우리가 더 나아지지 말라는 법이 없다면, 아무리 악수가 판치는 세상에서나마 절을 좀 더 해 보자. 절도, 요새 문을 막연 서울의 ㅅ호텔과 ㄹ호텔의 종업원들처럼 일본식으로 하는 절이 아니라, 한국 절답게 해 보자. 절이야말로 아마 이 세상에서 가장 평화로운 인사법일 터이고, 이 한반도에 사는 높고 낮은 사람들이 서로 겸허하게 고개를 숙여 절하는 마음을 먹을 때에 평화도 통일도 더 빨리 재촉될 터이기 때문이다.

천구백칠십구년, 뿌리깊은나무

호텔 바람이 분다

"조선 호텔은 문턱이 없습니다"라는 광고가 언젠가 한두 잡지에 실렸었다. 조선 호텔의 맴돌이문 밑에 턱이 없는 것이 사실이니 참 정직한 광고라고 할 수 있다. 그러나 그 호텔 문턱이 없다는 광고는 대체로 호텔의 문턱이 높다고 믿는 사람들의 마음을 움직이려는 속셈에서 나왔겠다. 조선 호텔이 잘 봤듯이, 사람들 마음속의 호텔 문턱은 높다. 그것도 그럴 것이 구멍가게에 가면 기껏 육십 원밖에 안 받는 라면 한 봉지를 끓여 좀 유별난 접시에 담아 구백 원이나 달라는 곳이 이를테면 조선 호텔이기 때문이다.

그러면 문턱이 높다는 호텔이라는 데들은 도대체 무엇일까? '숙박업법'의 규정에 따라 '호텔'로 매겨진, 요새 흔히 '무슨 장' 하기 쉬운 고급 여관인 보통 호텔도 있고, '관광 사업법'의 규정에 맞추어 세워진 '관광 숙박업체'로서 정부의 관광 진흥 정책에 따라 흔히 외국 차관, 합작 또는 특별 융자와 같은 특혜를 나라에서 받고 문을 연, 시설의 수준에 따라 무궁화 한 송이부터 다섯 송이까지로 표시되는 여러 등급이 있는 이른바 관광 호텔도 있다. 호텔이라는 말의 본고장인 서양에서는 '호텔'이 그냥 '숙박업소'의 뜻을 지닌 말이어서 '큰 호텔'일 수도 있고 '방 몇 개짜리 여관'일 수도 있지만,

이 나라에서는 일본 식민주의자들의 언어 인습을 고스란히 이어받아 '서양식 고급 여관'을 가리키는 말이 되었으며, '관광 호텔'이 막상 서양에서는 '싸구려 관광객들이 떼 지어 드나드는 품위 없고 번잡하고 허우대만 큰 저급 호텔'로 뜻이 보편화된 줄도 모르고, 정부 관리들이 그런 '관광 호텔'을 그렇게 무식하게 부르자, 세계 물정에 좀 눈이 더 뜨인 조선 호텔, 플라자 호텔, 신라 호텔, 롯데 호텔 같은 몇몇 곳을 빼놓고는 전국의 촌뜨기 '관광 호텔' 주인들이 덩달아서 너도나도 제 호텔 이름을 영어로, 한국어로 무슨 '관광' 호텔이라고 부르는 바람이 불었다.

조선 왕조 시대까지는 이 나라에 호텔이랄 것도 여관이랄 것도 없었다. 객지에서 여행하는 사람은 일가붙이나 친지의 사랑방이나 행랑채 신세를 지기가 일쑤였고, 길손이 길을 걷다가 해거름이 되면 길가의 주막이나 가까운 오두막에서 묵었다. 그러다가 일본 식민주의자들의 지배와 함께 일본말로 '료칸'이라고 하던 상업화된 '여관'의 개념이 소개되었고, 마침내 이 나라에 맨 처음으로 호텔까지 생겼으니, 그것이 '조셴 호떼루'였다. 천구백십사년 시월 삼일에 제국주의 일본의 조선 총독부에서 제 나라의 손님들에게 잠자리를 제공할 목적으로 만들었던 것으로 지금의 서울 특별시 중구 소공동 팔십칠번지에 들어선 것이었다. 그 다음에 들어선 호텔이 '한토 호떼루'였다. 제국주의 일본의 식민지 진출 사업가로서 수풍 댐과 장진강 댐과 흥남 질소 비료 공장의 소유자였던 노부치가 서울에 들러 '조셴 호떼루'에 잠자리를 청했을 적에 노동화를 신었다고 해서 숙박을 거절하자 화가 나서 천구백삼십육년 무렵에 그 옆자리에 더 크게 스스로 세운 호텔이 이 한토 호떼루였다. 천구백육십삼년에 조선 호텔과 반도 호텔이 통합하는 데에 중요한 구실을 맡았고, 그때부터 천구백육십팔년까지 통합된 반도 조선 호텔의 총지배인으로 있었고 지금은 그 곁에 우뚝 솟은 프레지던트 호텔의 상임 고문인 방성칠의 설명에 따르면, 이 두 호텔은 일본 제국주의 시대에 주로 서울에 들르는 일본 고관과 일본 재벌과 한국인 친일파와 지주 계급이 드나드는 숙박 시설이었다. 나라가 해방이 된 뒤로 천구백사십구년까지 잠깐 동안 미군 시설이 된 일도 있었지만, 전국의 몇몇 곳에 흩어진 '관광 호텔'과 함께 자유당 정부의 교통부에 속하는 조선 호텔과 반도 호텔이 되어, 명목으로는 외국 사람만 받아들인다던 외화 획득의 국영 기업체가 되고 실제로는 권력층과 그 아들딸들이 달러로 사는 쿠폰이라는 돈표를 뿌리고 시설을 사용하던 '귀족' 아방궁이 되기도 했다. 그러다가 이 두 호텔은 육십년대 초부터 아무나 돈만 있으면 국적을 내세울 필요 없이 드나들 수 있는 호텔이 되었다. 그러나 이 두 역사적인 호텔은 한편으로는 생산성이 밥 먹여 주지, 역사성이 밥 먹여 주더냐는 정부 결정자들의 속단으로 말미암아, 또 한편으로는 그 '작은' 시설들이 거둔 수입이 그것들이 들어선 서울 시내 한복판의 땅값을 하지 못한 탓으로 무지막지하게 헐리고야 말았다. 옛 조선 호텔은 일찍이 천구백육십칠년에 헐리기 시작하여 천구백칠십년에 국제 관광 공사와 미국의 아메리칸 항공사가 합작으로 세운 새 조선 호텔이 되었고, 반도 호텔은 롯데 그룹에 시집가서 헐려 올해 그 자리에 삼십팔 층의 롯데 호텔이 들어서서 가게 문을 열었다. 천구백사십구년부터 한 일 년 동안 국영 기업체인 조선 호텔의 어려운 살림 속에서도 한 나라의 으뜸 호텔로서 체통을 지키게 하려고 애쓴 첫 총지배인이었던 정해직은 한탄한다. "어느 나라에 가 봐도 가장 좋은 호텔은 가장 큰 호텔이 아닙니다. 영국 런던의 카놋이나 브라운의 명성은 그 허우대나 신식 시설에 있지 않아요. 미국으로 말하더라도, 국빈들이 드는 샌프란시스코의 페어만트도 낡은 집이고, 뉴욕의 최고급 호텔 칼라일도 후미진 구석의 작은 집이고, 시카고의 드레이크도 구닥다리 건물이지요. 지금 세계의 고급 손님들은, 이를테면 이제 헐려 없어진 조선 호텔처럼 닳고 낡은 삐걱거리는 참나무 널마루, 자바라 같은 구식 수동 문을 한 엘리베이터가 있는 역사적인 호텔에 가장 푸짐하게 돈을 쓰지요."

　해방 후부터 오십년대 중반까지 조선 호텔, 반도 호텔 및 전국의 몇몇 관광 호텔과 같은 국영 호텔이 유일한 고급 호텔이었다가, 불에 탄 부산의 철도 호텔이나 서울의 국제 호텔이 그 무렵에 민간인에게 불하되고, 민간 고급 호텔이 새로 들어서기 시작했다. 물론 정부가 부산으로 피란 갔던 시절에 그 임시 수도의 끗발 날리던 사람들이 문턱이 닳게 드나들던 부산의 반도 호텔이나 그밖에 전국의 몇몇 군데에 있던 호텔들이 민간 호텔이 아니었던 것은 아니지만, 천구백오십칠년부터 서울에 새 호텔이 하나씩 둘씩 사업가들의 손으로 세워지기 시작했다. 명동에 사보이 호텔이, 을지로에 메트로 호텔이 작으나마 말쑥하게 생겨났고, 이제야 그럴 턱이 있을까마는 금수장 시절부터 장안의 '오입쟁이'들이 뻔질나게 드나들었다던 무교동의 앰배서더 호텔, 유엔군 위안이라는 그럴싸한 구실로 꼭대기 나이트 클럽에는 서양 여자 불러다가 옷 다 벗고 춤추게 하고 지하실 터키 목욕탕에는 남자들을 꼬여 여자들로 하여금 만질 데, 못 만질 데 다 만져 주게 했다던 회현동의 유엔 센터가 섰는가 하면, 퇴계로의 아스토리아 호텔이, 남대문의 그랜드 호텔이 섰다. 또 지금은 없어졌지만 대학생들이 일본 '매판 자본'을 들여 세웠다고 해서 데모까지 벌인 뉴코리아 호텔이 섰다. 그리고 지금은 민간 호텔이지만 초창기에는 정부에서 세웠기 때문에 민간 호텔이 아니었던, 그 카지노라는 서양 노름판을 말로는 외국인에게만 벌였지만 실제로는 한국의 민간에게도 벌여 서양 도박 습성을 이 나라에 급속도로 번지게 한 워커힐이 서울 광장동에 천구백육십삼년에 들어선 다음부터 지금까지 '관광 호텔'을 하면 재미도 보고 설립 과정에 정부에서 여러 가지 혜택도 베풀어 주는 데에서 자극을 받아 서울의 프레지던트 호텔과 도쿄 호텔을 비롯하여 전국의 곳곳에 '관광 호텔'이 급격히 많이 들어섰다. 서울, 부산, 대구, 광주, 인천, 대전, 전주 같은 시청이나 도청의 소재지는 말할 것도 없고, 서귀포, 여수, 무등산, 내장산, 부여, 온양, 도고, 충무, 마산, 진주, 경주, 양산, 춘천, 강릉, 오색, 안양, 연포와 같은 명승지와 도시에 날로 더 들어서고 있는 것들이 크고 작은 관광 호텔들이다. 국제 관광 공사의 통계에 따르자면, 천구백칠십팔년 십이월의 집계로 전국에 백삼십 개의 관광 호텔이 있고 그 객실 수가만 오천삼백이십칠 개라고 하며, 천구백팔십일년까지 호텔 수는 백팔십구 개로, 객실 수효는 이만 사천육십 개로 늘어나리라고 한다. 천구백칠십팔년 십이월에 집계된 객실 수의 삼분의 이가 평균해서 손님이 드는 방이고 한 방에 두 사람이 잔다고 치면, 이처럼 떠들썩하고 그토록 넓은 땅을 차지하는 관광 호텔이라는 것들이 고작 우리 나라 인구의 이천 분의 일에 해당할 뿐인 소수 인간의 안락을 위하여 세워진 시설인 셈이다. 그러면 왜 이 정부에서는 '관광 호텔'의 부족을 걱정하고 더 세울 궁리를 할까? 그것들이 외국 관광객들에게 잠자리와 음식을 제공하고 외화를 벌어들이기 때문이다. 천구백칠십팔년의 수치에 따르면, 이 나라는 그 한 해에 사억 팔백만 달러쯤의 돈을 외국 관광객들에게서 벌어들였으며 이 금액은 해마다 늘게 되리라고 한다.

대체로 한국의 고급 호텔들은 정신의 차원에서 서양 문물을 대표하는 치외법권 지대라고 할 수 있다. 사복을 입은 여러 수사 기관 사람들이 몰려와서 아예 한쪽 구석방에 진을 치고 있어야 하게 마련인 것도 호텔이 한국과 외국의 다리이기 때문인지도 모른다. 전매청 감시원들이 와서 흔히 손님들의 담배 연기 빛깔을 몰래 살피는 것도, 여느 다방에서는 남의 눈을 의식해서 도저히 그러지 못할 젊은 여자도 호텔 커피숍에서는 핸드백에서 스스럼없이 담배를 꺼내 피울 뿐만이 아니라, 게다가 때때로 양담배를 무는 곳이 호텔이기 때문이다. 호텔이라는 시설 자체가 본디 서구식의 것이고 지난 몇 십 년 동안에 걸쳐서 이 나라에 드나드는 서양 사람들이 예외 없이 묵고 먹고 마시고 한국 사람들을 불러 만난 곳이 호텔이다(다만 육십년대까지 한국 사람들이 호텔 커피숍 같은 데서 서양 사람들 앞에 앉아 있는 꼴이 조아리는 모습이었다면, 오늘의 한국 사람은 대체로, 비록 좀 더듬거리는 서양말로 대꾸를 할망정, 서양 사람과 당당히 맞서서 얘기하는 것이 좀 다르다). 이 나라에 무슨 사건이 터졌다 하면, 외국 기자들이 떼 지어 몰려와서 텔렉스실에 불이 나는 곳도 호텔이다. '바이어'를 만나 구워삶아야 할 수출 상사의 중견 간부처럼 '국제적으로 교제해야 할' 사람들이 발바닥이 닳도록 드나드는 과정에서 서양 문물을 익히는 곳이 고급 호텔이요, 부잣집 부모가 양식 먹는 법을 가르치려는 교육의 목적으로 일요일 같은 날에 아들딸에게 학교에 갈 때에 남의 눈이 무서워 입히던 '거짓 가난'의 옷을 벗게 하고 현실적인 고급 양복과 양장을 입혀 손목을 잡고 데리고 나오는 곳이 고급 호텔이다. 해방 후부터 지금까지 이 나라의 지배 계층과 부자들이 전통의 예의범절은 제쳐 놓고, 새 고급 문화의 '에티켓'으로 점차로 등장한 서양 '매너'들, 이를테면 인사하는 법, 술 따르는 법, 서양 옷 흠 잡히지 않게 입는 법, 밥상 앞에서 트림을 해서는 안 되지만 코는 풀어도 된다는 것 같은 양식 생활의 규율을 몰라서는 안 되니까 부산히 드나들어 이런 신식 예절을 익혀 온 곳도 호텔이었다. 이런 점에서 이 나라의 호텔들은, 한국의 세계화에 공헌해 왔다고 할 수 있을지는 몰라도, 늘 나쁜 것만은 아닌 전통 가치의 몰락을, 이 나라 민중의 생활에 드센 힘을 행사하는 상류 사회의 머리에 부채질한 큰 죄를 저질렀는지도 모른다. 도대체 세종 호텔이나 이제 막 문을 연, 기특하게도 한식 메뉴에 전통의 서울 불고기인 '너비아니'까지 넣기를 잊지 않은 신라 호텔과 롯데 호텔, 그리고 충무의 충무 관광 호텔 같은 몇몇 곳은 예외이지만, 외국인들에게 한국과 한국 문화를 소개한다는 많은 고급 '관광 호텔'에서 한국 음식이 얼마나 부끄럽기에 못 내놓는 것일까?

이 나라의 호텔들은 이처럼 서양 문물의 중매쟁이일 뿐만이 아니라 고급 상품과 고급 서비스의 집합소이기도 하다. 서울의 조선 호텔, 롯데 호텔, 신라 호텔, 플라자 호텔 같은 곳의 지하실에 대체로 의복과 일용 잡화가 이 나라에서 가장 비싼 값으로 팔려 나가는 상가들이 있다. 머리 깎고 면도하고 가르마 타고 나오면서 만 원짜리를 던져 주고 나오는 손님의 이발관도, 또 이 나라에서 가장 시설이 좋다는 미장원들도 흔히 이런 호텔 안에 있다. 이 나라에서 가장 호화로운 혼례식도 잔치판도 여자들의 의상 유행을 주름잡는 패션쇼도 호텔에서 벌어진다. 게다가 외국에서는 고급 호텔의 식당보다도 훨씬 더 음식 솜씨와 격조를 인정받는 독립된 음식점들이 있어서 고급 호텔 손님들조차도 저녁이면 밖에 나가 저녁밥을 먹는 것하고는 달리, 우리 나라에서는 근본적으로 음식점이라고 할 수 없는 기생집이 아니면 고급 음식점은 거의 죄다 호텔 안에 있는 것들이니 호텔 투숙객이 아닌 바깥 사람들마저 고급 음식을 먹으려면 호텔을 찾는다. 한 나라의 다양한 고급 시설들이 우리 나라처럼 거의 다 호텔 지붕 아래 모여 있는 나라가 얼마나 더 있는지가 퍽 궁금하다.

한국의 호텔은 한국 사람의 출입으로 말하자면 대체로 돈 있는 사람들과 바람기 있는 사람들이 뒤섞여 드나드는 곳이다. 호텔 커피숍의 카운터에 말쑥한 차림새로 비싸 보이는 반지를 끼고 앉아 있는 여자는 귀부인일 수도 있고 바람난 여자일 수도 있다. 실제로, 작년엔가, 서울 시청 앞을 딱 가로막고 버티고 선 플라자 호텔 커피숍의 카운터에서는 두 여자 손님의 '정체 위기' 사건이 일어났다. 이 여자 손님들이 귀부인이 아니라고 생각해서 그랬는지는 몰라도 여자 종업원이 고분고분하게 시중을 들지 않자 손님이 내는 화에 여자 종업원도 화가 나서 마침내 서로 '이년', '저년' 하는 싸움으로 번졌었다. 몸팔이 하는 여자들을 방에 출입시키지 않는 것을 방침으로 세운 몇몇 고급 호텔에서도 엘리베이터 언저리에 경비원이라는 이름의 파수꾼을 두는데, 방에 올라가려는 귀부인을 갈보로 잘못 보고 족치다가 진짜 정체를 알고 당황해 하는 수가 있다고 한다. 이처럼 호텔을 출입하는 두 갈래 사람들이 서로 닮아 보이는 현상은 곧바로 남자 손님에게도 통한다. 말쑥한 신사 차림을 하고 나와 호텔 바에서 양주를 서양 사람하고 나누는 젊은이가 재벌 이세나 무역회사 중역인지, 빈털터리 건달이나 뚜쟁이인지 아무도 모르기 일쑤다. 그러나 호텔에 드나드는 인구의 이와 같은 이중 구조에도 불구하고, 아무래도 호텔에서 돈을 많이 쓰는 한국 사람들은 대부분이 사업가들이요, 회사 간부들이요, 고관들이요, 의사요, 변호사요, 그 식구들이다. 이를테면 호텔은, 굳이 여름철에 한 방의 예외도 없이 돈을 펑펑 쓰는 부자들로 빽빽해지게 마련인 피서지의 것이 아니더라도, 돈 있는 한국 사람들이 없었던들 문을 닫아야 할지도 모를 곳이다. 외국 관광객의 주머니에서 나오는 돈만으로는 현재의 수입은 어림도 없다.

이처럼 돈 있는 사람들이 고급 잠자리와 고급 상품과 고급 서비스를 찾아 모여드는 한국의 호텔들은 과연 다른 나라 것들과 견주면 어떨까? 많은 나라에 우리 나라 고급 호텔들보다 시설이 못한 호텔들이 흔하다는 점에서는 괜찮다. 그러나 여태까지 우리 나라에서 으뜸가는 호텔로 쳐 왔던 조선 호텔은 품위와 시설이 홍콩에서 으뜸가는 페닌슐러 호텔을 따르지 못하며, 엄청난 재화를 쏟아 서울 한복판에 막 세운 롯데 호텔도 새로 막 단장을 한 필리핀의 마닐라 호텔의 우아함과 세련됨에 뒤지며, 남산의 허리를 긁어 파고 올라선 신라 호텔이 아무리 이 나라에서 가장 좋은 호텔을 만들 결심으로 지어졌더라도, 그것이 '스승'으로 모시고 있는 도쿄의 오쿠라 호텔보다 더 나을 턱은 없다. 또 거의 돈을 발라 만들다시피 한, 식당이 스무 개나 딸렸다는 엄청난 규모의 롯데 호텔도 현대식 호텔 경영으로 이를 국제 수준 호텔의 명성에 값하게 만들겠다고 다짐하는 권원식 총지배인의 결심이야 큰 이점이지만, 허우대하며 그 옥상 전망대하며 찬바람 나는 내부 분위기하며 일본 촌사람들이 도쿄를 구경하러 올 때에 기념으로 하룻밤 자 두는 도쿄 신주쿠의 그 병원 소독 냄새가 나는 것 같은 케이오 플라자 호텔을 '뽄'으로 삼았다고 오해받기에 알맞게 생겼다. 미국의 하얏트 그룹과 손을 잡은, 경부 고속도로에서 서울로 접근할 때에 먼저 눈에 들어오는, 대한 주택 공사에서 지은 그 추악한 외국인 아파트 두 채와 함께 아름다운 남산을 가로막은 하얏트 호텔도, 서울 시청의 코앞에서 허공 박치기 하는, 그 목욕탕 내부 치장이나 했으면 더 좋았을 타일을 붙인 플라자 호텔도 신식 분위기 좋아하는 회사의 사무실 건물로 썼으면 더 좋았을 시설들이고, 이를테면 가장 현대적이고 단조로우면서도 결코 호텔이 길손들의 보금자리인 따뜻한 안식처임을 잊지 않고 지은 미국의 로스앤젤레스, 시카고, 샌프란시스코에 있는 하얏트 리전시 호텔에다 견주면 아득하다. 이 나라에서 최고급 호텔들을 세울 참으로 분발한다는 신라 호텔도 그렇다. 경주에 지은 신라 호텔로 말하자면, 그 한국 전통의 건축 양식을 살렸다는 얼굴이 꼭 일본에 있는 '전통 좋아하는' 건물을 빼박은 것 같다는 꾸중을 피하기가 어려울 것 같고, 정부에서 떠맡은 '얼치기 한국식' 영빈관과 새로 지은 신식 건물을 병신스러운 한국 지붕의 현관으로 이어 세운 서울 장충동의 신라 호텔도, 사장 박무승의 철저한 종업원 훈련과 나라 안팎에서 좋은 것으로 골라다 쓴 비싼 건축 자재에도 불구하고, 내부 치장이 그들이 본보기로 삼은 일본 도쿄의 오쿠라 호텔을 닮은 것도 문제고 닮지 않은 것도 문제다. 이를테면 일층 로비는 전체적인 분위기가 오쿠라 것을 닮아 썩 값비싸고 우아해 보이지마는 누구의 입김으로 그리되었는지는 몰라도 그 벽에 옥의 티같이 추악하게 들어박힌 서툰 한국 기왓장의 화강석 조각품 같은 것이나, 요새 대통령 휘장 같은 것에서나 드물게 보이는 무궁화꽃을 별로 좋지도 않은 솜씨로 수놓아 벽에 두른 것이나, 이층으로 올라가는 층층대의 '장대석' 벽 같은 것이야말로 '전통'과 '한국 무늬'를 어설프게 좋아하다가 일본 것 흉내도 전통 계승도 제대로 하지 못한 시도의 본보기가 되어 버렸다고 애석하게 생각하는 사람들이 있다. 보기를 들려면 끝이 없다. 부산의 영선 고개에 울긋불긋한 단청질을 하고 들어선 코모도 호텔의 괴물스런 건물을 지난 십 몇 년 동안에 이 나라에 유행한 콘크리트로 지은 가짜 한옥의 가장 추악한 보기로 치는 이가 있을 수도 있고, 한라산을 타고 내려오는 평화로운 선의 균형을 거역하고, 대한 항공에서 오로지 호텔을 높이 짓는 것이 목적이었다는 듯이 우뚝 세운 제주시의 칼 호텔의 시각적인 도발성을 나무라는 이도 있을 수 있다. 이것들은 다 우리 나라의 일류 호텔의 임자들이, 생각하기에 따라서는 그전보다 훨씬 더 나아졌고 그런대로 훌륭하고 외화 획득과 고용 증대로 국가 시책에 호응하는 업적을 이루고 있는 것도 사실이지만, 아직도 우물 안 개구리로서 기능성 높고 질 좋고 시각적으로 아름답고 정신적으로 안락한 호텔 시설이 무엇인지에 대한 상상력이 모자람을 풀이한다고 봐야 하겠다.

호텔의 서비스가 나쁘다고들 불평한다. 이것은 호텔 경영진에 대한 불평일뿐만이 아니라 종업원의 자질에 대한 불평이기도 하다. 그러나 곰곰이 생각해 보면 우리 나라 호텔 종업원들의 서비스는 아무리 개선의 여지가 있더라도 우선 그만한 것이 다행이다. 아무리 노동에 귀천이 없다고 하지만, 남의 시중 드는 일을 천한 일로 치던 인습이 있는 이 사회에서 오늘의 파릇파릇한 젊은 남녀들이 여러 사람 앞에서 남의 시중을 들기로 나선 것만도 고마운 일이다. 더구나 이 사회에서는 '손님은 왕이다'라는 말이 꽤 오해되어 있다. 손님이 왕 대접을 받으려면 우선 손님 노릇부터 제대로 해야 하는데, 아직도 호텔 식당 같은 데에 와서, 웨이터에게 "야, 맥주 한 병 가져 와!" 하는 식으로 거들먹거리는 사람들이 많다. 얕잡힘과 업신여김과 다리가 퉁퉁 붓는 중노동의 일과 속에서, 또 게다가 많은 업체들의 엄청난 돈벌이에 견주면 노동 착취의 결과라고 오해받기에 알맞을지도 모를 낮은 품삯으로 일하면서, 전국 호텔의 종업원들만큼 모욕과 분노의 느낌을 씹어 삼키고 웃는 낯으로 손님을 대하는 것도 참을성이 어지간한 사람들이 아니면 할 수 없는 일인지도 모른다. 그것뿐일까? 더 큰 도둑은 간부들 틈에 끼여 있는지도 모르는데, 밑바닥 종업원들이 비누, 수건 같은 것을 훔쳐 가는 위험성을 방지한다고 해서 퇴근길이면 육이오 때의 검문소 헌병들처럼 몸 조사, 짐 조사를 하는 수마저 없나, 서울 플라자 호텔 바의 경우처럼 술 주정꾼들 앞에서 땅바닥에 무릎을 꿇고 앉아 술 주문을 받게 하는 일본 술집 습관 중에서도 가장 모욕적인 짓거리를 여자 종업원에게 강요하지를 않나. 이런 점에서, 호텔 같은 업체의 서비스 기능이 이 사회에 불가결한 것이라면 오늘의 호텔 종업원이 느끼는 압박과 설움의 대가는 호텔 주인의 후한 주인 노릇과 손님의 너그러운 손님 노릇으로 갚아야 한다. 최근의 신문 보도에 호텔 사이에 종업원 스카우트 작전이 성행하는 것이 문제라는 투의 기사가 나왔다. 그러나 이것은 오히려 아름다운 현상이다. 유능한 인재가 비싼 값으로 팔려 가는 것은 당연한 이치다. 이렇게 해서 호텔 종업원들의 품삯이 오르고, 그들을 얕잡아 보는 손님들의 밥값에 그 오른 금액이 합해지는 것을 어찌 막을 수 있을까? 그러나 우리 나라 호텔 종업원들의 서비스 자세에 전혀 문제가 없는 것은 아니다. 신라 호텔의 경우처럼 철저한 훈련을 받고 코가 거의 땅에 닿는 일본식 절을 하는 종업원들이 없는 것도 아니지만, 조선 호텔의 경우처럼 서양 사람에게는 사근사근하고 막상 한국 사람에게는 퉁명스럽다는 오해를 이따금 받는 종업원들도 있다. 조선 호텔의 부산 지점이랄 수 있는 부산 비치 호텔의 경우로 말하더라도, 막상 그 고급 식당인 나인드게이트인가 하는 데에는 서비스가 빼어나지만, 호텔의 솔직한 얼굴이라는 커피숍에 아침을 먹으러 가기나 해 보면 딴판이다. 깔보고 "야!" 하는 한국 손님들이 지겨워서 그런지는 몰라도, 웨이터 수가 손님 수보다 많은 한가한 때에도 서양 사람 시중은 날래 들면서도 한국 사람에게는 소리를 질러야 가고, 주문을 받아 시켜 놓고도 깜빡 잊고 있다가 다 식어서야 독촉을 받고 내다 주는 수마저 있었다고 불평하는 사람도 있다.

한국의 호텔 문제는 수두룩하다. 여자 문제만 해도 그렇다. 조선 호텔, 신라 호텔, 롯데 호텔, 플라자 호텔 같은 데선 경비원을 두고 밤 열 시 후에는 투숙객의 배우자가 아닌 여자를, 또 이론적으로는 투숙객의 배우자가 아닌 남자를 호텔 방에 출입시키지 않는 원칙이 있지만, 아직도 많은 호텔은 남녀가 둘이 방에 들어가 목욕하고 '사랑하고' 나오는 시간제 손님을 받는 것을 제도화하고 있고, 때때로 외로운 사람의 짝까지 맞춰 준다는 소문이 돌고 있다. 게다가 한동안 크게 말썽이 되던 일본 관광객들의 집단 매음 행위가, 누가 감아 준 눈으로 가능하게 되었는지는 몰라도, 외화 획득의 구실로 여행사와 기생집과 뚜쟁이와 호텔이 짜고 하는 행위였음은 분명했다. 그런 것이 나라가 부유해지는 길이라면, 우리 민중은 차라리 하루에 밥 한 끼를 굶는 쪽이 더 나을 것이며, 그런 짓이 아직도 계속되고 있다면 눈을 감은 사람들은 눈을 떠야 할 것이다. 같은 외화 획득의 구실로 처음엔 나라에서 서울의 워커힐에 벌였다가 이제는 인천의 올림포스 호텔, 부산의 해운대 호텔, 속리산의 속리산 호텔에까지 골고루 번진 카지노라는 노름판도 그렇다. 처음부터 외국 사람들만 출입시킨다던 생각 자체가 눈 감고 아웅 하는 셈이었다. 아니나다를까, 그 동안에 서울에서, 부산에서 터진 한국 사람들의 카지노 노름 사건이 얼마나 잦았으며, 얼마나 많은 사람들이 쇠고랑을 차고 살림을 망쳤던가!

 팁이라는 것이 있다. 호텔 같은 서비스 업체의 시중드는 종업원에게 주는 개인적인 사례이다. 신라 호텔의 경우에는 일본 제도에 따라 계산서에 봉사료라는 것이 덧붙어 있어서 팁을 따로 주어도 종업원이 받지 않는다. 그러나 조선 호텔, 롯데 호텔, 플라자 호텔 같은 곳에서는 계산서 총액의 일 할쯤을 종업원이 따로 받기를 기대한다. 이 팁 제도는 여러 호텔들이 일관성이 없어서, 자칫 잘못하면 돈 쓰고 욕먹고 나오기 알맞게 돼 있다. 아직도 한국 손님들 중에는 음식 값만 지급하고 자리를 박차고 일어서는 이가 있는가 하면 혼자 와서 점심 한 끼 먹고 밥값을 치르고 가면서 시중 든 종업원에게 빳빳한 만 원짜리를 두세 장 꺼내 놓고 가는 재벌 사촌도 있다. 이래도 욕먹고 저래도 욕먹는다. 종업원의 복지가 고용주의 책임이라면, 본디 의미를 이미 상실했을 뿐만이 아니라 많은 불평과 불만의 불씨가 되는 이 팁 제도는 이 나라의 호텔 제도에 더 깊이 정착하기 전에 없어짐 직하다.

고작 십 몇 년 사이에, 이 나라에 몇 개밖에 없던 호텔들이 온 나라에 번지고 대형화되고 있다. 이것들은 비록 오늘날까진 부유층만이 드나드는 전유물로 보여 왔을지는 몰라도, 국가 경제의 성장, 국민 소득의 증대와 함께 더 많은 사람들이 출입하게 될 날이 다가온다고 봐야 한다. 게다가 민중은 이것들을 남의 집 바라보듯이 할 것이 아니라, '내 땅'에 지어져서 '내 눈'을 어지럽히거나 '내 삶'에 보탬이 되는 시설로 보고 참견하고 비판하고 환영하는 주인의 자세를 지킴 직하다. 온 세계의 조롱거리가 된 대연각과 라이온스 호텔 화재가 반복되지 않게 하는 힘도, 또 많은 호텔 언저리에 아직도 일본 관광객에게 어린것들한테 몸팔이를 시키고, 그 피빨이를 하는 현상이 없어지지 않았다면, 이를 노려보는 눈초리도 민중의 것이어야 한다. 이곳들을 발이 쉽게 미치고 깨끗하고 안락한 곳으로 만들고 지키고 간수할 사람은 흔히 돈벌이에만 눈을 파는 그 주인공이 아니라, '이 땅'의 임자인 민중이다. 민중의 집이 농촌에 있거나 도시의 후미진 골목에 있거나, 언제나 옷 차려입고 짐 챙겨서 타향에 갈 일이 있을 때에, 지갑 걱정 크게 하지 않고 호텔에 묵는 호사를 누릴 날을 재촉할 사람도 바로 그들 자신이다.

천구백칠십구년, 뿌리깊은나무

똥오줌의 도시

분뇨 처리장이라는 시설이 모자라서 서울 시민의 똥오줌이 한강에 내다 버려졌다. 신문과 방송이 야단을 치고, 만만한 시청 간부가 검찰에 불려가서 곤욕을 치렀다.

그러나 서울 시민의 똥오줌은 그들이 먹고 마시기를 그만두지 않을 바에야 인구 증가와 함께 늘어나고, 그것을 버릴 데는 한정이 되었으니, 검찰청이 똥 푸는 일을 맡았던들 별도리가 없었을 것이다.

똥오줌 때문에 강물과 바닷물이 더럼을 타는 것은 서울의 문제만은 아니다. 부산과 대구와 마산과 울산과 포항과 인천과 대전의 문제요, 사람들이 밥벌이 때문에 꾸역꾸역 모여드는 모든 큰 도시의 문제이다. 마산 앞바다가 썩는 것도 공장 폐수보다도 오히려 그 주민이 나날이 누는 똥오줌 때문이라고 한다. 오죽하면, 마산 시청에서 골목골목을 쏘다니면서 코를 내밀고 똥 냄새를 맡아 정화조 없이 똥오줌을 하수구에 내보내는 집을 찾는 공무원까지 두었을까?

그러나 이것은 똥오줌의 문제이기에 앞서서 사람의 문제요, 사람으로 하여금 제 집을 버리고 대처로 몰려들게 하는 도시화의 문제다.

하수도와 분뇨 처리 시설을 아무리 늘리더라도, 도시 인구 증가의 속도가 그것을 앞지르면 문제는 풀리지 않는다. 서울에 수많은 아파트와 집을 지어도 집 없는 사람의 수는 가속도로 늘어가고, 인구를 분산시킨다고 해서 무슨 위성 도시 같은 새끼를 쳐 놓으면 곧 비대해져서 어미 몸과 맞닿는다. 교통을 위해 다리를 놓고 길을 넓히고 버스를 늘리는 동안에 어딘가 쏘다녀야 하는 사람의 수는 훨씬 더 늘어나서 도로아미타불이 된다.

흔히 도시 인구의 문제를 풀려는 노력 자체가 그 문제를 악화한다. 이를테면 집 없는 사람을 위한다는 구실로 정부로부터 이런저런 특혜를 받아, 실질적으로 부동산 투기꾼들과 한통속이 되어 주택과 아파트를 짓는 크고 작은 여러 사업인들은, 도시 언저리의 지표를 영원히 돌이킬 수 없이 망가뜨린 죄야 덮어 두고라도, 가난한 촌사람들과 그 식구들로 하여금 그런 공사에서 나오는 몇 푼 안 되는 품삯에 홀려, 그런 곳에 들어가 살 사람의 수보다 훨씬 더 많이 도시로 몰려와 주저앉게 만들었다고 봐야 한다.

이제 서울 사람은 따로 없다. 또 부산 사람이 따로 있는 것도 아니다. 곳곳에서 떼 지어 몰려든 춥고 배고픈 떠돌이 집단이 도시 사람이 되었다. 새벽밥 먹고 일터에 나가는 동안에, 또 일터에서 지친 몸을 버스에 싣고 집에 오는 동안에, 스쳐가는 사람 얼굴이 몇 백만이지만 아는 이는 거의 없고, 또 그러기에 서로 염치도 체면도 차릴 필요가 없는 외돌토리들이 도시 사람들이다. 사회학자들은 이처럼 이웃끼리 낯설어, 서로 이무러워 하지 않고 서먹서먹해 하는 사회의 모습을 가리켜 소외 현상이라고 한다.

지난 열여덟 해 동안에 이 나라가 인구 집중을 전혀 걱정하지 않았다고 할 수는 없겠지만 도시화를 자랑스러워 했던 것만은 틀림없다. 서울 시청에서 걸핏하면 내거는 구호가—인구가 백만 단위의 고개를 넘을 때마다 그

머리 숫자를 고쳐 가면서—몇 백만 시민의 긍지가 어쩌고 하는 소리였고, 강남을 포함한 서울 언저리에서 논밭을 갈던 농부들을 돈 몇 푼을 쥐어 주고 내몰아 땅을 파헤쳐 길을 닦고 아파트 건축을 꾀어 들이면서 내세우는 소리도 자랑스러운 조국의 근대화였다. 늘 가장 빠르고, 가장 크고, 가장 많고, 가장 넓고, 가장 높은 것이 가장 좋은 것이 되었으니, 걸핏하면 '동양 최대'라느니, '세계 최초'라느니, '세계에서 가장 빠른 기간 안에 완성된 것'이라느니 하는 기록들이 쏟아져 나왔다. 그런 것들이 사실이라고 한들 그 뒤에서 얼마나 많은 질이 희생되었을까? 관객을 사천 명을 넘게 수용하는 대강당이 가장 큰 자랑인 세종 문화 회관은 세계의 눈뜨인 여러 건축가의 귀엣말 속에서는 괴물이다. 남산 제일 터널은 첫 일감이어서 경험 부족으로 그렇게 되었다손 치더라도, 이제 막 뚫린 제삼 터널의 천장에도 더러운 물이 고름처럼 질질 흘러내린다. 이처럼 이 나라의 도시 팽창과 연관되는 여러 공사 가운데는—삶의 환경을 쾌적한 공간으로 만드는 아름다움이 모자란다는 얘기는 숫제 꺼내지 않고 말하더라도—그것들을 시키는 사람들의 되도록 큰 것 좋아하는 '허우대 콤플렉스'가 잉태시킨 것이어서, 언젠가는 고치는 데, 허는 데에 더 많은 나라의 재화를 날려야 할 것들이 많다. 이런 허우대 콤플렉스가 얼마나 컸기에, 남북 적십자 회담이 서울에서 열릴 적에—어차피 현대화된 서울 풍물을 그대로 놔두어도 가난한 북한 사람들의 기가 죽을 줄도 모르고—'잘살면서' 켜 두게 마련이었던 건물들의 전등을 죄다 켜라고 당부했을까? 또 그 즈음에 서울 삼청동에 세상에서 가장 큰 기생집이 부랴부랴 들어선 것도 그냥 까마귀 날자 배 떨어진 셈일까?

그러나 지난 열여덟 해의 도시화는, 그 동안의 집권 세력을 가장 모질게 비판하는 사람들조차도 때때로 인정하듯이, 가을걷이와 보릿고개의 쳇바퀴

였던 오천 년 역사에서 탈출함을 뜻하는 근대화의 어쩔 수 없는 한 모습이었다는 점에서 추악하나마 용서가 되었다.

그런데 이 일을 어쩔까? 미국 땅덩어리의 일 퍼센트밖에 안 되는 손바닥만 한 이 반동강이 나라의 수도 서울이 벌써 미국에 갖다 놓아도 서너 번째가 될 만큼 많은 팔백만 인구의 숨막히는 북새통이 되고야 말았으니 말이다.

이 많은 사람들은 다 까닭이 있어서 고향을 등졌다. 그들은 다 그 까닭이 절실해서 오두막일망정 마당도 남새밭도 꽤 널찍한 시골집을 비워 놓고 제 발로 도시로 내빼 셋방살이를 한다. 똑같은 이치로 시골로 되돌아갈 까닭이 생기면 누가 말리더라도 봇짐을 챙길 것이다. 그런 날은 빨리 올수록 좋다. 집 장수와 땅 장수가 발을 뻗고 우는 한이 있더라도, 이 나라 사람들을 더 사람답게 살리려면 큰 도시의 인구는 더 늘리지 말아야 할뿐더러 점차로 줄이기 시작해야 한다.

우선 무슨 수를 써서라도 두메산골에서나마 농사짓는 일과 짐승 기르는 일이 밥벌이가 더 잘 되도록 중농 정책을 펴라. 그리고 외딴섬에서나마 고기를 잡는 일이 도시의 날품팔이보다는 보람이 있는 일이 되게 만들어라. 또 이런 농어촌 지역의 가내 공업과 부업을 키우되, 정부에서 부추기는 일을 했다가 허탕 치는 수가 없도록 보장해라.

주로 큰 기업 몇몇만을 살찌웠다가 켕기고 곪은 데가 있어도 국가 경제가 흔들릴까 봐 도려내지 못한다는 뜬소문일랑 아예 일지 않도록 여러 중소 기업에 돈줄을 대어 지방에 되도록 고루 분산시켜라.

서울 나들이를 해야 성사가 되는 일을 줄여라. 이를테면 여권 수속을 밟으려고 서울로 올라와 관청을 들락거려야 하는 수고를 덜어 주고, 면사무소에서도 신청할 수 있게 하여라. 무역도, 해외 취업도, 무슨 허가도, 융자도 국가 권력이 도장을 찍어 주어야 되는 이런저런 이권도 지방에서 떼도 되도록 하여라. 게다가 서울에서 누가 밀어 주어야 잘 추진된다고 지방에서 믿는 학교 선생님이나 경찰관 같은 공무원의 승진이나 전근이나 임명 같은 일이 서울의 간섭이 없어도 가능함을 증명하여라. 이것은 말할 나위도 없이 정치 권력의 지방 분산, 지방 자치 제도의 확립과 깊은 관계가 있는 과제이다.

지방 문화를 육성해라. 지방이 스스로 현대 문화를 창조하고 현대 문명의 혜택을 되도록 많이 받도록 애쓰라는 말이다. 지방 방송국의 프로그램이 대부분 서울 것을 받아 내보내는 것이요, 지방 신문의 대다수가 제 고장 소식 내팽개치고 제일면을 서울 소식으로 채우는 마당에 지방 사람의 문화 의식에 서울 바람이 어찌 불지 않을 수 있을까? 이 나라에서 나오는 출판물과 정기 간행물이, 또 영화와 만화와 대중 음악과 연주와 의상 유행과 새 상품의 소비를 부채질하는 광고가 거의 죄다 서울에서 나오는 판국에 무슨 지방 문화가 싹틀까?(이런 점에서 그 외설성과 저속성 때문에 한국 도서 잡지 주간 신문 윤리 위원회라는 데서 경고 처분을 받고 받고 또 받으면서도 서울 침공에 성공한 부산의 두 주간지 《주간 국제》와 《주간 부산》의 공적을 치하한다.) 또 중병을 앓고도 지방에서 고치는 방법은 없을까? '동양 최대'의 서울 대학교 병원 시설은 이미 꽤 훌륭한 병원들이 많이 있는 서울에 꼭 세워야만 했을까? 그런 시설을 그 용한 의사들과 함께 어느 지방으로 유치해서 적어도 아픈 사람들이나마 더럼으로 숨이 막히는 서울을 벗어나서 병 고치게 하고, 없는 지방 사람들한테 서울 가서 돈 더 쓰게 하지 말고, 있는 서울 사람들한테 지방 가서 돈 더 쓰게 하는 방도는 없었을까? 팔도 강산의 돈 있는 사람들이 서울에, 부산에 이중 살림을 차리고 아들딸 교육의 뒷바라지를 하고 있다. 그리고 지방으로 전근된 공무원이 오로지 아들딸의 교육 문제 때문에 서울에 식구를 남겨 두고 지방에서 하숙을 한다. 이처럼 교육 제도가 인구를 서울에 묶어 두고 서울로 부르고 있다. 그러니 서울에 있는 여러 일류 대학을 부여로, 진주로, 전주로, 제주로 꼬여 내서라도 지방에서 공부하고도 성공할 수 있게 하여라. 또는 서울의 유능한 교수진을 정기적으로 지방에 순회시키거나, 파격적인 시설과 장학 제도를 궁리해 내서라도 지방 대학을 키워야 한다. 그래서 큰 도시의 영재들이 학문과 인격의 도야를 위해 매연 냄새 아닌 자연의 냄새를 맡고, 아스팔트 바닥이 아닌 흙을 밟고, 풀과 나무와 짐승과 친해지고, 논 갈고 씨 뿌리고 모내고 거름 주고 김매고 가을걷이를 해서야 입에 들어오는 밥의 고마움을 배울 수 있는 지방으로 앞을 다투어 몰려올 수 있게 되었으면 좋겠다.

　서울에서 많은 사람들이 지방으로 되돌아가는 세상이 더 가난한 세상이 될까? 더 가난하게 된다손 치더라도 요새 도시에서 먹다 못해, 쓰다 지겨워 버리는 쓰레기의 절약으로도 벌충이 되리라고 믿는다. 그리고 사람이 좀 더 사람 노릇을 하면서 세상살이를 하도록 인구가 제 발로 지방으로 분산되는 정책을 펼치면서도 나라를 더 가난하게 만들지 않을 지혜와 능력과 정성의 책임을 새로 뽑힐 대통령에게 지우고 싶다. 그이야말로 한강과 마산 앞바다가 요새 썩고 있는 것은 똥오줌 탓이 아니라 그것을 눈 사람 탓임을 알아야 한다.

천구백팔십년, 뿌리깊은나무

술 못 마시는 사람

 사십 줄에 들어서도 장가 한번 못 가 봐서 아는 이면 다들 불쌍하게 생각하는 처지에 있으나마나라고 해서 부러움의 대상이 되지 말라는 법은 없다. 평소에 즐기던 술을 건강 때문에 참아야 하는 이, 종교의 가르침을 어기고 더러 홀짝홀짝 하는 이가 있다면 술을 전혀 입에 대지 않는 나의 '참을성'을 속도 모르고 부러워할 것이다.
 실은 나는 무슨 참을성이 있어서 금주를 하고 있는 것이 아니라 어릴 적부터 이제까지 그냥 안 마셔 왔을 따름이다. 굳이 어설픈 이유나마 하나 대라면 어릴 적의 농촌 사회에서 반드시 올곧지만은 않던 성인들의 세상살이를 살펴보면서 내가 커서는 하지 않겠다고 마음먹은 것에 술 먹고 노름하고 하는 것이 끼어들어 있었음을 들 수는 있겠다. 그러나 아무리 곰곰 돌이켜 봐도 그냥 어쩌다가 그리되었을 뿐이지, 그런 결심이 단단해서 술과 인연을 못 맺은 것은 아니다.
 많은 술꾼들은 남이 이녁에게 술벗 됨을 벗 됨의 불가결한 조건으로 치고 술 못 먹는 사람을 얼마쯤은 따돌린다. 게다가 그들은 누구의 주량을 사람 됨―특히 사내 됨―의 척도로 삼고 몇 모금밖에 못하는 이를 덜된 사람으로 여기는 수조차 있으니, 한 모금도 못하는 나 같은 사람이야 세상의 알짜 재미를 외면하는 반편이로 보일 수도 있을 것이다.

큰일을 하고 사람을 잘 사귀려면 술을 꼭 마셔야 하는 것으로 되어 있다. 실제로 맑은 정신으로 내밀었던들 실수로 쳐질 많은 당돌한 요청들이 술김에 했기 때문에 용서받고 수락되는 수도 많다. 그러기에 많은 사업체에 '술 상무' 노릇을 하는 이들이 있고, 많은 젊은 남녀들이 술 핑계하고 상대방에게 한 걸음 더 다가선다. 그러나 곤드레만드레하여 합의되지 않았어야 할 것들조차 수두룩히 있을 터임도 인정되어야 할 듯하다.

말똥말똥한 상태에서 얻는 것만으로도 삶의 충분한 보람으로 치고 만족해 하는 사람이 있다면 그것은 그런 사람의 당연한 특권이다. 그리고 이 특권은 꽤 푸짐할 수도 있으니, 내 경험을 귀띔하자면, 공사 간에 능력이 모자라서 못 이룬 일은 수두룩하나 술에 기대지 않아서 못 이룬 일은 거의 없었던 듯하다.

더러는 술이 약속하는 '황홀한 기분'에 대한 호기심도 없느냐면서 한 모금씩 마셔 보라고 꾀기도 한다. 그런 유혹이 귀에 솔깃하게 들리지 않는 바도 아니나, 여태까지 술 없이도 그럭저럭 재미 보며 살아온 몸으로서 느닷없이 이제사 '변절할' 마음은 얼른 내키지 않는다.

천구백팔십이년, 동아일보

도덕적인 판단

내가 아는 어진 내과 의사 한 분은 종합 진단을 받으러 온 이가 성직자여도 꼭 매독 검사까지 시킨다. 성인 군자라도 보통 사람과 닮은 데가 많지, 다른 데가 더 많지는 않다고 믿어서 그럴 것이다.

그러나 사람은 더러 이 의사만큼은 마음의 저울추가 한결같지 못하여 춥고 배고플망정 의로운 일을 해 보겠다고 나선 사람에게는 사람으로서 지기에 너무나 무거운 도덕의 짐을 지우고, 흔히 자신을 포함한 나머지에게는 그런 짐을 덜 지운다.

그런 사람은 도덕의 짐이 가벼운 이들에게는 무척 관대하여 유명한 정치인이 여자를 탐하면 영웅은 호색꾼이라 하여 오히려 우러러보고, 재벌이나 그 아들이 술집을 발이 닳도록 드나들며 예수도 석가도 말리던 일만 골라서 밝혀도 오히려 부러워하기까지 하면서도 의로운 일을 해 보겠다고 나선 사람에게는 가혹해서 한없이 높은 도덕 수준을 기대하니, 이를테면 스님이나 목사나 선생님이 이성의 손목만 한번 잘못 잡아도 단숨에 심판의 화살을 쏘기 십상이다.

하기야 무거운 도덕의 짐을 지고 있는 이들이 실천하는 도덕의 수준이 그들에게서 기대되는 도덕의 수준과 일치한다면 더 바랄 것이 없겠다. 그러나 우리의 어두운 눈에 아무리 티 없이 보이는 이도 하늘의 밝은 눈에는 얼룩이 많아 보일 수도 있을 것이요, 얼룩졌다고 해서 이 땅에서 돌팔매질을 당하는 이들에게 하늘이 오히려 더 높은 점수를 매겨 주는 수도 있을 것이다. 비판 정신이 사회 도덕의 골자랄 수 있는 서구 사회에서도 지각 있는 사람이면 남의 사생활에 대한 도덕적인 판단만은 삼가는 것으로 치는 것은 그 때문이겠다.

역사 속의 스승들은 우리에게 도덕의 문제를 진정코 중요하게 여긴다면 이녁의 도덕 문제만을 가지고도 충분히 바빠 해야 한다고 가르쳤다. 그리하여 우리는 남들의 사생활에 얽힌 도덕 문제를 놓고 이렇다저렇다 또는 이래라저래라 하는 이들을 나무란다. 특히 얼마나 옳고 그른지는 우리로서는 헤아릴 수 없으나, 스스로만은 옳다고 믿을 양심이나 신앙의 부름을 좇는 사람들이 겪어 온 얄궂고도 시린 많은 삶과 접촉하면서 티와 흠과 얼룩을 보았다고 해서 그것들을 마치 그 삶의 전부인 양 부풀리기도 하고 극화하기도 하여 폭로하는 일에 이득이 있다고 착각하는 이들이 있다면, 그들이야말로 더 크게 꾸지람을 들을 수도 있을 것이다.

그런 풍조야말로 도덕이 폭삭 주저앉은 사회, 곧 그보다 훨씬 더한 티와 흠과 얼룩이 있어도 손가락질을 받기는커녕 오히려 부러움의 대상이 되는 축에 끼고 싶어하는 사람으로 더 빽빽한 사회로의 접근을 실제로 재촉할 터이기 때문이다.

조카인가 누군가가 삼촌인가 누군가를 심판하는 책마저 나돌았다고 한다. 출판이 헌법에 명시된 국민의 자유여서, 그런 책마저 나올 수 있는 것도 이 나라의 자랑거리에 든다고 생각해 볼 수도 있겠으나, 우선 침울한 생각부터 든다. 다만 많은 독자들이 그런 책을 아예 외면한다고 하니 성숙한 분별심이 고맙다.

천구백팔십이년, 동아일보

법의 존엄성

누가 무슨 '나쁜' 일을 해도 처벌할 법규가 없어서 경찰관이 닦달을 하지 못해 안타까워한다는 보도가 있을 때면 한편으로는 걱정이 되면서도 또 한편으로는 법으로만 처벌이 가능한 법치 국가에서 통치 세력의 권한 한계를 확인하는 셈이어서 기뻐한다. 법원에서 옛 체제 속에서라면 유죄 판결을 할 듯했던 이들을 증거가 모자라서 활짝 웃는 얼굴을 하고 풀려나게 했던 것이 많은 사람들의 마음을 흐뭇하게 했던 것도 그 때문이겠다.

'법망을 뚫고' 이런저런 '나쁜' 일들을 하는 이들을 흔히들 나무란다. '나쁜' 일이면 법에 걸리지 않더라도 하지 않아야 한다는 사회 통념 때문이겠다. 그러나 법망에 걸리는 죄만을 죄로 치자는 것이 법치주의 사회의 약조다. 그리하여 현대 사회에서는 하고자 하는 일이 법의 그물에 걸리지 않음을 확인하려고 그 일을 그 그물에다가 미리 걸러 보고 빠져나갈 수 있는지 없는지를 흔히 따진다. 변호사, 회계사, 변리사, 세무사 들이 파는 품은—비록 큰 회사들, 있는 사람들의 잇속 챙기는 일에 치우쳐 있기는 하나마—큰 몫이 주로 그와 같은 빠져나갈 궁리에 바쳐진다.

그러나 그 하고자 하는 일을 법망을 뚫고 추진하려는 이들의 심리 뒤에는 적어도 법의 존엄성을 인식하는 자세만은 있다. 오히려 법에 걸리는지 법에 걸리지 않는지를 확인하지도 않고, 곧 법 무서워할 줄 모르고 하고자 하는 일을 밀고 나가는 이들이 법의 존엄성을 부인한다.

과거에 이 사회에는 '해 주라는 법이 있으니까', 또 '해 주지 말라는 법이 없으니까' 무슨 일을 할 수 있다고 믿기보다는 법 위의 '힘'을 입어야 성사가 된다고들 더러 믿었다. 과거에 '명분', '정책적'이라는 말이 암시하는 분위기가 행정 관리들의 해 주는 행위를 더 지배했던 데에서도 나온 믿음이었을 것이다. 그러나 법이 말리지 않음에도 불구하고, '힘'이 돌봐 주지 않으면 하고 싶은 일을 못한다고 믿는 사람이 많을수록 법의 존엄성은 떨어질 것이다.

이 사회에서 법의 존엄성이 훨씬 더 단단히 다져지는 것을 보고 싶다. 그리하여 더 많은 사람들이 법에 어긋나지 않는 범위 안에서 활짝 웃으며 여러 삶의 분야에서 창조 의욕을 한껏 펼치는 것을 보고 싶다. 한 사회에서 사람이 누리고자 하는 행복의 추구는 특권이 되지 않을수록 좋을 것이다.

천구백팔십삼년, 동아일보

여호와의 증인

 아주 좋아하는 벗이면서도 아주 싫어하는 이로 여호와의 증인인 이가 있다. 싫어하는 곡절부터 말하자면, 여호와의 증인이 못 될 나를 그이는 늘 동정하여 만날 때마다 여호와 어쩌고 사탄 어쩌고 한다.
 그러나 그이는 내가 깊이 존경하는 사람이다. 일찍이 미국에 가서 눌러 살면서 시민권 신청을 할 적에 정부 관리가 시민권의 기본 요건을 확인하려고 묻는, "전쟁이 터지면 총칼 들고 싸울래?", "총칼 들지 못하겠다면 총칼 들지 않는 군대 일을 할래?"에 대해 부정적인 대답을 하고 그 황금같이 값지다고 치던 특권을 거부한 인물이다. 그가 믿는 신앙의 가르침 속에 총칼 들지 말라는 것이 포함되어 있어서 그랬다. 보통 사람이라면 우선 "예" 하고 시민권 얻어다 놓고 나중에 신앙에 어긋난 약속을 했던 것을 용서해 달라고 하늘에 빌었을 터이나 그이는 시민권을 못 얻는 대가를 치르면서 하늘과 관리에게 두루 정직했다.
 신앙의 부름과 국가의 부름이 서로 어긋날 때에 그 신앙을 믿는 한 국민이 어느 쪽의 부름을 따를지는 지극히 개인적인 문제일 것이다. 그러나 둘 다 어기면 처벌을 받는 부름이라면 멀리 보이는 저승의 정신적인 처벌보다는 눈앞에 보이는 이승의 옥살이를 더 무서워하는 것이 예사일 것이다. 그러나 우리 눈에는 군대 복무를 거부하여 징역살이를 하게 된 여호와의 증인을 꾸짖는 신문 보도가 가끔 눈에 띈다.

'양심적인 반대자'에 대하여 특례를 인정하는 미국 같은 나라와는 여러모로 사정이 다른 우리 나라의 법으로 보아서 그들의 징역살이는 마땅하다. 그러나 신교의 자유가 헌법에 명시된 국민의 기본권이라는 사실 같은 것은 우선 제쳐 놓고라도 우리는 그들도 인간으로는 따뜻하게 대접해야 할 듯하다.

종교에서 옳다고 하는 것과 법에서 옳다고 하는 것이 여호와의 증인의 군대 복무 문제 같은 것에서와는 달리 대체로 일치한다고 치면, 비록 바깥 사람의 눈에는 '그른' 믿음으로 비칠지는 몰라도 그것을 지키기 위해서 감방을 마다하지 않는 이의 사회 생활에 많은 올바름의 실천이 있을 수도 있을 것이다.

고장난 소련 스파이 인공 위성이 지구로 되돌아와 방사성 더러움을 땅에 퍼뜨릴지도 모른다고 해서 최근 온 세계 사람들이 마음을 죄었다. 문명의 첨단에 다다랐다는 오늘날에도 인간은 이처럼 서로 싸우고 죽이고 하는 원시인 생활을 하고 있다. 그런 점에서 세계의 모든 사람들이 총칼 들기를 거부한다면 인간 사회는 그만큼 성숙하게 되는 셈이다.

다만 그런 스파이 인공 위성이 상징하는 '저편 사람들'의 손에 총칼이 쥐어져 있는데도 불구하고 가만히 앉아 있기만 할 수 없는 것이 오늘을 사는 많은 사람들의 고민이기는 하다. 그러나 되풀이하건대 총칼 들기를 거부하여 법으로 처벌하여야 할 '나쁜' 사람들이라고 하더라도 인간으로서만은 따뜻하게 대접하자.

천구백팔십삼년, 동아일보

여자 이름과 병원

여자들은 시집간 뒤로 흔히 이름을 빼앗긴다. 오늘의 형편으로 말하더라도 유별나게 두드러진 사회 활동을 하는 이가 아니면 시집간 여자의 이름이 대체로 도시에서는 '누구 엄마'나 '누구 할머니'로, 시골에서는 '어디 댁'으로 통한다. 특히 나이가 예순 줄, 일흔 줄에 들어선 시골 여자 노인에게는 시집가기 전에 실제로 불리던 '딸막이' 같은 이름이 따로 있었고 해서 스스로 생각하는 자기 이름이 갑자기 지어 올린 매정한 호적 이름이 아니라 '어디 댁' 하는 택호가 된다.

이런 노인들이 입원하면, 병원 사람들은 그 차트라는 '병원 호적'에 진료와 더 직결되는 실제 나이에 한두 살은 차이가 있기 쉬운 법률상의 생년월일과 함께 '누구 할머니'나 '어디 댁'은 제쳐 놓고 경찰서나 면사무소에서 부르는 '김복순'만을 이름으로 적어 올린다. 의사나 간호원들이 입원실 문을 들어서면 그 매정한 차트의 터무니없는 기록에 따라 "김복순 씨!" 하면서 환자에게 말을 거는 것은 말할 나위도 없다.

그토록 정떨어지는 이름일망정 아픈 노인이 정신만은 멀쩡할 때에 부르는 것은 그래도 약과다. 나는 실제로 혼수 상태에서 삶과 죽음 사이를 왔다 갔다 하는 한 노인을 깨우려고 병원 사람들이 다리를 꼬집으면서 그 비인간적인 호적 이름을 소리쳐 부르는 것을 목격했다. 이 노인은 딴 분이 아니라 바로 내 어머니였다. 마침내는 세상을 뜨시고야 말았지만, 그렇게 꼬집으며 하던 호적 이름 호명에는 대답이 없으시다가 아들이 부르는 '어머니' 소리에, 아니, 평소에 사투리로 부르던 '엄니' 소리에 눈을 뜨시고 아들 이름을 받아 부르시던 생각이 아직도 머리에, 가슴에 와 닿는다.

오늘날의 많은 병원은 어진 의사보다도 방대한 신식 시설을 더 자랑한다. 사람이 하던 진찰과 진맥을—이제는 많은 한의원에서조차도—인격 없는 기계가 떠맡는다. 이 기계들, 또 서양식 병원이 이 땅에 뿌리내릴 때부터 줄곧 풍겨 온 그 소독 냄새만으로도 병원의 분위기는, 의사와 간호원의 따뜻한 마음씨가 있다손 치더라도, 치유에 긴요한 것의 또 하나인 인간성이 이미 모자라 보인다. 기계속이 날로 더 발달해 감과 함께 의료진의 마음속이 더 따뜻하고 두터워져야 한다는 반성의 소리가 현대 의학의 첨단에 선 의사들의 입에서 나오는 것도 그 때문이겠다.

더러는 일부 의사들의 실수, 더러는 시행착오를 겪은 정부의 정책, 더러는 불공정한 대량 매체들의 보도로 억울하게 얼마쯤은 깎였다고도 볼 수 있으나, 병원과 의료진이 당연히 누려야 할 명예의 회복을 미흡하게나마 거드는 뜻으로, 새해부터는 나이 든 여자들의 진짜 이름, 곧 '김복순 씨' 아닌 '누구 할머니', '어디 댁'을 차트에 곁들여 등록하여 인간적인 이름으로 불러 줄 것을 의사와 간호원 들께 청탁하고 싶다.

천구백팔십삼년, 동아일보

고향을 배반한 사람

　서울의 큰길가에 깔린 보도 블록이 울퉁불퉁하고 들쭉날쭉해서 길 걷기가 사나운 것은 다들 겪어 보았을 것이다. 시청 사람들은 이제 세금을 거두어 간 이 비싼 헌 방전을 걷어 내고 새것을 깔고 있다. 두툼해서 디딜 적에 감촉이 좋고 반듯해서 보기에도 좋다. 그러나 깔고 나서 하루 해가 저물기도 전에 뭇사람들이 내뱉은 껌 때문에 더러운 점박이가 되고 말았다. 잠깐 동안 입내를 가시게 해 주는 것밖에 아무 쓸모가 없는 껌을 생산해 내고, 광고가 시키는 대로 '짝짝' 씹는 사람, 곧 미국 사람들이 수출한 가장 고약한 버릇을 자기도 모르는 사이에 날름 받아먹고야 만 사람—그런 사람들이 현대인일 것이다. 텔레비전에서 외국 '손님 맞이'가 '이대로 좋은가' 하고 떠들어 댄다. 그리하여 날마다 음식점의 더러운 부엌에다 카메라를 들이대고, 얼마 뒤에는 그것이 '이렇게' 고쳐졌다고 소개하면서 방송국의 위력을 떠벌려 자랑한다. 음식점의 시설과 음식이 더러운 탓이, 양심 같은 것은 시렁에 따로 얹어 놓고 장사하는 부도덕한 주인만의 잘못에 있다는 듯이 야단을 떨고 있다. 그러나 깔끔한 설거지의 대가가 얹혀 음식 값이 비싸지는 것은 손님들이 마단다. 바로 그 손님들은 음식점 문턱을 넘어서자마자 '애, 재' 하며 고래고래 소리 지르고, 족탕 뼈다귀 같은 음식 찌꺼기며 입 닦은 종이 따위를 마구 바닥에 버린다. 오히려 그들은 깨끗하고 잘 정돈된 음식점을 꺼리기까지 하는 듯하다.

'임금' 노릇을 제대로 하지 못하는 고객이 어찌 주인을 충실한 종으로 부릴 수 있을까? 그러니 텔레비전에서 크게 나무라야 할 대상은 주인뿐만이 아니라 손님이기도 하다. 그런 손님들이나 그런 프로그램을 만들어 나라 건지겠다고 나선 방송인들도 현대인임은 말할 나위도 없다.

현대인—그는 아마도 '고향'에서 태어났다가 도시로 빨려 든 사람일 터요, 그의 입김을 쐰 그의 아들딸일 터이다. 일찍감치 도시에서 태어나 그 자리에 머물러 왔다손 치더라도, '고향'인 옛 도시에서 거대화된 현대 도시로 '이사해' 온 이일 터이다. 그런 만큼 비록 몸은 '현대' 틈에 끼여 있으나 마음은 일찍이 고향이 빚은 꼴에서 크게 어긋나 있지 않다.

현대인은 그가 지금 누비고 다니는 땅보다 덜 비좁은 공간에서 태어나 뼈가 굵어졌기 쉽다. 그가 활개치고 다니던 땅에는 부딪히는 일이 드물었다. 더 넓은 공간을 더 적은 수의 사람들과 나누어 썼다. 그리하여 아무 데나 가래침을 뱉어도, 똥오줌을 누어도 사람의 눈에 덜 띄고 자연 속에 더 잘 녹아들어 버렸다. 또 그가 먹던 음식의 그릇은 설거지가 덜 되었다손 치더라도 더 작은 사람의 수젓가락이 들락거렸던 것이요, 더 깨끗한 물로 헹군 것이기 쉬웠다. 이처럼 시골의 널쩍한 공간과 인연 맺고 하던 행위를 도시의 비좁은 공간에서 연장하는 군중 틈에 끼인 이가 현대인일 것이다.

그는 예나 이제나 어차피 적은 수의 사람들과 사귄다. 다만 그의 뼈가 굵어지던 고향에서는 나날의 생활에서 마주치는 사람을 죄다 알았다. 땅으로 봐서 가까운 사람이 곧 마음으로 알고 좋아하고 미워하는 사람이었다. 그는 땅의 가까움으로 형성된 인간 공동체, 곧 마을의 구성원이었고, 그 구성원 됨이 곧 그의 인간 됨이었다. 그러나 그가 '이사 온' 도시 공간에서는 형편이 좀 다르다. 그가 속하는 공동체는 더는 하나가 아니고 여럿이다. 그는 길거리에서, 버스나 지하철 속에서 마주치는 수많은 군중을 제쳐 놓고 직장에서 사람을 사귀고, 길과 길을, 빌딩과 빌딩을 스쳐 지나가 거대한 도시의 다른 쪽 끝에 있는 친척집에 가 제사를 지내야 하고, 더러는 만사를 제쳐 놓고 머나먼 야외에 나가 군민회, 초등학교 동창회에도 끼어들어야 한다. 그리고 이 다양한 공동체들은 그 구성원들이 사는 땅이 서로 가까워서 형성된 것은 아니다. 오히려 그는 제 집을 안식처로 얻은 것이 아니라 돈벌잇감으로 골랐으므로, 옆집 사람과 이웃사촌이 되는 일은 예외에 든다. 오로지 대량 교통 수단과 전화 같은 것의 '축지법'으로 먼 데 있는 사람을 가까운 데 있는 사람처럼 수월히 만날 수 있을 따름이다.

　그가 여러 공동체의 구성원으로서 먼 데 있는 사람을 이처럼 수월히 만난다고 해서, 그와 가까이 사귀는 사람의 수가 그만큼 늘어난 것은 아니다. 오히려 그는 여러 공동체의 구성원으로서 사람 노릇을 하려고 바빼 뛰느라고 땅으로 봐서 가까운 사람을 자주 비인격화한다. 그리하여 길을 걷다가 남의 발을 밟아도 미안하다는 말 한마디 않기 쉽다. 주로 아는 사람만이 사람으로 보이기 때문일 것이다. 그러기에 같은 발을 밟아도 그것이 아는 사람의 발이면 커다란 죄가 되어 빌고 빌고 또 빌어야 한다. 또 전화를 걸 때에도 상대방을 사람으로 보지 않아 미안하다는 소리 한마디 없이 덜컥 끊어 버린다. 그는 한편으로 이토록 수많은 사람에게 사람 대접을 하지 않는 소행을 저지르면서, 또 한편으로는 '축지법'의 도움을 받아 여러 공동체의 구성원으로서 '고향'에서보다 별로 더 많지도 않은 사람들과 사귀면서 현대의 사람 노릇을 하려고 고달피 꿈틀거리고 있는 것이다.

한가위가 왔다고 해서 올해에도 사람들이 줄줄이 서울을 떠나 '고향'으로 갔다. 그들이 가서 확인하는 고향은 이미 옛 고향이 아니기 쉽다. 새로 길이 났고, 새로 집을 지었고, 추악한 가축 우리와 신식 공장이 들어섰고, 음식에는 텔레비전에서 배운 대로 화학 조미료를 쳤고, 공기와 물에는 더러운 농약이 섞였다. 논은 반듯반듯해져서 시가지의 직선을 닮았고, 옛날에 보던 농사 연장들은 다 어디론가 사라지고 기계들이 자리 잡았다. 사람들도 덜 빽빽한 것에서 말고는 도시를 꽤나 닮아 간다. 오늘의 고향은 고향 땅을 버리고 일찍이 도시로 내뺀 사람들을 그렇게 배반한다. 손발에 흙 묻히기가 싫어서 떠난 고향의 보배로운 가치는 더 좋은 줄로 알고 찾아간 도시의 물을 실컷 켜고 난 다음에야 눈에 띄고, 현대의 상황에서는 그 가치가 그리워 고향을 되찾아갈 즈음이면 자기가 고향을 배반했듯이 고향도 얼마쯤은 자기를 배반하는 것이다. 그런 배반은 온 나라가 점점 더 도시화되어 가고 있음을 뜻한다. 좋거나 싫거나, 옳거나 그르거나, 그것이 경향이다. 그러니 도시가 고향인 사람의 수가 머잖아 크게 늘 것이다(도시화를 우리보다 훨씬 더 먼저 겪은 뉴욕 같은 곳에서는 실제로 현대 도시의 한 골목을 고향으로 치고 소속감과 귀속성을 느끼는 이들도 많다). 따라서 매정하고 비좁은 도시, 아는 소수와 모르는 다수로 형성된 도시일망정 그 여러 구석이 인정으로 끈끈히 붙어 있도록 하려면, 두 눈금의 잣대 말고 아는 사람에게도 모르는 사람에게도 두루 통하는 한 눈금의 잣대로 가치 판단을 하고 행동하는 새 모듬살이의 윤리가 아쉽게 될 것이다. 그리고 그것은 아마도 모르는 다수에 속하는 이에게도 사람 대접을 하고 폐를 덜 끼치는 윤리일 터이다.

천구백팔십삼년, 삼성정밀 사보

동상과 기념탑

흔히 탁월한 인물이나 역사적인 업적을 기리려고 동상이나 기념탑 같은 것을 세운다. 그러면서 그런 시설물이 주위의 경관을 더 아름답게 하는 데에 보탬이 되도록 하겠다는 약조를 한다.

그렇게 세워지는 동상이나 기념탑에는 거의 다 이타적인 명분이 깃들어 있다. 그러니 광화문 한복판의 이순신 동상도 큰 칼이 쥐여야 할 손에 쥐이고 모습이 좀 더 장군다웠던들 탓할 사람이 없을 것이다. 그러나 서울 회현동 굴길 들목의 '남산 제삼호 터널' 탑은 아무리 생각해 봐도 그때의 대통령이 내린 글씨를 시청 사람들이 소중하게 받들었음밖에 증명하지 못하고, 김포 공항에 들어선 '조국에 드리는 탑'은 오로지 교포들이 그 탑을 드렸음 자체를 선전하기 위해서 출현했다.

실제로 많은 기념 시설들은 이타적인 명분을 받듦과 함께 이기적인 실속을 채우려는 겹목적으로 세운 것이기 쉽다. 여러 도시의 시계탑과 그 도시 들목의 서양 사자상은 쳐다보는 이 드물망정 남 생각하고 세운 것이랄 수도 있지만, 그런 것 세운 회사나 무슨 클럽의 이름 광고도 톡톡히 하니 이녁 위해서도 세운 것이다. 그뿐일까. 비록 세운 이의 이름을 내세우지 않은 경우라도 '내 손'으로 이루었다는 성취 의욕에 불타 '소신껏, 과감히', 그리고 목 부러지고야 만 남산의 이승만 동상처럼 너무 성급히 세웠을 수도 있다.

그러나 세운 동기야 어떻거나 뜻 깊은 동상과 기념탑 들이 그 자리를 어지럽히지 않았다면 얼마나 다행일까. 우리 주위의 그런 시설물들은 거개가 아름다움의 약조를 배반했다. 사실적이라는 것치고 제대로 한국 사람 모습을 하고 있는 것 드물고, 추상적이라는 것치고 심오한 감응 주는 것 드물고, 현대적이라는 것치고 매끈하고 세련된 멋 풍기는 것 드물다. 무엇 들어섰다 하면 참 보기 싫기 십상이었다.

동상이나 기념탑은 서양 시늉에서 나왔다. 그런데 서양식 조형 작품을 빚는 손재주가 가장 서툴렀던 시기에 무더기로 쏟아져 나왔다. 또 국토가 손바닥만 한데도 아랑곳없이 흔히 더 커야 더 좋다는 허우대 콤플렉스에 걸린 이들의 머릿속에서 나왔다. 이것들이 기리려고 하는 거룩한 뜻을 우리 선조들처럼 조그마하나마 암팡지고 당당해 보이는 빗돌에 담아 세운다면 얼마나 아름다울까. 경상남도 창녕군 영산면 같은 곳이 길손의 눈에 돋보이는 것도 역사의 시련을 겪고도 아직 버티고 서 있는 그 옹기종기한 여러 빗돌 때문이기도 하다. 도저히 못 봐줄 동상과 기념탑일랑 하나 둘 헐어 내고 그 자리에 전통적인 빗돌을 세우면 어떨까.

천구백팔십사년, 동아일보

손에 '흙 묻는' 일

　미국에서 유학하고 돌아와 이런저런 분야에서 높은 양반이 된 이들이 더러 자랑삼아 공치사하는 소리로 미국에서 공부하는 동안에 '음식점에서 접시 닦고' 하며 고학했다는 것이 있다. 그런 이에게 미국에 가기 전에도, 갔다 와서도 그런 일 해 봤느냐고 묻는다면 대답은 좀 다를 것이다. 더구나 요새 학교에 다니고 있는 자기 아들딸에게도 그런 일 시키고 있느냐고 물으면 당황해 하기까지 할 터이다.
　이성에 호소해서 공개하면 점수를 딸 수 있는 행적, 곧 스스로 번 돈으로 공부한 업적이기는 하나, 그것은 근본적으로 딴 나라, 타향, 모르는 사람들의 사회에 가서나 한 일이었으므로 그가 우기고 싶어하는 만큼은 자랑거리가 되지 못하는 것이다. 아는 사람들 사이에서는 차마 하지 못하고 '도피' 상태에서 하던 일이 무슨 자랑거리가 될까? 오히려 그런 일은, 타관에 가서나 하는 '내 딸'의 다방 레지 생활, 집안의 체통이 깎일 염려가 없는 대처에 나가서나 팔 걷어붙이고 하는 장사만큼 부끄러운 일이어서, 제 고장에서는 스스로도 못했고 아들딸에게 시키지도 못할 일이기가 뻔하다.
　음식점에서 접시 닦는 일은 '천한 일'로 많은 사람의 마음에 등록되어 있다. 그런 '천한 일'은 곧 '궂은일'이요, '손에 흙 묻고, 때 타는 일'이나, 한 사회의 주민 대다수가 하지 않으면 그 사회가 무너지는 일이다. 그러길래 전통 사회의 한반도 사람 대다수는 어릴 적부터 손에 흙 묻는 일을 익혔다. 농촌에서도, 어촌에서도, 도회지에서도, 지붕 밑에서 '오냐, 오냐' 소리 들으며 단것 받아먹고 자란 일부 지배 계층, 지주 계급의 버린 자식이 아니었다면, 어릴 적부터 꼴 베기, 소 뜯기기, 애기 보기, 심부름하기, 물 긷기, 바느질, 길쌈, 남새 가꾸기, 나무해 오기, 새 보기, 물꼬 지키기, 불 때기, 빨래 같은 육체 노동을 나이와 성별에 알맞게 했다. 양반이 '에헴' 하고 일 안 했다고 하지만, 그것은 몇몇을 두고 하는 말이었으니, 잘 받은 씨에서 태어난 양반집 아이들도, 흔히 글공부야 따로 했을지언정, 나이에 맞는 '천한' 노동으로 사람 공부를 했다.

막 보낸 해방 마흔 해를 돌이켜 보면, 그것은 농어촌의 젊은 인구가 배가 고파서 그랬다고 할 수도 있겠으나, 손에 흙 묻는 일이 부끄러운 것이라는 사회 분위기의 집단 세뇌를 받고 이왕에 손에 흙 묻힐 바에는 모르는 사람들 사이에서 하자, 또는 아예 손에 흙 묻힐 필요가 없는 일을 찾아보자 하고 대도시로 이동한 기간이라고 할 수 있다. 그리 이동하여 더러는 돈이나 힘이나 명예를 손에 거머쥐고 손에 흙 안 묻히고 사는 이도 있다. 그러나 거개는 고향의 부끄러운 팔자를 이어받아, 논밭의 흙 대신에 기계의 기름을 손에 묻히고 있지 않다면, 봉급쟁이로서 쪼들림을 겪고 있다.

그런 도시 인구에 거의 두루 통하는 바가 하나 있다면, 그것은 그들이 그리는 자신과 자손의 이상이 손 안 대고 코 푸는 못된 양반의 팔자라는 것이다. 위에 올라 있어 더는 손에 흙 묻히지 않으면, 자식의 손이 흙에 닿는 것조차 위험한 일로 친다. 그런 이가 대기업의 주인이라면, 스스로 공원이어야 함에도 불구하고 그들을 얕잡아 봐 '재수 없는' 노사 분규를 겪고, 스스로 장사꾼임에도 불구하고 판매하는 '아랫것'들의 일을 천한 것으로 치는 미신에 걸린다. 또 아래에 머물러 있어 손에 기름을 묻히고 있으면, 그 팔자를 자식이 되풀이하는 것은 상상하기조차 싫어한다. 그들의 소원이 풀린다면 이 사회는 손이 비단같이 고운 지도자만으로 가득 차 푹석 주저앉게 될 터이다. 그들의 소원이 풀리지 않는다면, 이 사회는 하는 일을 마지못해 하고 제 팔자 미워하는 사람들의 사회로 계속될 수밖에 없다.

지도자의 집에서나 보통 사람의 집에선, '천한 일'에 흘리는 땀의 숭고한 의미와 대가가 더 인식되었으면 한다. 그 일이 사회 건설의 기초요, 그 고된 일로 받는 적은 품삯이 대한민국 사람 거개의 밥벌이이기 때문이다. 미국에서 접시 닦던 행적이 진정한 자랑거리가 되려면, 사회에서 자기가 누리는 위치가 아무리 높더라도, 방학 동안에 제 자식으로 하여금 설렁탕집에 제 발로 걸어가서 그릇 나르고 손님 시중드는 일자리에 취직해 노동과 밥벌이의 참 뜻을 깨우치게 할 수 있어야 한다.

여행이 더 자유화되어 방학 동안에 부유층의 학생들이 미국, 일본, 유럽으로 '연수'를 하러 떠날 수 있게 된 것이야 반가운 일이나, 그들이 같은 기간에 이웃의 구멍가게, 여러 분야의 사무실 같은 데서 일자리를 얻어 돈이 이녁이 알고 있듯이 저절로 굴러 들어오는 것이 아니라 거개는 천한 일로 피땀 흘려야 벌리는 것, 또 천한 일이 곧 어진 일이라는 것을 알아차린다면 더 진정한 사람 공부가 될 것이다. 농촌 활동에 나선 대학생들이 이런저런 훼방에도 불구하고 농촌에 나가 농민들에게 폐 안 끼치고 겸허한 마음으로 농사를 돕고 배우고 돌아왔다고 칭찬들을 했을 때에, 나는 그런 학생들이 놉 쓸 돈 없다고 주저하는 농민의 반응에도 불구하고, 품삯의 반의 반이라도 좋으니, 또 서투르나마 성심껏 일할 터이니 써 달라고 사정사정하여 '품을 팔고' 돌아왔다면 얼마나 더 겸허하게 인생 공부를 했을까 생각했다.

천구백팔십오년, 샘이깊은물

외국 사람의 한국 칭찬

　우리는 석굴암의 돌부처가 세계에서 가장 아름다운 예술품이라고 흔히 가 보지 않고서도 믿는다. 초등학교 교과서에서 처음으로 그 사진을 볼 적에는 반드시 정든 얼굴을 하고 있는 것만도 아니었던 그 돌부처를 그처럼 값지게 여기는 집단 훈련을 받는 것이 현대 한국인의 성장 과정이라고 할 수 있겠다. 그러나 비록 그 돌부처의 얼굴을 보고 보고 또 보면 심오한 아름다움의 감응을 얻을 수 있음이야 사실일망정, 그것이 세계에서 으뜸인 것이라면 '팔이 안으로 굽어서' 그럴 것이다. 역사로 말하더라도 더 오래된 것, 허우대로 말하더라도 더 큰 것, 사실성으로 말하더라도 더 그럴싸한 것, 단순성으로 말하더라도 더 소박한 돌 조각품이 이 지구촌에 쌔디쌨다.

　그럼에도 아랑곳없이, 우리는 흔히 고려 청자와 조선 백자는 말할 것도 없고 왕조 시대의 잡동사니 세간살이까지 세계에서 으뜸인 것으로들 흔히 알고 있다. '국력의 신장'과 함께 이것들이 얼마쯤 더 돋보일 날이 올 터임도 사실이겠으나, 이것들은 아직 세계 시장에서 푸대접을 받고 있다. 빼어난 본보기만을 골라 이번에 국립 중앙 박물관에서 선보인 고려 청자만을 두고 말하더라도, 그것들이 '우리 것'이어서 '세계 최고'이지, 냉혹한 국제 경쟁에서는 처져 있으니 딴 나라 청자들의 명성을 따라가려면 아직 멀었다.

하기야 '우리'와 '우리 것'이 '최고'라고 믿게 하는 집단 훈련은, 비록 그 것이 '세계 것'을 두루 살펴보지 못한 이들이나 '주인 의식' 내세워야 이득을 보는 이들이 시킨 것이라고 할지라도, 일본 식민주의자들이 한반도 기성 세대의 머릿속에 심어 놓고 간 민족 문화 멸시 풍조를 가시게 하고 해방 뒤로 우리가 해 온 서양 풍물 숭배를 더디게 하는 일에 얼마쯤은 보탬이 되어 왔기는 할 것이다. 그러나 그것이 만사에 한국 사람이 제일이라는 주장으로 확대되면, 좀 탈이 생긴다. 어처구니없게도 그런 주장 뒤에는 우리가 열등하다는 비밀한 믿음이 깔려 있기 십상이다.

지난달의 세계 은행, 국제 통화 기금 대회의 이모저모를 보도하는 텔레비전 화면에 그 "벽안의 외국인도 '원더풀'을 연발"하는 소리가 또 나왔다. 신문, 잡지 들과 함께 방송국에서 오일륙 뒤로 글자 하나도 고치지 않고 하고 또 해 온 그 따가운 소리 말이다. 그 대회에 참석한 서양 사람 부부들이 서울 이태원을 줄줄이 찾아가서 그곳을 '쇼핑의 낙원'이라고 하면서 그렇게 말하더라는 것이다. 우리보다는 훨씬 더 어진 '판단관'들인, 눈이 파란 사람들도 그리 얘기했으니, 우리가 '최고'인 줄을 우리 스스로도 알아 두자는 말투다.

이태원이 이제는 꽤 세계적인 관광 명소가 되어 있는 것도 사실이다. 그러나 그곳은 아직까지는 서양 사람들이, 이제는 꽤 유명해진 곰장어 껍질 제품 같은 특수한 것이 아니면, 싸구려 상품을 싸구려 가격으로 사 갈 수 있는 뒷골목쯤으로 알아줄 따름이지, 질 높은 상품을 구해 가는 곳으로 인정하는 데는 아니다. 그러니 그 '원더풀' 하는 소리를 그리 감격스레 여기지 말고 도깨비 시장 같아서 '참 재미있다'라고 말한 것쯤으로 해석함이 더 무방하다. 그들이 서양 사람이 아니라손 치더라도 누가, 돌팔매 맞기에 꼭 알맞게, 외국에 가서 '물건이 싸기는 하지만 조잡하다', '분위기가 너절하다', '물고 늘어져서 흥정하는 태도가 후진국 도떼기 장터 같다' 하는 소리를 함부로 내배앝을 수 있을까?

게다가 마누라의 몸을 살짝 스쳐도 '미안해요', 서방님이 이쑤시개만 건네줘도 '고마워요' 하는 것이 체질에 밴 서양 사람들이 우리 수준으로 봐서는 헤프게 하는 한국, 한국 사람, 한국 것 칭찬이야말로 우리가 새겨서 들어야 한다. 못생긴 여자 앞에서도 눈매라도 말똥말똥하면 "눈이 세계에서 가장 아름다우세요" 하며 상대방으로 하여금 자기의 온몸이 세계에서 가장 아름답다고 오해하게 하는 재주가 그들에게 확실히 있기 때문이다.

이미 말했듯이, '국력'의 신장과 함께 석굴암의 돌부처가 외국 사람들의 눈에 더 돋보이게 될 날도 있을 것이다. 또 우리가 쓰는 한국의 자동차와 텔레비전이 북아메리카 대륙에서 꽤 잘 팔리고 있는 것도 사실이다. 더 가난했던 지난날을 생각하면, 설사 속은 거의 죄다 일본 것이고 몸뚱아리만 여기서 만들었다손 치더라도 반갑다. 그러나 우리는 어쩌면 외국에서 비싼 이잣돈 꾸어다가 그런 호사 즐기고 있는지도 모른다. 그러니 외국 사람의 '원더풀'이 진정한 것이라고 치더라도, 그것은 빚진 사람 속사정 모르고 하는 소리일 수 있다. 우리와 우리 나라와 우리 재주가 '세계 최고'라는 어떤 집단 훈련의 암시도 정직한 것이라고 해 봤자 세상 물정 모르는 이의 소행이 아니라면 더 성가신 그 속사정 외면하는 이들의 편리한 표면 진리 관찰에서 나온 호들갑이자 허풍일 수 있다. 전통 문화로 보나 근대화로 보나 우리 나라는 아직 선진국이 아니다.

천구백팔십오년, 샘이깊은물

의심받는 수표

주로 현금으로 거래를 하는 세상은 지나가고, 이제 적어도 도시에서는 신용 카드와 함께 수표가 꽤 보편스런 지급 수단이 되고 있다. 구멍가게에서 자잘한 일용 잡화를 사고파는 경우가 아니라면, 흔히 자기앞 수표나 가계 수표가, 그리고 더러는 당좌 수표까지 돈 대신에 지갑에서 나온다.

수표는 발행하는 이가 그가 돈을 맡긴 은행에 보내는 편지이다. 그래서 서구 사회에서는, 수표 용지가 떨어지면 발행하는 이가 수표를 끊는 대신에 아무개한테 돈 얼마를 내주라는 편지를 은행 앞으로 쓰기도 한다. 그리고 몇몇 나라에서는 보통 사람들이 자기의 편지지를 인쇄하여 쓰듯이, 발행인이 수표 용지를 스스로 바라는 모양으로 인쇄하여 은행의 동의를 얻어 사용하기도 한다.

그처럼 수표는 맡긴 돈의 지급을 지시하는 편지이다. 그런 편지로도 우리 나라의 자기앞 수표라는 것은 좀 유별난 편지이다. 은행 사람들이 남도 아닌 자기 자신에게 써 보내는 편지이니, 그 내용인즉 그 편지를 들고 오는 이에게 돈 얼마를 내주라는 것이다. 자기 자신에게 편지를 쓰다니 좀 머리가 돈 듯한 사람들 같다. 그러나 사실은 약삭빠르기 한량없는 사람들이니, 너무 두툼해서 번거로운 돈다발 대신에 그 편지를 지니고 다니겠다는 이들한테서 미리 맞돈 받아 놓지 않고서는 그런 편지 쓰지 않는 이들이 그 양반들이다. 게다가 누가 그 편지 들고 돈 찾으러 올 때까지는 그 받아 놓은 현금으로 짭짤하게 돈놀이를 해서 이문까지 벌어들이니, 돌기는커녕 편지 한 장으로 돈의 가치를 두 곱으로 늘릴뿐더러 거기에서 이문까지 얻어 내는 영특한 양반들이다.

자기앞 수표는 국가 권력이 은행에 부여하는 공신력 덕분에 시중에서 대체로 현금 대접을 받는다. 더러 주민 등록증을 보여 달라고 하기도 하고 은행에 전화를 걸어 잘못이 없는 편지인지를 확인해 보기도 하는 콧대 높은 큰 업체가 없는 것은 아니지만, 대체로 뒤쪽에 전화 번호와 이름만 써 주면—그리고 흔히 얼굴 한번 훑어보고 도둑이 아니라는 판정을 하면 그런 것 요구하지도 않고—그 금액의 현금이나 다름없이 보아 주는 것이다.

그런 자기앞 수표가 가장 많이 의심을 받는 곳은 딴 데도 아닌 은행이다. 우선, 딴 은행에서 발행한 액면이 십만 원이 넘는 자기앞 수표를 낯선 사람에게 현금으로 얼른 바꿔 주는 은행 창구는 없다. 그리고 제 은행에서 발행한 자기앞 수표라도, 딴 지점에서 발행한 것이면 낯선 사람에게는 얼른 돈으로 바꿔 주지 않는다. 더구나 제 은행 자기앞 수표라도 딴 도의 지점에서 발행한 것이면 추심을 해야 한다느니 어쩌니 하면서 며칠을 기다리게 하고 수수료까지 덜어 낸다.

현금처럼 여기고 주고받으라고 하면서 제 손으로 써 준 편지를 금융 기관 자체가 못 미더워하다니! 그것이 진짜인지 가짜인지, 변조된 것인지 멀쩡한 것인지를 얼른 판별하는 능력이 가장 많이 있어야 할 데도 은행이고, 훔친 것으로 드러날 때를 생각하여 돈 찾아가는 이의 신원을 가장 잘 파악해 두는 데도 은행이다. 그럼에도 아랑곳없이 은행 사람들이 '나는 얼른 못 믿겠지만 너는 믿어라' 하랄 수 있는 것이 자기앞 수표이다. 어찌 보면 돌다리도 두드리고 건너려는 조심스런 이들이라고도 할 수 있겠으나, 바로 그 조심스런 사람들이 유신 시대의 그 숱했다던 부실 대출 압력을 허리 굽혀 달게 받아들였것다!

하기야 수표 의심 대회에서 은행 사람들은 저리 가라 할 사람들이 또 따로 있다. 이 나라의 관청에 무는 모든 세금과 공과금은 현금 아니면 가계 수표나 자기앞 수표로 내야 한다. 곧 국가 기관인 우체국에서 발행한 우편환 증서나 당좌 수표로 세금이나 공과금을 낼 수 없다. 국민들 사이에서 유통되는 것은 바람직하지만, 감히 공공 기관에는 내밀지 말아야 한다는 것이다. 국고에 들어갈 중요한 돈이니 부도가 나서는 절대로 안 돼서 그런다고 할 수도 있을 것이다. 그러나 어차피 기일 안에 내지 않으면 가산세, 과태료 같은 것이 붙는 무서운 돈이 그런 돈인데, 다른 데라면 몰라도 그런 데에 내는 수표에 누가 감히 쉬이 부도를 낼까?

현금 대신에 수표와 신용 카드가 사용되는 신용 경제 사회의 도래를 이 정부의 주역들이 촉구하고 있다. 그 사회는 누구보다도 더 이 정부의 등잔 밑에 있는 은행 사람들과 관청 사람들에게 수표를 제도적으로 의심해야 할 필요성을 덜어 줌으로써도 우리에게 더 가까이 다가설 것이다.

천구백팔십오년, 샘이깊은물

'미국놈' 시늉

'내외 통신'의 보도를 《조선일보》 사람들이 옳게 옮겨 적었다면, 최근에 서울에 다녀간 북한 기자들이 "온갖 허구와 날조로 왜곡 모략하는 대남 비방" 선전에 열을 올려 떤 허풍 틈에, "남조선 사람들은 어떻게 하면 미국 사람으로 되겠는가 이런 생각을 많이 가지고 코도 수술해서 크게 해 붙이고 머리가 노란 미국놈의 머리칼 그대로 노랗게 물감을 다 들이고 의복 차림으로부터 일체 몸단장을 다 미국 사람처럼 하고 다닌다. 따라서 남자나 여자나 다 눈알도 새파랗게 하고 다닌다"라는 말이 끼여 있었다. 글자 그대로 따지자면, 분명히 거짓도 과장도 있는 표현이다. 우리가 여기에 살고 있어 다들 알 듯이, 코 수술해서 올리고 다니는 사람, 눈 둘레에 파란 칠 하고 다니는 여자야 더러 있을지언정, 어찌 '남자나 여자나 다' 눈알도 새파랗게 하고 다닐까?

그러나 쓰레기통에도 먹을거리가 있을 수 있고, 허튼소리로 손가락질 받는 이의 말에도 옳은 대목이 있을 수 있고, 우리하고는 아주 다른 교육과 경험을 받고 겪은 북한 기자가 한 말이라고 해서 모조리 그르라는 법도 없다.

서울에서나 평양에서나, 피붙이 만나면 서로 부둥켜안고 울고불고하는 걸로 봐서도 오히려 그쪽 사람들과 우리는 닮은 데도 좀 있다. 그렇다면 그들의 입에서 나온 소리라고 해서 우리 자신의 소리와 절대로 닮지 말라는 법은 없다. 그들의 눈에 비친 우리의 흔한 '미국 사람' 모습은 우리가 스스로도 자주 비판해 온 모습이다. 얄궂은 역사의 장난으로 우리와 적대 관계에 있음으로 말미암아, 적대 관계에 있으면 성급한 한 편이 상대편을 두고 흔히 그러하기 쉽듯이, 트집에 생트집을 더하여 비꼬아 말하고 부풀려 말하고 책잡히게 말하기는 했어도, 그들이 본 남한 사람들의 모습이, 우리가 정신 차리고 보는 자화상도 흔히 그렇듯이, 얼마쯤은 '미국놈' 닮아 보였을 수도 있다고 해야 우리가 슬거운 사람이 된다.

그들이 비난했다는 외래어와 외국어의 간판, 외국말이나 외국 글자로 적힌 자동차의 이름도 일찌감치 이 남한 사회 안에서도 비판을 받아 오던 것들이다. 도대체 국어 쓰는 사람들의 호주머니를 노려 내다 파는 '현대', '대우'의 자동차에 서양 명찰을 붙이는 심사는 무엇일까? 같은 동양 사람들인 일본 '형님'들이 그러니까 그랬다. 그래 놓고 보니까 서양 물건 같아 좋아 보이더라 하는 것 말고 달리 대답이 있을 수 있을까?

해방 맞고 전쟁 겪고 복구하고 근대화해 오면서 어영부영 보내 온 지난 사십 년 동안에 우리는 스스로도 모르는 사이에 서양 숭배를 한참 많이 해 왔다. 춥고 배고프고 헐벗던 우리에게 더 잘 입고 먹고 사는 서양 사람의 모습이 움푹한 눈, 우뚝한 코, 훤칠한 키, 잘 입은 옷, 잘 만든 물건으로 대표되어 남한 땅의 많은 사람들의 마음에 종족적인 열등감, 문화적인 열등감을 불러일으켰으니, 이웃 일본 사람들과 발을 맞추어 한편으로는 '양놈', '미국놈' 하면서도 또 한편으로는 그 사람들 흉내를 부지런히 내고 그 사람들 시늉을 열심히 해 왔다. 서양 사람 더 닮아 보겠다고 해서 조상이 물려준 눈이

나 코에 칼 대는 사람도 아주 많아져 엄연한 이 사회의 구성원으로들 받아들여졌다. 이른바 외제 선호라는 것도 흔히 남이 하니까 잘못이라지, 자기가 하면 질의 추구가 된다. 오죽하면 한 대통령이 돌아가신 술자리에도 국민에게 마시지 말라던 양주병이 있었을까? 그러니 이 모든 혼란을 심리적으로 받아들이는 훈련을 엄청난 변화와 근대화 과정에서 받은 우리는 어쩌면 우리 스스로도 모르는 사이에 우리 것을 많이 잃었으면서도 우리 것 많이 잃고 딴 것 많이 채워 넣은 우리 자신을 티 없는 우리 자신인 것으로 이해하고 있을 수도 있다. 무릇 사람은 가장 자주 보고 겪고 누리는 것을 문화적으로 가장 당연한 것으로 생각하기 십상이기 때문이다. 그러나 나쁜 것 새로 집어넣는 자리에서 좋은 것 애석하게 쫓겨나지 않나를 우리는 늘 톺아보아야 한다.

북한 기자들은 이것을 알아 둠 직하다. 평양 시민들에게 넥타이를 매라고 장려하고 있음이 사실이라면 그것이 암시하듯이, 그들의 눈에 비친 남한 사회의 몇몇 추악한 꼴이 북한 땅에 미칠 날이 있을지도 모르고, 남한 땅에 이제는 혜원 풍속도에 나오는 여자의 실눈에서도 아름다움을 느끼는 세대, 온갖 소리 다 들어 보다가 드디어 판소리에서도 위안을 찾는 세대가 새로 등장하고 있는 것 말이다.

남쪽의 기자들이 북한 땅에 다녀와서 했던 보도들을 보았다면 북쪽에서도 속으로 낯뜨거워 하는 이들이 많았을 것이다. 북쪽 기자들이 서울 풍물을 구경하고 돌아가 잡았다는 트집 얘기를 읽으니, 한편으로 원망스러우면서도 또 한편으로는 좀 부끄러운 기분도 감출 수 없다. 이 적대 관계 속에서 트집이야 어차피 해야 하는 것이라면, 책잡힐 일이라도 서로 줄여 보자.

천구백팔십육년, 샘이깊은물

늦게 태어나서 서러운 사람

바둑을 둘 줄 모릅니다마는, 어깨너머로 보면 잘 두는 이가 못 두는 이에게 미리 '몇 점 놓고' 두게 하더군요. 골프 치는 이들도 핸디 어쩌고 해서 힘이 부치는 쪽을 거들고 하지요?

선비와 신사의 세상살이에서는 그렇습니다. 늦게 배우고 늦게 출발해서 불리해진 처지에 있는 사람과 일대일로 겨루려면 저쪽에다 떡을 하나 더 주고 합니다. 그러나 세상을 어찌 선비들만이 움직입니까? 실상 생존 경쟁에서는 앞선 놈과 뒤진 놈, 큰 놈과 작은 놈이 서로 맞수인 양 다툽니다. 그러나 먼저 나선 놈과 나중에 나선 놈, 큰 놈과 작은 놈이 서로 겨룰 때에는 아무래도 나중에 나선 놈, 작은 놈이 불리하기 십상입니다. 큰 놈이 작은 놈 잘 봐준댔자 종속 관계에서나 그러하고, 앞선 놈이 뒤진 놈 가만둔댔자 제 풀에 꺾여 넘어질 줄로 내다보고 그러기 일쑤입니다. 그래서 사람 사는 세상은 자칫하면 큰 놈은 점점 더 커지고, 작은 놈은 쫓아들거나 거꾸러지는 데가 되기 쉽습니다.

대체로 그런 곡절로, 정치하는 사람들 입에서 '소수 이익' 어쩌고 하는 소리, 경제하는 사람들 입에서 요새 한창 유행한다는 '중소 기업 육성' 어쩌고 하는 소리가 나오는 줄로 압니다. 또 이마적에 정부 사람들이 젊은이들의 '모험 기업'을 크게 밀어 주겠다고 나선 것도 그와 맥락을 같이하는 것일 줄로 압니다. 알고 보면 뒤진 사람, 작은 사람이 수로 봐서는 다수이니 이 다수가 얼마쯤은 배부르고 맘 편한 것이 사회의 기틀이 되는 것 아니겠습니까? 그러니 제도가 관여해서 작은 놈, 세상에 뒤늦게 눈뜨거나 태어나서 하는 일, 하고자 하는 일이 불리해진 놈이 덜 불리하도록 하는 것이 옳다고 보는 이들이 많습니다. 하물며 제도의 관여로 작은 놈, 뒤늦은 놈의 동참이 더 불리하게 된다면 시쳇말로 '말이 됩니까?' 그럼에도 아랑곳없이 이 사회에는 그런 일이 수두룩한 듯합니다.

이를테면 우리 나라에 이제는 갖가지 서양 책, 일본 책이 수입되고 있습니다마는, 그 많은 외국 책 수입이 고작 서울에 몰려 있는 스물 몇 업체의 손에 독점되어 있다고 합니다. 구실이야 많았겠지요. 경제 규모가 더 작았던 지난날에 난립 방지다, 과당 경쟁 방지다, 국제적인 문화 사업이니 별로 실력도 없는 이들이 뛰어들어 무책임한 행동이라도 하게 되면 국제 망신이나 사기가 십상이다 하여, 새 업자의 탄생을 정부에서 말렸을 수도 있습니다. 그러나 이 나라에서 가장 크게 책 장사를 하는 업체만은 새로 거기에 끼어들 수 있었습니다. 무슨 수를 썼거나 이미 허우대가 커져 있지 않으면, 과당 경쟁을 하지 않을 윤리도, 국제 망신을 사지 않을 체통도 없다는 생각에서나 과거에 그런 결정이 나왔겠습니다.

사리를 분별할 줄 알 듯한 신문사 사람들도 크게 다르지 않습니다. 현대 사회에서 상업 광고가 대중 문화를 크게 주름잡는다는 것은 다들 아시는 바이거니와, 광고주를 대신해서 창의로운 광고를 만들어 매체에 실어 주고 매체에서 버는 광고 수입의 일부를 품삯으로 받아먹고 사는 데가 광고 대행사인 것입니다. 그러나 신문사 양반들은 이미 실적을 얼마만큼 쌓지 않는 업체에는 그 특권을 부인합니다. 큰 놈에게는 품삯 주고 작은 놈, 뒤늦은 놈에게는 안 주는 것입니다. 방송국 사람들은 다른 줄 아십니까? 그 양반들도 그 품삯을 주로 재벌 기업에 딸려 있는 대형 광고 대행사 몇 군데에만 줍니다.

이 나라에는 지금 등록된 유가 잡지가 많다고 합니다. 거기에서 새 시대에 등록된 것이 많더라도 새 시대와 함께 없어진 것이 또한 많으니 실제로 늘어난 수는 별것 아닐 터입니다. 그럼에도 불구하고 그전부터 잡지를 발행하던 이들마저 '텃세' 주장을 하고 싶어하는 낌새가 없지 않습니다. 이를테면 이마적에 잡지 발행인들이 점심을 함께한 자리가 있었는데, 거기에서 몇몇 발행인들은 잡지 등록을 정부에서 너무 많이 받아 줬다, 난립과 과당 경쟁 때문에 일하기 어려우니 '규제'해 달랬다던가 선처해 달랬다던가 하는 하소연을 했다고 합니다. 정부 관리가 하고 싶다손 치더라도 슬겁게 참아야 할 말을 그 민간인들은 철없이 못 참고 했습니다. 그리하여 마치 "우리끼리만 해먹자, 새로 하고 싶어하는 이 있으면 못 끼어들게 하자"라고 외치는 듯했다고 합니다.

하기야 이른바 '티오' 제도가 두루 그른 것은 아닐 터입니다. 국세청에서 술도가 수를 한정한 데에도, 시청 양반들이 한 도시에서 영업하는 택시의 수를 번호판의 발급으로 통제하는 것도 정당화될 수 있을 터입니다. 그러나 그러다가, 탔다 하면 투덜대기 일쑤인 택시 운전사들이 묻지 않아도 일러 주고 또 일러 주듯이, 이른바 증차 같은 것이 고려될 때면 택시 운전이 밥벌이인 '작은 사람들'에게 죄다 가도 될 몫을 관용차 운전사나 허우대 큰 '우수 업체'에게 뚝 떼다 나누어 준다는 데에 탈이 있다고 합니다. 택시 운전사들의 주장이 얼마나 옳은지는 잘 모릅니다마는, 세계 어디에서도 도대체 개인 택시들이 더 깨끗하고 그 운전사가 더 친절한 줄만은 압니다.

이미 말했거니와, '작은 사람', '뒤늦은 사람'이 '큰 사람', '앞선 사람'의 적수가 되는 것은 누가 훼방 놓지 않아도 시작부터 어렵습니다. 그런 판국에 제도가 아예 새 사람들의 참여를 거부하면, 이 세상에 어쩌다가 뒤늦게 태어난 것이 서럽게 됩니다. 서러움으로 그치면 다행이련만 더러는 성도 냅니다. 뒤늦게 태어난 것이 오히려 더 다행인 사회, 그런 사회가 발전하는 사회일 줄로 압니다. 그러니 여러 분야에서 기득권, 선점권 가진 '큰 사람'들이 더러 줄곧 자기들만 하게 해 달라고 보채는 압력을 정부에 넣은 일이 있었다면, 마음 고쳐 잡수시고 '작은 사람', '뒤늦은' 사람에게 너그러워지시기를 당부합니다.

천구백팔십육년, 샘이깊은물

택시와 장관실

도저히 지워 내기 어려운 나쁜 인상으로 마음속에 도사리고 있는 것이 있을 수 있습니다. 이를테면 서울의 택시를 꼽을 수도 있겠습니다. 찻속 더럽고, 손님 마중 불손하고, 어쩌다가 새치기해서 가까스로 잡아탔다손 치더라도 가는 방향이 운전사 마음에 안 드는 죄, 골목이 좁은 죄, 너무 빨리 달리지 말자고 청탁하는 죄, 짐이나 일행이 많아서 합승 못하게 하는 죄, 번지르르한 자가용 부리지 못하고 고작 택시 타는 주제에 이래라저래라 하는 죄, 또 더러는 '재수 없어' 아침부터 여자나 '안경쟁이'나 봉겟을 손님으로 맞게 하는 죄 때문에 운전사에게서 기합을 받을까 봐 조마조마해 왔던 것이 서울의 택시였습니다.

늘 자가용차를 타고 다니는 이들은 잘 모르시겠지만, 이마적에 그런 서울의 택시에 새바람이 불었습니다. 퇴근 때나 저녁 때부터 한밤중까지가 아니면, 우선 붙들기도 쉬워졌으려니와, 믿거나 말거나 그 흔히 무섭던 운전사의 마중이 "어서 오십시오. 어디로 모실까요?"로 시작되고 그 작별 인사가 "감사합니다. 안녕히 가십시오"로 끝납니다. 택시를 타고 가는 길에 운전사에게 묻는 말도, 못 들은 체하거나 대답이 나와 봤자 물었던 것이 무색할 만큼 짜증스레 들렸던 것하고는 달리, 고분고분하고 나긋나긋한 응답으로 요새는 흔히 이어집니다. 어제의 택시가 별수없이 탔으나 불쾌한 것이었다면, 오늘의 택시는 공급이 수요를 못 따르는 저녁 같은 때가 아니면, 손님이 돈 주고 정신적으로 뺨 맞는 교통 수단의 낙인을 지우고 있다고 할 수 있겠습니다.

한 대학 교수에게 물어봤습니다. "새 택시가 많이 나와 수효가 늘어 승객이 더 귀해 보이기 때문일 터"이라고 했습니다. 한 고관은 "팔류, 팔팔에 대비한 철저한 운전수 교육 덕택"이라고 했습니다. 한 젊은 운전사에게 물어봤더니 그이의 대답은 이러했습니다.

"하두 자주 듣다 보면 머리에 남는 것 없지도 않겠지만, 팔류, 팔팔이네, 지랄이네 하면서 잠 오는 사람들 불러다 떠드는 소리 귀에 제대로 들어오겠습니까? 변변치는 않지만 월급제라는 것 생기고 그 병산제라는 것 나와서 그전보다는 덜 설쳐도 되기 때문은 아닐까요? 그러나 무엇보다도 저는 이렇게 봅니다. 요새 택시 운전사들은 거개가 고등학교는 나왔거든요. 우리 선배들 어디 그랬습니까? 그 설치던 양반들 아직 운전하고 있더라도 이제 나이 들어 힘 빠져 그리 못하고, 우리야 학교 댕긴 값 좀 더 하고 있는 셈이겠지요."

택시 타기가 덜 고달프게 된 까닭은 여러 가지일 줄로 압니다. 그 교수님 말마따나 수가 는 것도 보탬은 되었을 터입니다. 탈 사람이 택시보다 훨씬 더 많을 때에 타는 사람도 서로 새치기하며 사람 노릇 제대로 하지 못하듯이, 운전사도 어차피 넘치는 승객 반가워할 줄 몰랐습니다. 또 남아도는 승객 아무리 많이, 자주 태우고 빨리 달려도 집식구의 세 끼가 걱정된다면, 어쩔 수 없이 하고 있는 '운전수 노릇'이 즐거울 턱이 있겠으며 그 짜증스런 느낌 손님에게 감추기 쉬웠겠습니까? 그러니 월급제, 병산제 같은 것들이 보탬이 되었을 터입니다. 그리고 탈 때, 내릴 때의 인사말이 고맙기는 하지만 늘 판에 박은 듯한 것으로 보아 팔류, 팔팔 교육의 입김도 한몫 끼어든 모양이기는 합니다. 그러나 무엇보다도 더 반가운 요인으로 교육받은 젊은 이들이 더 낫다는 그 운전사의 관찰이 있었습니다. 택시를 자주 타는 편인 저의 경험으로도, 몇 해 전처럼 젊은 운전사가 나이 지긋한 이들보다 더 거칠게 손님 맞이하는 모습은 이제 줄어든 듯합니다.

그러나 서울의 택시에 대한 시민들의 유감이 죄다 풀린 것은 아닐 줄로 압니다. 우선 운전사는 대체로 그만큼 얌전해졌다손 치더라도, 찻속은 예전과 크게 다르지 않아 아마도 세계의 모든 '선진' 도시 택시 중에서 가장 불결하지 않나 합니다. 특히 앉을자리가 더럽습니다. 근본적으로 차 타는 손님들이 더럽혔달 수 있겠으나, 그럼에도 불구하고 그것을 나날이 깨끗이 하는 방도는 꼭 강구되어야 할 줄로 압니다. 더러 개인 택시들이 그러하듯이, 흰 커버를 씌우고, 나날이 갈아 끼우는 것을 제도화하는 수는 없겠습니까? 강력한 행정 관리들의 남아도는 정력을 여대생 '젖가슴 쥐어박는' 데에 말고 그런 데에나 썼으면 좋겠습니다.

특히 콜택시가 문제입니다. 일본 같은 나라의 보통 택시보다도 훨씬 더 더러운 것은 고사하고라도, 요금은 '선진국'에 버금하면서도 보통 택시와 마찬가지로 더럽고 흔히 더 털털거리며 손님에게 진정코 본전 생각나게 합니다.

팔류, 팔팔이 다가와도 택시 운전사 자질 걱정은 이제 덜 해도 될 듯합니다. 처신이 더 공손해졌으니, 서로 통하지 않는 말도 흔히 마음으로 통할 수 있을 것이라는 자신도 얼마쯤은 듭니다. 그러나 그 더러움, 그리고 특히 그

앉을자리의 더러움이 국가적인 치부로 남아 있음이 그 주로 자가용 타고 다니며 팔륙, 팔팔 준비하고 있으실 이들의 마음에 큰 문젯거리로 올라 있기나 하는지 모르겠습니다.

택시는 운전사가 외국인에게 바가지 요금이나 씌우지 않으면 다행인 대중 교통 수단이 아니라, 한 나라의 얼굴이자 응접실입니다. 거기가 지저분하면 대한민국이 지저분합니다.

혹시라도 중앙청 앞 정부 청사에 택시 타고 가 본 적 있으십니까? 자가용 차는 죄다 들여보내도 택시는 아예 정문에 얼씬도 못하게 합니다. 말도 안 되는 처사이나, 아마도 정부 청사를 지저분하게 보이게 한다는 걱정 때문에 그럴 줄로 압니다. 옳습니다. 서울의 택시는 지저분합니다. 그러나 그 청사 안의 어떤 장관실보다 더 자주 쓰이는 대한민국의 응접실입니다.

천구백팔십육년, 샘이깊은물

사업이라는 것과 술과 '계집'

한 광주 처녀가 부모에게는 백화점에서 일한다고 일러 두고 서울의 한 술집에서 호스티스라는 신식 기생 노릇을 하다가 마침내 아까운 목숨을 이 도시 사회의 못된 제도로 수탈당했습니다. 지난달 중순 《동아일보》에 따르면, 일본 사람 네 명을 손님으로 '모시고' 온 한 사업가라는 이가 무슨 내기— 그것도 유치하기 짝이 없이 꽂아 놓은 과일꽂이 기럭지 재 보고 짧은 것을 뽑은 '년놈'이 지도록 한 것—를 하여 질 때마다 옷을 하나씩 벗거나 벌주를 마시는 일을 강요하여, 옷 벗기를 마다고 몸에 겹게 마신 술로 그 목숨이 밤새 무참히 끊겼습니다.

술집에서는 술뿐만이 아니라 대체로 여자도 '팝니다.' 손님으로 온 남자 곁에 앉아서 말벗 돼 주고, 술 따라 주고, 음식 입에 넣어 주고, 거는 장난 받아 주고, 함께 춤춰 주기도 할뿐더러, 흥정이나 말재주에 따라서는 술상 물린 뒤로 함께 밖에 나가 몸 섞어 주기도 하는 여자를 팝니다. 또 술집에 따라서는 여자가 술상 벌인 자리에서 이런저런 알몸 재주를 보여 주는가 하면, 박정희 시대에 번진 그 상류 사회 비밀 요정의 버릇대로 이제는 값싼 술집에서도 술자리의 남자를 딴 방으로 바로 끌고 가 '긴 밤'이 필요하지 않도록 즉석에서 몸을 '풀어' 주기도 한다고 합니다.

수요가 공급을 창조한다고들 하지요? 그러나 공급이 수요를 창조하기도 합니다. 생존 경쟁을 하다가 "이래도 안 올래?" 하고 내세우는 것들이 한국 현대 남자들을 술집으로 꾀는 면이 없지도 않습니다.

왕조 시대에도 기방이라는 것이 있었습니다. 그러나 그때의 호스티스들은 애써 기른 예능과 예의를 근본적으로 손짓 덜 거친 남자들에게 품팔이하는 여자들이었습니다. 그런 기방이 일정 시대, 자유당, 민주당 때를 거쳐 점점 더 퇴락하더니, 오일륙 뒤로는 손길 거친 지배 계층의 밤 놀이터나 일본 단체 관광객의 집단 여자 공급처로 전락한 이른바 기생집이 되었습니다. 그런가 하면 버거운 세금 문제 때문에, 요새는 대중 음식점의 간판을 걸고 밤에만 그런 기생집이 되는 데가 더 수두룩합니다. 그러나 무엇보다도 현대 서울을 특징 짓는 신식 고급 기생집은 이른바 살롱 같은 데라고 합니다. 오늘의 '근대화'된 지배 계층은 방석에 앉는 일은 촌스럽게 생각하여 집은 양식으로 꾸몄으되 완전히 칸막이를 한 살롱의 양탄자와 안락 의자의 방에서—그러나 그 서양식 분위기에서도 입맛만은 못 버려서 안주로는 흔히 꼬리 곰탕과 찢은 김치 같은 것을 찾으면서—여자 한 명씩 품고 밤놀이를 한답니다. 또 그런 고급집이 아니더라도, 서양식 호텔의 '바'가 아니면, 밤에 술 판다 하면 술 따르는 여자가 꼭 끼어 앉기 십상입니다.

그 많은 남자들은 '직장일' 때문에 술집에 간다고 말합니다. 그리고 실제로 상대방을 술집에 데리고 가서 술과 '계집'으로 '무장 해제'를 시켜야 많은 일들이 실마리가 풀린다고 그 남자들이 생각하고 있을 것도 사실입니다. 그 필요성을 인정하기에 많은 회사들에서 술상무라는 것을 두고 있다고 하지 않습니까? (그리고 세무서 사람들도 그런 술값이 기업에서 지출되었으면 접대비라 하여 정당한 사업 경비로 특정 범위 안에서 인정을 하고 있습니다). 지난번에 그 호스티스를 마침내 죽게 했던 그 사업가도 그 일본 사람 네 명을 술과 '계집'으로 구워삶아야 성사가 되겠다고 '양심적으로' 생각하고 그 집 출입을 했을 수 있겠습니다.

그러나 흔히 그것은 미신일 수 있습니다. 후진국일수록 '계집' 바치는 풍속이 많음을 제쳐 두고 말하더라도 이 세상에는, 아니, 이 나라에도 술과 '계집' 없이 사업 성사시키는 사람 얼마든지 있습니다. 좀 못할 소리 같습니다만, 서로 시간 아끼게 돈만 슬쩍 건네주고 일 부탁하는 수도 흔히 있겠고, 선진국일수록 이해 당사자들끼리 점심, 저녁 같이하자 했어도 '계집' 없는 분위기에서 밥 먹기 전에 물 탄 술 몇 잔 하고 밥 먹으면서 포도주 몇 모금 함께하기가 고작입니다(밤의 놀이가 왕성한 일본 사회에서도, 더러 술이야 많이들 퍼먹지만 점잖다는 남자치고 자리에 앉은 호스티스에게 거친 손장난을 걸거나, 손님에게 '계집'의 몸을 바치는 접대는 깡패 사이에서가 아니면 없습니다).

많은 남자들은 손님 접대를 핑계하여 술집에 가기도 합니다. 접대할 손님이 있는 것이 사실인 경우에도, 손님 접대보다는 제가 누릴 재미 때문에도 흔히 술집으로 발걸음을 재촉합니다.

그런 재미란 무엇일까요? 몸 가누지 못할 정도로 취하여 고래고래 소리 지르는 재미, 여자 몸 거칠게 더듬는 재미, 미남이고 멋쟁이고 남자답다는 소리 곧이듣는 재미, 화투 치는 재미, 보도된 대로 이런저런 '게임'하여 옷 벗기거나 벌주 마시게 하는 재미, 양춤 추는 재미, 더 못 마시겠다고 하는 사람 윽박질러 마시게 하는 재미, 눈독 들인 여자의 집 전화 번호 나중에 공들이려고 남몰래 베껴 두는 재미, 마음 동하면 이미 말한 대로 곁방에 가서 '계집'과 함께 눕는 재미입니다. 오늘의 많은 술집들은 손님들이 바깥세상에서 못 누리는 그런 재미들을 보게 하고 큰돈 받고 눈감아 주는 데이니, 그런 데가 술 값, '계집 값'이 세계에서 가장 비싼 축에 들게 된 데에는 그만한 곡절이 있습니다.

여자 손님 시중을 드는 '남자'가 있는 술집까지 생겨났다는 판에, 술집에 여자가 있어라, 없어라 하는 소리는 하지 않겠습니다. 다만 술집이라는 폐쇄 공간 안에 노출되는 돈 있고 힘있는 남자들의 '계집' 다루는 소행이 흔히 행패에, 산적 떼의 겁탈에 진배 없음만은 이번에 인권 유린과 생명 유린을 함께 당한 그 처녀의 신세를 계기로 하여 심각히 반성되어야 할 줄로 압니다.

이 나라의 술집을 그 모양, 그 꼴로 만들려거든 남자들은 스스로 술집 향하는 발목을 끊어야 할 것이며, 술집을 그 모양, 그 꼴로 유지하지 않으면 장사가 안 된다고 진정코 믿는 주인들은 굶어 죽을지언정 차라리 문을 닫아야 할 것입니다. 게다가 경찰은 이번 사건의 트집을 고작 '대중 음식점'에서 법을 어기고 '여자를 둔' 데에나 두지 말고 여자들의 인권을 옹호하는 시늉이나 하는 체하기 위하여서라도 '술 억지로 먹여 몇 시간 뒤에 사람이 죽게 되면', 이를테면 과실 치사 같은 죄가 되는지 안 되는지도 생각하여 보았어야 합니다. 그리고 누구보다도 그 사업가라는 이는 보도된 대로 '재수가 없어서' 그 처녀가 술 먹고 뻗고 죽고 한 것이 아니라 이녁의 짐승 노릇 탓에 그랬음을 알아야 할 줄로 압니다.

천구백팔십육년, 샘이깊은물

여관잠

현대 사회는 한 곳에 머물지 않고 움직이는 인구가 많은 것이 특징입니다. 그리하여 이 나라에서도 자동차, 기차, 비행기가 바빠짐과 함께, 도처에 고급 호텔은 그만두고라도 서너댓 층짜리 새 여관이 많이 들어섰습니다.

여관의 수가 부쩍 늘어난 데는 곡절이 하나 더 있습니다. 전통 사회에서는 으슥한 '보리밭'에서 하던 한두 시간짜리 짧은 사랑이 여관 가서 하는 일로 이제는 온 나라에 훨씬 더 보편화되었습니다. 짝 지어 오면 방 값을 받을 뿐더러, 혼자 오면 짝 지어 주고 짝 값도 받는 것까지가 이제는 버젓한 본업으로 정착된 시설이 여관이라고 할 수 있습니다.

그처럼 여관이 새로 많이 들어섰으니, 시설—우리의 기억에 더러운 것으로 남아 있는 그 시설—이 꽤 좋아졌을 것으로 흔히 짐작하실 줄로 압니다. 하기야 시골 여관에도 서양의 장사치들이 "이래도 안 살래?" 하고 내놓았으나 금방 퇴짜를 맞고 자취를 감춘 이른바 물침대가 뒤늦게 놓인 방도 있고, 일본 '사랑 호텔'의 본을 받아 천장에 거울을 달아 둘이 서로 몸을 섞는 모습을 스스로 구경할 수 있게 해 놓은 수도 있답니다. 또 방마다 욕실이 따로 있어 꼭지를 틀면 뜨거운 물이 콸콸 쏟아져 나오기가 예사이고, 인스턴트

연인들의 필수품으로 일회용 칫솔, 치약, 샴푸, 로션까지 놓여 있기 십상입니다. 그런가 하면 구식 여관방에는 없던 문갑 같은 가구와 경대, 예술의 탈을 쓴 여러 잡동사니, 황금색으로 반짝이는 옷걸이 기둥, 유선 방송과 연결된 컬러 텔레비전 같은 것으로 방이 빽빽하기 쉬우니, 아무리 가장 싸구려인 것만으로 골라 사들였다손 쳐도 그런 여관 주인들이 쓴 돈은 적잖을 줄로 압니다. 분명히 돈 많이 들였다는 점에서는 여관의 시설이 '좋아'졌습니다.

그러나 그런 신식 여관은 여관이 객지에 놀러 오거나 일 보러 온 사람이 이녁 집, 친척 집 대신에 묵고 가는 잠자리가 되는 사람에게는 그전의 여관만 훨씬 더 못합니다. 외모는 번드르르함에도 불구하고 방과 욕실의 청소가 건성으로 되어 방이 늘 퀘퀘하기 쉬움은 제쳐 놓고 말하겠습니다. 요새 신식 여관이 옛날 여관에 뒤진 가장 큰 탓은 오히려 그 이부자리에 있습니다.

다들 아시듯이, 요새 장사치들이 만들어 파는 이불은 홑이불(호청)이 없이, 또는 그것을 붙박이로 박아 꾸몄습니다. 빨래를 하려면 통째로 하는 모양입니다. 이 붙박이 홑이불은—말이 홑이불이지, 사실은 요이불의 한쪽 얼굴을 일컫습니다—때가 쉬 타지 않습니다. 아니, 쉬 타지 않는다고들 잘못 생각합니다. 이런저런 물을 들인 화학 섬유 천에다 무슨 요란한 무늬를 놓은 것이기가 예사여서 쓰고 쓰고 또 써도 '다행히' 때가 덜 드러나 보일 따름입니다. 옛날에처럼 감아 시치는 흰 무명천이 아니라 뒤집어써워 '자꾸'로 닫는 신식 '나이롱' 베갯잇도 예외가 아닙니다. 그래서 요새 이 나라의 근대화된 아파트에서 사용하는 깨끗해 뵈는 요이불과 베개의 살갗 닿는 부분은 옛날에 보던, 꾀죄죄한 이부자리의 때 묻어 시커멓던 홑이불과 베갯잇보다 흔히 더 더럽기 십상입니다.

요새 신식 여관의 방바닥이나 침대에 깔려 있는 요이불이 바로 그런 이부자리입니다. '팔팔' 손님을 받을 여관들의 이부자리도 마찬가지입니다. 얼핏 보아 좀 후줄근하고 숨죽어 보이기야 하지만, 굳이 흠잡을 데는 없을 만큼 깨끗해 보이는 이부자리입니다. 그러나 옷 벗고 누우러 들어가면, 고린내, 구린내, 노린내, 지린내, 암내, 땀내, 쉰내, 군내, 단내, 곤내, 썩은내를 은은한 바탕으로 하여 선배 남녀의 풋내, 비린내, 입내, 분내, 로션내, 기름내의 미지근한 바람이 두 콧구녁으로 솔솔 불어오기 예사입니다. 이 바람의 출처가 되는 숨은 때를 전통 이부자리의 하얀 무명 홑이불과 베갯잇에 옮겨 놓을 수 있다면, 약 발라 막 닦아 온 검정 구두의 코보다 더 시커멓게 보일 터입니다.

요새 여관이라는 데가 이렇답니다. '긴 밤' 자는 손님보다는 아까 들머리에서 소개한 대로 한두 시간 방 쓰는 사랑패들을 되도록 쉴 새 없이 번갈아 받아들이고 내보내고 해야 잇속이 는답니다. 쉬어 가는 한 쌍에게 적어도 오륙천 원 물릴 수 있고, 외기러기가 올 때마다 짝 값으로 거기에다 이삼만 원을 더 물려 그 반쯤은 잘라 먹을 수 있다 하니, 고작 만 원 안팎 받고 온종일 방문 닫아 놔야 되겠습니까, 적어도 하루에 네댓 패 같은 방에서 쉬고 가게 하고 이를테면 오륙만 원을 벌어야지. 그래서 요새는 한밤중이 아니면, 이 나라 여관에서는 하루 묵고 가겠다는 손님은 흔히 반기지 않습니다. 여관 사람들이 가장 반기는 손님은 '쉬는 일' 빨리 해치우는—그것도 가능하면 더 빠르게 조루증이나 불감증에 걸린— '탕아들과 탕녀들'이라고 보아 크게 틀리지 않을 듯합니다.

때, 한 달 내내 집에서 깔고 덮고 자며 이녁이 낸 것도 아닌 때, 하루에도 뭇 탕아와 탕녀 들이 온갖 병 비벼 넣고 겹겹으로 입혔으나 주인은 흔히 핏

자국, '세계 지도' 같은 것이 노골화된 다음에나 빨래하는 때, 그것이 오늘날 호텔 잠 못 자는 대다수 대한민국 여행자가 여관에서 맨살을 갖다 대야 할 이부자리에 묻어 있다고 짐작해야 할 줄로 압니다.

  한 사회가 적어도 이만큼 '덜 못살게' 되었으면, 이녁도 이녁 피붙이도 아닌 남의 살때 겹겹이 묻은 이부자리만은 마달 수 있어야 합니다. 이 점에서, 때 묻으면 더 쉬 들통나는 하얀 홑이불과 베갯잇이 여관에서—그리고 가정에서도—하루빨리 부활하는 일이 시급합니다. 이것이 바로 우리 나라의 전통에도, 요새 좋아들 하는 서양식 잠자리의 원칙에도 맞는 일입니다. 여관의 빨래 비용이 걱정이 되신다면, 여관방들 잘 꾸민다고 해서 돈 헤피 써 장만하는 그 허섭스레기들에 들이는 비용 줄여 자주 빨래하라고 권하고 싶습니다.

천구백팔십칠년, 샘이깊은물

'북한 구경'을 구경하고

 '동토의 광란'이란 제목을 달고 지난달에 케이비에스에서 내보낸 프로를 보셨습니까?
 비록 이쪽 방송국 사람들은 거짓말의 본보기로 내세웠지만, 남한에 다녀간 북한 기자들이 모여 주고받고 하던 말에는 거짓말이라고 몰아붙이기 수월찮은 대목도 없지 않았다고 보았습니다. 이를테면 '남조선' 사람들은 한 집에서 배추 다섯 포기 김장을 하기가 예사라던 말은, 비록 이쪽 사람들이 거짓말인 것으로 다루었어도, 말 그대로만 놓고 보면 거짓말이 아닙니다. 다섯 포기 김장을 하기가 예사인 것은 사실이기 때문입니다. 그것이 사실이니 오히려 이쪽의 해설자들은 남한 땅 사람들은 이제 식구가 줄어들고 딴 반찬들이 많아 옛날처럼 김장을 많이 할 필요가 없어졌음을 새삼스러우나마 '지적'하면서, 북한 기자들이 참말을 다 하지 않았음을 꾸짖거나 겉만 보았지 속은 못 보고 간 불찰을 나무랐어야 했습니다.
 평소에 오죽 굶주렸으면 북쪽에서 온 동기간 앞에서 줄곧 눈물을 흘리면서도 '남조선' 누이가 밥을 다 먹어 치웠겠느냐던 북한 기자의 말도, 그 여자가 밥 먹던 모습은 못 보았으니 뭐라고 잘라 말해 평하기는 어려워도, 얼핏 들어 거짓말같이 들리는 것이 사실이기는 했으나, 마음이 훨씬 더 열린 남한의 해설자들로서는 배불리 먹는 것이 삶의 큰 업적이 될지도 모를 또 다른 사회의 기자가 그 남한 땅 누이가 밥 맛있게 먹던 모습을 보고 '양심적으로' 그렇게 잘못 느낄 수도 있음을 인정하고, 거짓말쟁이로 몰아붙이는 대신에 오히려 '불쌍하게' 여기며 두 동강이가 된 이 땅의 이쪽, 저쪽 사람들 사이에 벌어진 의식의 틈을 한탄스러워 할 수도 있었다고 얼핏 생각했습니다.

'남조선' 사람들은 '미국 사람' 닮아 보려고 머리를 노랗게 물들이고 수술을 해서 코를 높인다는 소리를 듣고는 거짓말로 들려 분개하기는커녕 오히려 한 방 얻어맞은 느낌이 들었습니다. '미국놈 때려잡기' 놀이에서처럼 '놈' 자를 쓰지 않고 '미국 사람' 하며 우선 '점잖은' 듯이 나왔을뿐더러, 비록 다는 아니더라도 이 남쪽 땅에 쓸개 빠지게 머리에 노랑물 아니라면 '살짝 노란' 물 들이고 코 높이고 한 사람들이 많은 것이 사실이기 때문입니다.

그러나 그 프로그램에 나와 북한 화면을 '감상'하던 이들도 집에서 텔레비전을 보던 이들도 거의 다들 무섭다, 섬뜩하다고 했습니다. 그 많은 어른, 아이와 남자, 여자와 군인, 민간인 들이 운동장과 광장에서 일제히 군홧발 구르고 팔 휘두르고 소리 지르는 모습 보고 그랬습니다. 저도 그리 느꼈습니다. 또 실은 한 열 해 전엔가 일본에 가서, 이제 생각하면 북한 것만은 못했습니다마는, 모스크바의 붉은 광장에서 '엄숙히 거행'되던 소련의 노동절 행사를 여관방 텔레비전으로 보았을 적에도 좀 주눅이 들더군요.

그러니 지난달의 그 '북한 구경'으로 국민들은 흔히 말하는 반공 교육을 썩 훌륭히 받았다고 할 수 있겠습니다. 그리 '분석'과 '판단'이—관리들은 흔히 별것 아닌 궁리와 결정을 하면서도 그런 말 쓰기 좋아하지요?—되었길래 그것 내보내게 한 이들 그것 재방송하기로 했겠잖습니까? 그 분석과 판단은 옳았습니다. 그런 분석과 판단이 없더라도, 국민은 반가운 것 보면 반가워하고 무서운 것 보면 무서워하기 때문입니다. 북한과 화해를 하려면 ─그리고 다들 화해를 하려고 애를 쓰고 있다는 마당에 좀 멋쩍은 말씀이지만, 북한을 이겨 내련다고 치더라도─적어도 이쪽에서만은 상대방 사회의 관찰을 밀실의 몇몇만 말고 온 국민이 되도록 많이 하게 할수록 좋을 줄로 압니다.

더러 못 미더워할지도 모르지만 이쪽 국민들 그리 무지몽매하지 않고 꽤 똘똘합니다. 나치와 파쇼의 '우렁찬' 행진을 흑백 필름으로 보아도 북한의 '수령님' 글자 수놓은 매스 게임의 '장관'을 원색 화면으로 보아도, 많은 사람 동원해서 한결같이 움직이고 외치고 하게 하는 힘이 그 사회의 독재 체제 됨에 정비례한다고 보지, 부러움을 느끼거나 할 턱이 있겠습니까? 우선, 아이고, 그 연습하느라 했던 고생과 줄 못 맞추었대서 얻어터지기도 했을 것만이라도 생각해 보십시다. 그 많은 육신들의 줄이 잘 맞을수록, 그 줄을 세운 사회가 더 독재 국가일 터임은 틀림없습니다. 그 점에서 저는 그 북한 사람들의 줄이 비록 아시안 게임 때에 서울 운동장에 동원했던 이쪽 어린것들의 줄보다는 훨씬 더 잘 맞아서 무서웠어도, 자세히 보면 곧지 않고 살짝 비뚤어진 데도 있어서 그만큼 다행이라는 생각마저 얼핏 스쳐 갔습니다.

조심할 것이 하나 있기는 합니다. 상대방을 관찰하는 것은 좋지만 혹시라도 이상한 버릇은 배워 오지 말아야 합니다. 저는 그 〈동토의 광란〉을 보면서 눈에 익은 것을 하나 보았습니다. 얼마 전에 우리가 한강 상류 막아 보쌓는다고 해서 북녘에 대들어 궐기 대회인가를 할 때에도 하던 것 있지 않습니까? 누가 뭐라 뭐라고 선창하면, 곧바로 다 함께 뭐뭐 '하자!', 뭐뭐 '하라!'를 외치면서 주먹 쥔 팔뚝 내갈기는 몸짓 말씀입니다. 박정희 때에 이 남녘 땅에 처음으로 등장한 이 동작은 북한 사람들이 우리한테서 배워 간 것입니까, 우리가 거기에서 배워 온 것입니까? 또는 어쩌다가 서로 비슷한 몸짓을 서로 비슷한 때에 하기 시작했다고 봐야 하나요? 북한의 군중 대회에서 보기 싫었던 그 억지스런 몸짓, 우리 스스로는 버렸으면 좋겠다 생각됩니다.

국민에게 북한 땅 관찰을 더 많이 시켜야 남한 땅 사람들이 더 건전해질 줄로 압니다. 저쪽에서 자랑거리로 내세우는 것이 이쪽 눈에는 오히려 우습게 보이는 것도 많았습니다. 그런 점에서 〈동토의 광란〉을 내보내기로 '분석하고 판단하신' 이들의 용기를 축하합니다. 그러나 그이들이 '노랑 머리'의 경우처럼 이쪽의 아픈 데를 찌르면 부끄러워할 줄도 알고, 김장의 경우처럼 죄다 못 알아 틀린 소리 하거나 진실을 말하면서도 틀린 배경을 깔고 말하면, 그것 지적하고 넘어가되, 만의 하나라도 억울해 할 경우를 생각해서라도 거짓말쟁이들이라고 우선 몰아붙이고 보지는 맙시다. 그래야 〈동토의 광란〉을 북쪽 밀실에서 보는 이들도 이쪽 소리를 듣고 몰래나마 고개를 끄덕일 터입니다.

천구백팔십칠년, 샘이깊은물

수재 의연금품과 언론 매체

　신문에, 텔레비전에 크게 이름 나오고 사진 나오는 이들로 이런저런 '성금'으로 돈 내는 이들이 있습니다. 방위 성금, 불우 이웃 돕기 성금, 평화의 댐 성금 해서 그 갈래도 여럿인 성금을 거두는 철이 되면, 많은 사람들의 '벼슬'과 이름과 얼굴이 대체로 그이들이 내는 돈의 금액과 정비례하여 신문의 공간과 텔레비전의 시간을 채웁니다.
　지난번의 수재민 의연금품을 신문사와 방송국이 거둘 때에도 그랬습니다. 많이 낸 사람의 얼굴과 직책과 이름은 크게 또 먼저 내주고, 적게 낸 사람들은 작게 또 나중에 다루기가 예사였습니다.
　교회에서도 연보 많이 낸 이가 하늘의 은혜를 더 많이 받는다는 듯이 더 크게 광고해 주고 절에서도 흔히 돈 많이 낸 이의 연등 더 크게 켜 주는 세상이니, 그런 세속의 일에서 돈 많이 낸 이름과 그 사진이 더 커지는 것까지야 크게 나무랄 수 없다고 칩시다.
　그러나—놀라지 마십시오—독자나 시청자들로 하여금 그런 거물급 인사들이 그런 돈 냈다고 믿도록 하는 것이 실제로 거짓된 보도의 행위이기 쉬운 것이 문제입니다. 무슨 단체나 회사의 무슨 '장'—이를테면 회장이나 사장이—무슨 성금으로 몇 억 원을 냈다는 보도는 그 양반이 그런 돈 냈다는 소리가 아니라 그이가 그런 장으로 있는 단체나 회사에서 그런 돈 냈다는 소리이기 십상이기 때문입니다. 무슨 단체나 회사의 돈 얼마를 그 무슨 장인 아무개가 그런 성금으로 한 조무래기를 시켜 전달했다, 아니, 실제로는 그런 회사나 단체에서 그런 돈 냈는데, 그 우두머리는 아무개라는 말을 그리 돌려서—곧 실제로는 거짓으로—보도하는 데가 우리 나라의 신문사이고 방송국입니다. 더러는 무슨 단체나 회사의 무슨 장 아무개 '외 임직원 일동'이라고도 하지요? 그 말은 대체로 그런 단체나 회사가 그 큰돈을 내었는데, 거기에 그 우두머리와 나머지 임직원이 푼돈들을 보태어 총액 끄트머리가 짤막하게 되지 않고 몇 천, 몇 백 원으로 끝났다는 말입니다. 여기에서도 그 무슨 장은 실제로는 푼돈 냈기 쉬우면서도 큰돈 낸 사람의 대접을 받기가 예사입니다.

그러니 실제로는 훨씬 더 큰 희생을 치르면서 제 주머니 털어 성금, 의연금 내는 이는 신문의 그 명단에 이름이 깨알만큼 작은 활자로 찍히는 사람이기, 텔레비전의 발표 차례에서 뒷전으로 물러나 이름이 짤막하게 언급되는 사람이기 쉽겠습니다. 그렇다면 진정코 큰맘 먹고 지갑 털어 준 이의 갸륵한 업적은 작게, 근본적으로 '남의 돈' 쓰는 이의 허울 좋은 공치사는 크게 내주는 것이 이 나라 언론이랄 수 있는 것 아닙니까? 사람 위에 사람 없다고 하는 인권 구호가 없다손 치더라도, 그 모든 사람 돈 내는 차례로 같은 크기로 다루어야 하는 것 아닐까요? 희생 정신으로 보자면 언론 기관들이 작게 다루어 온 그 뒷전 사람들이 아마도 훨씬 더 크겠지만, 그걸 다는 저울은 하늘에만 있겠으니 그이들 이름 더 크게 낼 것까지는 없다고 봅니다.

내는 금액의 크고 작음에 따라 이름과 사진의 크기와 실리는 차례가 정해지는가 했더니 거기에도 새치기가 있는 성싶었습니다. 요새 대통령이 되고 싶어하는 마음을 감추지 못하는 이들의 이름과 사진은 내는 돈의 금액과는 상관이 없다는 듯이 크게 내주더군요. 내는 돈은 그 이름도 귀에 익게 '금일봉'이라 했던가요? 언제부턴가 대통령이나 그밖의 높은 자리에 앉은 몇몇 사람들이 어디 가서 불쌍한 사람들을 위로하거나 할 때에 내미는 것으로 풍속이 굳어진 그 비밀한 '돈 한 봉지' 소리를 들을 때면—혹시 실례의 말씀이 된다면 그이들의 용서를 빕니다만—그 돈이 뉘 돈일까가 가끔 궁금해지기도 했습니다. 또 그 출처가 세금인 공금에서 나왔다면—또 아닌 말로 그이들의 사사로운 주머니에서 나왔더라도—주는 행위 자체를 예수와 석가의 가르침에 따라 완전히 감추지 않을 바에야 그 금액을 떳떳이 밝히는 것이 보기에 더 좋겠다는 생각을 했습니다. 더 준 돈 덜 주었다고 잘못 짐작케 하는 것이 윤리입니까, 덜 준 돈 더 주었다고 잘못 짐작케 하는 것이 도덕입니까? 게다가 그런 처사는 주는 뜻이 상대방을 돕는 일보다는 상대방에게 주었음을 광고하는 데에 있다는 오해를 살 여지가 없지도 않습니다.

지난번에 대통령 후보감들이 낸 금일봉이 여태까지 공직자들이 낸 금일봉과 크게 성질이 다르지 않다면, 금일봉이라는 것 뒤에 숨겨진 그런 공치사의 의도를 잘 풀이해 주었습니다. 그이들의 큰 이름과 사진이 이 신문에도 저 신문에도 났기 때문입니다. 말할 나위도 없이, 그이들은 주는 행위가 되도록 많이 광고될 수 있도록 그 돈을 쪼개 여러 봉지로 나누어 여기에도 갖다 주고 저기에도 갖다 주었던 모양입니다.

그러나 그이들은 똑똑했습니다. 신문들이 그이들이 바라던 대로 자기들이 세워 놓은 순서와 크기의 원칙을 무시하고 그런 돈 봉지—청렴결백해야 할 이들이 여기저기에 쪼개어 내는 것이니 짐작건대 하찮은 금액—만은 앞

자리, 큰 자리의 특수 지위를 부여해 광고해 주었기 때문입니다. 그중 한 사람이 대통령이 될 줄도 몰라 미리 하는 아부라고 하면 지나친 말일까요?

그뿐일까요? 지난번 물난리 의연금품을 다루는 방송국과 신문사의 솜씨는 온 세계의 광고 업체가 혀를 내두를 만큼 능란한 장삿속이 무르익은 것, 그러나 정신적으로 병이 단단히 든 것이기 일쑤였습니다. 이를테면 '무슨 신문 수집 의연품'은 '무슨 신문 의연품'으로 둔갑하였습니다. 마치 자기들 돈으로 그런 것 사서 나른다는 듯이 대문짝만 하게 그리 쓴 현수막 양쪽에 두르고, 그것으로 모자라 커다란 신문사 깃대 양쪽에 꽂고 질주하는 트럭 몇 십 대씩의 공치사 행렬을 우리는 지난달에 아주 자주 목격했습니다. 게다가 그런 의연품을 가장 절실하게 필요한 물난리 고장에 풀어 놓기보다는 알음알음으로 든든한 연줄이 닿는 고장에 우선해서 부려 놓는 수마저 없지 않았다고 합니다.

천구백팔십칠년, 샘이깊은물

땅 팔지 마세요

 노태우 대통령이 후보 시절에 서해안 시대 어쩌고 하며 외쳤던 것하고 관계가 된다던가요? 우리 한반도 남쪽 절반의 서해안, 남해안에 땅투기가 성해졌다고들 합니다. 아니, '박정희 때', '전두환 때'에 되풀이해 경험한 대로 국세청 사람들이 투기꾼들을 닦달하겠다, 무슨 새 제도를 만들겠다 한다고 신문과 방송이 보도할 즈음이면 아주 큰 성사는 거의 다 됐기 십상이었던 것으로 미루어 봐서는, 이런저런 켕긴 수작으로 땅장사 하고 어쩌다가 재수 없이 꼬리 잡힌 몇몇이 없는 것은 아니지만, 한두 탕, 서너 탕 얼른 하고 잇속 챙긴 이들은 거개가 이미 '에헴' 하고 비껴 앉아 있을지도 모릅니다.
 이번에는 누군가는 주민 등록을 칠 년 동안 마흔일곱 번인가를 고쳐 가며 거래를 한두 탕 말고 골백번인가를 했다지 않던가요? 정부의 뒤늦은 닦달 엄포로 그런 수많은 속도전으로 대표되는 일차 대전이 끝나면 거기에 끼어들었던 도시 사람들은 돈 번 이와 돈 묶인 이들로 크게 나뉩니다. 그리고 돈 묶인 이들은 일찌감치 땅 싸게 사 재산 불려 놓고 느긋이 기다리는 사람과 막차 탔다가 내리지 못해 발 동동 구르는 이들로 나뉩니다.
 부동산 투기가 생길 때마다 세상의 관심은 떼돈 번 사람을 속으로는 부러워하면서도 겉으로 나무라는 일, 또 막차 탄 사람들 불쌍히 여기는 일에 흔히 국한됩니다. 곧 핏대 올리며 나라 걱정하는 신문과 방송도 주로 그 도시 사람들의 투기 잇속과 그 손실을 두고만 이러쿵저러쿵하기가 십상이지, 그 도시 사람들이 휘두르는 돈의 칼날에 가장 크게 다친 시골 사람들의 얘기는 해 주지 않습니다.

그 도시 사람들은 누구일까요? 그 동안에 재산 많이 모은 사람치고 이녁 땀 말고 남의 덕으로 성공했다고 믿는 이 몇이 있겠습니까마는, 말이야 말 대로 해서, 바로 이 땅에 군사 정권이 들어선 뒤로 형성된 힘과 돈의 합작이랄까에서 크고 작은 이득을 억세게 재수 있게 본 특별하고 복 많은 사람들, 그 흔한 초등학교 교가 가사같이 풍수 지리 이론을 받들어 얘기하자면, 흔히 어떤 큰 산맥의 정기 같은 것이나 이어받은 특수층이기 일쑤인 것은 아닙니까?

그러면 그 다친 시골 사람들은 누구일까요? 대대로 그 땅과 인연 맺고 살아온 불쌍한 토박이들입니다. 제 고장이 후미진 시골인 것을 부끄러워하는 학습을 정치 체제로부터 받아 온 이들, 그리되면 대기와 환경의 오염, 인간성의 상실로 골병들게 되고 취직 자리가 늘어난댔자 흔히 대처 사람 차지인 줄도 모르고 공장 들어선다 하면 우선 만세부터 부르는 교육을 텔레비전 세뇌로 받아 온 이들이 그이들입니다. 사랑하는 아들딸들을 줄줄이 유혹해 간 그 '위대한' 도시의 모습을 딴 데도 아닌 이녁 땅이 '개발되어' 닮아 갈 터이라니, 관청 사람들의 용어대로 틀림없는 '지역 발전'이 될 터라고 생각하지 않겠습니까? 그리하여 정부 사람들이 길 낸다, 터 닦는다, 보 막는다 하여 땅 내놓아라, 조상 무덤 파 옮기라면 크게 대들지 않고 봇짐 챙겨 옆으로 비켜서고 해 왔습니다. 그런 사람들이 그이들이니, 자가용 타고 와서 관청 사람들과는 달리 사근사근 얘기하며 시세보다도 훨씬 더 많은 돈 치러 주겠다는 대처의 날고 뛰는 투기꾼들에게 땅 팔기를 거절하기가 쉬웠겠습니까. 오히려 '구세주를 만났다. 이번이 유일하게 목돈 잡을 기회다' 싶어 빳빳한 돈뭉치 얼른 받았겠지요.

이 나라의 많은 토박이들은 그런 식으로 문전옥답 팔고, 선산 팔고, 정든 집 팔고 해 왔습니다. 그러나 '많이' 받은 돈 알고 보니 그리 많지 않았습니다. 그 돈으로 산 건너 마을에 가서 살 수 있는 것은 그 돈 받고 판 것에 못 미치기 일쑤요, 그 돈 갖고 대처로 떠난 사람치고 그 돈 날리지 않은 이 드물다고 합니다. 그 돈 날리고 제 고장 되돌아보면 땅값이 몇 곱, 몇 십 곱 올라 있는 것은 말할 나위도 없고요.

어쩌다가 승용차를 얻어 타거나 하고 이 나라 산천을 유람하다 보면 엄청난 사실에 놀라게 됩니다. 시야에 비치는 이 언덕, 저 산이 이 재벌, 저 재벌이 농장한다, 축산한다는 구실로 사 놓고 실제로는 놀리고 있다시피 하는 땅이라는 것입니다. 토박이들한테 '비싸게' 주고 사 놓고 더 비싼 재화의 땅으로 '기르고' 있는 땅입니다. 국토 개발원 사람들이 이마적에 했다는 대전 지역 조사의 결과를 전국에 확대해 적용해 보면, 이 나라의 총인구도 아닌 해당 토지 소유자들만의 오 퍼센트인가가 이 나라의 논밭과 집터는 삼 할이 넘게, 이 나라의 사유 임야는 절반이 넘게 소유하고 있는 셈이지 않던가요? 좀 부풀려서 말하자면, 민중이 착해서 민란이 일어나지 않은 것만도 참으로 다행하다고 하겠습니다. 바로 그 특수층, 곧 이 나라의 총인구 수로 나누어 보면 그 비율이 훨씬 더 작아질 소수가 이 나라에 군사 정권이 발붙인 뒤로 돈과 힘의 합작으로 재수 좋게 이득을 얻은 계층의 상위에 있는 이들일 터임은 뻔합니다.

새 정부는 이런 계층이 땅을 쓸데없이 많이 갖고 있으면 갖고 있을수록 감당하기 어려울 만큼 크게 손해를 보는 입법을 서두르고 그 정책을 펴야 군대 출신 선배 정치인들이 부추기거나 방관하거나 주로 말로만 바로잡아서 땅이 소수의 손에 독점되어 온 불평등성을 줄이는 공을 세울 것입니다. 그런가 하면 그런 입법과 정책이 과거에서처럼 있으나마나 하게 될 것에 대비해서라도, 토박이들은 아직까지 어쩌다 이녁 손에 남아 있는 몇 떼기, 몇 배미 땅일랑 가능하면 끝까지 지키시기를 당부합니다. 팔게 되더라도 끝까지 버티다가 오를 대로 오른 다음에 팔아야 하마터면 도시 부자에게 빼앗기게 될지도 모를 돈 이녁이 챙기게 됩니다. 그런 점에서, 특히 근래에 투기가 일고 있다는 서해안과 남해안에서 태어나 도시에 와서 밥벌이하거나 공부하고 있는 이들에게도 당부합니다. 고향에 있는 부모, 일가 친척, 친지에게 편지하고 전보 치고 전화해서 아무리 많은 돈을 주더라도 우선은 땅 팔지 말라고 귀띔하십시오. 이 나라의 땅문서는 되도록 많은 사람들의 손에 쥐어져 있어야 옳습니다.

천구백팔십팔년, 샘이깊은물

미국 독립 이백 주년에 본 한국 속의 미국인

미국의 백화점에 들르면 점원이 친절의 표시로 대뜸 "도와 드릴까요?" 한다. 한국에서 간 손님은 '건방지게, 제까짓 것이 날 돕는다고!' 하고 속으로 불쾌해 하기 쉽다. 이것은 바로 '문화의 틈' 때문이다. 이처럼 한국인은 '도움' 또는 '원조'를 늘 위에서 아래로 내려오는 것으로 본다.

이제까지 한국 사람의 눈에 비친 미국 사람들은 주로 '도와주러' 왔다. 그 선교사들은 유교와 불교와 토속 신앙의 여러 정신 질서 속에서 헤매는 듯이 보이던 이 민족에게 유일신의 신앙을 받아들이는 축복을 주려고 이 땅에 들어와서 여러 사람이 쉽게 쳐다볼 수 있는 언덕배기에 뾰족한 예배당을 세우고 신식 학교를 열고 병원을 지었다. 그리고 일제 시대에는 우리의 독립 운동을 돕기도 했다. 그러나 일제 시대와 육이오 동란을 앞뒤로 해서 이 땅에 들어온 대부분의 선교사들은 그들이 한 일의 갸륵함에도 불구하고 우리 민족의 물에 섞이지 않은 기름으로서 이방인일 경우가 많았다. 그들은 외딴 곳에 서양식 집을 옹기종기 짓고 그 동네 둘레에 울타리를 높이 치고 살면서 승용차를 타고 '그리스도의 말씀'을 전하러 다녔고, 자기 아이들은 '토착민' 아이들과 달리 따로 교육을 시켰다. 또 경우에 따라서는 십 년 남짓한 긴 세월 동안에 한국말을 익혔음에도 불구하고 '습네다'로 대표되는 어색하기 짝이 없는 말투를 고치지 못했다. 그들의 한국말이 기지촌의 젊은 미국 병정이 아가씨의 베갯머리에서 배워 지껄이는 한국말보다도 훨씬 덜 자연스러울 수도 있었던 것은 혹시라도 그들이 신앙으로 구제하려던 한국 민중들로부터 저만큼 멀리 머물러 있었기 때문은 아닐까?

그러나 이 땅의 개화에 거름이 되고 전쟁이 빚은 가난에 많은 구호 물자를 안겨다 주어 그런대로 큰 공헌을 하던 선교사들은 많이 봇짐을 챙겨 제 고장으로 돌아가고, 그들이 살던 집은 팔려서 그 자리에 한국 사람의 건물이 들어서기도 하며, 그들이 맡던 성직이나 사회 사업은 한국인이나 또는 '한국인이 되고파' 하는 미국인들에게 넘겨졌다. 그래서 그런지는 몰라도 요즈음에는 한국의 젊은이보다 더 얌전한 차림새로 두셋이 짝을 지어 민중이 모인 길모퉁이에서 매끄러운 한국말로 신앙을 '파는' 모르몬교의 미국 청년들이 눈에 띄기도 하고, 평신도로서 한국에 와서 한국 사람들과 함께 일하고 함께 보리밥을 먹는 바하이교의 청년이 보이기도 한다. 또 숨어서 온갖 궂은일만을 골라서 하는 '작은 자매회'에 속하는 천주교 수녀들에 관한 갸륵한 소문도 심심치 않게 들린다.

이 땅을 '도와주러' 온 미국인들로서 군인들을 뺄 수 없다. 우리 나라를 둘로 갈라놓은 이차 대전 중의 외교 교섭 과정을 돌이켜보면 병 주고 약 주러 온 셈이 되어 버렸지만, 그들은 천구백사십오년 팔월에 일본인들의 예속 아래에 있던 한국 땅을 점령하러 왔기도 하려니와 그 '토착민'을 돕고 민주화시키기 위해서 왔다. 그들은 인천 앞바다에 이르자 "입대하기 전에 선생질하던 사람 손 들어!"라는 상사의 명령에 손을 든 하급 장교를 군정청의 첫 문교부장으로 뽑을 만큼 준비 없는 점령을 하고, 이 땅에 맨 처음의 민주 정부를 세울 때까지 이 땅의 보안관 노릇을 떠맡았다. 이들은 민주 정부가 수립되자 돌아갔다가 육이오가 터지자 더 많이 몰려왔다. 그들 중 많은 사람이 이 나라에서 목숨을 잃었으며 몸을 다쳤다.

동란이 멎은 다음에도 이 병정들은 한반도에서의 힘의 균형을 위하여, 또 이 나라를 도우려고 오늘까지 머물러 왔다. 그러나 우리를 도우러 온 고마운 미군들이 다 반드시 자기 나라를 위한 훌륭한 외교관이나 책략가인 것은 아니다. 그들도 다른 어느 나라의 백성들과 크게 다를 바가 없어 인간으로서 완성되지 못한 존재들이다. 그래서 사회의 제약이 있는 제 나라에서는 도저히 그럴 리 없는 병정이 동두천의 밤골목에서는 술을 먹고 비틀거릴 뿐만이 아니라 길거리에서 오줌을 누기도 한다. 기지촌의 술집에는 '술 퍼먹고 내뺀' 병정 얘기가 있는가 하면, 미군만이 출입하는 골목의 아가씨의 입에서 '외상으로 살림하고' 달아나 버린 '돌아오지 않는 이 도령' 얘기가 한숨과 함께 흘러나오기도 한다. 따지고 보면 기지촌 주변은 유별나게 섭섭한 사연들이 많은 곳임이 틀림이 없다. 여러 해 전까지만도 큰 양복점의 주인이었다는 오산 쑥고개의 한 노인은 "말로만 못 쓴다고 하면서도 실제로 군인들이 동네에 와서 쓰던 그 군표 돈이 여러 해 전에 하루아침에 바뀌어서 내 피땀 어린 저축이 '도로아미타불'이 되지만 않았던들 나도 꽤 편히 살 수 있을지 몰라" 하고 투덜댄다. 그의 이론에 따르면 그에게 군표를 주고 사 간 그 많은 양복들이 그 화폐 개혁 때문에 그 부대 속으로 다 공짜로 들어간 셈이라고 한다.

미군 병정들은 기지촌을 '빌리지'라고 한다. 동네라는 말이다. 얼마 전까지도 이들 동네에는 '오프레미'라는 지역들이 생기곤 했다. '출입 금지'라는 뜻인 '오프 리미트'라는 말이 한국화한 소리다. 미군 헌병들이 와서 어느 골목이나 술집의 입구에 그 표지를 붙여 놓고 가면, 그 지역은 경제적으로 쑥대밭이 되고 말았다. 미군들이 거길 드나들면 처벌을 받기 때문에 얼씬도 하지 않아서 그랬다. 그런 경우에 그곳이 윤락 지역이기 때문이라고 해석되면 얼마나 청교도적이랴만, 흔히 그 이유는 그곳에서 잠잔 병정이 성병에 걸렸음이 판명되었거나 그곳에서 파는 음료수가 불결한 것이 판명되었음에 있었다. 세상에는 때때로 그처럼 위생이 도덕을 앞서는 일이 있다.

우리 나라에 있는 '에이에프케이엔'이라는 이름의 라디오와 텔레비전 방송은 요새도 자주 성병에 걸리지 말라는 경고 광고를 한다. 이 방송은 미군들뿐만이 아니라 많은 한국인과 이 땅을 방문하는 외국 관광객과 이 땅에 사는 외국 민간인이 청취한다. 이것도 또한 간음하지 말라던 선교사들의 가르침과는 꽤 멀리, 비록 간음은 하더라도 성병에는 걸리지 말라는 당부이니, 미국의 역사가 상징하는 청교도적인 도덕의 반영이기보다는 오히려 탈도덕적인 위생의 당부이다. 이 광고는 마치 이 땅에서 밤놀이 하다가는 몹쓸 병에 걸리기 십상이라고 강조하는 것 같아서 피로 맺은 우방인 우리의 귀에는 귀찮고 이 땅을 방문하는 관광객에게는 이 땅이 마치 질병이 득실거리는 소굴이라는 인상을 주지 않을까 두렵다. 그리고 무엇보다도, 성병을 옮기지 않는 성교는 정당하다는 가치관을 이제 꽤 영어를 잘 알아듣는 우리 젊은 세대의 머리에 심을까 두렵다.

미군 기지의 둘레에 세워진 철조망 안팎에 있는 사람들의 '문화의 틈' 때문에 이 땅에 주둔하는 미군 병정들은 뜻밖의 억울한 원망의 대상이 되는 수가 수없이 많다. 몇 해 전까지만 해도 미군 기지 안의 뒷간에는 흔히 '토착민 출입 금지'라는 표지가 붙어 있기도 했다. 물론 한국인 뒷간을 따로 초라하게 만들어 놓기는 했다. 영내에 취직된 한국인들에게, 미군들이 요깃거리를 사 먹는 '스낵바'라는 식당에서 돈을 내고도 음식을 사 먹지 못하도록 하면서도 점심으로 싸 온 도시락에서 김치 냄새가 난다고 불평하기도 했다. 또 "이 영내에는 수색에 응할 것을 허락하고 들어간다"라는 푯말을 기지 정문 앞에 박아 놨으되, 정문을 나오면서 수색에 응할 신세가 되는 사람은 영락없이 한국 사람뿐이기도 했다. 영내의 근무처가 정문에서 오 리나 되는 거리에 있어도 영내를 운행하는 미군 버스에는 한국 사람을 태우지 않던 일마저도 있었다. 이런 방침을 정한 사람들의 머리에는 그럴싸한 이유가 다 있었을 법하지마는, 바로 그런 사소한 일들 때문에 미군 부대에서 근무하는 한국인들은 근본적으로 착하디착할 뿐만이 아니라 우리를 도와주러 왔고 자기들에게 급여가 푸짐한 직장을 주어서 고맙디고마운 미국 병정들을 짜증이 나면 싸잡아서 '양놈'이라고 부른다. 그러나 미군들—이들은 아마도 이 땅에 주둔하면서도 착취하거나 약탈해 가지 않은 오천 년 역사가 경험한 가장 얌전한 외국 군인들이겠다. 또 한국은 이차 대전 후에 미군이 주둔해 있는 나라 가운데에서 "미국놈은 집에 가라"라고 주민들이 외치지 않은 유일한 나라일지도 모른다.

 서울 근방의 젊은 미국 병정들은 근무 시간이 끝나면 군복을 활활 벗어 버리고 헙수룩한 민간 옷을 입고 시내로 나오기도 한다. 그들은 한국의 젊은이들과 어울려 문화적인 화제로 대화를 나누기도 하고, 세계의 모든 남자가 외국의 여성을 보면 그러기 쉽듯이, 한국 여성에게 홀딱 반해서 사랑을 불태우기도 한다. 한국의 윤리관에 어긋나는 폭력과 성 관념에 가득 찬 에이에프케이엔 방송과, 어차피 항구를 통해서 들어오는 외국 바람과, 몰래 빠져나오는 피엑스 상품과, 또 무엇보다도 바깥 바람을 동경하는 한국 젊은이들의 정신적인 수용 태세와 합세하여, 이 젊은 군인들은 한국의 젊은이들이 좋아하는 옷과 즐겨 부르는 노래의 가락과 시부렁거리는 말을 바꾸어 놓기도 했고, 여태까지 베옷의 원료로만 알던 대마 잎에 환각 효과가 있음을 귀띔해 주기도 했다.

우리 나라를 '도와주러' 온 미국 사람들 중에 이제는 꽤 수가 많아진 사업가를 빼놓을 수 없다. 그들은 육십년대까지만 해도 주로, 지금은 헐리고 없는 반도 호텔 주변에서, 그들 앞에 머리를 조아리던 '킴'이나 '차알리'나 '자니'와 같은 별명을 가진 한국인들하고만 대화를 나누던, 흔히 전쟁터를 찾아다니며 먹이를 찾던 떠돌이들이었다. 그런대로 그들은 우리를 도와주러 온 미군의 후광을 입고 이 땅에서 여러 가지 특혜를 입었다. 이를테면 교통 위반을 했다고 해서 잡으려는 교통 순경에게 오히려 꾸중을 하고 유유히 사라질 수 있었던 것이 자랑거리이기도 했다. 이제 시대가 바뀌어서 미국 사업가의 수가 부쩍 늘었다. 외국 은행, 한미 합작 회사, 외국 무역 회사, 또 이른바 '바이어'로서 이 땅에 온 새 세대들로서, 이들은 그들의 선배들과는 달리 흔히 호텔이 아닌 집에서 살고 가족이 있으면 데려온다. 그러나 그들은 몇 해만 머무를 주재원으로 온다. 그들은 그 기간 동안에 훌륭한 미국인 노릇만 하면 그만이요, 한국인이 될 생각은 아예 단념하기 일쑤다. 그들 가운데에 많은 사람들은 마치 옛 선교사들의 동네처럼 따로 마련된 집에서 살고 자기들끼리만 놀고 사귄다. "무슨 회사는 한국 경제 건설에 이바지합니다"와 같은 신문 광고를 보면 이들도 한국을 도우러 온 사람들이다. 물론 그 문구 중간에 '돈을 벌 뿐만이 아니라'라는 구절이 숨어 있는 것은 세상이 다 안다. 이들은 흔히 한국인들이 '훌륭한 합리주의의 미국 방식'에 익숙하지 않은 것을 안타까워한다. 그들 가운데에 많은 사람의 눈에 비친 한국인은 '밥을 주지 않으면서도' 진지를 잡수셨느냐고 묻고, '지극히 개인적인 일인

데도' 어디 가느냐고 묻는다. 그들은 이런 생각을 할 적엔, 그들 스스로도 '하우두유두?'라는 인사말을 '어떻게 하세요?'라는 그 뜻하고는 상관이 없이 하는 백성임을 깜박 잊는다. 그들이 어차피 이 땅에 서너 해 동안을 머물러 있다가 봇짐을 챙기고 일을 후계자들에게 물려줄 사람들이기 때문인지는 몰라도 연세 대학교, 서울 대학교, 재단법인 언어 교육 및 명도 학원 같은 데서 베푸는 한국말 강의에 등록하는 미국 사업가는 퍽 드물다. 그들이 즐겨 찾는 또 그들끼리의 모임터인 '서울 클럽' 같은 데서 하는 '자기 가게 얘기'는 즐거워도 풀어 먹지 못할 한국 문화에의 접근은 재미가 없다. 그러나 그들은 그들의 선배들하고는 처지가 다르다. 교통 순경의 딱지에 응하며, 한국인이 나이프질이 서툴러서 쩔쩔매듯이, 때때로 한국 밥상 앞에서 젓가락질을 잘 할 줄 몰라 땀을 흘린다. 그들의 선배를 따라다니던 '차알리'나 '자아니'는 어디론지 뿔뿔이 사라지고, 이제 그들의 한국인 말상대는 영어는 서툴지 몰라도 당당하고 의젓해서 그가 대등한 관계 속에서 이야기해야 할 사람들이기 쉽다.

선교사나 군인이나 사업가와는 다른 갸륵한 미국 사람들이 이 땅에 많이 와 있다. 그들은 대체로 젊은 남녀들이다. 한국의 천민 역사를 연구하러 와서 때 묻은 한국 고전을 뒤적이는 여자가 있는가 하면, 한국 농악을 익히러 온 청년이 있고, 온 나라의 산골짜기를 누비고 돌아다니면서 헐어져 가는 절간의 탱화들을 사진으로 기록하는 사람도 있다. 또 질그릇을 굽는 가마에 가서 한국의 도공들과 함께 흙을 빚어 도자기 굽는 일을 익히는 여자도 있다. 이들의 한결같은 특징은 한국 서민의 집에서 하숙이나 자취를 하고 서투르나마 한국말로 생각하고 의사 소통을 시도하는 것이다. 이것은 적어도 처음에는 고행에 가까운 생활이다. 많은 한국인들이 이들의 참뜻을 이해하지 못하고 돈 없는 미국인이라고 얕잡아 보기 일쑤요, 자기들과는 다른 '코쟁이'라고 따돌리기 십상이다. 그들이 깨우친 진리는 그들이 한국말을 하지 못하고서는 한국의 민중에게서 '사람'으로서 수락을 받기가 어렵다는 것이다. 그들은 한국 사람들이 그들에게 예의가 바른 만큼 그들에게 '인격'을 부여하지 않는다고 생각하는 때가 한두 번이 아니며, 한국 사람들이 그들을 '인격'이 있는 사람들로 받아들여 화가 치밀 때는 덤비기도 하고 슬플 때는 함께 울기도 하기를 바란다. 바로 이런 사람이 마침내 한국과 미국이 서로 더 잘 이해하고 우애를 두텁게 하는 일에 다리를 놓는 사람이다.

이제까지 미국 사람들은 주로 한국에 '도움을 주러' 온 사람으로 자처해 왔다. 한국인의 언어 감각으로는 누가 자기를 '도와줌'은 자기의 윗사람 됨이다. 그리고 그 '도와줌'에 대해서 스스로 얘기하는 것은 '공치사'이다. 그런 뜻에서 많은 미국 사람들은 우리를 갸륵하게 도와주면서도 억울한 오해를 흔히 샀다. 그들은 그 숭고한 업적에 대하여 한국 사람들의 환심을 사기 위해서는 '원조'보다도 '협력'을 강조했어야 했다. 있는 자로서 없는 자에게 무엇을 주는지가 중요할 뿐만이 아니라, 어떻게 주는지도 중요하다. 바로 이 '문화의 틈'을 충분히 이해하지 못하기 때문에, 워싱턴의 국회의원이나 고급 관리가 "한국의 방위는 미국의 이익에 직결된다"느니 "한국의 안보는 일본 방위의 방패다"느니 하는 소리를 했을 수도 있겠다. 한국인은 아직도, 그 생각이 옳거나 그르거나, 오늘을 사는 미국인들의 아버지들이 소련과 의논하여 두 동강이를 만든 이 한반도 남쪽에 그들이 심은 민주주의를 지키는 숭고한 이념으로 미국이 이 땅의 방위를 지원한다고 생각하고파 하고, '우리 아버지들이 한 일은 오늘의 우리가 알 바가 아니다'라고 생각하거나 하듯이, '미국의 이익'을 위해서 이 나라를 지킨다고 말하는 미국 사람들을 싫어한다. 더군다나 한국의 안보가 이 나라를 삼십육 년 동안이나 지배하면서 이 민족의 언어를 없애려고 하고 그들을 노예로 만든 일본의 방위를 위한 들러리라는 따위의 말엔 딱 질색한다.

그러나 한국에서 오늘을 사는 미국인은 어제 살던 사람하고는 다르다. 이제는 많은 미국인이 어쩔 수 없이 이곳에 온 것이 아니라 선택에 의해서 왔고, 한국식이 미국식과 다르다고 해서 반드시 그른 것만은 아니라는 생각이 그들의 머리 속에 싹트기도 한다. 새로 지은 미국 대사관저가 한옥으로 지어진 사실이나 평화 봉사 단원이 측은하리만큼 성실하게 한국 사회에 파묻혀서 일하는 것과 같은 것들이 설명해 주는 시대의 변화가 있다. 설사 이 땅에 철부지 미국 사람들이 드문드문 있다손 치더라도, 그 흠은 이 땅을 위해서 피를 흘리고 숨진, 부산의 국제 연합 묘지에 있는 미국 병사 무덤들이 씻어 주고도 남는다.

천구백구십사년, 샘이깊은물

건설 회사들의 못 믿을 소리

 우리 나라에서 돈 버는 일 자체가 자연 파괴이기 십상인 집단으로 가장 두드러진 데를 들라면 건설 회사들을 꼽는 이 드물지 않은 줄로 압니다.
 더러는 멀쩡한 산 깎아 내려 골프장 만들어 산사태 나고 마을 홍수 지고 농약으로 냇물, 강물 독물 되게 하거나, 그러는 회사들이 시키는 파괴의 심부름으로 불도저 갖다가 자연 훼손하고, 더러는 길 내는 공사, 굴 파는 공사에 관여하여 억만 년 묵은 땅에 피 흘리게 하고, 길 내고 굴 뚫어 휙휙 달리는 자동차의 화석 연료 낭비, 매연 분출 조장하는 데가 흔히 우리 나라 건설 회사입니다. 또 빨리 하고 많이 하는 것을 잘하는 것으로 오해하여 허겁지겁 공사하였다가 서울 성수대교 사건, 대구 지하철 사건 일으켜 앰한 사람 죽이고 엄청나게 비싼 공사 새로 하게 하여 자원 낭비하게 하는 자연 배반의 업체들이기 쉬운 데가 흔히 건설 회사들입니다.
 조무래기일 뿐이어서 작은 집을 지을 때에도 생땅 무지막지하게 파서 지하실 내고 그 위에 온갖 자연 파괴, 지구 파괴의 산물 끼워 맞추고 바르고 하는 일 하는 데가 바로 건축-건설 업체들 아니겠습니까?
 그러나 오해하지 마십시오. 그런 업체들에게 그런 일 하라, 하지 말라 하고 있는 것은 아닙니다. 오히려 우리는 일상 생활에서도 그 사람들의 '공범자'여서, 그이들이 거둔 건설의 결과를 삶에 편안하고 이로운 것으로 받아들여 즐기고 있기가 십상입니다.

다만 여기에서는 우리 나라의 업체들로 자연 사랑 어쩌고 할 자격이 없는 데가 있다면 단연코 건설 회사들일 것임을 말하고자 할 따름입니다. 그쪽 사람들에게는 자연 사랑, 사람 사랑은커녕 '자' 자, '사' 자 소리 내놓을 자격도 없습니다. 남더러 '하자'는 소리거나 자기들이 하겠다는 소리거나 꺼냈다 하면 거짓말이 되고 만다 할 것이 그런 소리입니다.

그런데도 불구하고 건설 현장 새로 생겼다 하면 그 자연 파괴 가리는 울타리에 그 믿지 못할 사연의 구호가 총천연색 그림과 함께 나와 있기가 예사입니다. 더러는 낯이 간지러워서인지 그냥 녹색 칠이 된 그림을 붙이는 것으로 분위기 조성만을 하면서 그 대열에 끼어듭니다. 이 분야 사람들만 그럴까요, 이것이 대한민국에 꽤 두루 번진 위선성의 한 정직한 단면일 뿐일까요.

천구백구십오년, 샘이깊은물

대통령의 머리털

 칠십년대였나 팔십년대였나, 그 양반이 정부의 민주화를 촉구하여 단식 투쟁이라던가를 병원에서 하던 때가. 죽음을 각오하고 했던 것이 아닐 바에야 위험한 고비가 닥쳤으면 얼른 암죽 떠 잡수기 시작해야지, 그 링거 주사 병 곁에 걸고 있는 모습 무슨 경치냐 싶은 생각에 감격이 좀 덜어졌던 것으로 기억함을 고백하거니와, 오늘날 마침내 남한 땅의 대통령이 되어 있는 그이가 이녁이 믿는 대의를 펼치려고 오래 굶고 누워 있는 그 모습은 사진으로나마 보기에 썩 좋았다. 기름기 가신 얼굴, 투쟁 생활이 재촉한 듯한 이른 백발―이 나라에 지도자 상이랄까가 있을 수 있다면 이런 모습의 주인, 일어나 면도하고 세수하고 옷 주섬주섬 입는 모양과 그리 멀지 않으리라는 생각을 했다.
 그러나 우리가 알아 온 최근 김영삼 대통령은 흑발을 한 '젊은이'이다. 그 부인 손명순 여사도 마찬가지다. 그 머리털이 그전에도 한두 번 검어졌다 희어졌다 했던 것으로 기억하지만, 대통령의 결정적인 흑색 두발 변신은 아마 지난 대통령 선거 때에 이루어지지 않았나 한다.
 달음박질치는 모습을 텔레비전에 내보내기를 즐기는 듯한 그 성품이 설명하듯이, 그이는 노인의 모습 말고 청년같이 건장해 뵈는 모습을 남 앞에 투영해 보고 싶어했을 것이다. 이해하지 못할 바 아니겠다. 온 나라의 많디 많은 그 나이 또래 남녀 노인들이 하루라도 더 젊어 뵈고 싶어 거울 앞에 앉아 머리털에 이 약, 저 약 바르고 하는 판에 대통령 후보라고 해서 꼭 나이에 정직하게 머리털 노출해야 한다는 법도 없다. 게다가 누가 이녁 머리털 물들이고 말고 하는 것 전적으로 이녁이 알아서 할 일일지도 모른다.

그러나 대통령도 그 부인도 그 나이 또래의 다른 노인들과 다를 바 없이 머리털 염색해 손해를 보아 왔음이 틀림없다.

우선, 젊어 뵈는 머리털이 늙은 얼굴을 더 늙어 뵈게 하기 일쑤다. 아니, 두상이 젊은 머리털과 늙은 얼굴의 전쟁터가 되기 십상이다. 머리 검게 물들인 노인치고 얼굴 인자하고 평화로워 보이는 수 참으로 드물다.

둘째로 그렇게 염색한 머리털은 염색 전의 모습을 아름답게 기억하는 사람들을 '배반한다.'

이렇게 설명해 보겠다. 배우나 아나운서가 되기 전에 일찍이 성형 수술 받고 짙게 화장하고 땜질한 얼굴로 텔레비전에 나오는 사람은 비록 예쁘게는 보이지 않을망정 우리를 배반하지는 않는다. 그러나 사천만 국민에게 멀쩡한 얼굴 이웃같이 친밀하게 익혔다가 어느 날 느닷없이 눈두덩 긁어 파거나 거기에 쌍꺼풀 내거나 콧등 높이거나 턱뼈 깎아 내거나 멀쩡히 자연한 얼굴 장고 마구리에 말가죽 매듯이 팽팽히 끌어당기고 하여 딴사람이 되어 나오면 아주 잘생겨 보이더라도 우리는 배반감을 느낀다. 우리가 알던 그 사람이 영원히 없어지면서 그 가면을 내세워 그것이 자기라고 우기는 듯한 느낌 말이다.

온 국민을 흰머리를 하고 대하면서 존경을 받다가 어느 날 느닷없이 검은 머리를 하고 나오는 유명 인사는 대통령이거나 아니거나 비슷한 배반감을 자아낸다고 본다. 머리털이 파뿌리같이 희어 아름답던 함석헌 선생이 돌아가시기 전에 느닷없이 머리털에 검은 물을 들이고 텔레비전에 나타났다고 하자. 오늘날 우리가 그이에게서 느끼는 존경심은 거뜬히 반으로 줄어들었을지 모른다.

셋째로 거기에 드는 시간과 정성이 아깝다. 비록 전면 작업이야 더 드물게 한다손 치더라도 나날이 흰 뿌리가 이마쯤에 줄지어 돋아날 터인데 그 거동 비싼 분들 아침마다 거울 앞에 돋보기 끼고 앉아 거기에 먹칠해야 할 것 짐작만 해도 걱정이 된다. 대통령이 그 작은 일에 몰두하고 있을 때에 일이 초가 중요한 국가 안보에 상관되는 중대한 상황이나 벌어지면 어쩌나 하는 생각도 해 보았다.

아무리 개인의 기호와 특권에 드는 일이라고 하더라도 두발 염색은 하지 않는 편이 훨씬 더 이롭다는 것이 여기에서 하고자 하는 말이다. 덕볼 것 별로 없는 듯하다. 최근에 만난 어떤 이는 이 화제를 두고 "그 나이에 머리 젊게 하고 누구 꼬일라고?" 하며 핀잔했다. 특히 대통령과 그 부인일수록 그이들이 스스로 누릴 잇속을 봐서도 당장 중단해 봄 직한 일이 이 머리털 염색이다.

김 대통령은 다행히 스스로 조직한 내각 안에 스승을 한 명 두고 있었다. 한동안 시커멓게 두발 염색을 했다가 그 아들 문제 뒤론가 새하얀 두발을 하늘이 점지한 모습으로 하고 나와 거듭난 듯한 사람의 이미지를 투영한 최형우 내무부 장관이 바로 그이였다. 높은 사람들은 끊임없이 낮은 사람들의 모습에서 사물을 배워 더 높아진다.

초등학생이 청와대에 편지할 때에는 "대통령 할아버지" 한다고 들었다.

할아버지, 할머니는 할아버지 모습, 할머니 모습을 해야 가장 아름답지, 아저씨, 아주머니 모습을 시도한다면 어딘가 잘못되었다 할 것이다. 이 두 분이 은발을 해야 대한민국 경치가 훨씬 더 아름다워질 것이다.

그런데 어쩌면 이런 걱정이 앞으로 쓸데없는 것으로 판명될지도 모르겠다는 낌새가 하나 보인다. 최근에 김영삼 대통령의 모습에 변화가 엿보이고 있는 것이다.

그이는 최근의 신한국당 전당 대회에 검정 머리 말고, 빨강색이랄까 할 머리를 하고 이마의 새 뿌리는 새하얗게 돋아나게 놔둔 채로 나왔다. 이 빨강-하양 '코디'는 비록 가르마를 탔다 안 탔다 하는 차이가 보이기는 했어도 그 뒤의 청와대 동정 사진에서도 연거푸 확인되었다. 어느 신문은 마치 이 두 색 콤비가 전문인들의 조언에 따라 창조되는 대통령의 새 '이미지'라는 듯이 보도했다.

그러나 우리는 감히 다른 짐작을 해 보고 싶다. 대통령이 마침내 그 단식시절의 아름다운 자연색 흰 두발로 회귀하고 싶어하되, 그 흑질 백장 같을 과도기의 검정-하양 대조를 누그러뜨리려고 덜 검은색을 쓰려다가, 눈 덜 밝은 조언자들의 실수로 그 압구정동 청소년 머리털 색깔과 비슷한 것을 바르고야 말았을 따름이라는 짐작 말이다.

이 짐작이 옳았으면 한다. 참으로 조심해야 할 것이 머리 염색이라는 소리를 들었기 때문이다. 그런 염색약 어떤 것 잘못 바르면 발암 물질이 된다고 한다. 게다가 바르고 머리 감아 흘러내리는 물은 공해 물질이 된다. 이런 것 흘려 내보내지 말아야 할 곳 제일번지가 청와대일 줄로 안다.

천구백구십육년, 샘이깊은물

전화 타령

　국제 전화도 이젠 시내 전화처럼 '댁에서 직접' 걸 수 있게 되었다는 한국 전기 통신 공사의 대문짝만 한 신문 광고를 믿고, 마침 급한 사연이 있어서 안내된 대로 서울에서 도쿄 번호를 걸었다. 여자의 목소리가 나와 '돌리신' 대로는 통화가 되지 않으니 다시 번호를 확인하여 제대로 돌리라고 했다. 제대로 돌리기를 예닐곱 번 하여도, 같은 여자의 녹음 소리만 되풀이되었다.
　마침 그 광고에 국제 전화 문의는 자기 국번의 영영영영 번으로 하라는 안내가 있어 거기를 걸어 봤더니, 자기는 야간 당직일 뿐이어서 잘 모르니, 낮에 문의를 하라고 했다. 이 전화국 시설이 '전자식'인가 해서 직접 통화가 안 될 터이라는 귀띔은 나중에 친구한테서 들었거니와, 이 나라의 전화를 두루 관장하는 기관까지도 이렇게 무책임한 짓으로 국민을 골탕 먹인다.
　비록 그것을 관장하는 기관이 나 같은 사람에게는 사기를 친 셈이기는 하지만, 전화는 이 나라에 점점 더 배게 거미줄을 치고 있고, 사람 사이의 의사 소통을 날로 더 트고 있다고 봐야 할 듯하다. 그러나 서비스가 모자라는 통신 공사를 닮아서인지는 몰라도, 전화를 거는 이들에게도 탈이 많이 붙어 있다.

"찾아뵈옵지 못하고 전화로 죄송합니다"라고 흔히 말하는 데에 잘 나타나 있듯이, 전화는 국민의 잠재 의식 속에 흔히 무례한 통신 수단으로 점찍혀 있다. 그것도 그럴 것이 천릿길을 걸어가서야 사람을 만나 나눌 수 있는 이야기를 손가락만 움직여 하는 건방진 의사 전달 수단이기 때문이다. 또 편지를 받으면 곰곰이 생각해서 적절한 때에 답을 써 보내거나 하면 되지만, 전화를 받으면, 그리고 특히 장본인이 받으면, 그 자리에, 그 시간에 붙들려 상대방의 의사 소통 요구에 응해야 하니, 이것은 흔히 의무감을 안겨 주는 거북한 문명의 이기가 된다. 게다가 그 벨 소리는 흔히 설거지하는 사람, 책 읽는 사람, 단잠 자는 사람이 일어나 하던 일의 균형을 깨뜨리고 뛰어가서 우선 꺼야 할 불이 된다. 그리하여 상대방과 허물없는 사이에서가 아니라면, '전화질'은 특별한 예의가 따르지 않으면 한 사회를 살기에 더 험악한 곳으로 만들 수 있다.

이 나라의 대도시에서 누리는 세상살이는 전화 때문에 좀 고달프다. 전화가 얼굴과 몸을 감추고 상대방의 안방까지 들어가서 말하는 특전을 주는 요술과 축지법의 기계임을 이용하여, 많은 사람이 얼굴을 내밀고는 차마 할 수 없는 무례한 행실을 전화로 저지르기 때문이다.

단잠을 깨우고 "김씨 집입니까?" 해서 아니라고 하면 미안하다는 말 한마디 없이 짤깍 끊어 버린다. 당장 다시 걸어 와서 같은 질문을 하여, 번호는 맞지만 그 사람 집은 아님을 알려 주거나 번호 자체를 잘못 베껴 두었는지를 친절하게 확인시켜 주려고 하면, 말도 시작하기 전에 또 끊어 버린다.

전화를 걸고서는 다짜고짜로 "거기 어딥니까?"라고 묻기도 한다. 그것은 알아 무엇 하느냐는 핀잔 듣기에 알맞은 질문이다. 아무 번호나 걸어서 거기가 어딘지를 확인하는 것이 직업인 사람이라는 말일까?

전화를 걸고 아무 말 하지도 않고 "여보세요?" 하면 뚝 끊어 버리기도 한다. 누가 집에 있나 없나를 정체를 숨기고 감시하는 사람일까? 대문을 두드리고 주인이 헐레벌떡 신발을 끌고 나가 "누구세요?" 하면 아무 말 없이 달아나 버리거나 골목으로 몸을 감춰 버려 주인의 마음을 불안하게 하는 괴한과 크게 다를 바 없다. 그러니 설사 딸이 나와야 통화하기로 작정하고 아버지가 받으면 정체를 밝히기를 꺼리는 청년의 경우라도, 어디 딴 데냐고 물어서 둘러대 거짓말을 해서라도 이녁이 그런 무시무시한 염탐꾼이나 감시원이 아님을 확인시켜 드려야 한다.

옳게 돌려도 그른 번호가 나오는 수도 있고, 옳은 번호가 나왔더라고 전화 받는 이가 자기 친구가 아닐 수도 있음은 생각지 않고, 전화를 받자마자 느닷없이 "이 개새끼야" 하는 수도 있다. 친구한테도 되도록 삼가야 할 소리이거늘 하물며 낯선 이에게 이것이 무슨 짓일까?

전화 벨이 네댓 번 울리고 대답이 없으면 흔히 끊어 버린다. 집안 구석구석에 전화가 있는 것도 아니어서, 저쪽 끝에서 일하다가 뛰어가서도 못 받는 허탕을 치게 한다. 아무리 작은 아파트에 살망정 부엌일, 측간일을 중단하고 전화를 받으러 가는 데는 벨이 열 번 울리는 시간까지는 허용해 주어야 한다.

'기관' 하면 생각나는 데들, 이를테면 언론 기관, 수사 기관과 그밖에도 힘을 휘두른다고 알려진 관청들에서 어정쩡한 직위에 오른 이들의 전화가 자주 불손하다. 이녁 이름도 용건도 대지 않고 무턱대고 누구 바꾸라고 호통을 치는 수가 있으니, 허수룩하고 겸허하면서도 볼일 다 보아 온 국민의 사랑을 받던, 몇 해 전 텔레비전의 형사 콜롬보를 스승으로 모셔야 할 집단이 있다면 바로 그들이다.

전화 벨이 짜증스러운 데는 한국 전기 통신 공사의 불찰도 있을 수 있다. 왜 그토록 많은 사람들이 그른 번호를 돌려 앰한 사람의 속을 썩이는지를 별로 따져 본 일이 없을 듯하다. 나의 경험으로는 잘못 걸려 온 전화는 거개가 '일'과 '이', 그리고 '삼'과 '사'의 소리 혼동에서 비롯된 듯하다. 이를테면 오칠륙이번을 오칠륙일번으로, 구삼칠륙을 구사칠륙으로 잘못 알아 두었다가 '옳게' 돌리는 것이다. 본디 한잣말이었다가 소리가 억지로 한국화된 '일'과 '이', 그리고 '삼'과 '사'는 받침의 차이만 빼놓으면 서로 같은 소리가 되어, 무심코 들으면 서로 왔다 갔다 한다. 아마도 그런 혼동을 피하기 위해서 요새 음식점이나 술집에서 종업원들이 '두번 테이블'이나 '열네번 아가씨' 같은 표현을 쓰고 있는지도 모른다. 그런 소리의 혼동이 이 나라의 '잘못 건 전화'에 크게 보편스러운 원인이 된다면, 통신 공사는 뒤늦게나마 철저한 조사와 관찰을 거쳐 국민들에게 전화 번호를 '일이삼사'로 부르지 말고 '하나둘셋넷'으로 부르도록 권장할 만하다. '다섯', '여덟' 같은 두 음절 숫자가 있어 말하기 불편할 듯하지만, 입에 익기만 하면 곧 자연스러워질 터이다.

전화가 덜 짜증스러운 것이 되게 하려면 국민도 통신 공사도 애 좀 써야 할 줄로 안다. 특히 한국 전기 통신 공사는 스스로 하는 많은 '옳은' 일이, 그것이 독점 사업이기 때문에 옳지, 반드시 옳기 때문에 옳은 것은 아님을 명심해야 할 것이다. 몇 년 전까지 미국에서 독점 전화 사업의 잇속을 누리며 군림하던 에이티엔티 회사의 직원들이 요새 미국의 전화 가입자들에게 갑자기 고분고분해진 것은—이를테면 이번의 내 미국 여행 때의 국제 전화를 접수하면서 "저희 회사를 이용해 주셔서 감사합니다" 하고 그전과는 달리 나긋나긋해진 것은—그 회사가 더는 독점 사업을 누릴 수 없도록 전화 사업을 자유 경쟁에 맡겼기 때문이다. 자유 경쟁을 주장하는 외침이 국민들 사이에서 나오기 전에 미리 반성을 많이 해야 할 데가 독점 장사를 누리는 한국 전기 통신 공사가 아닌가 한다.

윤리와 도덕의 구호

법을 제대로 집행하는 데에만도 시간이 모자랄 집권 세력이 그 부업으로 외치거나 펼치는 무슨 윤리와 도덕의 구호나 이런저런 법 밖의 운동은 우선 그 동기가 순수하다고 치더라도 팔자가 기구하기 쉽다. 미국의 카터가 들고 나온 도덕 정치도 그가 국민에게 요구하는 사항이라기보다는 오히려 그가 국민에게 실천하겠다고 다짐하는 것이어서 드러내 놓고 비판하는 사람은 드물었지만 돌아서서 비꼬는 사람은 많았다. 그것이 아무리 당연한 말씀인들 몸의 젖줄인 부모나 마음의 젖줄인 성직자에게서 분부를 받아도 흔히 역겨운 것이 도덕과 윤리의 과제이거늘 하물며 모르는 사람들이—곧 스스로 외치는 바를 몸소 실천하는지조차도 의심스럽고, 또 흔히 몸소 실천하지도 않는다는 소문이 나도는 수도 있는 생판 모르는 그 정치 집단이—느닷없이 내세우곤 하는 구호가 겉치레이기 쉬운 것은 오히려 마땅하지 않을까? 집권 세력이 '도덕'을 업고 나온 가장 광신적인 본보기랄 수 있는 홍위병 시절의 이런저런 운동은 모택동의 목숨보다도 더 길게 버티지 못했다.

민주 국가의 법과 그 집행의 얼개에 윤리와 도덕이 깔려 있지 말라는 법은 없다. 그러나 윤리와 도덕 자체를 집행의 대상으로 삼는 정치 체제가 있을 수 있다면, 그것은 신정 또는 하늘의 정치를 베푸는 셈일 것이다. 주한 이란 부대사가 언젠가 여느 민주주의 정부를 세속 정부라고 부른 일이 있는데, 거기에는 여느 민주 정부와 다른 호메이니의 정치 체제가 하늘의 것이라는 뜻이 깔려 있다. 호메이니가 진정한 하늘의 대변자라면 그의 입김으로 이루어지는 여러 윤리와 도덕과 종교의 정치 행위가 정당하달 수 있을 것이며, 로마 교황이 앉은 자리가 진정으로 하늘이 정한 땅의 본부이고 세상 사람들이 천주교 신자가 된다면, 그가 이 세상에 내리는 도덕과 윤리의 분부가 타당하게 될 것이다. 이 두 경우의 어느 것도 아닌 '세속' 정부에서 누가 임금임을 버젓하게 내세우지도 않으면서 나라에 충성하라고 할까?

주한 미군 텔레비전 방송을 들으면 이따금 공익 광고들이 나온다. 그중에 미국 국세청에서 내는 것으로 해마다 소득세 신고를 할 때에는 이런저런 경비를 빼고 적게 물라는 광고가 있다. 세금을 쓸데없이 많이 내지 말라는 광고인데 그 뒤에는 세금을 제대로 내라는 당부가 숨어 있다. 세금을 덜 내라는 소리로 세금을 다 내라는 소리를 한다.

같은 소리를 자주 들으면 듣는 이의 귀가 무뎌진다. 오늘날의 대통령 후보가 케케묵은 당연한 말씀인 애국-애족이니 반공-방첩이니 하는 소리를 외칠 적에 청중이 지겨워할 터임은 그 때문이다. 특히 이리저리 타락하게 마련인 집권 세력이 성직자에게서 들어도 흔히 역겨운 윤리와 도덕의 구호를 되풀이 외친다면 누가 귀 기울일까.

밥투정

하루에 세 끼를 때우는 것 자체가 문제일 때에 하지 말아야 할 일로 밥투정이 있다. 보릿고개면 먹을 것이 없어서 배를 곯던 일본 제국주의 시대에는 소나무에서 갉아 온 송기도, 논에서 뜯어 온 자운영도 반가운 음식이었다.

밥투정은 어린아이들이 아니면 적어도 끼니만은 거르지 않는 '팔자 좋은' 사람들이 하는 도락이다. 따라서 신문이나 방송이 우리에게 알려 주지 않아서 우리가 모르고 있을 뿐인지는 몰라도, 사지가 성한 사람치고 부지런히 일하고도 굶어 죽는다는 사람은 없는 세상이 되었으니, 요새 밥투정하는 사람들이 많아진 것은 어쩌면 당연하다.

밥투정은 두 가지가 있다.

하나는 양이 부족해서 하는 투정이다. 몇 십 년이 지난 지금까지도 내 귀에 생생하게 들릴 만큼 "씰가리(우거지)국 좀 더 줘! 형은 많이 주고 나는……" 하던 내 어릴 적 시골 이웃집 아이의 보챔이 그런 것이었을 것이다. 시방은 다 커서 썩 넉넉한 어른이 되었다지만, 그때의 그에게는 고작 물과 된장과 누렇게 시든 무잎 말린 것일 뿐인 그 우거짓국의 분량이 행복의 원천이었다.

밥투정 또 하나는 밥이 되다, 무르다 하는 것, 경개(반찬)가 짜다, 싱겁다 하는 것, 또 요새 흔히 그러듯이 통일벼로 지어서 밥이 차지지 않아 바스러진다고 투덜대는 것처럼, 밥상에 오른 음식의 맛이나 질에다 대고 하는 불만의 표시이다.

요새처럼 돈의 값이 떨어지고 물가가 오를 적마다 신문과 방송이 거의 공식 행사처럼 하는 밥투정이 하나 있다. 그것은 '악덕 상인'인 음식점 주인들이 정부의 실질적인 가격 통제를 받아 곰탕 같은 것의 값이 묶여 뚝배기에 담겨 나오는 양을 줄인다거나 건데기가 적어졌다거나 국물이 묽게 되었다거나 하는 것이다. 그것은 말하자면 분량이 부족해서 하는 '투정'이다. 그러나 음식점에서 파는 음식의 질, 곧 좁게는 음식과 식기에서부터, 넓게는 부엌을 포함한 시설물의 더러움은, 국민 건강을 걱정하거나 용돈이 궁한 직원이나 어슬렁어슬렁 돌아다니면서 들춰 닦달하는 대상이고, 으리으리한 곳에 가서는 꽥 소리도 못하고 주는 대로 고분고분 받아먹고 두둑한 팁을 주면서도 대중 음식점에 와서는 온갖 까다로움을 다 부리면서 고래고래 소리 지르고 부려먹으면서도 그 어린것들한테는 따로 한 푼도 주지 않는 사람들이나 나무라는 것으로 되어 있다.

'좋은' 다수의 눈엔 거슬리지 않고 '나쁜' 몇몇의 성정을 건드리는 일이라고 해서 그릇되지 말라는 법은 없다. 이 나라 대중 음식점의 위생 수준이 그렇다. 그릇은 씻기보다는 헹군다. 숟가락과 젓가락에는 먼저 먹은 사람의 입술 자국이 남아 있다. 소금 그릇과 차 그릇에는 수많은 사람들의 입에 빨린 숟가락이 들락거린다. 쇠뼈다귀가 바닥에서 뒹굴고 바로 그곳에 무와 배추가 부려진다. 콧구멍 후비던 손가락으로 상을 차리고 음식을 나른다. 반짝이는 뚝배기의 몸에는 납독이 스며 있다. 누가 먹다가 남긴 것을 되내놓는다. 이처럼 트집을 잡자면 한량이 없다. 다만 갖가지 질병의 원인이 되는 세균과 바이러스가 득실거린다는 이 도시의 생활에서 음식점이 질병의 중매쟁이 노릇을 하고 있으리라는 것은 얘기되고 또 얘기되어야 한다.

어떤 '욕'

 소설가 오 아무개가 《문학사상》 십이월호에 팔도 사람들을 추어올리기도 하고 욕도 하는 글을 실었다. 그중에서 간사하다는 말로 대표되는 전라도 사람 욕이 그 지방 사람들의 마음을 크게 건드려 온 나라가 벌집 쑤셔 놓듯이 시끄러웠다.
 그는 또 지난 일월 하순 신문에 발표된 〈해병서〉에서 팔도 사람들의 욕을 골고루 했어서 괜찮을 줄로 알았는데 전라도 사람들이 화가 났다니 미안하다는 투의 얘기를 했다. 좀 부풀려서 말하자면, 잘못은 없었는데 오로지 화가 났다니 안됐다는 말인 성싶었다.
 우선, 욕일망정 골고루 하기만 하면 괜찮은 것인지 아닌지를 따지기 전에, 과연 그가 욕을 골고루 하기나 했는지부터 살펴보자. 각 도에다 대고 한마디씩 욕을 했다고 해서 욕이 골고루 되는 것은 아니다. 욕 한마디가 다른 욕 열 마디보다 더 욕되는 수가 있기 때문이다. 그가 전라도 사람들을 가리켜 한 '간사하다'는 말은 그가 다른 모든 도 사람들에게 대고 한 욕들을 다 합한 것보다도 더 큰 욕이 된다. 이 작가의 입에서 나온 '간사하다'는 말은 그가 다른 도 사람들을 가리켜 한 여러 애교 있는 욕과는 좀 달라서 이 땅에 살면서 정신이 성한 사람이면 모두 가장 귀히 여길 가치인 인간의 명예를 건드리기 때문이다. 따라서 그가 욕을 골고루 했어서 괜찮다고 생각했다면 이제라도 단순히 화가 났다니 미안하다고 말하기보다는 자기 생각이 불공평했어서 미안하다고 말해야 할지도 모른다.

그러나 이 불공평성의 문제는 한강의 모래알이다. 그도 스스로 손가락질을 당하면서 '너는 간사하다'라는 소리를 듣고 화가 치밀 터임을 깨우치고, 한 걸음 더 나아가서 전라도 사람이 간사하다는 생각이 완전히 편견에서 나온 망상이라고 뉘우친다면, 그는 이제부터라도 소설을 쓰는 붓을 놓고 맨발로 뛰어나가 전라도 땅을 향하여 하루에도 열두 번씩 용서를 비는 절을 해야 할지도 모른다.

아무개의 죽음

　자유의 뜻을 서른한 해나 익힌 우리에게 자유를 마다한다는 아무개의 이름이 달가울 턱이 없다. 우리가 겪는 모든 불행의 탓이 그 아무개에게 있다고 대뜸 단정하는 것은 쉽사리 이해할 만하다. 그 아무개란 물론 이 한반도 북녘의 우두머리인 김일성이다.
　그가 죽으면 이 분단된 나라의 문제들이 다 해결될까? 서른한 해 전만 해도 우리의 귀에 꽤 설던 자유라는 말이 이젠 우리에게 퍽 소중하게 들리는 것이, 우리가 그토록 오래 이 말의 뜻을 마음속에 다진 분위기 속에서 살아왔음에서 비롯되었다면—따라서 사람이 경험의 동물이라면—그의 '가르침'에 오래 물든 북녘 사람들이 모두 그가 죽자마자 당장 마음을 고치리라고 생각하기는 어렵다. 그러니 그의 죽음이 허리에서 잘려 두 동강이 된 이 나라의 문제를 모두 풀어 주리라고 믿는 것은 얼마쯤은 어리석겠다.
　그토록 오래 살고파 하던 진 시황제도 사람의 명 속에서만 살았고 그도 어차피 곧 죽는다. 그러니 지금 온 나라의 학교 벽이나 길목에 나붙은 "역적 김일성을 찢어 죽이자"나 "인간 백정 김일성을 타도하자"와 같은 구호들은, 어차피 곧 오고야 말 그의 죽는 날과 오늘과의 틈을 좁히자는 말이라기보다는 오히려 우리가 반공 의식을 다짐하자는 말이요. 그의 몸을 '찢어서' 죽여야 어려서부터 '수령님'을 어느 종교의 창시자이기나 하듯이 받들어 온 북녘 사람들이 하루아침에 다 남녘을 향해 절하도록 만들 수 있겠다는 미련한 발상의 열매는 아니겠다. 그러기에 이 나라의 높은 관리가 목숨을 걸고 삼팔선을 넘어 남북 대화를 트러 북녘에 가 그를 홀로 만났을 적에, 이제는 국기로 받들려서 평소에 잘 익혔음 직한 '태견'('태권도'라고 적어 '태꿘도'라고 소리 내는 것은 괜한 짓이라고 함)으로 한 대 탁 때려눕혀야 일이 해결된다고 그르게 믿지 않고, 그가 미웠을 속생각은 꾹 억누르고 돌아와서 한숨 쉬고 얘기할 적에 그를 아무개 씨라고 부를 만큼 참을성 있게 대했을 터이다. 이런 어질고도 책략 있는 마음가짐 때문에 우리 나라의 외무부 장관은 뉴욕에서 남북의 대표들과 미국과 중공의 대표들이 곧 만나 한반도의 평화를 이야기하자는 키신저의 제안을 환영했겠다. 우리가 그에게 늘 대화에 응하라고 촉구하는 것도 그를 '찢어 죽이지' 않겠다는 사실적인 약속인지도 모른다.

문화 공보부의 잦은 발표에 따르면, 북녘 사람들은 우리 남녘을 방송으로, 또 군중 대회에서 입에 못 담을 소리를 내뱉으면서 비방한다고 한다. 참 못된 짓거리들이다. 이런 판국에 우리 정부가 가만히 앉아 있을 수만은 없어서, 자유 수호의 의지를 다짐하고 민주주의 이념을 드높이고 위협이 되는 세력에 대한 경계심을 불러일으키는 구호의 방을 온 나라에 붙이는 것은, 하나의 광고나 눈에 보이는 한 사람이 보이지 않는 사람들의 의식을 주름잡는다는 점에서 퍽 필요하다고 생각되는 일이겠다.

그러나 우리는 그들보다 훨씬 더 어질고 어른다워야 하며, 우리의 구호는 그들의 구호보다도 더 설득력이 있어야 하겠다. 현대인은 광고 속 말의 겉뜻과 속뜻 사이에 틈이 벌어지게 하는 상징주의를 마다한다. 세계의 본보기가 될 만큼 개발과 현대화로 의식이 상당히 바뀐 오늘의 한국인은 말과 그것이 노리는 행동을 밀착시키는 솔직한 광고에 더 잘 감동된다. 따라서 당장 북녘으로 쳐들어가서 그를 물리적으로 찢어 죽이는 것을 과녁으로 삼지 않고 튼튼한 민중의 반공 태세를 다지는 것이 목적인 구호는, 우리가 실제로 해야 할 행동에 더 밀착되어 있음 직하고, 이제는 남녘의 어느 누구에게도 진부하게만 들리고 믿기지 않는 북녘의 구호들이 얼마나 살벌한지에는 아랑곳없이, 도도하고 어른다우면서도 동시에 노리는 효과에 더 크게 공헌하게끔 바꾸어질 수도 있겠다. 또 전쟁과 그것이 몰고 오는 살인이야 우선 사람의 필요악이라고 치더라도, 살인이란 윤리와 도덕과 법률에 어긋난다고 배운 아이들이 공부하는 학교 주변과 길목에, 그 대상이 아무리 세상에서 가장 나쁜 사람이라고 한들, 죽이자고 써 붙이는 것은 이 나라의 장래를 걸머진 그들의 가치관 형성에 얼룩을 만들지 않는다고 결코 보장할 수가 없겠다. 그리고 쇠고기는 맛있게 먹으면서도 소를 잡는 궂은일을 도맡아 했던 백정들을 얕잡아 보던 왕조 시대의 못된 풍습이 아직까지 남아 있어서, 백정의 핏줄을 이어받았음을 숨기고 있는 수십만 명의 그 후손들이 가장 미워하는 사람을 자기 선조의 신분에 비겨 '인간 백정 아무개'라는 구호를 보고 느낄 분노가 그토록 요청되는 국민 총화에 보탬이 될까?

자연 농원

　도시에 사는 사람들은 흔히 밥벌이가 해결된 다음에는 시골에 가서 우선 농장이나 목장을 경영할 꿈을 꾼다. 그것이 반드시 큰 돈벌이가 되리라는 속셈에서가 아니라, 어차피 도시 생활에 지쳐 가끔 여행이라도 해야 할 판에 주말과 같은 때에 이녁 농장이나 이녁 목장에 가서 싱싱한 공기나 마시며 몸을 푸는 것이 퍽 스타일 나는 일로 생각되어 그런다.
　육십년대 후반기부터 이런 꿈을 실현한 사람들이 나타나기 시작했다. 자동차 여행을 많이 해 본 사람이면 누구나 산등성이에서 젖소가 풀을 뜯고 묘목이 빽빽이 심긴 풍경이 여기저기에서 보이던 것을 기억한다. 드디어 칠십년대에 들어와서는 이런 농장이나 목장이 꽤 크게 돈을 벌어들이는 사업으로 등장했다. 그래서 돈이 적은 사람은 작은 농장이나 목장을, 또 돈이 많은 사람은 큰 농장이나 목장을 여기저기서 키우기 시작했다. 그중에서도 돈이 아주 많다고 알려진 사람인가 그의 회사던가가 세운 사백오십만 평의 땅은 가 볼 만하다.
　그곳은 '자연 농원'이라는 딱지가 붙은 농장이자 목장이자 공원이자 유원지이다. 그 주인이 지배하는 신문과 텔레비전에 그토록 자주 광고했으니,

또 그 텔레비전에서 방영하는 드라마에까지 그 농원 얘기가 나왔으니, 주말마다 사람들이 사자들 틈으로 자동차 드라이브를 하자고 보채는 아들딸의 손을 잡고 꾸역꾸역 몰려들어 농원의 재무 제표에 동그라미를 많이 기록해 줄 것이 마냥 기쁘기만 하겠다. 이처럼 이 사자들이 국민 오락에 훌륭히 공헌될 터인데도, 외국에서 비행기로 이들을 수입할 적에 어느 신문은 속도 모르고 비꼬기만 했다. 보기에 따라서는 꽤 광고다운, 농원의 자매 업체인 신문의 기사에서 이 농원을 국토 넓히기의 본보기라고 추어올렸던 것에 설사 감동되지 않았다손 치더라도, 대대로 지켜 온 집과 논과 밭을 그 농원에 팔고 떠나야 했던 농부들이 어디엔가 가서 새 삶을 꾸리느라고 고생하고 있을 터임을 생각하는 마음은 스산하기는 하지만은, 이 농원이 전국에 자랑할 본보기인 것만은 틀림없다. 그 넓은 땅에 온갖 과실나무가 심겼는가 하면, 소와 돼지가 길러지고, 심지어 멧돼지 우리까지 있다. 한때는 거의 버려져 있었다는 이 땅의 생산성은 아마도 언젠가 세계를 놀라게 할지도 모른다.

이 농원의 한복판쯤엔 널따랗고 아름다운 인공 호수가 있다. 그 둑에 올라서서 바른쪽을 보면 담이 둘린 수천 평의 뜰 안에 장엄하게 서 있는 한옥 한 채가 보인다. 그쪽은 출입 금지 지역으로 되어 있지만 경비원에게 사정하여서라도 올라가 볼 만하다. 그곳엔 아름답고 훤칠하게 생긴 공작새들이 자유를 구가하며 노닐고 있다. 그 넓디넓은 한옥을 내려 건너다보는 양지바른 산등성이엔 옛날 임금의 무덤만큼이나 크고 잘 단장된 묘소가 있다. 풍수가 아니더라도 짐작할 수 있는 것은, 그곳이 좌청룡-우백호의 자리이고 또 아까 말한 그 인공 호수마저도 무덤 자리의 명당 됨을 완성하려고 일부러 꾸불꾸불 막았을 듯함이다. 이 무덤이 바로 그 농원 주인의 선친 무덤이란다. 어버이가 죽은 다음에 효자가 되지 않는 사람이 몇일까마는, 효자가

빌던 데에 몸을 묻은 사람의 넋은 흐뭇하겠다. 그런데도 그 풍수 지리설이 가끔 마음에 걸리는 것은, 명당을 찾아 묘를 쓰는 보통 사람의 마음이 때때로, 묻힌 넋의 안녕보다는 자기를 포함한 후손의 번영에 더 쏠려 있기도 하다고들 하기 때문이다. 그 무덤이 내려다보는 한옥의 우뚝한 솟을대문에는 그 농원의 개발 본부라는 간판이 붙어 있다. 아무래도 그것은 명목상의 간판일 것이 그토록 정성 들여 지은 대궐과 그토록 슬기를 모아 다듬은 뜰을 기껏 사무원들로 북적거리는 사무실로 쓰려고 만들지는 않았겠기 때문이다. 누구는 그것이 회사 재산인지 개인 재산인지는 몰라도(그 묘소는 뉘 재산일까?) 그 농원 주인의 개인 별장 용도로 지어졌을 터이라고 귀띔했다. 또 누구는 그곳에 박물관이 들어선다는 말을 들었는데 아마도 그 집이 그 건물이 아니겠느냐고 했다.

　그 무덤과 집과 호수를 잇는 골짜기―그곳은 이 농원의 가장 호사스런 지역이다. 보통 사람 같으면, 그토록 많이 찾아와서 돈을 쏟고 갈 까다로운 관광객들이 출입 금지의 팻말이 붙은 그 노른자위 지역을 보고 "주인은 쌀밥을 먹고 손님에겐 보리밥을 준다"라고 투덜댈까 무서워서 아예 그런 시설은 외딴 골짜기에 세웠을지도 모른다. 이런 가설이 허황하지 않다면 그 주인은 정직한 사람이다. 그 집이 앞으로 많은 사람들이 드나들 박물관으로서 지어졌다는 사실을 우리가 아직도 모르고 있을 따름이었으면 좋겠다! 투덜대는 손님을 달래기 위해서 굳이 그 주인의 정직성을 내세울 필요가 없겠기 때문이다.

　이 농원은 썩 거대하고도 썩 위대하다. 또 이곳을 찾을 많은 아버지와 아이들에게 땀 흘려 일하면 선친의 무덤을 명당으로 옮기기 전에 어쩌다 더 거대하고 더 위대한 농장이나 목장의 주인이 될 수도 있다는 꿈을 심어 준다.

떠돌이들의 땅

아들에게 '이 짓만은 절대로 시키지 않겠다'는 것은 장성 탄광 광부의 푸념만은 아니다. 따돌림 받던 조선 시대의 도공도, 일제 시대의 인력거꾼도 엇비슷한 푸념을 했을 것이다. 또 오늘도 응달에서 소외된 일을 하는 사람치고 그런 다짐을 하지 않는 이가 드물 것이다. 이것은 한마디로 말해서 뼈 빠지게 일하고도 사회에서 사람 대접을 제대로 받지 못하는 사람의 투정이다.

그런데 그처럼 따돌림 받는 사람의 경우가 아니더라도, 아버지의 일이 아들에게 이어지지 않는 현상은 근래에 두드러지게 많이 생겼다. 최근에 나라가 공업 사회로 접근함과 함께 농촌의 젊은이들이 아버지처럼 가난하게 살기가 싫어서 큰 도시로 몰려들어 오늘의 농촌은 중간 계층이 없는, 어른과 아이들만의 이 빠진 세상이 되었다.

이제 서울과 부산에 사는 사람들은 대다수가 고향이 딴 곳인 '떠돌이'와 그 아들딸들이다. 얼마 안 되는 본토박이들도 밀려나거나 움츠러들어 대체로 아버지의 생업을 이어받지 못하고 있다. 고작 십 년 안팎일 뿐인 짧은 기간에 왕창 돈을 벌어 땅을 사고 건물을 짓는 타관 벼락부자들에게 이런저런 품팔이나 하고 있는 것이 거의 모든 본토박이들의 신세다.

어느 틈에 이 나라 사람들은, 끝까지 논밭을 지키겠다고 마음먹은 농촌의 고집쟁이나 옆에 마천루가 들어서더라도 아버지가 준 집을 떠나지 않겠다고 버티는—이젠 토지 수용령 때문에 이것도 어렵게 됐다—도시의 보수주의자를 빼면, 고향을 잃은 사람, 아버지가 하던 일을 이어받기를 마다는 사람이 되었다. 여태까지의 근대화 과정이 더 잘 먹고 더 잘 입게 해 주었다고 해서 '좋아졌네!'를 노래하는 사람들은 그 좋아진 세상을 한 번 더 쳐다보고 '끊어졌네!' 하고 외치기라도 해야 할 판이다.

우리가 전통 사회에서 벗어남으로써 생기는 혜택들을 다 마달 수는 없다. 헐벗음과 굶주림에서 벗어나려는 의지가 모자라는 것은 그 자체가 큰 죄악이다. 그러니 현대 사회에서 배고픈 사람이 가난한 아버지의 곁을 떠나는 것을 무턱대고 크게 나무랄 수만은 없겠다.

그러나 이런 사회 변동에는 어두운 그늘이 따른다. 사람이 사는 보람은 입에 풀칠하는 데서만이 오지 않는다. 입에 풀칠하는 것을 넘어서서 앞으로 여러 해에 걸쳐 먹을 것을 광에다 넉넉히 갈무리해 두고도 별로 사는 보람을 못 느낄 수도 있다. 그것은 그가 사는 보람이 생존에 있기보다는 오히려 그보다 더 크고 깊은 생활에 있기 때문이다. 하루에 물 몇 모금과 밥 몇 그릇으로 버티기만 하면 생존은 되지만, 생활은 사람이 그 환경을 이해하고 그것과 잘 어우르는 데에서 이루어진다. 그 환경은 '나'가 아닌 모든 것이다. 그런 점에서 '하느님'도 사람의 환경이 된다. 그 환경은 어느 시점에 도려내어져서 독립된 가치로서보다는 오히려 과거에 누렸거나 겪은 체험의 연속으로서 사람과 관계를 이룬다. 따라서 어제까지의 환경은 사람에게 가장 익숙하고 편안한 삶의 조건이 되고, 오늘에 나타난 어제와의 차이는 사람에게 도전이 된다. 급격한 변화가 몰고 오는 낯선 환경은 그에게서 그가

'설 땅'과 '부빌 언덕'과 안정감과 역사적인 연대 의식과 책임감을 앗아 가기 쉽다. 이런 것들을 빼앗긴 사람들이 바로 '떠돌이'들이다. 그들은 '기댈 곳'과 '뿌리내릴 흙'이 없기 때문에 눈앞의 잇속에만 밝아서 순간에만 충실해진다. 늘 '한탕 하고 집어치우자'는 속셈이 그들의 사고를 지배한다.

이런 떠돌이들이 사는 도시에서는 작년에는 술집이었던 곳이 올해는 갑자기 양장점으로 둔갑하기가 일쑤다. 기회주의가 팽배했다는 서양의 도시에서도 가업을 대대로 이어 백 년, 이백 년이 된 양복점이 있고 음식점이 있는데, 전통이 어떻고 하는 이 나라의 도시에는 삼십 년을 버티는 음식점도 드물다. 언젠가는 집어치운다는 전제를 두고 차린 떠돌이의 음식점에서 대대로 물리겠다는 역사적인 책임감으로 만든 음식과 같이 좋은 음식이 나올 턱이 없다.

오늘의 떠돌이―그는 밥 몇 끼와 옷 몇 벌을 얻다가 아버지와 '디딜 땅'을 잃었다. 그에게 사는 보람이 더 푸짐히 있으려면, 그는 아버지와 디딜 땅을 되찾아야 한다. 또 그는 그의 아버지와는 달리 아들에게 그의 일을 자랑스레 물려줄 수 있어야 한다. 그러려면 그는 그가 하고 있는 일에서 양심에서 우러나온 긍지와 존엄성을 발견하고 인정할 수 있어야 한다. 그리고 그 긍지와 존엄성을 지키기 위해서 스스로와의 끈질긴 투쟁을 해야 한다. 그런데 이 투쟁은 응달에서 이루어지는 소외된 일이어서는 안 된다. 그것은 사회가 물질로나 정신으로나 적어도 사람 대접을 하는 환경에서 이루어져야 한다. 민중이 용접공이 하는 일을―이를테면 '나는 이 세상에서 가장 위대한 용접공이다'라고―자랑할 수 있는 나라가 진실로 잘사는 나라다.

'문화 부업'과 '허수어미'

곰탕 값을 올리면 무슨 법으로 그 식당의 음식이 더러움을 꾸짖어 영업 정지를 시키고, 목욕 값을 올리면 무슨 법으로 그 목욕탕의 시설이 부족함을 들추어 허가 취소를 시키겠다고 으르는 관청의 소리가 과거에 흔히 들렸다. 그런 소리는 그 값을 다스리는 것이 법의 요청이 아니었으므로 그 다스리고픈 뜻을 어기면 다른 죄를 들어 처벌하겠다는 말이다. 뒤집어 생각하면, 가게가 그 통제에 순응하면 나라가 그 법에 어긋나는 다른 잘못에는 눈을 감겠다는 뜻도 된다. 알아들을 일이로되 못 알아들을 일이었다.

보건 사회부는 국민의 보건과 사회 복지를 맡는 정부 부서다. 그래서 과자나 화장품이나 의약품을 만드는 업체는 그 앞에서 벌벌 긴다. 이 부서가 제과 업자들에게 앞으로는 과자 이름을 꼬부랑말로 짓지 말라고 타이르니까 거의 모두 조아리면서 순응한다. 또 어느 부서에선지 얼마 전에 업체들에게 텔레비전 광고에 서양 사람을 등장시키지 말라고 으름장을 놓으니, 서양 사람들의 얼굴이 거의 다 광고에서 사라졌다. 아직도 튀기 얼굴이 듬성듬성 나오는 것을 보면, 그 서양 사람의 얼굴을 지극히 좋아하고 놓치기를 아까워하는 얼굴이었겠다.

꼬부랑말 이름을 쫓아내려는 보건 사회부의 국어 순화 운동도, 어느 정부 부서의 서양 얼굴 추방 운동도 대중의 지지를 받는 시원한 조치이기는 하다. 대중은 '도둑'이 잡히는 것으로 만족해 하고 그를 포졸이 잡았는지 또는 행인이 잡았는지를 따지지 않기 때문에, 민족의 과제인 국어 순화를 거들거나 '우리보다 나은 서양 사람들도 이 상품을 쓰는 마당에 엽전 신세인 너희가 이 상품을 쓰는 것은 마땅하다'라고 우기거나 하는 듯한 사대주의 광고를 쫓아내는 '문화 부업'을, 다른 일이 본업인 어느 정부 부서에서 했다고 해서 나무랄 사람은 드물 터이다. 또 그런 부서의 본업 중에 이런 문화 업무까지 정식으로 포함되어 있는지도 모른다. 그러나 만일에 그런 부서의 관리 밑에 있는 사업체들이 그런 부서의 '부업'에 호응한 것이 식품 위생법의 적용이 무서워서 곰탕 값을 못 올리는 식당 주인처럼 이에 호응하지 않으면 달리 보복을 받을까 봐 한 일이라면, 또 그런 부서의 '문화 부업' 수행이 이렇게 잠재하는 칼자루의 힘 때문에 가능했다면, 그것이야말로 알아들을 일이로되 알아듣지 못할 일이다.

어느 정부 부서의 문화 부업 업무감일지는 몰라도, 서리 맞기에 알맞은 현상이 하나 있다. 모든 백화점에서 양복점이나 양장점에 이르기까지 마네킹이라는 '허수아비'와 '허수어미'가 옷을 걸치고 버텨 있다. 이 '아비'와 '어미'들은 한결같이 서양 사람의 얼굴과 꼬락서니를 지녔다. 근래에 아마도 인권 운동의 바람을 타고 서양 가게들의 진열장에 등장했을 검둥이 마네킹마저 서울의 '허수어미' 사이에 듬성듬성 섞였다. 이 검은 얼굴의 마네킹이 설명하듯이 서양에서 마네킹이 자기 표현의 상징이 된다면, 그것이 이 나라에선 주체성 부정의 상징이 된다. 이제 온 나라의 여자와 남자는 아동복과 학생복을 사 입는 꽤 이른 나이부터 '모범적인' 서양 얼굴을 닮지 않아

속으로 열등감에 젖게 됐다. 또 이런 주체성 부정의 마네킹들은 분별심 있는 서양 사람의 얼굴을 찌푸리게 할 뿐만이 아니라 소가지 없는 서양 사람을 뻐기게 만든다. 잔뜩이나 주체성 존중의 분위기 속에 있는 이 나라에서 정부가 이 허수아비와 허수어미 들을 한국화하겠다고 나서면 민중은 손뼉을 칠 것이다. 그런 경우에 어느 부서에서 이 '문화 부업'을 추진할지가 썩 궁금하다.

그러나, 백화점 주인들아, 들거라. 혹시라도 그 조무래기 상인들처럼 '세무 사찰'과 같은 으름장이 무서워서 말고, 스스로의 각성으로 이 보기 싫은 것들을 한번 갈아 치워 보아라. 나랏일에 눈코 뜰 새 없이 바쁜 관리들이 본업에 충실할 수 있도록! 그리고 제발 그 마네킹 제조업자들이 그런 것밖에 만들지 않았기 때문에 별수 없이 그걸 살 수밖에 없었다는 변명일랑은 하지 말아라. 또 손님들이 그 서양 꼬락서니를 더 좋아하리라는 공상에서도 깨어 나거라. 한국인은 다시, 그리고 늦게나마 이제 그 이상적인 얼굴로 한국 얼굴을 찾는다.

천구백칠십육년, 뿌리깊은나무

새마을과 헌마을

온 나라의 농촌이—특히 고속도로에서 가까울수록 더—'새마을'로 탈바꿈을 하고 있다. 띄엄띄엄 있던 토담집의 임자들이 정부의 지원을 받아 새로 지은 시멘트 집 '취락'으로 살 자리를 옮기는가 하면, 쟁기질도 지게질도 기계가 하기 시작했다.

그러나 동시에 '새마을'이, 아니 적어도 지금까지의 새마을이, 농촌에서 값진 가치를 빼앗아 간 일이 없다고는 아무도 장담할 수 없을 것이다. 그리고 이것은 꼭 농촌 사회의 문턱이라고 할 수 있는 전라남도 광주의 여관방에 머문 서울의 '배부른' 나그네가 아침 여섯 시 반쯤이면 쓸데없이 확성기에서 획일적인 기상 신호로 귀가 찢어지게 울려 나오는 〈새마을 노래〉와 〈조국 찬가〉로 선잠을 깬 분풀이로 하는 말은 아니다.

이 나라의 농민은 되도록 자연에 순응하고 살아왔다. 달리 땔감이 없던 탓으로 나무를 마구 베어서 산을 민둥산으로 만든 '잘못'을 해방 후의 혼란과 전쟁 통에 저지르기는 했지만, 요즈음에 한창 외쳐지고 있는 자연 보호의 정신이 예로부터 몸에 배었던 사람들이 이 나라 농민이다. 하늘이 주물러서 만든 땅의 표면을 되도록 덜 파 넘기고 집을 지은 민중이 이 나라 농민이었으니, 옹기종기 모여 있는 농촌의 주택은 자연에 거슬려 있거나 자연을 정복하고 있기보다는 오히려 자연의 품에 안겨 있어 왔다. 또 이것이 자연을 거역하는 온갖 물질 문명의 장난을 다 해 본 서구 자본 사회가 드디어 눈이 뜨여 찾기 시작한 이상향이다.

그러나 흔히 땅을 까뭉개고 나란히 지었으며 페인트칠로 울긋불긋하고 되바라져 보이기 쉬운 새마을 주택의 모습은 마치 이 나라의 농촌이 정부에서 중요하다고 생각하는 자연 보호 운동에도 아랑곳없이 자연에 대들기 시작하고 있다는 인상을 풍긴다.

농민이 사는 집은 반드시 더 좋아져야 한다. 시멘트 집도 좋고 슬레이트 지붕도 좋다. 그러나 농촌 주택 개량은 자연에 순응해 온 전통을 자랑스레 생각하는 바탕 위에서 이루어져야지, 그 전통을 부끄러워하는 열등감에서 추진되어서는 안 되겠다. 그렇다면 삶의 개선이 가장 필요한 후미진 구석의 농촌 주택에 앞서서 고속도로 언저리의 주택이 먼저 탈을 바꾸고 있고, 국도변의 집들이 아름답던 옛 담을 헐고 시멘트 담을 쌓아 페인트칠로 띠를 두른 것이 설명하는 바는 무엇일까? 혹시라도 이 현상은 '새마을 사업'을 추진하는 일선 관리들이 농촌 풍경 중에서도 무엇보다도 초가집이 상징하는 전통 농촌의 외모에 열등감을 느끼고 울긋불긋하고 되바라져 보이는 서구 농촌의 목가적인 풍경을—그것도 자동차로 빨리 스쳐 지나가는 사람의 눈길에—심으려는 생각을 했기 때문은 아닐까?

확실히 농촌은 '새마을'로 더 잘살고 있다. 겨울에도 주막에 모여 노름이나 하던 버릇을 고쳐 생산적인 노동을 한다. 그러나 젊은 남녀는 흔히 산업 사회의 꼬임으로 대처에 돈 벌러 가고, 노인과 부녀자와 아이들이 노동한다. 대가 이어지던 '헌마을'이 대가 끊길락 말락 하는 '새마을'이 된 것이다.

오늘의 농촌 할아버지가 여러 천 년 동안에 걸쳐서 지녀 온 공동 사회 작업을 일컫던 '울력'의 미덕을 새 세대에게 가르치기 전에 오히려 새마을 '사업'을 익혀야 하고, 오늘의 농촌 할머니가 그들의 시어머니에게서 배운 대로 솥에 밥을 안치기 전에 쌀을 한 줌 두 줌 절약하던 '좀도리'를 며느리에게 가르치기 전에 며느리가 새마을 지도자에게서 배워 온 '절미 운동'을 배워야 하는 현실이 설명하는 것은 전통과의 단층이다. 그러니 오늘의 농촌 노인은 오랜 농경 사회 문화의 마지막 임자가 될지도 모른다. 그들이 선조에게서 배운 상엿소리도, 농악 사설도, 골목과 개울과 골짜기의 이름도, 오로지 입으로만 전해 오던 마을의 역사도 이제 영원히 숨을 거둘 위기에 있다. 이런 가운데서 추진되는 새마을 사업이 다 옳을 턱이 없다. 이를테면 전라남도 담양군 남면 지석리, 곧 '괸돌' 마을의 경우를 보자. 이 나라에 유일하게 남아 있다는 조선 시대 중기의 정원인 소쇄원의 들머리에 있는 대밭 오솔길이 새마을 깃발을 꽂은 농민들의 곡괭이로 자동차 길이 되었다. 이것은 한 작은 보기에 불과하지만 새마을 사업이 가진 전통 단층의 위험성을 상징적으로 나타내 준다.

 새마을은 꼭 필요하다. 그러나 그것은 헌마을을 송두리째로 부정하는 혁명으로보다는 헌마을의, 곧 전통의 슬기로운 진화로 되어야 한다. 새마을 운동과 함께 최근에 한창인 '새마음 운동'은 혹시라도 '그렇게' 혁명하지 말고 '이렇게' 진화하자는 말인 것으로 풀이하고 싶다.

천구백칠십팔년, 뿌리깊은나무

이 운동과 저 운동

아홉 해 전에 새마을 운동이라는 말을 정부에서 쓰기 시작했을 적에 많은 지식인들은 좀 어리둥절해 했다. 혁명 정부의 의욕에 찬 관리들이 '재건복'이라는 옷을 입고 다니면서 '재건합시다'를 인사말로 쓰자던 시절에 생겼다가 나중에 흐지부지하게 되어 버렸던 '재건 국민 운동'이 이름을 갈고 다시 나타났을 따름이라고 생각하는 이도 있었던 것 같고, 그 강한 도덕과 윤리 냄새 때문에 마침내 정부에서도 종교를 하기 시작했다고 비꼬는 이도 있었다. 아홉 해의 세월이 흐르는 동안에 역사까지 들추어 가면서 그것을 하늘이 내린 섭리로 보아 그 신바람에 홀딱 반한 학자들까지 나오고 이 운동을 연구하는 학술 단체마저 생기지 않은 것은 아니지만, 정부에서 하는 일을 늘 비평의 눈으로 보는 것을 본분으로 여기는 지식인 중에는 아직도 새마을 하면 입을 다무는 사람이 전혀 없다고는 장담할 수 없을 것이다.

그들의 눈에는 새마을 사업이라는 것이 오천 년이나 묵은 아름다운 초가 지붕을 걷어 내고 울긋불긋한 개량 지붕을 농민에게, 또 지난 삼월 삼일치 《동아일보》에 크게 보도된 농촌 경제 연구원의 보고대로 차 타고 휑 지나가는 사람의 눈에만 좋게 보이는 북향 집을 고속도로 언저리의 주민에게 강요한 정부 시책으로밖에 보이지 않을지도 모른다. 그러나 비록 이런 북향 집이 상징하는 그 숱한 결점이 있더라도, 또 그것이 상부의 지시여서 입으로만 소리 높여 외쳤지, 속으로는 그 진짜 정신을 삭이지 못한 지각 없는 일부 관리들이 사업을 재촉하면서 가끔 억지를 부리고 무리와 실수를 저질렀더라도, 새마을 운동은 많은 사람이 타당성을 인정하는 것도 사실이고 찌들게 가난한 농촌과 어촌을 더 넉넉하게 만든 것도 사실이고 보면, 역사의 어느 집권 세력의 힘으로 추진되었거나 잘한 일이라고 생각을 바꾸어야 할지도 모른다.

우리는 박정희 대통령이 제창한 이 새마을 운동이 물질의 운동이자 정신의 운동이라고 설명을 듣는다. 그 주역들이 외치는 '근면, 자조, 협동'의 구호는 다 이것이 정신 운동이기도 하기 때문에 나온 소리일 것이다. 잘살아 보자고 했으니, 이것은 잘해 보자는 것은 그저 지게질, 쟁기질만을 두고 하는 말이 아니라, 마음 잘 먹는 일도 두고 하는 말일 것이다.

시대의 변천에 따라 마음 잘 먹는 일같이 새삼스럽게 중요해진 윤리와 도덕과 수신의 요청들이 한 사회의 과제로 나타나지 말라는 법은 없다. 그러나 이런 정신적인 과제들은 종교가 정치 권력의 신세를 지지 않고 제 힘으로 풀어 보려고 애쓰는 것이 이상적이다. 그러나 이 나라의 많은 종교 단체의 지도자들은 이런 일에 미리 충분히 손을 쓰기는커녕 흔히 서로 시끄러운 싸움까지 하다가 정부에서 '새마을' 하면 새마을 하고 '새 무엇' 하면 새 무엇 하면서 뒤늦게 깃발 들고 나오는 것이 고작이니, 새마을 운동에 나타난 많은 정신적인 과제의 해결이 법을 집행하기에만도 바쁜 정부에 떠맡겨진 것은 어쩌면 당연한 귀결인지도 모른다. 또 이런 뜻에서 새마을 운동의 '정신성'은 뒤늦게야 '새마을' 하는 게으른 중과 목사와 무당 들이 정부의 어깨에다 부린 무거운 짐인지도 모른다.

　어떻든 이처럼 물질과 정신의 두 날개를 가진 새마을 운동은 온 나라에 번졌으니, 이제는 도시 새마을, 공장 새마을, 직장 새마을이 있다. 어찌 장사꾼들이 떠드는 소리를 다 곧이들을 수 있을까마는, "공장 새마을, 직장 새마을 운동으로 노-사 관계가 한집안처럼 화목하게 되고, 공원들이 행복하게 되고 생산성이 오르더라" 하는 식의 증언을 우리는 케이비에스 방송으로 자주 듣는다. 이런 증언이 죄다 참말이라면 종교가 제대로 다 해결하지 못하고 있는 '화목', '행복' 같은 정신적인 과제들을 새마을 운동이 거뜬히 해결하고 있다고도 할 수 있을 것이다.

　그런데 지난 몇 해 사이에 잘해 보자는 운동이 몇 가지가 더 나와 또한 온 나라에 번지고 있다. 여자도 나라를 건져야 하겠다고 뭉치고 나서서 노인을 공경하고 한약도 지어 드리는 구국 여성 봉사단의 부지런한 경로 운동도 있다. 아직은 공해, 농약, 불도저 같은 자연 파괴의 원흉들에게는 제대로 싸움도 못 걸었지만, 우선 관광지와 도시 거리의 쓰레기라도 줍자고 나선 자연 보호 운동도 있는가 하면, 공자님이 이천오백 년 전 사람들에게 준 고마운 교훈인 충성과 효도와 예의를 이 물질 사회에서 되살려 보려고, 또 근래에는 소비 절약과 물자 절약을 하자고, 여기저기서 군중 대회를 여는 새마음 갖기 운동도 있다.

　이런 운동들은 크게는 장관이나 시장, 작게는 동장이나 통장 같은 이들이, 또 '국가관'이 투철하여 정부에서 하는 일이면 발벗고 나서는 민간인들과 재벌 업체의 지도자들과 때때로 훈장까지 받는 새마을 지도자들이, 그리고 전국의 학생과 선생이 가슴에 띠를 두르고 나오는 정부 시책에 밀착된 운동인 것으로 보아서나, '잘해 보자'는 운동인 것으로 보아서나, 박정희 대통령이 제창한 새마을 운동을 닮은 것들이라고 할 수 있겠다.

이를테면 근래에 몇몇 재벌 업체들이 상업 광고에까지 업고 나온 새마음 갖기 운동도 엄연히 새마을 운동으로 촉진될 수도 있었으려니와, 우선 그 새마음이라는 말이 새 정신이라는 말이니 그것은 곧 새마을 정신이라는 말이 되는 것은 아닐까? 실제로 최근의 새마음 갖기 대회에서 자주 나오던 '전통 윤리의 창조적 계발', '주체적 민족 사관의 정립', '준법 정신의 함양', '근면, 검소, 저축의 생활화'에 상관되는 가르침의 말도 일찍이 새마을 정신에 다 들어 있던 말이다. 그러니 새마음 갖기 운동은 바로 새마을 운동이요, 그것이 아니라면 그것을 잘 하자는 운동일 것이다. 곧 지난 이월 이십칠일에 종업원 육천 몇 명을 서울의 장충 체육관에 실어다가 소비 절약, 물자 절약을 하자고 다짐하려고 거창하게 열었던 그 육군 의장대의 동작처럼 질서가 가지런해서 훌륭했던 현대 그룹의 새마음 갖기 대회도, 그 회사의 지도자들이 내친김에 새마음을 좀 더 가져 그 많은 직원들이 일하면서 싸우는 직장에서 열었었던들 그 대회에서 강조되던 소비 절약, 물자 절약의 외침이 텔레비전으로 이를 듣던 사람의 귀에 쏙쏙 잘 들어갔겠다는 생각이 전혀 들지 않았던 것은 아니지만, 새마을 운동의 대회요, 새마을 운동을 잘 하자는 대회였다. 새마음 갖기 운동의 저서 《새마음의 길》이 제시하는 이념은, 굳이 그 책을 가리켜 송지영 문예진흥원장이 《경향신문》의 서평에서 "스물한 편의 구슬 같은 글로 편마다 넘치는 애국의 정열과 끓어오르는 인간애의 의지를 바탕으로" 했다고 하면서 그 충정을 우러러보고, 손인수 서울 산업 대학 교수가 《조선일보》의 서평에서 "한국의 밝은 앞날을 내다볼 수 있는 길을 인도하고 있다"라고 하면서 그 지혜를 높이 떠받들어, 우리에게 이해의 길잡이가 되어 주지 않았다손 치더라도, 근본에서 바로 새마을 운동의 외침,

그것이 아니고 무엇일까? '새마을'과 '새마음'은 이와 같이 동질성이 있지만, 뒷것이 '마음'이라는 말을 달고 나왔으므로, 애석하게도 앞것은 '물질' 운동이라는 인상이 생길까 걱정이 된다. 새마을 운동이 물질 운동이자 곧 정신 운동임에는 아랑곳없이 적어도 대중의 머리에, 심지어는 인상으로는 그 '정신성'을 새 '마음'에 넘겨주고 물질 운동으로 자리를 굳힐 염려가 있다는 말이다. 같은 이치로, 자연 보호 운동 같은 것도 주로 새마을 운동에 바쁜 같은 관리와 민간인의 땀으로 펼쳐지지만 적어도 말의 형식으로 보아서는 또 하나의 '경쟁하는' 운동으로 전개되고 있으니, 새마을 운동이 자연 보호 운동과는 다른, 이를테면 자연 보호 운동이 주업에 들지 않는 운동이라는 인상이 심어질 걱정이 있다는 말이다.

새마을 운동도 다른 운동과 한가지로 그 하는 일이 두 갈래다. 하나는 그 운동의 내용을 말없이 몸소 실천하는 것이요, 또 하나는 '계몽하고 선도하는' 일이다. 곧 '하는 일'과 '하자는 일'이 있다. 새마을 운동을 '하자는' 사람들이—관리거나 동네 사람이거나, 학식과 덕망이 있는 사람이거나 아니거나, 정부 시책에 호응하는 재벌이거나 그에게서 월급이나 타 먹는 공장장이거나—새마을 운동에 속해야 할 여러 과제를 오늘은 이 띠에 적어 가슴에 두르고 나와 외치고 내일은 저 깃발에 적어 들고 나와 외치면 괜히 대회 수만 늘어나고 대중의 눈에 비치는 새마을 운동은, 앞으로 끝없이 성숙하고 개선되어 뻗어 나가야 할 터임에도 불구하고, 평범한 여러 운동의 하나로 격하될 걱정은 없을까? 그렇다면 박정희 대통령이 일찍이 아홉 해 전에 제창한 새마을 운동의 울타리 안에 정부에서 촉진하는 모든 '잘해 보자'는 '부업'이, 아니, 본업과 평행하는 활동이 다 들어오면 어떨까?

천구백칠십구년, 뿌리깊은나무

차라리 양담배를 수입해라

담배가 건강에 나쁘다는 것은 이제 흔들릴 수 없는 진리로 굳어졌다. 니코틴이 건강에 나쁘고, 특히 궐련의 경우에 담배를 만 종이가 불에 타서 나는 타르가 건강에 나쁘다. 오늘날 병원에서 앓고 있는 수많은 사람들의 질병이 일찍이 임진왜란 때에 일본 침략자들이 이 나라에 소개하였다는 담배 때문에 생겼다.

담배의 해독을 들추어 그 억제를 시작한 나라는 미국이다. 담배 광고가 규제되고, 뒤늦게 일본 담배곽에 적힌 소리를 흉내내어 "건강을 위하여 지나친 흡연을 삼갑시다"라는 어정쩡한 구호를 담배곽에 찍었을 뿐인 이 나라 전매청의 처사와는 달리, "담배는 건강에 해롭습니다"라는 좀 더 뜻이 강한 구호를 담배곽에 찍은 나라가 미국이다. 특히 지난 한두 해 사이에 미국 사회는 담배를 피우는 사람과 피우지 않는 사람으로 갈라져 왔고, 담배를 피우지 않는 사람이 점차로 더 득세해 왔다. 비행기나 기차나 버스의 자리는 둘로 갈라졌고, 대중 음식점의 자리마저도 둘로 가르라는 소리가 드높아지고 있다. 그 까닭은 담배 연기가 옆에 있는 담배를 피우지 않는 사람의 건강까지도 해친다는 데에 있다. 미국의 그 순한 담배도 이만큼 사람의 건강을 위협한다.

　순한 양담배가 이처럼 건강에 해롭다면 이 나라 전매청에서 내놓은 독한 담배는 얼마나 더 무서울까? 값을 올려 새 종류를 내놓을 때마다 잠깐 조순해지는 듯하다가도 머지않아 도로아미타불이라는 것을 우리는 연거푸 경험했다. 과거의 경험이 미래의 예측을 정당화한다면 이 담배 장사를 경쟁자가 없는 전매청에 맡기는 동안에는 순한 국산 담배를 못 보게 될지도 모른다.

　오십년대에는 밀수된 양담배를 사람들이 버젓이 피웠다. 육십년대에는 피우기는 피웠지만 들킬까 봐서 조심을 했다. 집에서는 발을 뻗고 앉아서 피웠을지 모르지만, 다방 같은 데선 담배곽은 안주머니에 넣어 두고 한 개비씩만 꺼내서 앞뒤를 살피면서 피웠다. 그러나 그런 사람을 잡아내는 것이 직업인 경찰관이나 전매청 직원이 아니면 아무도 숨어서 하는 그의 양담배질을 탓하지 않았던 것도 사실이다. 그것이 자기 스스로도 저지르는 잘못이기 때문에 그랬다. 누가 양담배질을 하다가 들키면 그저 재수가 없어서 그랬다고 생각했을 따름이다. 그러다가 칠십년대에 들어와서 양담배를 피우다가 들킨 사람의 이름이 그 신분의 높낮이에도 아랑곳없이 신문에 공고가 되고 그 벌금이 하늘로 치솟고 양담배를 피우는 것이 나라를 팔아먹는 것이라는 계몽이 떠들썩하게 되자, 그것을 피우는 사람의 수가 훨씬 더 줄어들었다. 칠십년대 초기에는 다방 같은 데서 남이 양담배를 피우는 것을 보고 시샘해서 멸시를 했지만, 근래에는 양담배가 매국의 상징이라는 구호에 온 국민이 감동이나 마취가 되어 양담배를 피우는 사람을 시샘이 아닌 애국심에서 미워하게 되었다. 드디어 들킬까 봐서라기보다는 애국심의 요청으로 양담배를 삼가는 세상이 온 것이다. 그리고 그것은 그런대로 썩 훌륭한 성과였다.

그러나 애국심은 또 한 가지가 있다. 그것은 되도록 많은 국민이 건강하게 되기를 바라는 마음이다. 담배가 건강에 해로우니 되도록 많은 국민이 담배를 안 피우기를 소원하는 마음이 애국심이다. 그리고 어차피 국민의 몇 할이 담배를 피우는 고약한 버릇을 벗어나지 못할 것이 오늘의 사정이라면, 그들이 되도록 순한 담배를 피우기를 바라는 마음도 애국심이다. 그리고 전매청에서 순한 담배를 생산해 내지 못하는 동안에는, 사람들이 담배를 꼭 피워야 할 바에는 어처구니없게도 양담배를 피우기를 바라는 마음도 애국심이 된다. 나라의 경제가 이만큼 튼튼하다고들 하는 마당에서, 생각하기에 따라서는 국민의 건강이 외화의 절약보다 훨씬 더 중요하기 때문이다.

신문의 보도에 따르면 지난번에 상공부하고 전매청하고 양담배를 수입해야 한다, 수입하지 말아야 한다는 과제를 놓고 다툼을 했다. '두드러기'는 마음을 크게 먹고 상공부 편을 들기로 했다. 나라 살림에 외화가 남아돌아서, 외국에서 수입하는 것을 허용했다는 피아노나 냉장고와 같은 여러 호사품에 앞서서 차라리 국민의 건강을 독한 국산 담배보다는 덜 해치는 양담배를 수입할 생각을 상공부는 이미 말을 꺼낸 김에, 심각히 해 보아라. 그리고 전매청은 제발 그 담배 이름을 그대로 놔두고도 담배를 더 순하게 만들 수 있는 방법이 없는지를 궁리해 보고, 그 담배곽 구호를 "담배는 건강에 해롭습니다"로 고쳐 보아라.

천구백칠십팔년, 뿌리깊은나무

공무원의 여름옷

지난 몇 년 동안에 여름이 오기만 하면 이 나라의 공무원, 국영 기업체의 임직원, 여당이나 유정회의 국회의원같이 정부의 기능이나 그 시책에 밀착된 일을 하는 이들 사이에서는 새 '제복'이 유행해 왔다. 그전부터 있어 온 군인이나 경찰관이나 세관원이나 철도원이나 우편 집배원의 공식 제복과 형사의 점퍼와 같은 실질 제복에 이어 새로운 공무원식 여름 입성이 등장한 것이다. 정부에 이모저모로 밥줄이 걸려 있는 사람들은 여름에 접어들자마자 이 새 차림새를 하고 나온다. 검정 양복, 회색 양복, 감색 양복에 흰 노타이 셔츠를 받쳐 입고—셔츠 깃으로 웃옷 깃을 덮는 것이 아주 중요하다—나오거나, 그냥 그 노타이 셔츠만 입고 나오거나 하는 것이 그들의 여름 차림새다. 거기에다 머리는 거의 다들 모범적이고 단정하게 짧게 깎았으니, 어느 골목에서 보아도 단박에 그 정체가 드러난다.

공무원들의 이런 차림새가 나온 출처는 정부에서 발행하는《관보》라고 한다. 올해로 말하자면, 지난 오월 이십삼일에 나온《관보》제팔천이백오십오호에 총무처 장관이 '각 행정 기관의 장'에게 '공무원 하계 복장 착용에 관하여' 소속 공무원들한테 '주지시켜' 달라고 '통보하는' 사연이 보인다. '복장' 해 놓고 아랫도리에 관한 설명은 하나도 없이 그냥 "반소매 와이셔츠나 남방 셔츠(단일색)로써 공무원의 품위를 유지할 수 있는 검소하고 간편한 복장을 착용함"이라고 되어 있다. 그러나 "국무 회의, 차관 회의에 참석할 경우, 외국인과 접촉하는 경우 및 의전 업무를 담당하는 공무원들은 정장을 할 수 있음"이란다.

품위 있고 검소하고 간편한 것이야 생각하는 사람과 상황에 따라 다를 수밖에 없는 주관성과 상대성의 문제이니, 글자대로만 해석하자면, 반소매 와이셔츠이기만 하면 씩씩한 줄무늬가 들어 있어도 되고, 단일색 남방 셔츠이기만 하면 긴 소매의 것이어도, 새빨간 것이어도 된다. 그러나 되도록 많은 '통제'가 이런 사연 뒤에 숨은 철학인 것으로 해석하는 행정 기관의 장들은 단일색 요구를 와이셔츠에까지, 또 반소매 요구를 남방 셔츠에까지 확대해서 적용한다. 게다가 한 술 더 떠서, 거의 다 그 단일색의 뜻을 누가 백의 민족의 후손이 아니랄까 봐서 그럴는지는 몰라도 흰색으로 풀이하고 있는 것 같다. 아무리 뼈 빠지게 일해도 때를 타지 않고 생각하기에 따라서는 그들의 짙은 색 바지만큼 멋있는 검정색 셔츠는 왜 등장하지 않았을까? 또 예외의 경우가 눈을 끈다. 국무 회의, 차관 회의에 나타날 경우에 정장을 할 수 있다고 했는데 공무원의 품위를 유지할 수 있는 검소하고 간편한 복장의 착용이 아랫사람들한테 '통보되어', '주지시켜야' 할 것이라면 윗사람들이 모이는 곳에서도 적용되어야 할 것은 아닐까? 실지로 총무처 장관의 이런 하계 복장 착용의 통보가 윗사람들 사이에서 덜 지켜지고 있을지도 모른다는 증거가 여기저기에 수두룩하다. 국무 회의도 차관 회의도 아닌 텔레비전 대담, 관청, 호텔 식당, 길거리를 가릴 것 없이 여기저기서, 아까 말했듯이, 그 '통보된' 셔츠 위에 바지하고 감이 같은 비싼 윗도리를 입고 있는 공직자들이 눈에 띈다. 총무처에서 공무원들한테 말리고 싶어하는 비싼 양복을 버젓이 착용했기는 했어도 그 안에 '통보된' 셔츠를 받쳐 입기는 했으니 그 통보를 지킨 것으로 봐 달라는 눈치가 그들 틈에 외국 양복감 좋아하는 한량이라도 끼여 있다면, 설마 누가 그 바짓가랑이 끝을 뒤집어 보고 기계 실밥으로 적힌 옷감 국적까지 따지라고 자문할지도 모를 일이다. 그러니 차라리 필리핀처럼 바롱 같은 남방 셔츠를 모든 공직자가 위아래를 가리지 않고 모든 경우에 두루 입어야 하는 여름옷으로 정했던들 그 '통보'의 실천이 더 나아지지는 않았을까? 외국인을 접촉할 때를 예외로 하는 것도 우습다. 국적이 다른 여러 민족에게 특수성보다도 보편성이 더 있다면, 이 나라 관리들과 접촉하는 외국인들은 정부에서 통보해서 관리들이 입는 복장이 품위 있고 검소하고 간편해서 훌륭한 것인 줄도 모르는 반편이란 말일까? 또는 대체로 그런 차림새로 사람을 만나는 것이 예의에 벗어나는 일이어서 그런 예외를 두었다면, 대관절 그들이 일편 단심으로 섬긴다는 한국 민중에 대한 예의는 어디로 갔을까? 따지고 보면, 한 법치 국가 안에서 두 벌의 수준이 있는 것 자체가 이치에 어긋난다. 한동안 경찰관들이 한국 청년들의 머리카락은 깎고 외국 청년의 머리카락은 놔두던 것이—그 이발 행위의 옳고 그름은 우선 덮어 두더라도—외국인을 '사람'으로 인정하지 않는 비인격화에서 출발했거나, 또는 외국인 하면 힐끔힐끔 눈치를 보는 사대주의에서 출발했기 쉽듯이, 공무원이 스스로 섬기는 제 나라 민중을 만날 때는 셔츠만 입는 것이 좋고 다른 나라 사람을 만날 때는 정장을 해도 좋다는 발상에는 아무래도 무슨 탈이 붙어 있기 쉽겠다. 공무원의 복장을 규제하려는 총무처의 발상은 민중의 머슴들인 공무원이 솔선 수범해서 검소한 생활을 실천해야 한다는 갸륵한 생각에서 나왔을 것이다. 그러나 이런 생각은 뒤집어 살펴보면 공무원은 민중에 앞서서 윤리의 과제를 잘 실천해서 그들을 선도하는 사람이라는 선민 의식에서 출발했을 수도 있다. 그러나 이 사람들도 대부분이 어쩌다가 공무원이 되었을 뿐일 터이니, 그 마음씨에서 무슨 뾰족한 기대를 할 수 있을까?

아니나다를까, 그들의 이 새 '제복' 착용이 검소한 생활에서 나왔기보다는 오히려 윗사람의 눈치를 보는 데서 왔다는 낌새가 있다. 하얀 남방 셔츠를 입고 나오는 윗사람 밑에서 일하는 아랫사람의 셔츠 빛깔이 노란색이기 어렵고, 이따금 위험을 무릅쓰고 그 위에 저고리를 걸치고 나오기도 하는 씩씩한 윗사람 밑에서가 아니면 아랫사람이 저고리를 걸치고 나오는 법은 거의 없는 것 같다. 무슨 행사에 나오는 공직자들의 차림새가 거의 한결같은 것도 알고 보면 윗사람보다 더 화려하게 입지 않으려는 관리들의 세심한 조심에서 비롯되었을 수도 있다. 그리고 몇몇 관리들이 걸쳐 입고 거리를 활개치고 다니는 양복도 아무리 흰 남방 셔츠 위에 입었고 빛깔이 짙어 호화롭게 보이지 않는다손 치더라도 그 값이 보통 사람이 입는 호화로운 빛깔의 양복보다 더 비쌀 수 있다는 점에서는 눈 감고 아웅 하는 거짓 검약의 상징이라고도 할 수 있다.

총무처 장관의 그 '공무원 하계 복장 착용'의 '통보'가 없었다고 쳐 보자. 그러더라도 공무원은 여름에도 반드시 정장을 해야 한다는 뚱딴지 같은 지시가 없을 바에야 착한 밑바닥 공무원은 거개가 다른 보통 월급쟁이들이 그렇듯이 여름에 더워서, 또 쥐꼬리만 한 봉급으로 가난해서 그냥 셔츠만 입고 나올지도 모른다. 고작 그 셔츠의 빛깔이 더 다양해질 따름일 것이다. 그렇다면 총무처 장관의 '통보'는 기껏 돈이 많아서나 다른 이유로나 여름에도 어차피 꼭 양복저고리를 입고 말아야 속이 시원해지는 몇몇 관리들의 목에서 넥타이를 풀어낸 공밖에 없는 것은 아닐까? 그러나 그런 말도 함부로 하지 못한다. 소속 관청의 배지를 달고 다녀야 했던 몇 해 전의 공무원 중에 관청 문턱을 넘어 나오자마자 그것을 뒤집어 꽁무니를 밖으로 나오게 달던 이가 흔했듯이, 그중에는 넥타이를 호주머니에 넣고 다니다가 필요하면 꺼내 매는 이도 때때로 있을 줄도 모른다니 말이다.

적어도 여름에는, 우리의 눈길에 마주치는 사람은 공무원인 사람하고 공무원이 아닌 사람하고 거의 저절로 구분이 된다. 어쩌면 공무원의 '제복'은 이 나라 국민을 시각적으로 두 갈래로 나누어 놨다고 볼 수 있을지 모른다. 따라서 국민 총화가 중요하다는 정부의 외침에 비추어 보면 그리 장려할 만한 현상은 못 될지 모른다. 그들이 그 유별난 차림새에서 긍지를 느낀다고 해도 그 긍지 속에 때때로 일본 제국 시대의 사각 모자 쓴 대학생들처럼 뻐김이 끼여 있을까 두렵고, 그들도 때때로 술집에 가서 주정도 하고 어차피 이런저런 부조리에 말려들기 쉬운 여느 사람과 그리 다르지 않으리라고 치면, '제복' 입은 공무원이 못된 짓 하는 동안에 국민의 눈에 비치는 그들의 영상이 흐려질까 걱정도 된다.

본디 제복이라는 것은 군대나 야구단의 경우에처럼 그것을 입은 집단을 그것을 입지 않은 집단하고—그리고 특히 적들하고—구분하는 기능이 있다. 밖으로는 그것을 입는 사람들의 이질성과 특수성을 선언하는 상징이 되고, 안으로는 좋게 말해서는 통일과 단합, 나쁘게 말해서는 획일성과 경직성의 상징이 된다. 그러므로 공무원이 여름에 입는 사실상의 '제복'은, 비록 유별난 풍물 찾아 낯선 곳에 가서 두리번거리는 관광객들에게 좋은 구경거리가 되겠지만, 민주주의가 정치 이념이고 생각과 행동과 선택이 다양한 민중의 찰떡 같은 융합이 목표이어야 할 이 나라에, 정부에서 생각하는 만큼 큰 공헌을 하고 있지 못할지도 모른다. 품위 있고 검소하고 간편한 입성을 공무원에게 촉구하는 총무처 장관의 의도만은 높이 사지만, 이 소비 절약의 시대에, 어지간하면 굳이 흰 남방 셔츠 같은 새 옷 장만하느라고 돈 쓰지 말고, 해진 옷이라도 잘 빨아 기워 입고 나오라고 하는 쪽이 훨씬 더 나았을 법하다.

천구백칠십구년, 뿌리깊은나무

구호로 하는 '선진'

온 세계를 두루 살펴보지는 못했습니다마는, 한 나라의 길거리에 내다 건 현수막 구호들의 크기와 수는 대체로 그 나라 정치 체제의 독재성과 정비례한다고 봐도 될 듯합니다(또 좀 빗나간 얘기로 하는 말입니다만 무슨 행사 같은 것 있을 때에 강제로 동원되는 사람의 수와 그 사람들이 줄 잘 서서 기계같이 잘 움직여 주는 정도하고도 독재성이 정비례할지도 모르고요). 유신 시대에 걸핏하면 내다들 붙이던 그 윤리와 도덕의 구호들을 회상하면 실감이 더 잘 되실 줄로 압니다. 텔레비전 화면으로도 더러 확인할 수 있지 않던가요? 그 공산권이 비치는 화면이면, 사람 나오는 장면의 뒤쪽 건물의 벽이나 꼭대기에 그 큰 구호 나붙어 있기 십상이 아니던가요?

다행히 '새 시대'에 들어 정부 관리들이 꼭 필요하다고 치는 것 아니면 그런 것 많이 내다 걸지 않게 되었습니다. 실제로 그런 결정을 했는지 안 했는지는 모릅니다마는, 팔륙, 팔팔 올림픽 어쩌고 하는 것 아니면 과거에보다 눈에 뜨이는 것 더 드문 듯해서 드리는 말씀입니다.

국가 권력이 내다 거는 현수막의 구호는 그걸 생각해 내고 내다 걸게 한 이들의 흔히 갸륵한 의도에는 억울하게도 그것들이 내다 걸린 나라의 인상에 상처를 내는 수가 숱한 듯합니다. 우선 서두에서 말했듯이, 그것이 많이 걸린 만큼 이 나라가 독재 국가라는 앰한 인상을 풍깁니다. 또 그 사연이 당연한 말씀일수록 이 나라가 그 당연한 과제조차 실천하지 못하고 있는 국민이 사는 나라라는 역선전을 한다고도 할 수도 있겠습니다. 게다가 그 사연이 위정자들이 꼭 실천시키고야 말겠다고 마음먹어 대량으로 포식시키는 것이면 옳은 것도 역겨워 그른 것으로들 받아들이기 쉽습니다.

그럼에도 불구하고 우리 나라의 모든 도와 직할시에 아직도, 또는 새로, 마치 서로 경쟁이나 하고 있듯이, 우렁찬 군대식 구호의 현수막이 걸려 있는 것은 무슨 영문입니까? 다들 창조로운 시인이 되어 머리를 싸매고 깊이 생각한 끝에 지어낸 것이련만, 그것들이 어찌하여 이 나라의 민주주의로운 인상에 먹칠하고 있어야 합니까?

우선 부산에 가 봅시다. 아무도 그 도시가 어둡고 풀 죽었고 낡은 데여서 걱정하지 않는데도 불구하고, 느닷없이 "밝고 활기찬 새 부산"이라는 현수막을 내걸고 있습니다. "긍지 높은 시민, 건강한 도시"를 대구에서 내걸었으니, 대구 시청 사람들은 정녕코 그곳이 병들고 그 시민이 비굴해질 염려가 있다고나 생각하는 것일까요? 경상북도에서는 "선진 조국 앞당기자"라나요? 말도 안 되는 소리입니다. 선진 조국이 되는 날을 앞당기자는 뜻으로야 억지로 이해가 되지만, 그 양반들이 한 말의 형식적인 뜻은 (이미 되어 있는) 선진 조국을, 앞이 어딘지는 잘 모르지만, 그리 끌어당기자는 것입니다. 이 땅 덩어리를 어디로 질질 끌고 가자는 말입니까? 언어는 형식으로 봐서나 실질로 봐서나 뜻이 같을수록 더 좋습니다. 경상남도 도청 사람들은 "화합과 중지로 낙도 경남 건설"하는 모양입니다. 그 도가 본디 섬이 많기에 '낙도'가 외딴섬인 줄 알았더니 알고 보니 '즐거운 도'를 문장가가 되어 그리

심오하게 표현하였더군요.

전라남도 관리들은 "풍요로운 선진 전남 건설"하고 싶어한답니다. 시방 가난해서 죽겠고, 후진 열등감에 걸려 괴로운 이가 주로 즐겨 써야 할 표현일 줄로 압니다. "약진하는 새 전북"도 있습니다. 하필 '대약진' 하던 공산주의자 모택동의 어록을 연상케 하는 구호이어야 합니까? 또한 '선진' 좋아하는, "아름답고 잘사는 선진 제주"가 제주도랍니다. 그 섬이 빼어나게 아름다운 것은 사실이로되, 요새 좀 덜 아름다워진 까닭이 잘살겠다고 해서, 선진 하겠다고 해서 여기저기 섣불리 파헤치고 야하게 집 짓고 한 데에 있음이 좀 우습습니다.

"푸른 도시, 활기찬 새 인천"에 요새 가 보셨습니까? 당연한 말씀 어디에서나 마찬가지기 일쑤이니 '활기찬 새' 도시임을 내세워 부산하고 서로 닮은 것은 트집하지 않겠습니다마는, '산림 녹화' 해서 푸르게 하려면 조용히나 할 일이지, 왜 그런 방 붙여 놓고 민대가리임을 자랑합니까? 경기도도 '복지'에서만 달라 또한 "약진하는 복지 경기 건설"하는 곳이랍니다. 괜히 듣기에 좋아 '복지'를 쓴 것이 아니라면, 거기에는 이미 지방 자치 제도가 실시되어 중앙 정부 것하고는 따로 덩치 큰 새 복지 정책이라도 서 있습니까?

"활력 있는 새 충북 건설"했으니, 충청북도 관리들도 '건설' 좋아해서, '활기찬 새' 부산과 그리 다르지 않게 '활력 있는 새 충북'을 세울 모양이지요? 충청남도 도청 양반들은 "으뜸 충남"을 높이 쳐서 그걸 "우리가 만들자" 했는데, 과거에는 누구한테 기대고 살았다는 말씀입니까? "이천년대는 강원의 연대" 한 강원도 도청 사람들은 씩씩한 분들이랄 수도 있겠습니다. 그러나 그 구호를 읽는 이들 사이에는 '저 도청에는 용한 점쟁이도 있구나' 하고 핀잔하는 이도 기필코 있을 터입니다.

그런 구호들을 창조한 이들의 귀에는 이런 구호의 평가가 좀 억울하게 들릴 수 있을 줄로 압니다. 이를테면 부산이 이미 '활기찬 새' 도시가 되어 있더라도 앞으로도 줄곧 그런 도시로 지키자는 뜻으로 그런 방을 내다 붙일 수 있다고도 생각하실 터입니다. 그런 점에서 이 평가는 그런 방을 싫어하는 사람의 편견에 찬 말로 받아들이셔도 됩니다. 그러나 문제는 그런 구호가 외치는 바의 의도나 그 구호의 내용에 대한 평가에서보다는 오히려 그런 구호의 '말투'와 그런 말투의 구호가 내다 걸리는 사회의 인상에 더 있다고 봅니다.

행정 관리들을 포함한 국민들이 "뜻하는 것은 무엇이든 될 수가 있어"서가 아니라, 되고 안 되는 것이 따로 있어서 우선 그런 구호 같은 것 내다 걸리지 않아야, "아, 대한민국"이 더 아름답게 될 줄로 압니다. 우리의 본보기가 되는 다른 '선진 조국'에는 그런 것 없습니다. 그러니 도지사님들, 한번 그 구호들을 싹 쓸어 내 보세요. 그 구호가 외치는 것들 더 다가와 있어 보일 겁니다.

천구백팔십육년, 샘이깊은물

작은 기념관

독립 기념관에 큰불이 나자 송사리들만 잡아다 족친다는 투의 신문 논평도 있었습니다. 탓을 썩을 대로 썩은 도급과 하도급 제도에 돌리는 소리도 있었습니다. 무슨 신생국이기에 '독립'이냐, 이번 기회에 아예 그 이름일랑 딴 말로 고치자는 말도 다시 나왔고요.

그 이름의 문제는 애당초부터 있었습니다. 새 정부 사람들이 충청남도 천원군 목천면 땅 백이십 몇 만 평에 그 만 칠 평의 기념관을 세운다는 발표를 하자, 여기저기서 들고 일어났습니다. 해방된 지 마흔 해가 된 마당에 무슨 느닷없는 소리냐, 그러지 말고 '민족' 어쩌자는 소리가 여당에서도 나왔던 것으로 기억됩니다.

반응이 그랬으므로, 무슨 특수한 목적이 있어서 그 목적을 가리려고 세우기보다는 마치 그 거대 시설을 하루빨리 세우는 것 자체가 목적이니, 그 이름과 성격이 무엇이 되고 거기에 특별히 무엇이 전시되고 하는 것은 둘째 문제라는 듯한 억울한 인상마저 국민에게 풍겼던 것이나 아닌지 모르겠습니다. 불난 뒤에 다시 이름 문제가 거론된 것도 어쩌면 그 때문인 줄도 모릅니다. 온 나라 사람들이 공짜로 주겠다고 내놓은 유물에 크게 기대고—갸특한 예외도 많지만 흔히 진짜로 가치 있고 좋은 것은 스스로 가지고 싶어 하거나 비싼 값에 팔고 싶어합니다—막상 엄청난 금액의 돈은 땅값, 건축물 값, 위촉된 신식 미술 작품 값, 그리고 신문에 보도된 대로 그 사이에 끼어든 여러 야바윗속 값으로 치른 그 거대 시설에 굳이 '독립'이라는 낱말만이 알맞은 것은 아닐 줄로 압니다. '현대 한국 거대 미술 작품 전시관 및 부설 항일 운동 자료관'이라고 하자는 말이 나오지 않은 것만도 다행이라고 생각합니다.

큰 시설 세우는 것 자체가 목적이라는 듯한 인상 이야기를 앞에서 했습니다. 이번의 큰불을 꾸짖는 언론 매체들도 '천안문보다 더 큰' 집을 태웠음을 아까워하는 듯한 글들을 실었어도, 아무도 그 허우대를 나무라지는 않았습니다. 그러나 '박정희 때'부터 정부 사람들이 추진한 기념 시설의 건립은 거개가 큰 미신에 홀려 왔습니다. 곧 되도록 빨리 지어 무슨 행사에 때를 맞추어, 그리고 특히 '내가 재임하고 있는' 동안에 개관을 해야 공치사가 잘 된다는 것과 함께, 되도록 크게 지어, 이를테면 아시아에서, 세계에서 가장 크다는 소리를 할 수 있어야 큰 업적 이루게 된다고 믿는 것입니다. 빨리 하는 것만으로도 공사가 날림이 되기 쉽거늘, 하물며 작은 것 말고 크고 넓고 높은 것을 빨리 하자니, 설사 중간에서 돈 빼먹은 이가 없다손 치더라도 날림은 오히려 필요한 것이 되는 것은 아닙니까?

이번 불로 장관과 여러 책임자들이 고생하기는 했으나, 억울하게 그 불은 멀리는 박정희 때부터 이어져 내려온 허우대 콤플렉스, 가까이는 그 기념관을 그리 크게, 빨리 짓기를 애초부터 구상한 새 시대 전반기의 각료들에게 탓이 더 있을지도 모릅니다.

짓는 것의 이름이 이미 정한 대로 독립 기념관이면 어떻습니까? 그러나 지을 바에야 이래야 했다고 봅니다. 우선 그 땅과 건축 면적을 그 십분의 일로만 잡았으면 어떻겠습니까? 그러더라도 세계에서 인구 밀도가 가장 빽빽한 이 작은 나라의 이 남쪽 절반을 굽어 살피시는 독립 투사의 넋들이 땅 가난한 백성들이 허세 부린다고 해서 꾸지람을 하실 것입니다.

그 큰불이 나자 온 국민이 보낸 성금의 정성을 배신했다는 소리는 보도되었어도, 조상에게서 대대로 물려받은 그 광활한 땅을 그 기념관에 내주고 보따리를 싸 들고 떠나야 했던 충청남도 천원군 목천면의 토박이들이 느꼈을지도 모를 배신감은 아무도 달래 주지 못했습니다. 과거에도 그런 거대 정부 공사로 정든 땅을 떠나야 했던 농민들은 받은 돈 들고 타관에 나서서 모진 세상의 꾐에 솔깃하여 날리거나, 그 돈으로 부근에서 땅을 사서 농사 지으려고 해도 '빼앗긴' 땅의 절반도 벌충하지 못한 수가 많았다고 합니다.

천안문보다 더 큰 본채를 짓는 것이 자랑거리가 아니라, 천안문 근처의 여염집보다 더 작게 짓더라도 더 넉넉히 시간 잡아 잘 설계하고 더 잘 짓는 것이 자랑거리입니다. 최근의 이웃 일본에서도 문화재인 법륭사(호류지)의 조그마한 집 한 채를 보수하는 일에 이십 년을 바쳤습니다.

그 큰불을 나무라던 언론들도 불나기 하루 전까지만 해도 그 '위용'을 자랑하여 원색으로 대문짝만 하게 보도를 했지요? 그러나 그 위용은 많은 사람들의 눈에 너무 크다는 것 하나만으로도 추악했습니다. 게다가 그 본채는 여느 사람들의 눈에도 설익은 눈썰미로 설계되어 보였습니다. "높아도 교만치 아니하고, 많아도 넘치지 아니하고"라고 기억되는 《효경》의 가르침은 그런 건물, 그런 건물을 잉태시킨 발상도 나무라는 말일 줄로 압니다. 그나마 잘 짓기나 했습니까? 불이 났으니 안전 공사에서도 빵점을 받았지만, 미관 공사도 날림이라고 합니다. 돈과 시간이 모자라 그랬을 터입니다. 그러나 돈은 많았습니다. 우선 아름답기는커녕 없느니만도 못한 것도 눈에 띄는 그 조각 작품과 기록화 하나하나에 든 몇 십억, 몇 억, 몇 천만 원의 돈을 생각해 봅시다(신문에서 왼손, 오른손 어쩌고 하면서 트집 잡은 그 그림은 들인 돈이나 예술성으로 봐서 오히려 더 성공작이라는 소리도 있습니다).

그럴 돈은 우선 집 더 잘 짓고 조경 더 잘 하는 데에, 돈 안 쓰면 안 들어오는 더 귀중한 유물을 사들이는 데에 썼어야 합니다. 게다가 터와 시설의 규모를 훨씬 더 작게 잡았던들 아낄 돈도 있지 않았겠습니까? 그런 돈으로 예술 작품 위촉하되, 벼락치듯이 하지 말고 느긋하게 오 년, 십 년, 이십 년의 완성 기간을 주어야 했다고 봅니다.

그러나 독립 기념관 문제는 이미 엎질러진 물입니다. 앞으로나 그럴 일 있으면 더 작게, 더 잘 지을 다짐을 하면서, 이번에 불도저가 밀고 뒤엎은 땅의 상처를 벌충하고도 남을 만큼 그 기념관 울타리 안에 나무나 빽빽이 심고 참회합시다. 신문을 보니, 빨리 심는 것이 장기인 사람들이 심은 몇 그루 무참하게 목숨을 잃었더군요.

천구백팔십육년, 샘이깊은물

'과감한' 관리와 짐승 몇 마리

외화 획득 어쩌고 하면서 요란하게 세웠으나 이 나라 사람들의 돈쌈지 아니었던들 지금쯤은 거덜이 났을 경주 보문 단지를 아시지요? 거기에 가서서 못에 떠 있는 그 거위 시늉인가를 하고 있는 놀잇배의 꼬락서니를 보고 "아니, 저 짓까지" 하셨다면 저도 그랬으니 벗이 한 명 있으십니다.

그런 일을 서울 시청 사람들이 좀 더 크게 하기로 마음먹은 일이 지난번에 있었습니다. 똥물 길을 따로 내었으니 이제는 좀 더 깨끗해졌다는 한강에 유람선을 띄우되 역시 그 관광 어쩌고 하면서 그 몇 채는 저마다 거대한 호랑이, 공작, 사자, 천마를 태운 형용으로 짓는댔습니다. 기필코 그 배들도 그래야 아름답고 뜻 깊다, 특히 외국 사람들이 신기하다고 여겨서 많이 모여들어 타겠다고 생각하는 관리들이 '아이디어를 살려서', '과감하게' 내세운 것이었을 줄로 압니다.

그러나 그 양반들은 여기저기서 삿대질이 빗발치자 또 재고한다고 발표했습니다. 왜 '또'냐 하면, 엇비슷이 성급한 발표를 했다가 재고를 한 일이 그 몇 달 전에도 있었기 때문입니다. 올림픽 상징 조형물 설계안 말인데, 그 재고 뒤로 새로 나온 것이 아름다운 것이었는지는 여기서는 제쳐 두고 말합시다.

아무튼 비록 이번의 재고가 지난번 것하고는 달라서 그 짐승배들을 집어치우는 것이라고 하더라도, 이번에만은 그 재고 전에 시청 사람들이 보인 '아이디어'와 '과감성'이 얼마나 착실했는지를 꼭 챙겨 봐야 하겠습니다. 재고가 대체로 미덕이기는 하지만, 그 곡절 자체를 미리 막는 행실에 대고 보면 흔히 죄악이기도 한 것 아닙니까?

우선 이 나라에는 이제 한 마리도 없다는 그 호랑이가 아름다운 이야기 좀 해 봅시다. 진짜 호랑이가 아름답다고 쳐도, 배에 올라타게 하겠다던 그 가짜 호랑이가 진정코 진짜를 닮을 수 있을까요? 밀가루 반죽을 해서나, 플라스틱을 지어 부어서나, 아마도 부피가 여느 호랑이의 몇 백 곱절은 거뜬히 될 괴물을 만들어야 할 터이니 걱정이 태산 같았습니다. 몸에 박힐 터럭은 적어도 부지깽이만큼은 굵어야 하고, 씩씩한 놈 좋아하는 세상이라 기필코 수컷이 되기가 쉽다면 부자지가 대들보만큼 커야 할 터이니, 민망스러운 것은 고사하고라도 그놈이 배 타는 사람들에게 어찌 호랑이같이 보이겠습니까?

무슨 수를 써서 그 가짜를 진짜에 버금가게 만든다고 합시다. 그래도 그 형용이 아름답다는 말은 책을 잡히기 십상입니다. 그 곡절은 이렇습니다. 그토록 많은 조선 시대의 아름다운 호랑이 그림에 요즈음 말로 해서 '사실적으로' 그린 호랑이는 거의 없다시피 합니다. 딴 짐승과 새를 그리는 솜씨로 보아 꼭 재주가 없어서 그리 그린 것은 아닌 듯하니, 밤중에만 나다니는 짐승이라 통 못 보아서 그런 수도 있겠으나 정녕코 흔히 역부러 그리 '아름답게' 그렸을 터입니다. 다들 아시겠듯이, 우리가 호랑이라고 부르는 짐승에는 두 종자가 있으니, 하나는 이마적에 민족적인 영웅으로 받들린 호돌이의 조상인 줄박이 참호랑이요, 또 하나는 요새는 표범이라고 해야 얼른 알아듣는 점박이 개호랑이인데, 전통 그림 속의 아름다운 호랑이를 보면, 점도 찍고 줄도 친 놈이 태반인가 하면 줄박이라손 치더라도 어느 놈도 우리가 아는 그 시베리아 호랑이가 아니기 쉬우니, 오히려 진짜 호랑이를 덜 닮아 아름답다고 할 수 있습니다. 그래서 요새도 빼어난 화가가 호랑이 그림을 그릴 때에는 너무 사실적으로 그리면 일본 그림이 된다고 해서 붓질을 단순화하곤 합니다.

한강에 띄울 배 위로 모시겠다던 사실적인 호랑이는 그처럼 전통 예술을 이어받지도 못하니 호돌이하고 핏줄을 같이한 것 말고는 뜻 깊은 바도 없겠습니다. 게다가 사람들이 신기해 한다손 치더라도, 혀 차거나 손가락질하기 십상일 걱정이 있고, 외국인들에게 선보이면 그럴싸하게 봐줄 터이라고 짐작한다면, 그것은 그 양반들 눈썰미 얕잡아 보고 하는 허튼 생각이기 쉽겠습니다.

동물원 말고도 요새 부자들이 몇 마리 들여다가 기르지만 그 기분 나쁜 울음소리 때문에 더러 골머리를 썩이고 있다고도 하는 공작도 그렇습니다. 조선 오백 년 동안의 그 숱한 그림에 아름다운 새들도 많이 나오지만, 저는 공부가 모자란 소치인지는 몰라도 아직껏 공작 그림은 한 장도 못 보았습니다. 그리고 사자요? 일찍이 삼국 시대부터 몇몇 지배 계층, 궁궐, 사찰의 생활 언저리에 아마 중국 사람들한테 귀동냥해 짐작했을 모습으로 더러 돌을 쪼아 세운 일이 전혀 없었던 것은 아니로되, 이 나라에 산 적은 한 번도 없었다니 우리 나라 사람들은 그 밀림 영화에서 잔인하게 약육강식하는 꼴이나 본 그 소름 끼치는 짐승의 가짜 모습을 평화로운 한강 위에서 보시고 반가워하시겠습니까? 말이야 바른 대로 해서, 그러려면 차라리 우리와 늘 팔자를 같이해 온 황소나 똥개가 더 정다울 것입니다. 끝으로, 천마가 무엇인 고 하니 우리 눈에 익은 조랑말도 아닌 하늘말이랍니다. 경주에서 천마총을 파헤칠 때에 발견한 그 자작나무 껍질인가에 그린 그림의 이름을 처음에 그리 짓지 않았던들 거개가 아직도 무엇인지조차 모를 만큼 생소한 망아지가 그 날개 돋친 천마입니다.

'과감한' 관리들이 추진한 공사를 기웃거려 보면 흔히 무엇을 쓸데없이 아름답게 만들려는 서툰 수고 자체 때문에, 또 무엇은 무엇을 상징한다고 '브리핑'하고 싶어하는 의욕으로 말미암아 결과를 망치는 수가 숱한 듯합니다. 한강에 띄울 현대 사회의 놀잇배는 기름값 아끼고 그 기능에 가장 충실하게 설계되어 튼튼하고 깨끗하게 유지되도록 짓고, 되바라지지 않고 자연에 가장 겸허하게 순응하는 색칠을 하여 띄워야 가장 아름답게 보일 터입니다. 전통도 그와 함께 기려야 한다면 차라리 그런 쓸모 있는 신식 배 말고도 이제는 이 나라에 거의 다 없어지다시피 한 아름다운 돛단배나 몇 채 제대로 지어 따로 띄우면 어떻습니까?

천구백팔십육년, 샘이깊은물

3

생각하고 행동하는 지식

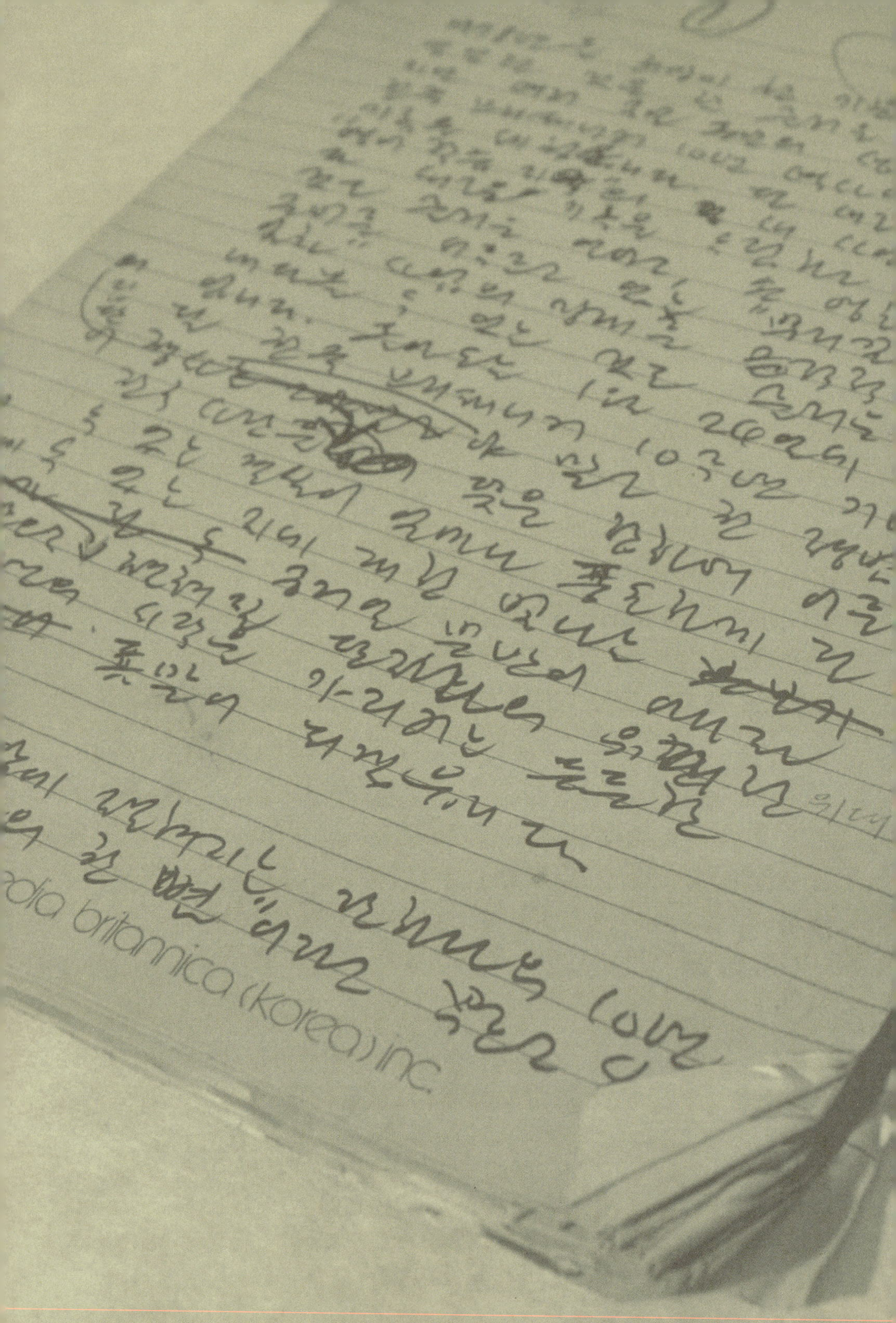
dia britannica (korea) inc.

박동선 사건과 국민의 기대

국가 대표 선수로 뽑힌 운동 선수가 국제 경기에 참가하려고 공항을 떠나면서 흔히 하는 말이 "국민의 기대에 어긋나지 않도록 애쓰겠다"라는 것이다. 이런 경우에, 가서 잘 싸워서 이 나라의 이름을 떨치고 돌아올 것이 국민의 기대가 된다. 떠나는 사람에게 거는 국민의 기대는 이처럼 국민이 맡긴 사명과 깊이 맺어져 있는 법이다.

미국 쌀장수들의 거간꾼 노릇을 해서 번 돈으로 미국 국회의원들에게 영향력을 행사하는 힘의 값을 치렀다고 해서 이태 동안이나 세계 언론의 손가락질을 받아 온 사람, 많은 한국 사람들에게는 큰 나라의 언론계와 정계를 떠들썩하게 한 '잘난' 사람이지만, 모처럼 뛰어난 경제 성장으로 드높여진 한국인의 국제 명성을 그 '잘난' 만큼 구겨지게 했을지도 모를 박동선이 지난 이월 이십삼일에 미국 의회의 윤리 위원회에 그 자신의 행적을 증언하러 떠나면서 한 말이 국민의 기대에 어긋나지 않도록 최선을 다하겠다는 것이었고, 지난 사월 십육일에 김포 공항에 돌아와서 한 말에도 '국민의 기대'란 소리가 끼어 있었다.

도대체 국민이 그에게서 무엇을 기대했다는 말인가?

온 세계의 여론이 그의 아리송한 행적 때문에 떠들썩하고 미국의 조사 기관들이 그의 돈질을 한국 정부의 돈질인 것으로 우기면서 당장에 미국에 불러다가 속사정을 캐 봐야겠다고 윽박질렀을 때에, 한국 정부가 안으로는 그가 이 나라 법을 어겼는지를 참을성 있게 따지면서도 밖으로는 주권 있는 나라의 국민의 한 사람으로서 그를 감싸고 보호해 주었던 것만은 사실이다. 그러나 이 사실로 그의 행적이 정당화되는 것은 아니요, 그의 증언에 국민의 기대가 걸리는 것도 아니다.

국민은 그에게 기대를 걸지 않았다. 아니, 걸 수가 없었다. 그가 주었더라도 안 주었다고 하고 많이 주었더라도 적게 주었다고 하고, 그르게 주었더라도 옳게 주었다고 하고, 알더라도 모른다고 하는 것이 국민의 기대일 수는 없었다. 그렇다고 해서 그가 진실을, 진실만을, 그리고 모든 진실을 털어놓아 혹시라도 한국인의 영상에 먹칠을 하고 돌아오는 것이 국민의 기대일 수도 없었다. 또 다 털어놓되 나라의 체통이야 어찌 되었거나 그만은 무사히 돌아와 줄 것도 국민의 기대가 될 수는 없었다.

《동아일보》같은 신문에 보도된 말로는, 그는 미국 의회에 나가 증언 '하러' 간 것이 아니라 증언해 '주러' 갔었다. 그리고 그것은 미국에 '고마운' 일이었다. 말하자면 그는 미국을 '봐주러' 갔다. 그리고 그는 "국민의 성원으로 큰 실수 없이 증언을 끝내고 돌아온 것을 기쁘게 생각한다"라고 했다. 남에게 '고마운' 일을 하면서도 이편에게는 '실수'가 되는 일을 저지르는 것은 이론적으로 가능하다. 또 국민의 성원이 없었던들 증언하는 과정에서 실수를 저지를 수도 있었다고 생각하는 것은 그의 특권에 속하는 일이다. 그런데 그가 '국민의 성원'과 연결 짓는 '실수'란 무엇일까? 진실을 증언하는 것이었을까, 허위로 증언하는 것이었을까?

그는 똑똑한 사람이다. 어느 외교관이 그를 칭찬해서 "고향에 돌아온 영웅"이라고 했듯이, 많은 한국인들은 그를 가리켜 잘났다고 말한다. 그러나 이는 그의 재능을 인정하는 말이지, 그가 가진 모든 도덕 기준을 승인하는 말은 아니다. 그는 앞으로 국민의 마음에 그가 똑똑한 사람일 뿐만 아니라 착하기도 한 사람이라는 확신을 더 심어야 한다. 그는 미국에서 돌아와서 "국민의 기대에 어긋나지 않는 범위 안에서 한미 우호에 도움이 되도록 최선을 다하겠다"라고 했다. 이 말에는 국민의 기대에 어긋나는 범위 안에서도 한미 우호에 도움이 되는 방법이 있다는 뜻이 깔려 있는 성싶다. 그러나 아까 말했듯이, 국민의 기대에는 옳은 것이 전제가 된다. 옳지 않은 방법은 한미 우호뿐만이 아니라 무슨 우호에도 해로우며, 착하지 않게 '우호하는' 방법은 아예 존재하지도 않는다.

우리는 그가 국민의 기대가 어쩌니 한 말이 국민에게 미안한 생각이 사무쳐 몸둘 곳을 몰라 그저 얼떨결에 나온 말이었을 뿐이기를 바란다. 그리고 똑똑할 뿐만이 아니라 착하기도 한 사람으로서 아직도 남았다는 미국 증언을 잘 마치고 앞으로 다루어질 것으로 믿어지는 국내법 위반 문제를 잘 해결한 다음에, 말썽도 들통도 없는 편안한 방법으로 쌀장사도 하고 보리장사도 하기를 바란다. 그래서 언젠가 국민이 기대를 걸 수 있는 사람이 되기를 바란다.

천구백칠십팔년, 뿌리깊은나무

국회의원의 오입질

국회의원 성 아무개가 열일곱 살짜리 여학생들과 몸을 섞었다고 해서 온 나라가 떠들썩했다. 민주공화당에서는 그를 당원 자리와 국회의원 자리에서 쫓아내면서 "그의 행적을 차마 입에 담을 수 없어서" 유럽 여행 때의 잘못 때문이라고 둘러대는 거짓말을 했다. 진실을 은폐했으니, 미국식으로 말하자면 워터 게이트 감은 못 되어도 레이 사건 감은 거뜬히 된다. 서울의 교육감이 몸소 그 여학생 부모들의 입을 돈으로 틀어막는 거간꾼 노릇을 했다는 소문을 부정했어야 했는가 하면, 의사가 자기 딸의 처녀막이 성하다고 하니 그를 걸어 강간 미수 고소를 하겠다는 학생 어머니도 나왔다(성 아무개가 중단 없는 전진을 했던들 어떤 고소가 나왔을까?). 빗발치는 국민의 여론을 달래느라고 검찰이 그를 부랴부랴 잡아 가두기는 했으나, 그 죄목은 오입질이 아니라 이럴 때에 필요하면 써먹으려고 미리 조사해 놓고 덮어 두어 온 듯한 인상을 풍기는 묵은 먼지, 곧 무슨 뇌물을 받아먹은 죄였다(들통이 나지 않았다고 해서 꼭 모르고 있는 것은 아닌 듯하니, 켕기는 데가 있는 국회의원들은 조심하여라).

그의 오입질 얘기를 듣고 주먹을 쥐고 발끈 흥분했던 여러 지도 계층 인사들에게도 반성할 점이 있다. 그들은 아마도 그 성씨 집안 명사의 오입질 상대가 자기들의 성숙한 상대와는 달리 고작 '피도 안 마른' 열일곱 살짜리였다는 데서 위안을 받았을지도 모른다. 그러나 옛날부터 이팔 청춘이라고 했으니 요새 나이로 열다섯 살이면 여자나 남자나 수월찮이 무르익는다. 게다가 이른바 성 개방 바람에 요새 아이들은 옛날 아이들보다 성숙의 속도가 훨씬 더 빨라졌다. 그러니 열일곱 살짜리를 아이로 치는 것은 눈 감고 아웅하는 셈이다. 따라서 성 아무개의 오입질은 스무 살짜리, 스물다섯 살짜리, 서른다섯 살짜리하고 하는 다른 지도 계층 인사의 오입질하고 근본으로는 크게 다를 바 없다. 또 설사 다르다고 하더라도 그들에게 젖가슴을 더듬으면서 "스물세 살이에요" 하던 많은 술집 아이의 진짜 나이가 열일곱 살이기 쉬운 것을 생각하면 그놈이 그놈 아닐까?

우리는 성 아무개를 탓하기 전에 잘난 사람은 으레 계집질쯤은 하는 것으로 인정해 주는 인습을 톡톡히 이용해 처먹은 기성 지도 계층의 성 도덕을 탓해야 한다.

도대체 술과 계집을 꾸러미로 만들어 팔던 비밀 요정이라는 갈보집을 번창케 해 준 사람들은 누구였더냐? 오늘날에도 거의 자동으로 계집집이 된 바와 살롱과 나이트 클럽과 기생집의 여자 몸팔이는 누가 즐겨 온 장난이냐? 그 여자들한테 물어볼 필요도 없이, 그들은 바로 성 아무개의 오입질을 큰소리로 꾸짖는 오늘의 어른들이다.

성 도덕이 썩은 아비는 아들의 성 도덕마저도 썩게 만든다. 성 도덕이 썩은 사회의 지도 계층은 그들을 우러러보는 민중의 성 도덕마저 푹 썩게 만든다. 그들이 기생집에 가서 비싼 기생에게 넋을 파는 동안에는 아무에게도 썩은 성 도덕을 꾸지람할 권리가 없다. 그런데도 그들은 오입질을 소신껏 잘해 왔다. 나라에서 돈이 가장 많다고 하는 사람들이 국민 도덕, 문화 사업 어쩌고들 하면서도 뒷전에서는 동경댁, 서울댁 하는 작은마누라를 데리고 산다잖나, 그런 사람이 텔레비전 같은 것을 보면서 "저 애 잘생겼다" 하면 밑에서 다 알아서 챙겨다 주는 수마저 있다잖나? 이런 풍문 속에서, 스스로 억만금을 들여서 자기 행적을 담은 영화를 만들어 시중의 영화관에 돌려 국민에게 '이바지하려'다가 밑엣사람들의 쓴 충고에 풀이 꺾여 어디에 처박아 넣어 두고 말았다는 무슨 그룹 우두머리의 고마운 배려 덕택인지는 몰라도, 그 영화에 주연으로 나온 여자 배우였을지도 모를 탤런트 아무개가 말썽 많은 아파트를 몇 개인가 새치기했다는 소문도 사실이 아니기를 바라거니와, 설사 그것이 사실이라고 하더라도 늙은 남자와 젊은 여자의 관계에서 나온 것이 아니기를 비는 사람까지 있는 것은 어쩌면 당연하다.

왕조 시대는 갔지만, 왕조 시대의 가장 더러운 버릇인 첩질과 계집질은 여권과 남녀 평등이 외쳐지는 이 민주주의 시대에도 점잖은 말만 골라 하기 좋아하는 오늘의 기성세대에 속하는 많은 어른들에게 돈이 있기만 하면 해 볼 만한 장난인 것처럼 이해되어 있다. 이런 썩어 빠진 사람들이 어찌 성 아무개에게 삿대질을 할 자격이 있을까? 성 아무개를 나무라기 전에 제 꼬락서니를 똑똑히 보아야 한다. 그래야만 그들이 젊은 세대에게 착하게 자라라고 타이르는 말이 씨가 먹혀 들어가게 된다.

천구백칠십팔년, 뿌리깊은나무

국회의원의 '금뺏지'

제가 아는 어떤 이가 꽤 낡았지만 허우대는 큰 자동차를 타고 다닌 적이 있습니다. 출근길에서 교통 순경이 거수 경례를 하곤 하기에 자기를 알아주나 했다가, 어느 일요일엔가 택시를 타고 같은 길을 지나갔지만 서로 눈이 마주쳐도 그 순경이 경례를 하지 않음을 보고 그 순경의 경례 대상이 자기가 아니라 큰 승용차의 허우대였음을 알아차렸다고 합니다.

저는 그런 거수 경례를 더러 기차간에서 보았습니다. 차표 검사를 하는 여객 전무가 어느 자리에 가서 느닷없이 거수 경례를 했다 하면, 영락없이 거기에 앉아 있는 이의 저고리 깃에는 국회의원의 '금뺏지'가 달려 있기 십상이었습니다. 부럽더냐구요? 천만의 말씀입니다. 혹시 제가 아는 그 승용차의 주인처럼 자기 보고 경례하는 줄로 오해하지나 말았으면 하고 생각하기가 고작이었습니다.

박정희 군사 독재자가 천구백육십일년에 반짝반짝하던 장교 계급장이 그리웠던지 온 나라 행정 공무원의 저고리 깃에 공무원 배지를 채운 일이 있습니다. 그러나 공무원도 사람인지라 여기저기서 그것 달고 실수를 저지르면 사람들 눈에 그 실수가 사람 탓이 되기 전에 공무원 탓으로 비칠 수 있다는 것을 뒤늦게 터득했음인지 그 열한 해 뒤인 천구백칠십이년에 그 현대판 '벼슬'을 공무원들의 옷깃에서 죄다 뜯어냈습니다. 못된 판이 벌어지면 그래도 서명 판사가 몇 백 명이 나오고 하는 선비 집단인 사법부에서는 그런 얄팍한 쇠붙이로 자신들의 권위랄까를 추오올리려는 수작은 여태 하지 않았습니다. 그러나—이를 어쩝니까?—남도 아닌 국민을 대변한다는 국회 사람들이 행정부의 실패 행각에는 아랑곳없이 천구백칠십삼년에 '국회기 및 국회 배지 등에 관한 규칙'이라던가를 만들어, 또 천구백팔십일년에 그 이름 그럴싸하던 입법 회의에서 고치기까지 하여, 거기에 따라 옷깃에 달고, 먼지 낄세라 더러 '혹 불고' 닦아 광내는 것이 그 국회의원 배지랍니다.

디자인도 엉망입니다. 앞에서 '혹 불고' 하면서 그 말을 따옴표 안에 넣은 것은 그 말에 뜻을 하나 더 신고파 그랬습니다. 혹, 혹 분다는 말을 함과 함께 중국 글자인 '의심 낼 혹' 자를 분다고 말하고도 싶어서 그랬습니다. 누구의 첫눈에도 그 배지 안의 글자는 '나라 국' 자가 아니라 그 뜻도 고약한 '의심 낼 혹' 자입니다. 그 둘레의 동그라미에게 '나라 국' 자의 네모 울타리 기능을 맡긴 모양입니다만, 어느 할 일 없는 호사가가 한눈에 버젓이 '의심 낼 혹' 자인 글자를 '국' 자로 봐주는 공부나 하고 있겠습니까?

몇 해 전에, 그때에 국회의원 노릇을 하던 이에게 하필이면 왜 국회의원 배지에 그 외자를, 그것도 국문 아닌 그 중국 글자로 박아 넣었다더냐고 물어본 일이 있었습니다. 그랬더니 처음에는 국문으로 '국' 자를 넣을 생각을 했었는데, 그놈이 거꾸로 돌아 앉으면 '논' 자, 또 얼핏 보면 '놈' 자 같이 보일 염려가 있어서 그 중국 글자를 썼다나요? 저는 말도 안 된다고 했습니다. 그 놈이 거꾸로 돌아가 국민이 '논' 자, '놈' 자로 읽을 것을 걱정하는 것이 말도 안 된다는 말이 아니라, 삼권 분립이라는 것이 엄연한 명제로 받들리고 있는 나라의 의회에서 근본적으로 국가를 상징하는 '나라 국' 자를 비록 그것이 '국회'를 줄인 것이라고 하더라도 의회를 상징하는 글자로 사용하는 것은 온당치 않다는 말이었습니다.

이 배지는 비록 그 무궁화꽃 바탕이 흰색으로 되어 있기야 하지만, 거기에 쳐진 획들이 황금으로 되어 있어서 이미 불명예스런 이름을 얻었습니다. 딴 데 사람들도 아닌 국회의원들이 그이들이 가장 멀리해야 할 돈 잇속을 상징하는 황금 무늬를 한 배지를 달고 다니니까, 사람들이 얼마쯤은 비꼬는 마음으로 거기에 '금빳지'라는 이름을 붙이지 않았나 합니다.

우리는 또 앞에서 말한 '규칙'에 따라, '국회기'라는 국회의 기에서도 그 배지에서와 같은 '의심 낼 혹' 자 무늬의 무궁화가 부끄러워할 줄 모르고 그 황금 얼굴을 드러내고 있음을 목격합니다. 게다가 하늘이 내려다보시기에는 그 일이 국회의원 노릇과 평등할 텐데도 아랑곳없이, '국회 공무원'의 배지는 불평등하게 황금 얼굴이 아닌 은색 얼굴을 하고 있음을 눈여겨봅니다.

어느 국회의원은 저에게 "이것 참 거북스럽지만 그래야 한다 해서 별수 없이 달고 다닙니다" 했습니다. 그러나 그 규칙이라는 것을 자세히 읽어 보니, "좌측 옷깃에 패용한다"—왼쪽 옷깃에 단다, 찬다는 소리를 국회의원들은 그리 말하는 모양입니다—는 대목은 있어도, 늘 달고 다녀야 한다는 의무 규정은 보이지 않았습니다. 그럼에도 불구하고 달고 다니지 않아도 될 것을 굳이 '규정'으로까지 정했겠느냐고 우기는 국회의원이 있다면, 그이는 기필코 그것 달고 다니며 받는 거수 경례 같은 대접을 즐기는 사람일 터입니다.

그러나 그런 대접 그리 좋아하지 말라고 당부하고 싶습니다. 상황을 뒷골목 세상에 빗대어 설명해 보자면, 돈 뿌릴 때에만 웃어 주는 기생의 웃음은 웃음이 아니기 때문입니다. 정승화 씨가 전두환 장군에게서 장군 계급장을 뜯기고 난 다음에 '벼슬' 없이 사복으로 동사무소에 갔다가 민원 서류 한 장인가를 받으려고 두세 시간인가를 기다렸다는 말씀은 들으셨죠? 그 대접이 이 사회에서 받는 진짜 대접일 줄로 압니다. 그 배지를 천년만년 달고 다닐 것도 아닐 바에야, 그전에는 그것 없이도 그럭저럭 살았음을 망각했더라도, 나중에는 배지 없이 처세해야 할 것에 대비해서라도 그것 달고 다니지 않으면서 세상사를 해결하는 연습을 미리 해야 할 줄 압니다.

　게다가 그것 달고 다니면 실제로 쓸데없이 손해 보는 수도 많을 것입니다. 아까 공무원을 두고도 비슷한 말을 했습니다마는, 국회의원도 사람일진대 어찌 여기저기서 실수하지 말라는 법이 있겠습니까? 그럴 때면, 설사 드러내 놓고 그리 말하지 않을지는 몰라도, 상대방에게서 '국회의원 소행 한 번 볼 만하네', '국회의원이면 다냐?' 하는 생각이나 촉발하기 쉬운 것이 그 배지라고 할 수 있겠습니다.

　그러니 그것 달고 다니지 마시기 바랍니다. 그리고 '국회기', 국회 '의장 차량 표지판'이라는 것도 꼭 필요한 것이라면 그 규칙을 고쳐서라도 그 '의심 낼 혹' 자 좀 떼어 냅시다.

천구백팔십팔년, 샘이깊은물

이 자유 국가의 낡은 풍물

 몇 해 전에 술 '퍼먹고' 밤중에 집에 가던 길의 택시에서 혀가 친구들 사이에서처럼 느슨해져서 대통령의 이름을 그냥 칭호 없이 일컫다가 간첩으로 잘못 뵈어 파출소에 불려가 봉변을 겪고 왔던 녀석을 안다. 모르는 사람 앞에서 그이를 가리킬 적에는 남이 하는 대로 꼭 존칭을 붙일 일을 깜박 잊은 탓으로 그의 파수꾼인 운전사의 눈에 유별난 사람으로 비쳐 쓸데없이 겪은 고생이다. 그래도 이 나라가 독재 국가가 아니라 자유 국가인 증거는 이런 '잘못'을 저지르고도 큰 탈이 붙는 수가 적다는 데에 있다. 자유당 시절에 케이비에스 방송과 《서울 신문》이 평등의 원칙을 깨고 이승만 씨를 두고 만은 '말씀하셨(습니)다' 했던 것을 비난하다가 들켜도 '잠바쟁이'에게 손찌검을 당하는 수야 있었겠지만 징역살이까지는 하지 않았으며, 유신 체제 밑에서 케이비에스 텔레비전이 대통령의 훌륭한 말을 인용하는 화면 아래쪽에 대통령의 '말씀'이라는 글자를 박아 넣어 세종로 일번지의 주인에게 알랑거리는 것을 꾸짖어 그이의 인상으로 하여금 독재자 이승만 씨를 닮게 하는 처사라고 트집해도 눈을 흘기는 사람이 없었다. 이런 뜻에서 이 나라는 민중에게 온갖 압박과 설움을 강요하는 이 지상의 여러 나라보다는 훨씬 더 자유롭다.

　민중의 자유를 법률로, 또 실제로 제한하거나 박탈하는 정도에 따라, 우리는 한 나라를 독재 국가라고도 하고 자유 국가라고도 한다. 그러나 자유가 모든 사람의 마음을 사는 개념임만은 외면할 수 없길래, 자유 국가라는 곳에서도 자유를 제한하면서 무슨 자유는 '법률에 의하지 아니하고서는 제한받지 아니한다'라는 투의 헌법 조문으로 말장난을 하기가 십상이고, 자유의 박탈로 소문난 소련이나 북한 같은 통제 사회에서도, 이를테면 '모든 인민은 종교의 자유가 있다'라는 허울 좋은 헌법 조문 밑에 '반종교 활동의 자유도 있다'라는 조문을 못 박아 놓고 종교의 자유를 제한한다. 법률로 제한받는 자유는 그 제한을 받는 만큼 있으나마나 한 자유요, 반종교 활동으로 말살된 종교의 자유는 존재하지 않는 자유다. 그러나 이런 법이야 어찌 되었거나, 흔히 한 사회의 민중이 자유로운 정도는 그 나라 체제가 민중에게 실제로 강제하는 것이 얼마나 많은지에 달려 있다. 삶의 모든 공은 모택동 씨의 '빨간 책'에 돌리던 홍위병 시절의 중국 본토가 사람들의 얼굴에 좀 더 웃음꽃이 핀 사회로 요새 바뀐 것은 헌법 같은 것이 유별나게 더 좋아져서가 아니라, 민중에게 강제를 많이 할수록 나라가 더 잘 굴러가리라고 잘못 믿어 법이 없으면 정책으로, 또 정책이 아니면 운동으로, 이런저런 짓거리를 시키던 사람들이 물러났기 때문이다.

　국가 권력이 법 밖의 정책이나 운동으로 펼치는 일이면 다 그르다는 법은 없다. 인도에서는 사람들의 불알을 강제로 까다시피 했기 때문에 실패한 가족 계획 운동도 이 나라에서는 대체로 순리대로 했어서 성공했다. 그러나 한 사회에 강제되는 정책이나 방침이나 운동이 쓸데 있는 것인지 쓸데없는 것인지는 그 강제를 하는 쪽에서나 받는 쪽에서나 늘 비판의 눈으로 따져 보아야 한다. 무릇 강제는, 자칫하면, 그 반복성과 지속성의 마술 때문에 그 입김을 받는 사람들로 하여금 자기의 몸짓이 인간의 독창성을 짓누르는 획일주의 사회의 것을 닮는 줄도 모르고 있게 하기 쉽기 때문이다. 그런 뜻에서 이 우리가 사랑하는 나라의 풍물을 몇몇 살펴보자.

김포 공항에 내린 사람들은 비행기를 타기 전에 이미 외국에서 몸수색을 샅샅이 당하였어서 무기를 지니지 않았음이 판명된 사람들이다. 그런데 이 나라에서는 천구백칠십사년에 철없는 재일 동포 문세광 씨가 권총을 몰래 들여와 육영수 씨를 쏜 다음부터 계속해서, 입국하는 사람들의 몸을 실제로 '다시' 뒤진다. 이런 몸수색으로 권총이 몇 자루가 이 나라에 덜 들어왔는지는 몰라도, 이것 때문에 이 나라가 여행자의 눈에 유별난 '수색' 국가로 비치는 것만은 틀림없다. 이만하면 돌아가신 이들에게 충성이 충분히 증명되었을 터이니, 어지간하면 그만둘 것을 검토해 보면 어떨까?

나날이 오후 다섯 시면 온 나라의 라디오 방송과 확성기에 애국가를 틀고 국민에게 '차렷' 자세로 '국기에 대하여 경례'를 하게 하는 '하기식'만 해도 그렇다. 이태 전엔가 그때의 대통령 박정희 씨가 어디 나들이를 하시다가 당신 뜻대로 '하기식'을 하는 어느 관공서의 국기에 한 길 가던 학생이 거수 경례를 하는 것을 보시고—천지 창조를 해 놓으시니 보시기에 좋더라던 창세기의 어지신 하느님처럼—고개를 끄덕이시고는 이것을 온 나라에 권장하자고 하셨다던가 해서 시작된 이 풍물은, 비록 여태까지는 그런대로 우리에게 태극기를 우러러보는 공부를 시킨 공이야 있었다손 치더라도, 이 자유로운 나라에서가 아니라 딴 나라에서 보였던들 전체주의 국가의 의식으로 오해받기에나 알맞은 것이다. 게다가 우리는, 이것이 나날이 하는 행사인 만큼, 삼일절 같은 뜻 깊은 날에 가슴에 손을 얹고 국기를 바라보는 감격이 무디어질 걱정도 해 보아야 한다. 또 이것이 남이 보지 않는 대문 안에서는 하지 않고 남이 보는 대문 밖에서만 하는 겉치레 애국 행위는 아닐까도 따져 볼 때가 왔다고 본다.

웬 거수 경례가 그리도 많은지 모르겠다. 이 나라에서는 어쩌다가 사복 입은 대통령도 가끔 하고 호텔의 문지기도 자주 하는 인사의 동작이 되어 버렸다. 군대에 갔다 온 아들이 아버지 앞에서 무릎 꿇고 하는 절 대신에 하는 인사가 이 손짓인가 하면, 잘 봐주는 대신에 딱지를 떼기로 마음먹은 교통 경찰이 운전사에게 하는 선전 포고가, 또 아부 잘 하는 그의 동료 경찰이 번지르르한 부잣집 승용차가 지나가면 하는 인사가 이 거수 경례다. 그러나 이런 인사는 제복을 입은 사람이 제복을 입은 사람에게 할 때에 말고는 억울하게도 전체주의 사회의 속성으로 오해를 받기 쉽다.

뜻이야 갸륵하기 한량이 없는 반상회 문제는, 신문이 떠든 대로 고관이 비서를, 부자가 식모를 제 몸 대신에 보내는 일이 있는 데에 있는 것이 아니라, 가난한 사람도 비서나 식모가 있다면 제 몸 대신에 보낼 걱정은 없지 않나에 있다. 이런 이웃끼리의 아름다운 모임은 한동네 사람들의 사랑이나 협동보다는 그런 사랑이나 협동의 동태를 상부에 부지런히 보고하는 데에 더 넋이 팔리게 마련인 동회 직원의 참석이나 관여가 없이 이웃끼리 서로 자발적으로 갖는 식으로 되어야 더 큰 사회 융합의 기틀이 될 것이다.

다행히도 앞으로는 정부에서 돈 사정 때문에 그토록 많은 구호의 아치와 현수막을 줄이겠다고 했다. 다달이 하자는 일도 그토록 많던 세상이 끝나는 모양이다. 그러나 이 전체주의스런 풍물은 정부의 돈 사정이 나아지더라도 되살아나지 말아야 한다.

공화당에서 연좌제를 없애자는 소리를 했다. 자기들이 득세할 동안에는 아무 소리 없다가 요새 느닷없이 내놓는 소리여서 마치 자기들하고는 인연이 먼 딴 정치 세력이 강제해 온 제도인 체하는 것 같아 좀 찜찜하기는 해도 이 위헌적인 차별 대우의 제도를 없애자는 소리는 고마운 말씀이다. 해외에서 초청을 받고도 '우리 아버지'가 무슨 죄에 걸려 처벌을 받았기 때문에 못 나간다고 말할 수밖에 없어서, 사실과는 다르게도 전체주의 사회의 올가미에 사로잡혀 있는 인상을 외국에 심을 수밖에 없었던 내 친구와 그의 외국 벗들이 보는 이 나라의 모습을 위해서는 늦어서 섭섭하나마 반가운 소식이다.

문교부 장관 김옥길 씨가 중-고등 학생 제복을 자율화하겠다고 하자 온 나라가 벌집 쑤신 것같이 되었다. 일본 제국주의가 물려준 이 시커먼 군국주의 인상의 제복이 서른 몇 해 동안에 걸쳐 눈에 익어 굳어져서, 생각 깊은 관리의 지혜로 그것을 없앨 실마리가 모처럼 생겨도 사람들은 이것을 사치 풍조니 비경제적이니 하는 구실을 내세워 마단다. 그토록 국민 경제를 걱정하는 사람들이 왜 초등학생과 대학생에게, 아니, 온 국민에게 중국 본토처럼 제복을 입히자고 외치지는 않아 왔을까? 또 말은 말대로 해서, 한 사회에 빈부의 차이가 크면 그것을 줄이려고 애쓰기에 앞서, 하필 열세 살부터 열여덟 살까지의 아이들에게만 겉만 엇비슷한 제복의 탈을 씌워 평등의 시늉을 시키는 것이야말로 제도적인 위선이 아닐까? 학생 복장 자율화의 진정한 정신은 학생이 사복을 입는 자유뿐만이 아니라, 이미 지어 놓은 제복을 입는 자유도 마땅히 내포할 터이니, 학생이 한결같이 군인처럼 보이는 것이 소망인 것처럼 행동하지는 말자.

우리 사회를 적어도 부분적으로는 특징 짓는 이 여러 현상들은 전체주의스런 인상이 풍겨서 우리로 하여금 국제 사회에서 따돌림을 받게 하거나 관광객의 돈 쌈지를 터는 일을 더디게 할 걱정 때문에도 바로잡혀야 하겠지만, 획일주의 요소들이 우리로 하여금 스스로도 모르는 사이에 열린 마음의 문을 닫게 하여 정부에서 싫다고 해 온 불신 풍조를 오히려 부채질하는 작용을 하지나 않을까 두렵기 때문에도 반성되어야 한다. 닉슨 행정부 밑의 미국 사회도 아니어서 아무도 도청할 턱이 없는데도 걱정이 되어서 "전화로 말할 수 없으니 만나서 얘기하자"라고 하는 사람들의 마음속을 캐 보자. 아무도 감시하는 사람이 없을 터인데, 하찮은 소리를 주고받으면서도 누가 들을까 봐 주위의 눈치를 살펴 두리번거리면서 '쉬쉬' 하며 얘기하는 다방 손님의 표정을 읽어 보자. 곁에 아무도 없는데, 혼자 중얼거리면서 먼 산을 바라보며 한숨짓는 저 여자의 기미 낀 얼굴을 보자. 그리고 이마를 찌푸리고 담배를 연거푸 피우다 못해 잘금잘금 씹는 저 남자가 누구에게 쫓기는지를 꿰뚫어 보자. 새 헌법, 새 대통령과 함께 이 모든 이들의 표정이 확 풀렸으면 좋겠다.

천구백팔십년, 뿌리깊은나무

대통령의 책임

옛날에는 가뭄이 들면 임금이 몸소 기우제를 올렸다고 하죠? 나라에 제때에 비가 안 오는 것을 임금에게 덕이 모자라기 때문이라고 쳐 몸과 마음을 깨끗이 하고 하늘에 무릎 꿇고 절하여 빌었던 모양입니다. 임금이 임금 노릇을 잘해야, 또 잘못했으면 무릎 꿇고 빌기라도 해야 비가 제때에, 또는 뒤늦게라도 온다고 믿었던 듯합니다.

지난 연초에 대통령이 경상북도 안동엔가에 초도 순시를 하러 갔습니다. 거기에서 대통령은 지방 관리들과 유지들 앞에서 이 나라는 지금 하늘의 특별한 은혜를 받아, 요새 새로 정착한 말로 표현하자면, '삼저 시대'를 맞았다는 뜻의 말을 했습니다. 어떤 이는 그 말을 통치자가 잘한 공덕 때문에 하늘이 우리를 돕는다고 자랑하는 말로 옛날 사람처럼 생각하셨을지도 모릅니다. 그러나 저는 그 말을 '이번 일은 우리가 한 것이 아니라 하늘이 했다. 하늘 하는 일, 우리 하는 일 따로 있다. 하늘이 많이 주시면 많이 주시는 대로, 적게 주시면 적게 주시는 대로, 열심히 일해야 하겠다'라는 뜻의 오히려 겸허한 말로 받아들이고 싶었습니다.

옛날의 임금과 오늘의 대통령은 거기에서 다른 줄로 압니다. 지난 시대에 더러 욕심이 지나쳐 시치미 딱 떼고 하늘의 공까지 제 공으로 낚아채려는 수가 어찌 절대로 없었다고 하겠습니까마는, 근본적으로 법에서 받은 심부름을 하는 동안에 법으로 정한 책임만을 지고 법으로 정한 권한만을 행사하다가 시간 차면 물러서야 할 이가, 옛날 임금처럼 하늘의 일과 땅의 일을 각 단지기(모조리) 자기의 관할 속에 집어넣으려 해서는 안 되는 것 아닙니까? 국민에게는 권리가 되는 말이 공직자에게는 자칫하면 함부로 권력 같은 것을 휘두를까 봐 일찍이부터 한정해서 행사하라는 뜻으로 그리 지은 말 권한이 되는 것도 그 때문일 줄로 압니다.

현대 사회의 공직자가 책임질 일이 많은 것은 사실이로되, 관할하는 부서나 지역에서 일어나는 모든 일의 책임을 져야 하는 것은 아닐 줄로 압니다. 오늘의 대통령에게는 가뭄의 죄가 면제됩니다. 그럼에도 불구하고 공직자는 공직자대로, 국민은 국민대로 흔히들 이 나라에서 일어나는 모든 일의 잘잘못이 무턱대고 우두머리에게 있다고 생각하는 듯합니다.

이를테면 농사철만 되면 새마을 모자 쓰고 '잠바' 입고 지프차 타고, 확인 행정 어쩌고 하면서 고을고을을 누비고 다니며 농사를 독려하는 도지사, 군수의 모습을 상상해 보세요. 농사야 농사꾼이 이녁의 잇속을 위하여 짓는 것이니, 관리들이야 그 지원만 하면 되련만, 그런 철에 도지사, 군수의 모습과 행동은 마치 그 일에만 생사가 매달린 농장 주인이 아니면 공장장을 연상케 하기 십상입니다. 그이들의 그런 모습이 그이들에게 '주식회사 무슨 도', '주식회사 무슨 군'의 사장이 되기를 기대하는 낡은 사회 통념에서 나오는 것은 아닐까요?

그뿐입니까? (양심의 화신이시던 제 존경하는 스승을 닮으셔서 '장관' 하면 우선 물러나야 속이 시원한 분이시라면 우선 이 대목만은 용서해 주십시오.) 장관이 된 지 몇 달 안 되었어도, 아직 이름도 못 왼 그 부의 어느 간부가 무슨 잘못을 저질렀거나 그 부에 관련된 어느 업무에 '재수 없이' 탈이 붙으면, 국회에서 그만두라는 소리를 듣고 불신임안의 대상이 되기도 합니다. 게다가 아랫사람이 말썽을 일으키면, 그 말썽이 사회적으로 크게 확대되는 것을 막는 방법으로 그 직속 상관까지 사직케 하며, 따로 불러 달래고 어쩌고 하면서 미리 제삿양으로 바치는 수도 있었던 모양입니다. 하기야 그 직속 상관의 상관까지 그 말썽의 곡절이 되는 일에 남몰래 끼어들었다면 그런 처사가 이해가 된다고나 할까요? 그러나 공직자도 죄 없으면 밤이면 큰 대 자로 발 뻗고 잠잘 수 있어야 할 사람들이니, 자기 스스로의 잘잘못 말고 '재수'로 자리 지키고 물러가고 하는 수는 덜어 주어야 하는 것 아닙니까?

국가 안보, 사회 안정이라는 명분으로 강조되는 많은 것들이 이 사회의 지킬 과제이자 풀 과제인 것도 사실입니다. 그러나 궁극적으로 그 명분 때문에 언론인들이 삼갔거나 못했거나 줄여 한 보도의 대상이 되는 많은 말썽들이 두 곱이 되고 열 곱이 되었다손 치더라도 그 성질로 보아 대통령이나 장관들이 책임지지 않아도 되는 것이 많은 것은 아닙니까? 또 대통령이나 장관들이 책임지지 않아도 되는 일치고 알고 보면 국가 안보나 사회 안정에 직결되는 수, 생각하기보다는 더 드물지도 모름은 말할 나위도 없고요.

그러나 세상일이 어찌 그리 간단합니까? 무슨 사건 터졌다 하면, 안보 걱정, 안정 걱정이야 마땅히 해야 하겠지만, 마치 왕조 시대의 임금에게 앰한 가뭄 책임 지우듯이 그 책임을 무턱대고 정부 지도자들에게 지우는 심리에서 그이들에게 실례가 될까 봐 덜 보도하고 안 보도하는 수도 과거에 더러 있었을 성싶습니다. 신문과 방송에서 못 보고 못 들었거나 짧게 보고 짧게 들은 소식 머잖아 입에서 귀로 길고 크게 들리는 수 많았기 때문입니다. 그처럼 입에서 귀로 전해지는 소리들엔 흔히 거짓의 고물까지 많이 묻어 있을 수 있으니, 알고 보면 실례도 아닌 것 실례라고 잘못 생각하여 삼가던 일이 진짜 실례가 되고야 말 수도 있겠습니다.

 그러나 정부의 책임자들을 더 잘 위해 주려면 이 사회의 여러 말썽들의 책임을 각단지기 그이들에게 돌리는 심리에서 벗어나 가능하면 다, 그리고 고루 보도하여 나중의 고약한 유언비어에서 거짓 미리 털어 내는 편이 좋을 줄로 압니다. 신문과 방송으로 하고 싶어하는 말은 그 흔한 허섭스레기 말고 지금까지 쓸데없이 조심해서 안 하거나 덜해 왔을지도 모를 말들과 이웃하여 나갈 때에 훨씬 더 설득력이 있을 줄로 압니다.

천구백팔십육년, 샘이깊은물

대통령 사진

　대통령 사진 하면 우선 생각나는 것이 그 관공서 높은 양반 자리 뒷벽에 모신 사진들입니다. 국영 기업체, 그리고 흔히는 학교에서도 대통령 사진을 걸어 놓습니다. 그리고 꼭 그 우두머리의 모가지가 관청의 손에 달려 있지 않은 사설 단체나 업체 같은 데서도, 일찍부터 흔히 '애국'을 상품으로 하는 이들이 그 애국심하고는 별 상관없이 그 사무실 벽에 태극기 걸어 놓기 쉬운 것처럼, 관청 사람들이 드나들더라도 자기들의 '빽'이 벽에 걸어 놓은 사진의 인물만큼 튼튼한 줄을 알아 달라는 듯이, 더러 켕기는 데가 있을수록 부지런히 갖다 건다는 인상을 우리는 가끔 받아 왔습니다.

　그러니 대통령이 짧은 기간에 세 번이나 바뀌던 팔십년을 앞뒤로 해서 그런 양반들 그때마다 새 대통령 사진 허겁지겁 구해다가 거느라고 그리하여 대통령의 얼굴을 무엄하게 '수문장'으로 사용하려고 과용깨나 했을 줄로 압니다. 그토록 음으로, 양으로 흔히 주인공의 의도와는 상관없이 온 나라에 커다란 영향을 행사하는 것이 대통령 사진입니다.

　굳이 대통령의 것이 아니더라도, 공개되는 인물 사진은 적어도 그 주인공 쪽에서 바라보자면 보는 이의 눈에 투영하고 싶어하는 이녁의 한 인상일 터입니다. 짓궂은 사진 작가들이야 그 사람의 특징을 잡아낸다고 해서 코 후비는 모습까지 찍기를 마다잖을 줄도 모르나, 어찌 어린아이인들 제 코 후비는 모습 사진을 보면 좋아하겠습니까? 저를 두고 말하더라도, 어릴 적 사진 한 장을 한편으로는 아주 안타까워하면서도 은밀한 부끄러움 때문에 몰래 찢어 버린 적이 있습니다.

그래서 여러 나라에서 전국의 관청에 나누어 주는 국가 원수의 벽걸이 사진은 그 주인공이나 참모들이 골똘히 생각하고 골라낸 것일 줄로 짐작해 봅니다. 또 그 고르는 일을 하면서, 뽑힌 사진이 인간의 거의 모든 미덕, 그러나 흔히 더러 서로 부딪치기도 하는 미덕들, 이를테면 근엄함과 온화함, 강인성과 인자함, 이성과 감성, 말끔함과 털털함, 날카로움과 두루뭉실함, 씩씩함과 순함, 무사 됨과 선비 됨을 두루 표출하기를 바랄 터임은 당연하달 수 있겠습니다. 말하자면 문무를 겸비한 인상을 탐색한달 수 있겠습니다. 그러기에 많은 국가 원수들이 그 공식 사진들을 웃는 듯, 마는 듯한 것으로 고르기가 십상이겠지요. 입술에 웃음기가 없는 위엄 있는 표정은 자칫하면 매정한 인상을 풍기기 쉽고, 활짝 웃는 '따뜻한' 얼굴 내세우면 어찌 보면 채신머리없어 보이고 더러는 나약해 보이기까지 할 수 있다는 것이 여러 나라 대통령 인상학 전문인들의 흔한 결론인 듯합니다.

우리 나라의 경우도 예외는 아닙니다. 이승만 선생 시절부터 오늘날까지 관청 벽에 붙은 것부터 신문에 나는 독사진까지가 거개 입술에 웃음을 머금어 보려고 애쓴 듯하면서도 오히려 위엄 있어 보이는 모습을 해 왔다면 크게 틀릴까요? 하기야 정도의 차이는 있어 왔습니다. 웃더라도 검약스럽게 웃었다는 박정희 선생 것은 숫제 웃음기도 없는 듯해 보였던 것으로 기억합니다. 앞에 서서 뜯어보지 않으며 눈을 감고 상상하는 전두환 대통령의 독

사진도 실제로는 웃음을 머금었을 터이나 제 마음에는 정색을 한 근엄한 얼굴로 더 비칩니다.

한 사람에 대한 여론이나 인상의 형성이 말로 따져서 되는 수도 있습니다. 그러나 더러 달라는 것 없어도 미운 사람이 있듯이, 세상 사람들은 흔히 남의 판단을 옳고 그름을 따지기에 앞서 그 얼굴과 거동만을 보고 성급히 합니다. 특히 신문, 잡지와 텔레비전에 사진이나 활동 사진이 나온 현대 대량 전달 시대에는 사람에 대한 도덕적인 판단까지도 종이에 찍혀 나오거나 기계 속에서 비쳐 나오는 그 허깨비 관상만으로 직시적으로 하기 십상입니다. 이 현대 사회에 대중이라는 신식 관상쟁이들은 구식 관상쟁이들과는 달리, 이를테면 '눈썹 사이가 좁으니까' 어떻고 하지 않습니다. 또 '위엄 있어 보이니까 꿋꿋이 나라의 기강을 잡겠고, 입술에 웃음을 머금었으니까 인품이 따뜻하고' 하는 식으로, 말하자면 분석 같은 것을 해서 사진을 보는 일은 더구나 없습니다. 그냥 '덩어리'로 봅니다. 그러니 제 마음에 남아 있는 여러 대통령의 얼굴들은 그런 '덩어리'들입니다. 전통 사회에서처럼 저만 본 덩어리가 아니라 한꺼번에 몇 백만 명이 본 덩어리입니다. 게다가 연거푸 본 덩어리입니다.

다들 아시듯이, 대통령이 되는 이들뿐만이 아니라 보통 사람들도 저마다 표정이 여럿 있습니다. 대통령은 그 여러 표정 중에서 쉽게 말해 가장 '보기 좋은', 또 요샛말로 하자면 '매력 있는' 것을 찍어 공식 사진으로 써 봄 직하다고 생각합니다. 그것이 '매력 덩어리'일 때에 사람들의 마음을 더 쉽게 휘어잡을 수 있을 줄로 압니다. 그렇다면 사람들이 민주주의 더 달라, 자유 더 달라고 외치는 이런 시끄러운 정세의 나라에서는 그것은 꼭 세계의 대통령 참모들이 골라잡은 그 무사와 선비의 인상을 겸비한 사진일 필요는 없다고 봅니다. 이를테면 전두환 대통령의 경우에는 그 살짝 웃는 모습일 수 있을 것입니다. 그이의 표정도 여럿 있지만, 텔레비전에 더러 나오는 그 살짝 웃는 모습을 저는 가장 좋아합니다. 요새 이런 소리가 변통 없는 소리가 될지 모르지만, 심지어 그이를 반대하는 이들 사이에서도 그이의 웃는 모습을 좋아하는 이들을 심심찮게 보았습니다.

대통령 사진 얘기가 나왔으니 한마디 더 할까요? 모든 신문에 실리는 청와대의 대통령 '접견' 사진 같은 것이 빼박은 듯이 똑같은 것이라면—박정희 선생 시절부턴가 줄곧 그래 온 듯합니다—언론이 정부에서 시킨 대로만 하는 듯한 전체주의적인 인상, 알고 보면 억울해 할 이도 많을 인상을 풍깁니다. 그러니 가능하다면, 여러 신문 사진 기자들이 '풀'을 만들어 한 사람씩 차례로 나가 여러 장 찍게 허용하여—또 청와대 사진 작가가 찍더라도 꼭 여러 장 찍어—골고루 나누어 주고 한 장 골라 쓰도록 함 직하다고 봅니다.

천구백팔십칠년, 샘이깊은물

대통령의 아내

 모처럼 국민이 대통령을 한 명 낳았습니다. 남의 손, 아니, 남의 몸 말고 제 몸으로 말씀입니다. 이 양반만은 우리 손으로 잘 길러야 하겠습니다.
 이 나라도 대통령 제도의 역사, 민주주의의 역사가 아주 짧습니다. 그 때문에 뭐 달리 뾰족히 정착된 것도 없고 해서, 먼저 나온 대통령이 지켰다 할까 채택했다 할 의견이나 습속, 다른 나라의 임금이나 대통령의 관행 같은 것을 적절히 커닝한 데다 이런저런 새것을 보탠 것이 청와대의 주인과 그 식구들의 몸가짐이었다고 할 수 있겠습니다.
 이승만 선생은 미국 대통령들처럼 평상시 집무 시간에는 비즈니스맨 양복을 차려 입었습니다. 또 윤보선 선생은 그 유학 시절의 영국 상류 사회 사람들처럼 단추 세 개 달린 양복의 맨 위 단추까지 잠그고 저만큼 멀리 앉아 단독 회견을 하는 기자들에게 '임금 알현하는' 처지에 있게 하기를 즐겼습니다. 박정희 선생은 짙은 색 양복에 촘촘한 흑백 줄무늬 타이를 즐겨 매어 꽤 굳은 분위기를 풍기기를 좋아했습니다. 그 분위기는 전두환 선생에게도 이어졌습니다. 그런 위엄 있는 차림새의 대통령이 무슨 청와대 연석회의라든가 하는 것을 주재할 즈음이면 모든 장-차관들이 거의 한결같은 차림새를 하고 들어와 지혜로운 말씀을 한마디라도 빠뜨릴까 봐 한결같은 필기 도구로 한결같이 받아 적거나 받아 적는 시늉을 하던 모습을 뉘들 그리 쉽게 잊을 수 있겠습니까?

그 대통령의 저택이자 사무실인 집의 가구를 살펴보아도 재미가 있습니다. 이승만 선생이 사용하던 응접 세트는, 나중에 어느 여염집에 내팽개쳐진 모습을 살펴보았더니, 서울 을지로의 한 가구점에서 그 스프링 위에 지푸라기 쑤셔 넣고 천 둘러 만든 검약스러운 것이었습니다. 박정희 선생은 나무에 반짝이는 옻칠―비싸서 옻칠이라고 했으나 사실은 그 캇슈라는 화학칠 물건을 속아 샀을 수 있겠습니다―을 한 중국풍 의자 위에 스스로도 앉고 손님을 맞기도 했던 것으로 기억합니다. 전두환 선생의 청와대 의전 담당 관리들은 십 몇 세기 프랑스 왕궁에서처럼 흰 바탕에 황금색 무늬를 넣은 고전풍 응접 세트가 대통령의 체통에 중요하다고 여겼던 듯합니다. 심사숙고의 결과도 갖가지여서, 이를테면 박정희 선생 때의 청와대 경호실장이었던 박종규 선생 같은 이는 자기의 책상마저도 대통령 책상을 닮아 양편에 태극기하고 경호실기(?)를 꽂아 세우고 책상 앞에 경호실 표지 도드라지게 새겨 붙였던가 그려 붙였던가 하는 일이 권총 잘 쏨과 함께 대통령의 경호에 도움이 되고 대통령의 체통에 보탬이 된다고 생각했던 듯합니다.

대통령이 바뀔 때마다 이처럼 바뀌는 것도 있고 전승되는 것도 있고 해 왔습니다. 거기에서 처음부터 빠짐없이 여태까지 전승된 습속이 하나 있다면 아마도 그것은 대통령 아내의 등장일 것입니다.

첫 실수는 이승만 선생이 저질렀습니다. 떠나기 전에 인연 맺은 조강지처를 저버리고 그랬다는 뜬소문도 들리기는 합니다만, 아무튼 그 미국 망명 생활 동안에 얻은 그 부인 '호주댁'―프란체스카 씨의 고향 오스트리아를 오스트레일리아, 곧 호주로 오해하고 사람들은 흔히 그 부인을 그리 불렀습니다—을 데리고 와서, 대통령 취임식인가를 할 때에 나란히 앉혔습니다. 왕조 시대의 임금 아내도 특수 지위를 누렸고, 그이가 민주주의 정치랄까를 목격하고 온 미국에서도 대통령의 아내가 그런 자리에 나란히 앉는 것이 관례가 되었다고 하니, 그것이 무슨 실수냐 하실 분이 계실지도 모르겠습니다마는, 그 부인을 그 자리에 등장케 한 것, 또 그 뒤로 곳곳에 대통령과 함께 나타나고 남자 손님을 맞을 때에도 흔히 함께 맞고 하게 한 것 자체가 크나큰 실수였다고 봅니다. 늘 한복을 차려입기는 했을망정 국어를 배워 쓰려는 노력을 적어도 그 대통령 재임 동안에는 아예 하지 않은 몸으로 말동무도 드물고 했어서, 그 부인을 안방에만 머물러 있게 하기란 좀 난처한 일이었을 터임을 모르지 않으면서도 드리는 말씀입니다.

왕조 시대의 왕비야 어디 예사 사람이었습니까? 임금처럼 거룩한 사람이라는 사회의 약속이랄까가 있었습니다. 지금도 임금이 있는 나라에서 임금의 아내와 그 식구들이 받는 특수 대접은 더러 차이야 있지만 다 그런 약속을 기초로 하고 있을 터입니다. 그러나 어디 이 나라의 대통령이 임금입니까, 오히려 임금 없이 국민이 스스로 나라를 다스리는 일에 필요하니 몇 년만 고생하라고 해서 뽑는 이이지.

미국 같은 '선진국'에서 대통령의 아내가 '퍼스트 레이디'라던가가 되어 대통령이 얼굴 내밀었다 하면 그 옆에 서 있고 하는 것도 무턱대고 본받을 바가 되지 못한다고 봅니다. 대통령을 임금 대신, 곧 이 없을 때의 잇몸으로 보아 그런다면 그것은 민주 사회의 원칙에 어긋나는 수작이 될 터입니다. 오히려 그 곡절은 딴 데에 더 있을 수 있지 않을까 합니다.

그 나라에서는 남편의 직장에서도 흔히 그 아내를 '중히' 여깁니다. 늘 드러내 놓고 하는 일은 아니지만, 중역을 채용하려면 점심이다, 저녁이다 해서 마누라도 불러내어 그 선까지 보는 수조차 흔합니다. 머리맡의 행복, 마누라의 바가지나 사교성 같은 것이 그 남편의 회사일 수행을 크게 좌우한다고 보는 실용주의 관점에서 그럴 터이라고 봅니다. 그런가 하면 회사의 파티 같은 데에 꼭 아내들도 나오게 합니다(그 아내들 사이에서 펼쳐지는 숨은 힘의 행사가 대체로 그 남편 것들하고 정비례하는 것은 우리 나라에서와 별로 다를 바 없고요). 또 무슨 회의다 해서 아내들마저 비행기에 태워 객지로 몰고 가서 실제로 남편들이 모이는 곁방에서 '아내 회의'를 열어 이런저런 회사 업무 강의를 하기도 합니다. 또 국세청에서 그런 경비를 공식 경비로 인정해 줍니다. 좋게 말하자면 남편과 아내가 한 꾸러미로 취직이 되었다고 할 수 있겠고, 야박하게 말하자면 아내를 남편의 '부속물'로 여긴다, 아내가 남편과 그 직장일에 종속되어 있다고 할 수 있겠습니다. 그런 점에서 미국의 퍼스트 레이디라는 여자들도 여태까지 대통령이 된 남편들과 그 대통령 노릇에 종속되어 왔다고 할 수 있습니다.

그뿐입니까? 그 퍼스트 레이디라는 말을 뒤집어 레이디 퍼스트라고 하는 표현 있지요? 여자를 연약한 존재로 보아, 여자 옆에 있으면 문 열어 주고 먼저 들어가게 하고 하는 서양 예의 규범을 나타내는 말입니다. 그 습속이 틀려 먹었다고 외치는 이들이 바로 서양 여권 운동인들입니다. 여자의 능력과 지성을 깔보는 사회가 만들어 낸 남녀 차별의 습속이라는 것이죠. 그이들의 주장이 옳다면, 퍼스트 레이디의 지위는 레이디 퍼스트의 풍속에 관계된 것이라고 보아서도 없어져야 할 터입니다.

남녀 평등이라는 것은 동양에서도 서양에서도 앞으로 훨씬 더 많이 풀려야 할 숙제입니다. 남편이 대통령으로 뽑히면 남편만이, 아내가 대통령으로 뽑히면 아내만이 대통령 자리와 그 둘레에 관여하는 것이 옳겠습니다. 아내도 남편도 그 배우자의 취직 자리에 종속되어서는 안 되겠기 때문입니다. 그이가 임금같이 군림하는 독재자라면 또 몰라도, 대통령의 아내와 다른 식구들은 대통령 취임식장 단상에 오르지 않고 여느 국민처럼 단하에 머물러 있어야 옳겠습니다. 초대 대통령 이승만 선생이 그의 아내 '호주댁'을 단상에 끌어올린 것도 이미 말한 대로 실수였고, 그 뒤로 그 대통령이라는 이들마다 그이의 본을 받아 단상에 아내를 끌어올린 것도, 깊이 살펴보면 여자의 들러리 됨을 확인시키는 행실이요, 여자의 지위를 모독하는 행위였다고 할 수 있겠습니다.

"내가 대통령이 되었을 때 나의 집사람 역시 어제까지와 마찬가지로 집안일을 살피는 전통적인 한국의 조용한 아내와 어머니로 있게 하겠다." 그 말은 노태우 대통령 후보가 한 텔레비전 연설의 한 대목입니다. 기필코 그런 말을 하면 표 긁어 모으는 데에 도움이 되겠다 싶어 그리 말했을 터입니다. 어떤 남자가 대통령이 되었을 때에 그이의 아내까지 날뛰는 모습을 국민이 싫어한다는 판단에서 아마도 그런 약속을 했을 터입니다. 그것이 거짓말이 아니었을 바에야, 묻는 말에 마지못해 한 대답이 아니라 자진해서 한 말인 것으로 미루어 보아, 그리 날뛰는 대통령 아내의 모습을 과거에 이녁도 달갑잖게 생각한 모양이라는 짐작도 해 봅니다.

대통령의 아내들이 숨어서 휘두른 힘이야 하늘 아니면 아는 사람들만이 알 바이거니와, 우선 그 아내들이 드러내 놓고 텔레비전 같은 데에 노출시키는 그 거동 생각 좀 해 봅시다. 단상에 오르는 것은 제쳐 놓고 말하더라도, 남편이 대통령이 되지 못했을 때에는 도저히 할 수 없을 일들을 척척 해내고 있지 않던가요? 그것들이 자기가 잘나 가능하게 되고, 자기 마음이 어질어 추진되는 일이라고 착각할지는 몰라도, 사실은 딴판이라고 생각합니다. 그것들이 대통령 아내가 잘나 가능하게 된 것이 아님은 대통령이 바뀌이면, 이를테면 새마음인가 육영 재단인가 어깨동무인가처럼, 흐지부지하게 되기 쉬운 데에서도 알 수 있습니다. 그것들이 자기 마음이 어질어 추진되는 좋은 일이라면, 아닌 말로 머리맡에서 남편 귀에 속삭여서라도 공권력으로 하여금 추진하게 하거나, 스스로 하고 싶거든 혹시라도 자기도 모르는 사이에 대통령의 힘이 흘러들어 자기의 일이 '불공평한 성공'을 거두게 하는 것이나 아닌지를 끊임없이 경계하며, 가능하면 청와대에 들기 전의 모습과 규모로 하는 것이 훨씬 더 바람직하다고 생각하는 이가 한둘이 아닌 줄로 압니다. 그러니 노태우 후보의 '집사람' 언급이 많은 국민의 기분을 달래 주었을 수도 있습니다.

그러나 기분만 가지고는 세상일을 제대로 못 보기가 십상입니다. 그이의 보도된 발언에는 아내를 단상에 끌어올렸을 때에보다 훨씬 더한 여자 모독 심리가 반영되어 있었습니다. 아내를 '집사람'이라고 했음은 평균 한국 남자의 말버릇이 그러니 용서해 준다손 치더라도, "집안일을 살피는 전통적인 한국의 조용한 아내와 어머니로 있게 하겠다"라는 말은 따져 보아야 마땅합니다. 얼핏 윤리와 도덕과 전통에 맞는 말처럼 들리지만, "조용한 아내와 어머니로 있게 하겠다"라는 말이 깊이 걱정됩니다. 남자 중심, 여자 차별의 속셈이 그런 말에 짙게 깔려 있기 십상입니다. 아내가 이녁의 선택으로 조용한 아내와 어머니가 되겠다고 하면 누가 트집을 부리겠습니까? 아내로 하여금 그리 "있게 하겠다" 한 그 발상에 남자 독재성이 배어든 듯해 문제가 되는 것입니다. 그 아내가 하는 일, 하고 싶어하는 일을 대통령으로서 지시하겠다는 말로도 들렸습니다. 오늘날이 여자에게 복종을 강요하던 왕조 시대가 아닐 바에야, 곧 민주 사회의 대통령이 되겠다는 이의 입에서 나오는 말로는, 설사 그것이 속뜻과는 다르게 그리 느슨히 표현되었다손 치더라도, 아주 섭섭한 말이었습니다. 대통령의 아내나 남편은 되도록 배우자의 대통령 뒤에서 독립된 개인으로서 삶의 보람을 펼칠 수 있어야 남녀 평등의 이념에 더 접근할 수 있겠기 때문입니다.

앞으로 누가 대통령으로 뽑히거나 새 대통령들께 바랍니다. 전임 대통령들한테서 아무리 배울 바가 많다고 생각되더라도, 거기에 아내와 식구들을 단상에 끌어올리는 일만은 포함시키지 않았으면 합니다. 또 그 아내는 아무리 훌륭한 일을 하더라도, 대통령 아내의 힘 말고 개인의 힘으로만 하라고 당부하고 싶습니다. 국민은 대통령의 아내가, 이를테면 세밑에 고아원을 방문하는 훌륭한 일을 하더라도, 그 자동차가 뉘 자동차며 그 기름 값은 어디에서 나왔나를 궁금해 합니다. 그런가 하면 아내가 자신의 행복을 추구해서 그리하기를 택하지 않으면, "조용한 아내와 어머니로 있게 하"지도 말라고 합시다. 그런 주장들이 그이의 귀에 들어가야 민주 사회의 대통령으로 잘 길러집니다.

천구백팔십팔년, 샘이깊은물

대통령의 동생

쿠데타로 집권한 한 독재 정부의 대통령이 그의 비밀 경찰 두목이 쏜 권총알로 목숨을 잃었습니다. 또 계엄령 아래에서 그 두목을 잡아 족치던 장군이 무력으로 정권을 잡고 이런저런 의식과 절차를 거쳐 팔 년 동안인가— 또 그 마지막 칠 년 동안에는 대통령으로—나라를 다스렸습니다.

이미 짐작하시겠듯이, 이것은 어느 중남미 국가의 얘기가 아니라 이 남한 땅 이야기, 전두환 장군이 집권했던 이야기입니다.

장군 출신이기는 노 대통령과 마찬가지이나, 전두환 전 대통령이 그 자리에 오름은 참으로 엉뚱하고 느닷없었습니다. 적어도 노 대통령은 그 떠들썩한 직접 선거라도 치렀지만, 전 전 대통령은 국민이 모르게—그리고 어쩌면 그때에 '허깨비' 대통령 권한 대행이었다던 최규하 선생도 모르게—사실상 집권을 했달 수 있습니다. 그런 점에서 그이는 하룻밤 새에 통치자가 되었음을 국민이 뒤늦게 별안간 발견한 분이었습니다.

그의 등장을 엉뚱하게 맞이한 축이 어디 국민뿐이었겠습니까? 그이의 식구, 일가 친척들도 그 엄청난 사태를 보고 놀랐을 줄로 믿습니다. 그런 그이들이 어찌 느긋이 그 변화를 맞이할 수 있었겠습니까? 다들 엉겁결에 나랏님의 형님, 동생, 아내, 장인이 되고 만 셈이니, 하루 전까지 하던 거친 노동의 일손을 멈추고 옷깃을 여미며 나랏님이 된 이에게 가까운 자신도 이제는 좀 '거룩하게' 되어야겠다는 생각인들 얼른 안 가져 봤겠습니까? 어디서 땅장사를 했거나 농사를 지었거나 그냥 비실거리고 있을 따름이었거나, 맨 처음에 자동으로 떠오르는 생각이 '오늘부터 나는 좀 달리 되어야 한다'는 것이었을 법합니다.

그것이 사실이라면, 좋게 말하자면 이녁 처세의 품격을 올려 나랏님 된 이에게 어울리게 되어야 그이에게 누를 덜 끼친다고 생각했달 수 있겠고, 좀 외람되게 말하자면 나랏님이 된 사람이 '어제의 거기'에서 '오늘의 여기'까지 껑충 뛰어 올라왔듯이, 자기들도 이제까지의 신세에서 한번 벗어나 보자는 욕심이 있었달 수 있겠습니다.

탈은 늘 그런 데에 붙기 십상입니다. 오히려 어느 집안에서 대통령이 나오더라도 그 집안 사람들까지 죄다 대통령이 되는 것은 아니니까 나머지는 그이가 대통령이 되기 전에처럼 그냥 땅장사를 하거나 논밭을 갈거나 비실거리거나 해야 남 보기에 가장 좋습니다. 느닷없는 총질로 집권을 해서 이 나라에 군사 독재의 씨를 뿌렸다가 마침내 그 심복의 총질로 죽은 박정희 전 대통령은 그런 점에서 형님 한 분만은 참 훌륭했습니다. 친동생이 나랏님이 되어 끗발을 날리고 있을 때에도 "니가 됐지, 내가 됐냐?" 하고 서울 나들이를 끝까지 마다고 고향 초가 삼간에서 농사짓고 살다가 눈을 감았습니다.

전두환 전 대통령의 동생 경환 씨는 세상 이치의 이해로 봐서 그 시골 영감님 발바닥에도 못 미쳤습니다. 그러나 생각해 보면 볼수록 그의 행적이 이해는 됩니다. 공부를 가장 많이 한 사람은 아닐지언정 그래도 유도로 몸을 단련해서 사람들을 집어 던지는 재주, 축구공 같은 것을 발로 차는 재주라도 일찍부터 익힌 것은 참 고마운 일이었습니다. 그랬길래 그 많은 사람이 취직도 못하고 어려워하던 시절에 한 삼성 그룹 간부의 몸을 지키는 경호원, 청와대 경호원 노릇까지 할 수 있었습니다. 거기까지는 아무도 트집하지 못할 줄로 압니다. 탈은 그 형님이 나랏님이 되실 때에 붙었던 듯합니다. 박 대통령 형님의 행적에서 지혜를 빌려 오지 못하고, '이 기회에 나도 뭣을 좀' 했나 봅니다.

눈에 뵈는 충신이 속으로는 간신일 수도 있습니다. 그때에 나랏님의 충신들은 국보위엔가 입법회의엔가 있었습니다. 그이들은 그때에 그 형님처럼 갑자기 어디엔가 높이 올라가고 싶어하는 경환 씨를 타일러 제 분수를 지키게 하기는커녕 오히려 '새마을 운동 조직 육성법'이라는 미친 법을 허겁지겁 만들어 그이에게 선물로 주었습니다. 결심이 어지간히 단단하지 않으면, 뉘 손에 쥐어 줘도 미친년 널 뛰듯 하기 십상인 법이라고 합니다. 어린아이는 도저히 소화할 수 없는 음식에 꿀을 타서 꿀떡 삼키게 한 셈이지요.

그 형님이 세운 군사 독재 체제에서 그 선물로 새마을 본부 사무총장, 회장이 된 그이가 걸어온 발자국을 보면 마치 실성한 사람의 행적 같달 수도 있습니다. 국고에서, 사기업에서 엄청난 돈을 연거푸 뜯어 모아, 새마을 본업 제쳐 두고, 법 어기며 땅 파헤치고 집 짓기, 온 나라 돌아다니며 비싼 체육 대회 열기, 장 벌여 돈 벌기, 쓸데없이 많은 사람 거느리며 기분 좋아하기, 걸핏하면 비행기 타고 '내뺐다가' 망보고 괜찮으면 돌아오기, 남한테 돈 물리고 여러 단체 조직하기, 게다가 먼 미래에 대한 웅지를 품고 지도자 육성 어쩌고 하는 이름 짓기, 전국 순시하며 대통령인 양 브리핑 듣기, 먼뎃사람 생각 않고 고향 친구, 군대 친구 도와 주기, 외국에서 소 들여와 농민 눈에 피눈물 빼기 해서 끝이 없었던 성싶습니다.

검찰이 그때는 몰랐고 이제사 알았다는 듯이 수사인가를 시작했다고 합니다. 그 수사로 그이가 꼭 돈 긁어모아 챙기려고 그런 짓들을 했는지가 밝혀지기를 바라지만, 아마도 그이딴에는 그런 일들을 나라를 위하는 것들이라고 판단하고 '과감하게' 수행하지 않았나도 의심해 봅니다. 그리고 그런 쓸데없는 '업적'들이 그 형님 때문에 가능했던 것이 아니라, 다 자기가 잘나서 가능했다고 생각하고 있지 않나도 짐작해 봅니다. 그런가 하면 아마도 그 형님이 대통령만 아니었던들 그런 '업적' 이루고도 지금도 아무 말썽 없이 일을 착착 잘 진행시킬 수 있을 터인데 하고 대통령의 동생으로 태어났음을 억울해 하고 있을지도 모른다는 생각도 듭니다.

제오공화국 독재 체제는 대통령의 그 꽤 착했을 삼십대 청년 동생을 이제 그처럼 타락한 장년으로 전락시키고 말았습니다. 그런 전락을 미리 막으려는 충신의 존재를 허용하지 않는 것이 바로 독재 체제의 속성이기 때문입니다. 그런 점에서 경환 씨는 삿대질의 대상이 아니라 가엾은 희생양입니다. 어쩌면 민주주의만이 경환 씨에게 이 딱한 신세를 면케 할 수 있었을 줄로 압니다.

천구백팔십팔년, 샘이깊은물

일해 재단을 해체해라

　　전두환 전 대통령이 실제로 설립하고 그 이름도 전씨의 아호를 따 지었다가 이제는 세종 연구소라고 했다나 하는 일해 재단에 참으로 꼴사나운 싸움이 붙은 모양입니다. 정치 권력이 시키는 대로, 아니 더러는 한 술 더 떠서, 오백칠십팔억 원을 낸 재벌 총수들을 대표한다 할 정주영 씨와 그 연구소라는 곳의 연구진 사이에 붙은 싸움 말씀입니다. 전씨가 총칼로 집권하여 권좌에 올라 있을 때에는 '기꺼이' 내놨지만 그이가 물러난 이제 와서 생각하니 '억울하게 뜯겼던' 돈이다, 그러니 그 돈의 원 임자로서 재단 운영권이나 손에 쥐어 봐야겠다, 연구소는 재단의 산하 기관이 되어야 하고 연구진은 재단 이사진에 끼어들지 말아야 한다는 것이 그 돈줄 대표인 정씨의 주장이라고 알려졌고, 그게 무슨 말이냐, 연구소는 돈줄의 입김에서 독립된 연구 활동을 해야 한다는 것이 연구진의 호소라고 전해졌습니다.

　　더러는 재단과 그 활동과 설립자, 곧 돈줄이 바라는 방향으로 운영되어야 한다, 현역 군인이 드나들고 하여 벌벌 떨면서 억지 헌금을 한 것도 억울할 터이니 그이들이 자발적으로 모여 재단 세웠다는 듯이 봐주고 스스로 운영하게 하자는 소리도 있습니다. 그러나 재벌들은 손 떼라, 연구소는 설립자의 간섭 없이 연구진 독자적으로 운영해야 한다는 것이 더 보편적인 반응입니다.

제가 보기에는 둘 다 터무니없는 반응입니다. 적어도 일해 재단만을 놓고 볼 때에는 그렇습니다.

일해 재단의 저 추악한 모습을 빚은 이들은 세 갈래로 나뉩니다.

첫째는 허영기 있는 한 나라의 한때 대통령과 그이의 소원이라면 그른 일조차 하루아침에 옳은 일로 둔갑시키던 그 군사 독재의 하수인들입니다. 도대체 남들은 집 못 짓게 하던 그 그린 벨트 땅을—정주영 씨가, 사십오억 원말고도, 주겠다는 땅 값 마다고 한 술 더 떠서 공짜로 바쳤다는 그 넓은 자연의 땅을—불도저로 밀고 재단과 연구소의 호화판 건물을 짓고 그 지밀한 곳에 '제 집'을 짓는 일을 거든 작자들이 충신입니까, 역적입니까? 게다가 그 대통령이 스스로 내놓았다는 이십억 오천만 원인가는 제 쌈지에서 나왔어도, 국고에서 나왔어도 큰일난 돈입니다.

둘째는 그 재벌 총수들입니다. 무서워서 별수 없이 냈다고요? 무서웠다면, 아마도 켕긴 데가 있어서, 또는 정상적으로는 못 이루거나 더 더디게 이룰 사업의 업적을 정치 권력의 비호를 받고 비정상적으로, 또는 더 빨리 이룬 행적 때문에, 곧 말 안 들으면 큰코다칠 듯해, 무서웠을 것입니다. '강압적인 분위기' 때문에 애써 번 돈 '뜯겼음'이야 한편으로 현실로 이해하지 못할 바 아니나, 뜯어 간 이들이 요새 인기 없는 사람들로 전락했음을 이용해 남도 아닌 그이들이 그런 말로 국민의 동정심을 사려고 한다면 역사가 용서하지 못할 줄로 압니다. 오히려 그 재벌 총수들은 그런 강압에도 불구하고 단호히 돈 내기를 거부하지 못했던 행적을 부끄러워할 줄 알아야 한다고 봅니다. 이미 말했듯이, 켕긴 데 있는 것, 권력 등에 업고 돈 번 것 노출되었으니 부끄러워하고 아꼈던들 국고의 세금, 노동자의 소득, 주주의 이익으로 돌아갔을 그 귀중한 돈 물 퍼 쓰듯이 낭비했으니 부끄러워해야 합니다. 특히 삼성과 현대 사람들과 함께 저마다 사십오억씩인가를 냈다던 포항 제철 사람들은 더 부끄러워해야 합니다. 국영 기업체여서 세금도 주주 이익도 바로 국가 것이니, 그이들의 출연 행위는 딴 업체의 것보다 더 나랏돈 도둑질에 가까웠달 수 있습니다. 그런 양반들이 요새 보이고 있는 것이 '이제 정권이 바뀌었으니 우리 돈 내고 세운 단체 우리 맘대로 움직여야 하겠다'는 식의 태도랍니다.

셋째는 그 이른바 연구진입니다. 그 운영도 연구 활동도 설립자들로부터 완전히 독립돼야 하겠답니다. 그럴싸한 말씀입니다. 그러나 일해 선생이 힘을 휘두를 적에는 뭘 했지요? 설립자가 대통령인 것으로 되어 있을 적에는 '꽥' 소리도 못하다가 이제는 권총 안 찬 민간인으로 바뀌었다고 하니 '이 기회에 우리도' 하며 나서는 기회주의자들인 것은 아닙니까? 아니면, 도대체 그이들이 애초에 그곳이 거룩하게 잉태되어 옳은 일만 골라 할 것으로 알고 발을 들여놓았다는 말입니까? 그랬다면 왜 또 그이들은 그 동안에 사천만 국민이 '유언비어'로나마 다 알게 되었을 만큼 뻔했던 그 단체의 비밀과 부정을 그 울타리 안에서 일하면서도 모르는 체해 왔습니까? 그러니 그이들이 독립 어쩌고 하는 소리 비록 그럴싸하게 들려도, '밥벌이 꽤 잘 되는 취직은 이미 되어 있것다. 이제 명예와 힘도 누려 보자'는 소리로 풀이하는 이 적지 않을 줄로 압니다.

그 세 패 중에서 한 패는 물러나고 나머지 두 패가 서로 옥신각신해 온 것입니다. 이 두 패는 서로 다투면서도 역사에서 해 온 '도둑질'이랄까에서만은 뜻을 같이한 모양입니다. 곧 이름을 아까 말한 대로 '세종' 연구소로 고친 것이 그것입니다. 그것을 감히 도둑질이라는 말에 빗댄 것은 이 나라 역사에서 아마도 가장 추악하게 잉태와 탄생이 됐을 것이라고 보는 이들이 많을 그 단체의 이름에 이 나라 역사에서 가장 거룩한 임금으로 기록된 '세종'의 이름을 따다 붙인 것은 윤리적인 도용이 되겠기 때문입니다.

일해 재단은 이제 재벌 총수들과 연구진이 서로 지배하겠다고 싸우는 대상이 아니라 어떻게 하면 하루빨리 평화롭게 해체할 수 있을지를 궁리해야 할 대상이 되어야 한다고 봅니다. 잘못 세워진 것은 없애는 것이 가장 개운합니다. 앞으로 마음먹고 잘하면 되지 않겠느냐 어쩌고 할 수도 있겠으나, 그 해체로 옳지 않은 탄생은 그 결과가 '이렇게' 창피하다고 후대 대통령들, 임금들에게 가르쳐 주는 것 자체가 더 중요합니다.

아마도 그 재단의 정관에 이렇게 쓰여 있을 것입니다. 이 재단이 해체될 때에는 그 재산은 국가(나 유사 단체?)에 귀속된다고. 그러니 그 동안에 흥청망청 쓰고도 엄청나게 많이 남아 있을 그 재산은 국고에 넣거나 거룩한 일을 하고 있으면서도 돈의 제약 때문에 온갖 고생을 겪고 있는 여러 비영리단체에 나눠 줄 수도 있겠습니다. 재벌 총수들이 억울해 한다고요? 그리 억울하면, 소송을 하고 재판에서 이기면 찾아가게 할 수도 있는 것 아닙니까?

천구백팔십팔년, 샘이깊은물

'마유미'와 재벌들

신문의 맨 앞쪽 면을 정치면이라고 하지요? 그 면의 맨 아래쪽에 옆으로 기다랗게 나가는 광고를 신문쟁이들은 '일면 오단통 광고'라고 한답니다.

이런 짐작이 터무니없는 오해에서 나왔기를 한편으로 바랍니다만, 지난 두어 달 동안에 여러 신문의 그 일면 오단통 광고가 흔히 그 광고주가 다른 것으로 나타났음에도 불구하고 마치 '한 사람'의 착상이나 지시로 나간다는 듯한 인상을 주었습니다.

하기사 과거에도 그런 낌새가 전혀 없었던 것은 아닙니다. 그럼에도 불구하고 지난 두어 달 얘기만을 하는 것은 그 기간이 새 대통령의 선거와 그 운동을 맞이하고 보내고 해서 중요한 역사의 전환기가 되어 왔기 때문입니다.

우선 대통령 선거날 직전에 신문에 쏟아져 나왔던 그 "급격한 변화의 충격을 받으면 우리 경제는 무너집니다" 하던 오단통 광고를 뒤돌아봅시다. 한 광고의 주인이 한 무리여서 '중소 기업 협동 조합 중앙회'에서 '한국 해외 산림 개발 협회'에 이르기까지 마흔세 군데나 됩니다. 결재받기 더디기로 소문난 그런 여러 단체가 용케도 며칠 사이에 한입이 되었습니다. 그와 비슷한 때에 그 말을 싣고 같은 크기로 나간 상공 회의소 마흔아홉 군데의 광고는 또 무엇을 풀이해 줄까요?

아이고, 그 북한 땅 양반들이 '남조선 해방', '군사 파쇼 타도' 어쩌고 한다는 소리는 이럴 때일수록 더 믿지 못합니다. 쓸데없이 그 칼기 사건을 음모했다던가 자행했다던가 하여 대통령 선거 직전에 그 이름도 알쏭달쏭한 '안정을 바라는 시민들의 모임' 같은 단체로 하여금, 이를테면 "아무리 한을 품고 싶고 대통령 되고 싶어도 안보를 망치면서 군-민을 이간시키면서까지 해서야 되겠습니까?" 하며 많은 사람들에게 꽤 설득력 있게 들렸을 광고를 내게 하는 구실을 주었으니 말입니다. 아무튼 그런 광고마저도 그런 오단통 광고였음은 말할 나위도 없습니다.

정월달에 들어 박종철 고문 사건 문제가 다시 고개를 들었습니다. 까마귀 날자 배 떨어졌을 뿐이라고 믿고 싶어합니다만, 그 아리송하던 '마유미'가 '가련한 김현희'임이 기자 회견으로 밝혀졌습니다. 아니나다를까, 그 뒤로 그 오단통 광고의 대행렬이 나왔습니다.

무슨 중앙회, 무슨 연맹, 무슨 회의소 같은 데야 평소에 위에서 한마디라도 하면 끽소리도 못하고 분부를 따른다는 평판이 없는 것은 아니므로 이해해 준다손 치고, 왜 그 재벌들의 광고조차도 얼핏 보는 모습이 서로 그리 빼박은 듯하죠? 그 일면 오단통의 위치와 크기는 이미 말한 바이니 제쳐 놓고 말하더라도, 우선 그 여러 다른 광고주의 이름이 거의 죄다 무슨 '그룹 임직원 일동'으로 한결같이 나온 것이 수상하다면 억지소리가 될까요? 또 말은 말대로 해서, 어찌 그것들이 '임직원 일동'의 주머니를 털어서 낸 광고일까요, 굳이 돈의 출처를 밝히자면 회사의 돈, 주주의 돈이겠지요. 한 번에 적어도 천오백만 원 안팎씩은 거뜬히 치렀을 그 비싼 광고들이, 설마 나쁜 맘 먹고 냈을까마는, 형식적인 속임수를 안고 있다고 하면 크게 대들 수 있는 이들이 드물 터입니다.

아무리 옳은 소리라도 케케묵고 닳고 닳게 하면 흔히 하나마나하게 되기 십상입니다. 그런 점에서 신문 일면 오단통의 한결같은 네모잡이 그릇 자체부터 진부하기 짝이 없습니다. 게다가 그 여러 재벌 회사 '임직원 일동'의 여러 만리장성 사설은 이른바 '우연의 일치' 어쩌고 하면 할 말이 없겠습니다만, 약속이나 했다는 듯이 하나하나가 위에서 아래로 쓰였습니다. 주장하는 사항을 서로 비교하여 보아도 여기저기에 붙은 살은 달랐어도 크게 보면 같은 것들이었습니다. 게다가 동원된 단어들도 서로 커닝해서 쓴 것이라는 듯이 흔히 빼박은 듯했습니다. '천인 공노', '살인 만행', '지령', '경악과 분노', '국내 좌경 세력', '방해 책동', '대공 안보', '도발', '광신적', '대공 안보 태세', '잔인 무도', '동족 학살', '살인마', '단호한 응징 조치', '국가 안보', '철면피한' 같이 뜻이 옳디옳기는 하지만 지난 몇 십 년 동안에 정치 권력이 너무나 되풀이해서 헤프게 사용했기 때문에 '광고화' 되어 듣기에 귀가 따갑고 생동감이 무디어진 것들이 그것들입니다.

평소에는 온갖 창조력을 발휘하여 기발하고 유별나고 번뜩이는 광고, 한 푼 쓰고 만 냥 거두려는 광고를 잘하기에 이골이 난 그런 재벌 업체들이 '국시'를 지킨달까, 집권 세력의 편을 든달까 하는 광고를 낼 때에는 꼭 그리 무슨 관제 궐기 대회에서 '채택되는' 결의문 같은 투의 광고, 어쩌면 재주가 있으면 있을수록 더 재주 없이 갈겨 적은 듯한 광고를 내는 전통에 혹시 탈이 붙어 있는 것은 아닐까요? 그런 광고는 일반 국민에게 그 내용을 읽혀 감격시키기는커녕 흔히 잘해 봤자 '요즘의 살벌한 화제'를 인식시키거나 하는 것 아닙니까? 그런 비싼 광고의 목적이 내용의 효과 있는 전달로 사람들의 마음을 움직이는 데에 있다면, 그이들의 여느 장삿속 광고에서처럼 다양한

창조력이 발휘되어야 한다고 믿습니다. 남한 땅 안에서 그런 광고를 이리 보는 시각도 있거늘, 하물며 산 넘어, 물 건너서 이 빼박은 듯한 것들을 서로 비교해 본다면 이 나라의 알고 보면 꽤 단단한 민주주의 기틀을 혹시나 연극 무대로 오해하는 수는 없을까요?

앞에서 전환기를 맞았기 때문에 이런 화제를 꺼낸다는 뜻의 말씀을 올렸습니다. 무엇보다도 노태우 당선자가 내건 '보통 사람의 시대'가 민주화 시대가 된다고들 하기 때문에 전환기입니다. 그리 된다는 시대의 이 문턱에서 '그날이 오면' 그런 광고 안 보게 되기를, 아니 적어도 덜 보게 되기를 간절히 빕니다. 재벌들을 '단속'하여 그런 '거룩한' 일 그리 어리석게 하지 못하게 해야 하는 건지, 제발 서로 귀엣말 나누어 같은 말투, 똑같은 크기의 애국 광고는 삼가 달라고 그이들에게 사정하여야 하는 건지는, 실제로 정치의 밑바닥에서 세상 물정 모르고 산다 할 우리로서는 알 바가 없습니다. 그러나 그런 상투적인 것 덜 되풀이해 보고 사는 사회가 민주 사회인 줄만은 짐작으로 알고 있습니다.

천구백팔십팔년, 샘이깊은물

까마귀 노는 곳

　제오공화국 때에 비록 밥벌이만은 넉넉하게 하는 성싶지만 아주 불쌍해 뵈는 이들이 있었습니다. 자화상은 지식인이지만, 목구멍이 포도청이어서 세상 누가 보아도 실제로 독재 정권의 시녀 노릇을 하던 기관의 후미진 모서리에 취직되어 있던 분들 말씀입니다.
　그런 기관의 우두머리들처럼 숫제 드러내 놓고—또는 자기 소행이 옳다는 확신을 가지고—뛰었다면 또 모릅니다. 이를테면 국민은 여당 간부나 정부 장관이 그가 섬기는 독재자를 찬양한다 해도, 그가 하룻밤 새에 변신하여 세 치 혀끝 거꾸로 굴리는 전직 언론인이라면 또 몰라도, 크게 꾸짖지 않습니다. 그저 그러려니들 하지요. 그러나 세상의 진짜 물정을 알고 있을 것으로 기대되는 학사, 박사, 석사, 연구원, 언론인이, 또 작가, 교수가 그런 데에 '숨어서' 밥벌이를 하면, 혹시 아는 이가 볼세라 골목에 깊숙이 숨어서 품팔이를 하는 창녀로 세상의 눈에 비치기 십상입니다(그러나 그런 기관에서 기술직을 맡는 분은 오해하지 마십시오. 다행히도 세상은 그이들을 예외로 봐줍니다).
　세상은 참 야박합니다. 속사정도 모르고, 딴 데에 취직시켜 줄 뜻도 성의도 없으면서, '할 일이 없어서 그 따위 짓을' 합니다. 그러나 그이들의 사정을 좀 들어 봅시다. 이 자본주의 사회에서 돈 없이는 맥도 못 추는데, 어쩌다가 연줄이 닿아 월급이 곱절로 오르는 기회가 되어 그리 직장을 옮겼을 수도 있습니다. 여기저기에 시험 쳤다가 가까스로 거기에 붙었을 수도 있습니다. 처음에 들어갈 때에는 찜찜해 했으나 이제는 떳떳이 일하고 있을 수도 있습니다. 또 흔히 말 잘하는 사람이 그러기 쉽듯이 "그래, 여기는 갈보짓 해 온 데다. 그러나 내가 들어가 좋은 곳 만들기에 공헌하겠다"라고 공언하고 들어가 그럭저럭 처신해 온 이도 있을 수 있겠습니다.

노태우 대통령의 집권을 앞뒤로 해서 신문에, 텔레비전에 이런저런 농성인가 결의 대회인가가 벌어졌다고 보도돼 온 단체들로 얘기의 대상을 좁혀 봅시다.

본디 박정희 대통령이 자신이 '집현전' 두고 있는 임금인 것처럼 훌륭하게 보이도록 하려고 세운 정신 문화원은 세간에서 그 동안에 흔히 정신 병원이라고 불렀습니다. 하도 그 이름이 부끄러워 영어로는 '한국 아카데미'라고 둘러댄 단체입니다. 거기에서 일하는 학자들이, 곧 세상이 '어용 학자'로 싸잡아 보던 이들이, 더는 정치 권력 들러리 노릇 못하겠다, 순수 학문 단체로 고치라는 뜻의 주장을 하며 들고 일어났습니다. 칭찬하는 분들이 많았습니다. 그러나 스스로 결정해서 '어용 학자'가 되었으면서도 시대가 바뀌니 두리번거리면서 그 탓을 독재 정권에 돌리려고 한다고 꾸짖는 이들도 있습니다. 그이들은 "거기가 그런 덴 줄 모르고 들어갔나? 그랬다면, 알자마자 왜 안 박차고 나왔나?" 합니다.

'현대 사회 연구소'라는 데도 있습니다. 우리 나라 사람들의 마음보는 엄하게 닦달하지 않으면 흐려지기 쉬우니 강력한 힘으로 '맑게' 해야 된다고 믿었기 뻔한 이들이 세운 그 서슬이 시퍼렇던 사회 '정화' 위원회에서 세운 단체로, 요새 야당 사람들이 그 '비위'를 조사하라고 한다던가 하는 일해 재단과 함께 제오공화국 사람들의 두 '집현전'을 이룬 기관이라고들 했습니다. 딴 몇몇 잡지들은 목 졸려 폐간되었던 기간에 '특혜'를 받아 새로 계간 《현대 사회》, 월간 《이천년》을 발행해 왔고 '연구소'답게 이런저런 연구도 해 온 모양입니다. 거기에서 〈한국 사회 지역 갈등〉인가 하는 연구 논문이 나왔고, 그 안에 전두환 정권이 정부 요직을 절반에 가깝게인가 경상도 사람으로 채웠다는 소리가 들어 있었다나요? 그 내용이 신문사로 흘러 나간 '죄'로 무더기로 쫓아내려고 하자 못 나가겠다 하고 들고 일어나며 그이들이 주장하는 사항에도 '자율성 확보'가 들어 있었다고 합니다. 당연한 외침이었습니다. 그러나 또 꾸짖는 이들도 있었습니다. 그이들은 "여태까지는 스스로 무엇 하고 있다고 생각해 왔길래, 요새야 갑자기 이 야단이야?" 했습니다. "사회 정화 위원회에서 주는 연간 삼억 원에서 월급 나가는 줄도 몰랐나? 배은망덕이 될지도 모르겠다" 하는 이라고 해서 꼭 정부 쪽 사람인 것도 아니었습니다.

그 동안에 다들 알면서도 '쉬쉬' 했던 전경환 씨의 이른바 '비리'들이 신문과 방송에서 양성화되자 그 즈음에 그이가 주인인 《새마을 신문》 기자들이 "전경환은 물러가라"라며 연좌 농성을 했다고 보도되었습니다. 또 새마을 본부의 직원들도 들고일어나 그 운동의 '과오'를 지적하고 '정풍 운동'이 필요하다는 외침을 하는 '우리의 입장'을 발표했다고 합니다. 뒤늦어 보이는 반응이기는 했습니다만 고맙디고마웠습니다. 그러나 "어디 가서 잠자다가 이제 왔어?"라고 비꼬는 사람들도 있었음을 우리는 명심해야 하겠습니다.

그것뿐입니까? 케이비에스 사람들도 있습니다. 이제사 '케이비에스 발전 추진 총협의회'인가를 구성하고, 무슨 말인지 정확히는 모르겠습니다마는 한 신문 보도를 그대로 인용하자면, "케이비에스의 새마을 본부 기증설로 물의를 빚었던 팔팔 체육관 건립 과정 등과 관련, 당시 사장이었던 이원홍 씨를 직권 남용, 경영 부실의 혐의로 법원에 정식 고소하기로" 했다나요? 설사 들어갈 때에는 몰랐다손 치더라도, 그 방송국이 그런 데임은 이미 그 이들이 그 동안에 겪었던 그 기나긴 모욕, 곧 국민들이 시청료 안 내겠다고 하고 양심 있는 이들이면 흔히 그 프로에 끼어들기를 거부한 데에서라도 느꼈을 모욕으로 되풀이해 확인했을 이들이 그이들입니다. 그래서 언젠가 소개한 저희 고향 말로 억지로라도 바꾸어 표현해 보자면 '미친년이' 느닷없이 '얌전 뺀다'는 소리에 해당하는 반응도 나왔습니다. 그러나 뒤늦은 '얌전'도 얌전입니다. 그이들의 건투를 빕니다.

자화상이 지식인인 사람은 밥벌이가 있는 데가 켕기는 데이면 일찍부터가 아니면 뒤늦게라도 투쟁하거나 박차고 나와야 옳습니다. 그러나 그보다 더 좋은 것은 미리부터 분별심을 가지고 그런 데에, 까마귀 노는 곳에 아예 발을 들여놓지 않는 것일 줄로 압니다.

천구백팔십팔년, 샘이깊은물

사실을, 모든 사실을, 사실만을?

막 보낸 십일월달은 국회 청문회로 시끌벅적했습니다. 그걸 텔레비전 중계로 지켜보던 국민들 중엔 증인을 가리키며 "저 죽일 놈!" 하는 이가 있었는가 하면, 여당 의원들의 시간 '죽이기' 장광설, 야당 의원들의 쓸데없는 정견 발표를 꾸짖는 이들도 많았습니다. 그러나 무엇보다도 더 국민의 비판 대상이 된 것은 의원들의 신문 태도였습니다. '나쁜 놈'에게 고함치고 윽박지르고, 재벌 증인에게 아첨했다던 것쯤이야 제쳐 놓고 말해 봅시다.

청문회도 그 모임에서 던지는 질문들도 증인들에게서 대답을 들으려고 열리고 던지고 하는 것들입니다. 그래서 무슨 질문을 증인에게 던지면, '예' 하거나 '아닙니다' 하거나 '생각 안 납니다' 하거나 '꼭 그런 것은 아닙니다' 하며 부분 인정을 하거나 '(잘) 모릅니다' 하는 대답을 듣거나, 아니면 '대답 못하겠습니다(거부합니다)' 하거나 다그쳐도 아무 말도 하지 않거나 하여 증언 거부를 하는 것을 꼭 확인해야 합니다. 그 확인이 그 질문의 목적이었기 때문입니다. 그럼에도 불구하고 많은 의원들은 제 말만 늘어놓고 증인의 최종 반응을 확인하기 전에 다음 질문으로 넘어갔습니다. 심지어 얼른 대답하지 않은 증인을 두고 대답이 없으니 인정하는 것으로 치고 다음 질문으로 넘어가겠다고 어느 의원이 말하자, 막상 그 증인은 고개를 살래살래 옆으로 젓는 모습까지 텔레비전에 비쳤습니다. 그 증인의 '고개 부인'이 속기록에 기록되기나 했는지가 무척 궁금합니다.

실제로 당사자들이 청문회에서 하고 하지 말아야 할 일, 할 수 있고 없는 일을 심문을 한다는 국회의원들이 정확히 알고나 있는지조차가 자못 의심됩니다. 알고 있다면 거짓말이 될 것이 청문회 운용의 길잡이랄까 할 수 있는 '국회 증언, 감정 등에 관한 법률'이라는 것 자체가 내용이 크게 알쏭달쏭하기 때문입니다.

그 법에 따르면, 증인은 형사 소송법 제백오십칠조가 준용되어 "양심에 따라 숨김과 보탬이 없이 사실 그대로 말하고 만일 거짓말이 있으면 위증의 벌을 받기로 맹서—'맹세'의 그른 표현—합니다"라고 선서하도록 되어 있습니다(다만 이번의 청문회에서는 '맹세'와 '선서'가 뜻이 같은 줄도 모르고 "······ 맹서하고 이에 선서합니다"라고 웃기는 말을 시켰습니다). 그러나 같은 '국회······ 증언······ 법률' 제삼조에는 증인이 이녁에게나 이런저런 이녁 피붙이가 쇠고랑을 찰 사실의 들통이 염려될 때와 그밖의 몇몇 경우에 증언을 거부해도 된다고 되어 있었습니다. 증언 거부와 숨김이 실제로는 같은 말이라면, 그럴 경우에는 숨겨도 된다는 말이겠습니다. '맹서'에서 시킨 "숨김······이 없이"라는 말과는 어긋나는 '숨김'을 이 조문이 허용하고 있는 것입니다. 법을 잘 몰라서 묻는 말인지는 모르지만, 묻는 국회의원이나 대답하는 증인이나 어느 장단에 발을 맞추어야 할까요? (아마도 잘은 모르지만, 그 '맹서'의 내용은 "사실을, 모든 사실을, 그리고 사실만을" 하고 맹세하게 하는 서양 법정 언어를 가져다가 얼버무려 지은 것일 듯합니다. 그러나 그 '숨김'이 없기를 요구하는 내용은 멀리는 "모든 국민은······ 형사상 자기에게 불리한 진술을 강요당하지 아니한다'라는 헌법 조항의 근본 정신에도 어긋난다고도 볼 수 있겠습니다.)

아무튼 그 모순된 법의 영향은 실제로 진행된 청문회 현장에 잘 나타났습니다. 국회의원들은 증인들이 '맹서'한 대로 '숨김' 없이 고하라고, 어쩌면 그이들이 무서워해 온 안기부 보안사의 지하실 수사관을 방불케 할 만큼 흔히 다그쳤고, 증인들은 촉구받는 대답이 거의 다 스스로 쇠고랑 찰 일의 들통과 관계되어 있어서 그 법 제삼조에 따라 흔히 '합법적으로' 대답을 거부했습니다. 거부 방법도 가지가지였으니, 답변 못하겠다고 잘라 말한 것은 빛나는 예외에 들고, 말귀 못 알아들은 듯이 딴청 부리기, 동문서답하기, 겸허하게 눈감고 참선하기 해서 천태만상이었습니다. 그러나 그 많은 국회의원들은 흔히 다음 질문을 마음속으로 다듬기에 바빠 그 많은 얼버무림을 뚜렷한 증언 거부로 예의 바르게 유인하는 일에 낭패했습니다. 잘못한 일의 인정 말고는 그런 증언 거부만큼 당사자의 '유죄성'을 광고하는 일도 드물겠건만 말입니다. 바로 그 '유죄성'의 광고를 피하려고 많은 증인들이 법이 허용하는 변호인의 대동마저 삼갔겠음이 그 국회의원들의 마음에 미치기나 했는지 모르겠습니다.

'보탬', 곧 허위 증언만 해도 그렇습니다. 허위 증언을 했다고 우기며 기나긴게 호통 칠 시간이 있거든 차라리 조목조목 더 깊이 공손히 캐물어 조여 들어가 거짓말 위에 겹겹짓말을 쌓아 올려 스스로의 거짓말에 치여 '죽게' 하거나 도저히 못 견뎌 진실을 더 털어놓게 하는 일에 애써야 했습니다.

'국회······ 증언······ 법률'의 문제는 한두 가지가 아닙니다(그리고 더 큰 문제는 그런 문제가 있음을 국회의원들이 스스로 모르고 있는 듯하다는 것입니다). 이를테면 "국회에서 증인······으로 조사받는 자는······ 그 증언······(으)로 인하여 어떠한 불이익한 처분도 받지 아니한다"라는 그 제구조 제삼항의 내용도 아리송합니다. 짐작건대 그 증언을 하는 행위 자체를 가리키는 듯하지만, 말 그대로 풀이하자면 큰 죄 짓고도 그 증언으로 '불면' 용서받고 대로를 활보할 수 있다는 말도 됩니다. 미국의 서부 활극식 흥정, 곧 증언에서 죄를 죄다 불면 벌을 줄이거나 없애 준다는 '플리바기닝' 제도가 도입되었다는 말입니까?

또 그 제십이조는 어떨까요? "정당한 이유 없이 출석하지 아니한 증인······ 증언······을 거부한 증인······은 ······징역 또는 ······벌금에 처한다"라고 되어 있습니다. 언어의 형식으로 보아 "정당한 이유 없이"가 "출석하지 아니한"에만 연결된다고 치면, 같은 법에 따라 정당히 한 증언 거부에도 처벌이 따르게 된다는 말이 됩니다. "정당한 이유 없이"가 "증언을 거부한 증인"에게도 연결되기를 의도했다면, 아무리 되풀이가 싫더라도 그 구절을 후자 앞에도 앉혔어야 할 것입니다. 그뿐일까요? "위증 등의 죄"를 다룬다는 제십사조는 어떻고요? "범죄가 발각되기 전에 자백한 때에는 형을 감형 또는 면제할 수 있다"나요? 도대체 허위 진술을 한 범죄를 말할까요, 저질렀다고 의심받아 불려 나와 증언하게 된 범죄를 말할까요?

지난달의 청문회를 보고 국민들이 보인 반응을 두고도 할 말이 없지 않습니다. 우선 공허하게 '말 잘하는' 사람, '투사'나 깡패같이 으르렁대는 국회의원들보다는 말 좀 더듬을지언정 공부를 미리 좀 해 오고 자료와 견주며 조목조목 따지는 국회의원들을 선호하는 낌새가 보였던 것은 반가웠습니다. 그러나 텔레비전 화면에 비치는 당사자의 첫인상이나, 생김새 또는 당사자의 출신지나 사투리로 스스로도 모르는 사이에 미리 이성 아닌 감성으로 '승인'을 하거나 말거나 하여 질문자나 증인이 하는 말을 추어올리거나 트집하는 수가 지식인 사회에서도 너무 자주 엿보였습니다. 청문회를 하는 국회 안에서 무지한 사람들의 무질서한 혼란이 엿보였다면, 텔레비전 앞에서는 기성 체제가 그 동안에 갈고 다듬은 편견이 크게 득세하는 듯했습니다.

천구백팔십팔년, 샘이깊은물

미군은 어서 용산에서 물러가거라

"미군 나가라!" 동해안 통일 전망대에서 망원경으로 북한 땅을 훑어보면, 산허리께에 그런 사연의 푯말이 박혀 있습니다. '그른' 쪽이 하는 말에도 '옳은' 말이 섞여 있을 수 있으니, 비록 우리와 이념 대치를 하고 있는 이들의 말이기는 하지만, 그 말만을 도려내 놓고 보면 옳은 소리입니다. 더러 피치 못할 사정이 얽히고설켜 있어 그러기야 하지만, 한 나라에 외국 군대가 몇 만 명이나 들어와 그 나라의 역사 형성에 이런저런 입김을 쏘이는 것은 근본에서 그릅니다. 그러길래, 아니, 그래서도 심지어 그 미군의 우두머리였던 대통령 카터 선생도 칠십년대에 미군을 점진적으로 한반도에서 철수시킬 궁리를 했겠습니다.

그런 미군으로 하여금 비록 한반도 전역에서는 아닐망정 적어도 서울 용산의 백만 평 안팎의 땅에서만은 물러나게 하는 홍정이 두 정부 사이에서 벌어지고 있답니다. 우선 팔만 평이 넘는 골프장을 비워 주고 딴 데로 옮기게 한다나요? 나머지 땅도 이사 비용을 이쪽 정부에 부담시킬지 모를 홍정이 어찌 진행되느냐에 따라 비워 줄 듯하다나요?

'추악한 미국인'은 그이들이 스스로 지어낸 말입니다. 저는 거기에는 못 미치더라도 '어리석은 미국인'이라는 생각은 더러 하는 편입니다.

그이들이 한반도의 미군 주둔은 미국 이익에 합치한다고 걸핏하면 하는 소리는 제쳐 놓고, 그이들이 한반도 남반부의 '자유 수호'만을 위해서 여기에 와 있다고 쳐 봅시다. 잇속 없이 도와주러만 온 군대이므로 스스로는 좀 우쭐댈 수도 있는 군대라고 쳐 보자는 말씀입니다. 그리 치고 보더라도, 그 행실이랄까는 흔히 참으로 철딱서니 없는 듯해 왔습니다. 부자 노릇이 거지 노릇보다 훨씬 더 어려운 줄, 그래서 무엇 주고 뺨 맞는 수 있는 줄은 모르고, 일찍이 이 나라에 상륙하고 나서부터, 철딱서니 없이 지프차에서 껌 던지며 그것 받으려고 아이들이 서로 다투는 꼴 즐기던 이들이 그 사람들이었습니다. 뜬금없이 하찮은 껌 얘기 하느냐구요? 그 껌 던져 주는 행실 하나에도 남의 나라에 와서 문화의 차이는 아예 도외시하다시피 하고 처신했음이 족히 반영되었다는 말을 하고자 할 따름입니다.

실제로 '미국 놈' 껌 던져 주더라도 절대로 덤벼들어 받아먹지 말라는 교육을 부모에게서 받고 자란 이가 이 나라에 얼마나 많습니까. 또 실제로 '미군' 하면, 껌 던지고 아이들이 서로 다투는 걸 킬킬대고 좋아하는 모습을 먼저 떠올리는 이들이 이 나라에 얼마나 많습니까. 남의 나라에 와서 그 국민의 자존심을 건드리는 일을 버젓이 하면서도 어쩌면 그것이 그 주인들의 체통을 꺾고 있는 줄도 모르고 있었달 수 있는 '어리석은' 이들이 미군이었습니다. 껌 주고 심리적인 뺨을 맞아 온 줄 몰라 온 이들이 아닙니까?

하필 외세가 조선 시대부터 강점했던 용산 땅에 그이들이 주둔해 온 일은 어떻습니까? 일본군이 물러나 비게 된 곳이니 해방 뒤, 육이오 때에 미군이 그곳에 들어가 진을 친 것까지는 이해할 수 있다고 칩시다. 그러나 육이오 난리가 끝난 지 오래되기까지 줄곧 거기에 눌러앉아 온 것은 도무지 이해할 수 없습니다. 그이들은 이녘들의 미국식 처신이 문화의 간격 때문에 이 땅 주인들에게 억울하게 오해받을 걱정을 미리 하여 더 사람 드물고 한적한 땅을 물색하여 자리를 옮길 생각을 하기는새로에, 굳이 인구 밀도가 가장 높아 사람이 많고도 많은 서울의 그 자리에 눌러앉아 제 모습의 노출에 노출을 거듭해 왔습니다.

서울 사람들의 눈에 비쳐 온 그이들의 '제 모습'이란 무엇일까요? 남의 땅에 친 높은 울타리 안에 세계에서 가장 큰 피엑스를 두고, 설마 역부러 그랬겠습니까마는, 실제로 오래오래 양담배로 대표되는 미국 상품의 밀수 창고가 되게 해 왔습니다. 그뿐입니까? 세계에서 유례없이 텔레비전, 라디오 방송국을 그 안에 두고, 미군만이 아닌 온 국민에게 미국말로 된 폭력 프로를 내보내는가 하면 미국식 가치관을 주입시키고 저질 미국 대중 문화를 현대판 고급 문화로 받드는 훈련을 시켜 왔달 수도 있습니다. 또 바로 그 울타리 너머의 주민은 방 한 칸을 못 늘려 애달파 하는 판에 그 넓디넓은 팔만 평 골프장을 두고 자기들끼리만 주로 놀뿐더러, 이 땅 주인들 중에는 장성과 관리와 재벌만을 끼워 넣어 주었습니다. 그런가 하면 예수와 석가가 합심하여 나무랄 도덕 부재의 인육 시장이 그 울타리 밖에 서게 한 장본인들이 이녘들이면서도, 잦은 군표(미군 통용 달러) '개혁'으로 이 나라의 딸들이 몸 팔고 자존심 팔아 푼푼이 모은 돈 백지장 만들어 수탈해 갔달 수도 없지 않습니다.

이런 지적들은 그 동안에 미군이 이 나라에 와서 이루었을 훌륭한 업적들을 애써 외면하고 하는 것은 아닙니다. 오로지 그이들이 그런 철없는 일들을 얼마나 어리석은 일인 줄 아마도 모르면서 그 많은 서울 시민의 코앞에서, 게다가 한 많은 용산 땅에서, 버젓이 저질러 왔음을 이르고 있을 따름입니다.

　잘했습니다. 이제 그 용산 땅에서 미군을 물러나게 하려는 흥정을 이 나라 정부에서 시작했다니 잘했습니다. 또 비록 앞을 내다보는 자발적인 눈으로 말고 이 나라에서 고조되기 시작한 반미 감정을 의식해서 마지못해 그런다고는 하나 미국 정부도 그 흥정에 응했다니 참 잘했습니다. 이 나라에서 죄다 물러나도 될 상황보다야 훨씬 덜 반갑지만, 우선 서울에서라도 미군이 물러나게 된다면 얼마나 좋겠습니까. 우리에게도, 우리에게 덜 어리석게 보여야 할 미국의 인상으로 봐서도, 용산에서만은 어서 물러가는 것이 좋습니다. 또 그 골프장만 말고 죄다 비워 주는 것이 옳습니다.

　그러나 당부합니다. 군사적으로 크게 불리하지 않을 바에야, 어차피 크게 고칠 수 없을 미군의 미국식 처신이 되도록 적은 수의 한반도 사람들에게 노출되도록, 아주 후미진 곳에 새 자리를 정하라고 하세요. 그리고 이 나라 정부가 소맷자락을 붙들고 그래도 좋으니 머물기만 해 달라고 사정한다면 몰라도, 미국의 이익에 합치되어 이 나라에 머문다면서 이사 비용 물어 달라는 체통 없는 소리, 이사 가서 땅세 안 물겠다는 소리는 삼가 달라고 하세요.

천구백팔십팔년, 샘이깊은물

시간의 주인

다들 아시듯이, 한 처소의 한 때, 곧 '시'는 경도로 보아 지구 위의 어느 자리에 그곳이 있느냐에 따라 이름이 결정됩니다. 그래서 한 시, 이를테면 우리 나라에서 아침 아홉 시라 부르는 시는 나라에 따라 이름이 다를 수 있습니다. 다만 우리 나라와 일본처럼 서로 가까워서 시의 이름이 서로 같은 수도 있고, 한 나라의 땅이라도 미국의 동부와 서부처럼 서로 멀어서 시의 이름이 다른 수도 있기는 합니다.

그런 시의 작명은 나라 사이의 약속에 따른 것이라고 합니다. 그 약속이 여러 나라에서 지켜지고 그에 따른 시의 이름이 국민 사이에서 관행으로 굳어졌을 줄로 압니다.

그러나 그런 약조를 무시하고 시의 이름을 고치는 수도 있어 왔습니다. 일찍이부터 미국에서는 '햇볕 절약 시간'이라 해서 여름이면 시의 이름을 '한 시간씩' 앞당겨 불러 왔습니다. 독재자 이승만 씨는 우리 나라의 시 이름이 일본과 같은 것이 싫다고 하여 한 시간씩 앞당겼던가 뒤늦추었던가 했습니다. 지난해에 군사 독재자 전두환 씨도 느닷없이 '일광 절약' 어쩌고 하며 시의 이름을 한 시간씩 앞당겼습니다.

미국의 일을 두고서야 남의 집 사정이니까 감 놔라 배 놔라 하지 않겠습니다. 그러나 우리 나라 독재자의 처사를 놓고는 할 말이 없지 않습니다. 도대체 시와 시간이 누구의 것인 줄로 알고 그 개명을 했겠습니까? 국민의 대표들로 구성된 국회의 승인을 얻었던가요, 국민의 투표를 했던가요? 국민의 동의 없이 그 변덕을 부렸다고 해서 어느 국회의원이 전씨에게 대들고 따져 보기나 하던가요?

전씨가 우리 나라 사람들의 시 이름을 고친 데에는 속셈이 일광 절약 아닌 딴 데에 있었던 듯합니다. 우선 올림픽 개막 직전에 미국의 일간 신문 《샌프란시스코 크로니클》이 우리 나라 정부의 과잉 준비 소동을 비꼬면서 보도한 소리를 좀 들어 봅시다. "한국 사람들이 얼마나 심하게 올림픽 경기가 성공하기를 갈망하는지는 와 보지 않고는 모른다…… 천구백팔십일년부터 남한 사람들은 잔일까지도 낱낱이 걱정거리로 여겨 왔다. 중요한 행사를 미국에서 생방송으로 보여 주는 것이 필요하다? 문제 없다. 평일이라도 결승전들이 정오에 나오도록 시간을 잡으면 된다. 정오도 너무 늦다? 걱정할 것 없다. 그럼 온 나라에 일광 절약 시간을 적용시키면 된다. 그래서 여기서는 동트기 전에 벌써 일곱시 반이 되었다." 그렇습니다. 이 보도가 옳다면, 전두환 장군이 우리에게 물어보지 않고 강요한 허울 좋은 햇볕 절약 시간은 두 해에 걸친 부끄러운 사대주의 시간이었습니다. 독재자 한 명의 아부 또는 만용으로 사천만 국민의 생활 리듬이 깨뜨려지고, 많은 새 생명의 '운명'이 바꾸어졌습니다.

'운명'이라니요? 산부인과에 가서 기웃거려 보세요. 새 생명이 퐁 빠져나오는 시를 부모가 중히 여겨 흔히 태어나는 시각을 의사가 앞당기기도 하고 뒤늦추기도 하는 것이 오늘날의 풍속입니다. 그런 이들이 이상적인 출생 시각을 '전두환 시'로 봐서 잡아야 할까요, 보통 시간으로 봐서 잡아야 할까요? 그런 마당에 이왕에 시의 이름을 바꿀 바에야 그 다재다능하신 군사 통치자께서 '생년월일시'의 사주 계산조차 일광 절약 시간에 따라 할지 하지 말지까지 결정해 주셔야 했을 법하나, 그러지를 못했습니다. 그래서 이를테면 어느 날 새벽 열두시 반에 태어난 아이는 진짜 사주팔자로는 그 전날 열한시 반에 태어났다고 할 수 있게 돼 버렸습니다. 용한 점쟁이, 사주쟁이가 아무래도 유구한 역사가 갈고 다듬은 시의 이름을 더 옳다고 하지, 어찌 '전두환 시'를 더 옳다고 하겠습니까?

'전두환 시'로 봐서 좋은 시에 태어난 아기의 이십 년 뒤 팔자를 생각해 봅시다. 슬기로운 '운명 철학가'를 만나 진짜 시간으로 환산한 생년월일시가 아주 기구한 운명의 시각인 것으로 판명되어 뒤늦게 애통해 할 수도 있겠습니다. 남녀가 혼사에 앞서 정혼을 하면서도, 음력 생일, 양력 생일, 전두환 시, 보통 시 해서 출생 정보를 겹겹으로 요구받게 되는 혼란이 생길지도 모릅니다.

'전두환 시'는 산 사람의 운명만 간섭하는 것은 아닙니다. 우선 온 국민이 그 올림픽 시간을 제사에도 적용했다면, 그리고 전두환 씨가 그 귀신들에게 전화로라도 미리 통보해 두지 않았다면, 제상이 한 시간 이르게 차려져서 이 나라의 모든 귀신이 자정의 제삿밥을 놓쳤을 터입니다. 그리고 그 올림픽 시간이 적용된 이태 동안의 이른 새벽에 이 세상을 하직한 사람은 아예 제삿날이 하루 빨리 잘못 잡혔을 수도 있겠습니다.

그 이태 동안의 역사 기록은 어떻게 됩니까? 그전과 그뒤의 역사 기록과는 일관성이 단절될 산수의 법칙에 따라 때와 시간이 적혔을 터이니, 후대 사람들에게 우리는 이 시대의 기록을 제 시간으로 환산해서 훑어보아야 하는 번거로움을 물려주게 되었습니다.

　미국의 햇볕 절약 시간이야 온 나라가 함께 사용하는 것이니 그런대로 혼란은 좀 덜합니다. 그러나 우리 한반도 남녘과 그 북녘의 주민들은 서로 같은 시간의 처소에 살면서도 남한 땅 통치자의 비과학적인 시간 조작 때문에, 서로 다른 점이 많은 판에, 이쪽 사람들이 애써 다른 점 하나를 더 보탰습니다. 통일된 시간의 파괴도 엄연한 통일 저해 행위가 됩니다.

　허울 좋은 이 나라의 일광 절약 시간, 그 전두환 씨의 사대주의 시간은 다행히 시월 구일부터 자취를 감춘다고 합니다. 딴 어떤 명목으로도, 딴 어떤 숨은 속셈으로도 다시는 국민의 동의를 받지 않고는 되풀이되지 말아야 할 혼란의 시간이 그것입니다. 국민의 동의를 받아야 하는 것은 시간의 주인이 통치자가 아니라 국민이기 때문입니다. 앞으로는 어떤 통치자에게도 제 맘대로 시간 고치게 허용하지 맙시다.

천구백팔십팔년, 샘이깊은물

올림픽과 '국위 선양'

우리가 올림픽에서 사등을 했다 하여 기뻐들 했습니다. 권투 시합 판정이 더 올바르게 되어 우리가 더 낮은 등급 오륙등을 했더라도 우리에겐 대견한 업적이 될 터이라고들 하면서 마냥 즐거워했습니다. 본디 내다보았던 십등 안팎을 했어도 감격할 판에 실적이 그리 껑충 뛰어올랐으니 애국심에서 올림픽 개최를 반대하던 이들 사이에서도 속으로 좋아하는 사람 드물지 않았을 줄로 압니다.

그러나 우리는 우선 알고나 좋아해야 합니다. 우리가 좋아하는 것이 이 나라가 주최국이 되었고 사등을 했음이 세계에 '국위 선양'을 한 것으로 알고 있기 때문이라면, 어쩌면 국경 바깥 사람들한테서는 말 그대로 "좋아하네!" 하는 핀잔을 들어 마땅할지도 모릅니다. 올림픽 개최로 바깥세상에 한국을 더 많이 알린 것도 사실이지만, 어쩌면 개운한 것보다 구린 것을 더 많이 알리게 되었고, 사등을 했다지만 시끄러운 권투 시합, 알쏭달쏭한 권투 판정으로 나머지 업적에 먹칠을 했으니 사십등 함만 못했을지도 모르기 때문입니다.

이른바 외신 보도만 해도 그렇습니다. 우리 쪽에서 봐서야 그 미국 '엔비

시' 놈들이 나빴지만, 우리가 대들었다고 해서 누가 우리의 억울한 사정 그리 깊이 알아주기나 했습니까. 오히려 그 '악착 같은 한국 사람'들이 떼쓰고 어거지 부린다고나 했으면 했지, 그 권투 사건에서 말고도, 많은 외신 보도가 이런저런 칭찬 사이에서 서울 욕, 서울 올림픽 욕, 한국 사람 욕을 많이 해댔습니다. 심지어 그때에 이 나라에 온 외국 사람들이 이 나라 기자들이 면전에 들이대는 마이크 앞에서 흔히 했던 사탕발림 칭찬의 말에서마저도 흔히 비판의 '언중유골'이 들어 있기 십상이었습니다. 그러니 그 국위 선양이 되었다는 것은 다분히 정부와 제도 언론이 한몸이 되어 창출해 국민의 마음에 이입시킨 '국내용' 착각인 점이 전혀 없지는 않았습니다.

그 국위 선양이라는 것은 오히려 그런 말 내세우지 않는 나라에서 더 잘합니다. 그 개막 선언인가를 엉뚱하게 대통령이 나와 하는 나라 말고 오히려 그냥 그 주최 도시의 시장이 나와 하는 나라에서 더 잘합니다. 전기세는 한 푼도 물어 주지 않으면서, 뒷박만 한 저희 사무실에마저도, 저 남북 적십자 회담 때의 그 못된 개버릇을 못 버리고, 올림픽 개막식 날과 폐막식 날에는 밤에도 불 켜 놓으라고 지시하고, 그 거짓 불야성의 비밀이 지켜지기를 기대하는 철없는 군대식 발상의 나라에서는 아예 하기 어려운 일이 국위 선양입니다. 쓸데없이 재화 너무 퍼부어 거국적인 허세의 연극을 하다가 연극 아닌 구석들의 치부가 너무 많이 들통 나 오히려 우세를 산 행사가 서울 올림픽이 되지 않았나도 걱정해 봅니다. 그 주최자들이 주장하듯이, 우리가 어차피 문화 국민이라면 그런 연극 하지 않았어야 우리 말고 외국 사람들에게도 국위 선양이 더 잘 되었을 터입니다.

알고 넘어가야 할 것이 또 있습니다. 올림픽은 근본적으로 세계 사람들 말고 서양 사람들의 판놀이라는 것입니다. 그 종목들이 거개가 서양이 출처이기 때문만이 아닙니다. 온 세계를 두고 보면, 그것은 부자와 키 큰 사람과 좋은 기계 가진 사람들의 놀이입니다. 또 나라가 아주 크거나 국가가 돈 퍼부어 선수를 길러야 이기는 시합입니다. 치고받고 목 조이고 발로 차고 칼질, 총질 하는 것 보고 좋아하는 야만성의 놀이판이라는 주장도 있습니다. 게다가 체육이 아니라 오히려 서커스라 할 점도 없지 않습니다.

좀 더 자세히 살펴봅시다. 우선 그 승마는 어떻습니까? 말 한 마리 값이 집 한 채 값이라지 않던가요? 작은 나라에서는 국가 예산 항목이 왔다 갔다 할 경비입니다. 키를 크게 타고난 사람과 작게 타고난 사람들을 한 판에 집어넣고 싸우게 하는 것 자체가 불공평한 일 아닙니까? 몇몇 종목에서 몸무게 달아 하듯이, 키 재어 비슷한 사람들끼리 경쟁시켜야 공평합니다. 총 쏘기에서도, 자전거에서도, 장대 뛰기에서도, 각 나라가 비밀히 만드는 '연장'에 따라 승패가 크게 결정된다니 이게 기계 경쟁입니까, 체육 경쟁입니까? 인구 적은 나라에서 우수한 선수 나올 확률 낮음에 아랑곳없이 큰 나라, 작은 나라 일대일로 치고 하는 경쟁이 공평합니까, 어떤 나라에서 오로지 그 훈련만 시켜 기른 선수하고 딴 나라에서 시나브로 재주 익힌 선수하고 맞싸우는 것이 정당합니까? 선수의 가슴팍에 국기 붙이고 이겼다고 해서 더 슬거운 장애자 올림픽에서와는 달리, 그 나라 국기 올리고 국가 틀고 하는 것 자체가 웃기는 일입니다. 얌전한 우리 나라 씨름이라면 또 모릅니다. 그러나 그 말썽 많은 것은 그만두더라도 상대방을 주먹질로 두들겨 패는 권투, 하늘이 점지한 귀한 몸 내동댕이치고 목 조이고 하는 레슬링과 유도, 그리고 앞발질, 뒷발질로 사람 치는 태권도—그것들이 이 지상에 존재하여 여러 사람들의 사랑을 받는다는 것은 알겠습니다만—누구의 도덕적인 판단으로 올림픽에까지 들어갔지요? 자꾸 우리 나라에 메달 따 준 고마운 분들의 분야만 주로 골라 트집하는 듯해 미안합니다만, 이 지상의 여러 다른 평화로운 운동 경기 제쳐 두고, 왜 사격의 총질, 펜싱의 칼질까지 올림픽 종목으로 내세워야 했답니까? 한정된 서양인의 시야를 벗어나면, 어느 밀림 지대의 원시인 사회에서도 그것들보다는 더 평화롭고 의미 있는 경기를 찾아낼 수 있을 줄로 압니다. 기계 체조와 리듬 체조와 그 수중 발레라던가 하는 것도 '몸의 성취'에만 점수를 매기지 않고 여태까지처럼 몸짓의 아름다움에까지 점수를 매겨야 한다면, 그것들은 체육보다는 오히려 훌륭한 무용, 예술, 서커스가 된다고 보았습니다. 리듬 체조에 빗대어 하는 말입니다만, 누가 우리 나라 농악판 상쇠가 돌리는 상모를 보고 '잘 논다'라고는 할지언정 '힘세다' 하던가요? 다 구미 '형님들'의 가르침을 우리 나라와 온 세계가 비판 없이 충실히 받아 그런 것도 '운동', '체육'이라고 헤까닥 잘못 생각한 소치가 아닌가 합니다.

그러니 우리가 올림픽을 개최하게 된 것도, 거기에서 사등인가를 한 것도, 세계 언론의 반응이 훨씬 더 좋았다손 치더라도, 꼭 그리 좋아만 할 일이 되는 것도 아닙니다. 그것이 온 인류를 공평하게 대표하는 세계 행사가 아니라 서양의 팔이 안으로 굽는 행사이기 때문입니다. 세계 인구를 절반이 넘게 차지하는 아시아에서 금메달이 고작 스물두 개밖에 안 나왔다면, 그 제도에는 반드시 구조적인 모순이 있습니다. 그럼에도 불구하고 우리 나라가 사등 했으면 되지 않느냐 하실 수 있겠습니다. 감히 대답해 봅니다. 그것이 소련이나 동독을 닮은 국가 훈련이 없이 더 자연스레 이루어진 것이 아닌 것이 부끄럽습니다. 다만 권투 '부정'이 없어서 오륙등만 했더라면 키 작고 몸 작아 불리한 국민의 업적으로는 놀라웠다고는 하겠습니다.

천구백팔십팔년, 샘이깊은물

말로 합시다

　육신이 멀쩡했던 서울대 학생 박종철 군이 치안 본부 형사들의 물고문을 당하다가 욕조 턱에 '목이 눌려' 이 세상에서 가장 아까운 목숨을 잃었습니다. 처음에 경찰에서 박 군이 목 눌려 죽지 않고 그냥 '억' 하고 죽었다고 거짓말로 발표했듯이, 이번의 발표도 거짓으로 한 것이어서 물고문 과정의 목 눌림이 아니라 그것 말고 또 했던 전기 고문으로 죽었다는 주장도 있으나, 어찌 되었거나 그 귀한 목숨이 정부 사람들의 폭력으로 말미암아 끊긴 것은 틀림없습니다.
　법치 국가의 근본은 헌법입니다. 정부 사람들은 이 법의 주인이 아니라 그 도구이자 파수꾼들입니다. 그 파수꾼들이 헌법 십일조 육항에 엄연히 적힌 "모든 국민은 고문을 받지 아니"한다는 선언을 버젓이 어기고 국민을 고문하고 마침내 죽이기까지 한 것입니다.
　그 선언은 법이 할 수 있는 가장 강력한 선언입니다. 글자 그대로 해석하자면, 필요하면 법 만들어 거기에 따라 자행하려고 '법률에 의해서가 아니면 고문을 당하지 아니한다'라고 한 것도 아니고 가끔 못된 놈들이 더러 하는 수도 있어서 '고문을 해서는 아니 된다'라고 하며 금지하는 것도 아니고,

그런 것 있으면 이 나라가 대한민국이 아니니 아예 "모든 국민은 고문을 받지 아니한다"는 것입니다. 얼마나 믿음직한 나라입니까! 그러나 고문을 하는 정부 사람들이, 국민이 고문을 당하는 만큼, 헌법이 정한 대한민국을 대한민국이 덜 되게 해 온 것입니다.

저는 이번에 박종철 군이 모진 고문을 당하고도 죽지는 않았을 경우를 생각해 보았습니다. 기자들의 눈에 띄어 보도가 되었을까요? 설사 보도가 되었다손 치더라도 온 국민이 이만큼 알고 치를 떨게 할 만큼 상세하게 되었을까요? 우선 대답을 미루십시다.

신문에 난 어느 어머니의 말대로 "그 짐승만도 못한 놈들"의 소행을 이 나라에서 시작한 작자들이 일본인들이었음은 다들 아는 바이니 일정 시대의 일은 접어 두고라도, 해방 뒤로, 특히 오일륙 때부터, 전체주의 국가도 아닌 이 나라의 공권력이 이 수도와 저 지방, 이 산과 저 동네, 이 골방, 저 호텔 할 것 없이 도처에서, 민주주의라는 이름이 부끄럽게 자행했다는 고문의 소문은 신문의 지면이나 텔레비전 화면으로 말고 주로 수군대는 입에서 입으로 숱하게 많이 전해져 왔습니다. 흔히 떠돌던 소리로, 누구는 수염이 뽑혔고 누구는 묵사발이 되었다, 이 사람은 골병이 들었고 저 사람은 폐인이 되어 '쐬주'만 먹고 목숨을 잇는다, 아무개는 병신이 되었고 '거시기'는 겉은 멀쩡하지만 비 오기 전에 온몸이 '날궂이' 하여 쑤시는 속병신이 되었다는 것들이 있었습니다. 그뿐입니까? 밝은 눈으로 보면 별것도 아닌 '잘못'으로 쥐도 새도 몰래 잡혀 가서 얻어맞은 심리적인 충격으로, 몸과 마음은 무쇠같이 단단하면서도 아예 이 사회에서는 되도록 덜 생각하고 덜 일하고 덜 움직이고 또 얼굴과 이름 덜 내밀고 숨어서 조용히 남기로 작심하여 아까운 재주 썩히는 이들의 소문도 자주 들었습니다.

그러나 활자화되지 않은 말엔 고물이 묻어 있기 십상이라고 생각하여 우리는 그런 소문을 곧이듣기를 흔히 외면하고 싶어했습니다. 그러나 이번에 터진 보도의 물꼬에서 우리는 그런 것들이 전혀 헛소문인 것은 아님을 확인하고 놀랐습니다. 아무리 소문이 많이 돌더라도 가뭄에 콩 나듯이 보도되는 것만이 진실이기를 바랐다가, 하늘이 무너지는 듯한 배신감을 느꼈던 것입니다. 그리하여 이제는 세상에서 아무리 여자의 가슴팍이 그러는 데가 아니라 쓰다듬는 데라고 하더라도, 공식 발표대로 부천 사건 권 양의 가슴은 그저 '쥐어박기'만 했을 따름이라고 끝까지 믿고 싶어했던 마음의 기둥이 이윽고 휘청거리기 시작합니다.

이번에 박종철 군이 그 모진 고문을 받고도 목숨을 잃지 않았다면, 그의 병신 됨이나 폐인 됨, 그의 골병이나 날궂이는 만고에 돌이켜 지울 수 없는 인류의 죄악이 남긴 결과임에도 불구하고, 아직 거물도 되지 못한 그의 학생 됨으로 보아, 큰 소문의 물결도 타지 못하고 서울 신림동 하숙집 골목이나 부산 양수장 달동네에서 병구완하는 이들의 입에서나 오르내리게 될 터임은 아닐까요? 당장 죽지 않은 '박 군', 또는 그밖에도 수없이 많이 있을지도 모르겠다고 이제는 믿어지는, 아직은 살아 있는 김 군, 이 군, 김 씨, 이 씨가 겪은 고문의 신문 보도, 그리고 거기에 따른 국민의 반응에 대해 아까 물었던 그 질문의 대답을, 질문 또 하나를, 이처럼 '아닐까요?' 하고 던져 해 봅니다.

여태까지 언론이 입 다문 핑계를 관청에다가 대어 온 것은 비밀이 아닙니다. 그 핑계가 엄살이 아니었다면, 이번에 관청이 비록 더듬거리고 앞뒤가 어긋나는 목소리로나마 큰맘 먹고 입을 열어, 언론들로 하여금 조심스런 붓끝으로나마 아는 대로 '다' 보도하게 한 것을 축하합니다. 무지막지한 고문을 하지 않았던 것보다야 천길만길의 지옥에 떨어질 만큼 못했지만, 끝까지 숨기고 얼버무리려 하는 것보다는 천곱만곱 나았습니다.

  까마귀 날자 배 떨어졌습니다. 하늘이 때를 맞추어 주셔서, 고문 때문에 죽은—병신 되거나 골병든 사람까지 포함되었으면!—사람에게 국가가 물어 주는 배상금은 그 고문한 '잠바쟁이'들한테 되물린다는 판결이 막 나왔습니다. 그러니—팔도 강산 구석구석의 그런 데에서 일하시는 분들께 사뢰옵니다—요새 날리면 되돌아오기 어려운 돈으로 봐서도 그 패고, 치고, 틀고, 뒤틀고, 조이고, '쥐어박고', 대고, 넣고, 붓고, 차고 한다는 짐승스런 행동을 단박에 멈추고, 죄가 아주 무거우면 나중에 법대로 '탕탕' 하는 수도 있으니, 아무리 밉고 힘이 들더라도 말로 합시다. 위에서 누가 방음 장치까지 한 방에 욕조까지 놔 주고 한다고 하더라도, 그 아이들과 어른들이 이녁 핏줄이라고 한번 생각해 보아, 그 시늉도 하지 말고 말로 합시다. 그 짓이 대한민국 헌법의 타당성을 갉아먹는다는 것은 그만두고라도, 우선 이녁 처자에게라도 떳떳한지, 꿈자리에 사납잖게 떠오르는지나 곰곰이 생각해 봅시다. 그리고 언젠가 그 '잠바' 벗을 날도 생각해 봅시다.

천구백팔십칠년, 샘이깊은물

전화 도청과 우편 검열

"서울과 전화하려면 특별히 조심하셔야 합니다. 하시는 말씀이 북괴에게 도청되어 저쪽에 이로운 정보가 흘러갈 수 있습니다"라는 당부를 몇 해 전에 들은 적이 있습니다. 해외 여행을 하려면 꼭 받아야 한다는 소양 교육인가에서 말씀입니다.

그런 고약한 전화 도청은 '북괴'가 아닌 데서도 더러 하는 모양입니다. 우선 서양 첩보 영화에서도 흔히 도청 장면이 나옵니다. 아무리 터무니없어 보이더라도 실제 생활 속에서 일어날 수 있는 일을 얼마쯤은 반영한다고 보아야 할 줄로 압니다. 또 그것이 사실인지 거짓인지, 전화 도청인지 밀담 도청인지는 모릅니다만, 박정희 때에는 미국 대사관의 청와대 도청 시비도 일었습니다. 그리고 우리의 체험을 놓고도 엇비슷한 짐작을 해 볼 수 있겠습니다.

십 몇 년 전엔가요, 청와대의 꽤 높은 비서관의 사무실을 찾아간 일이 있었습니다. 가까운 선배이셨으므로 저를 믿고 하신 말씀이었겠지만, 방으로 들어가자마자 귀엣말로 "도청될지도 모르니 말 조심해라"라고 했습니다. '북괴'나 미국 대사관이 도청할 걱정을 하시는지, '집 안'에서 서로 못 믿고 도청할 걱정을 하시는지는 불분명했습니다만, 아무튼 저는 그때부터 시중에 떠돌던 도청의 유언비어에 '설마' 하던 마음을 고쳐먹기 시작했습니다. 그냥 방 안에서 하는 말의 도청 걱정을 그 권위 있는 분이 했으니, 전화 도청이야 '뻔할 뻔' 자라는 것이었습니다.

도청을 두고 시중에 나도는 말과 도청 걱정 때문에 사회에 팽배해 있는 분위기는 끊이지 않아 왔습니다. 이른바 국가 안보와는 상관이 없는 장삿속 얘기를 하면서도 '유선상'으로 말했다가 들키면 큰일난다고 걱정하여, 굳이 서로 만나 반나절 품, 하루 품을 쓸데없이 날리는 비능률 현상이 두루 번져 있습니다. 야당 사람, 반체제 인사들은 으레 그러려니 하더라도, 심지어는 체제와는 한통속인 여당 사람, 고급 관리들도 그 '의식'을 하여 전화로는 '당연한 말씀'만 하기 일쑤라는 소리도 흔히 들어 왔습니다.

실제로 전화 한 통화 잘못 했다가 혼쭐이 났다는 얘기도 들었습니다. 잊고 싶은 지난날의 이야기입니다만, 누구는 국제 통화로 군사 독재 체제에 관해 '양심 있는' 말을 했다가 들켜 요새 말하는 괘씸죄에 걸려 곤욕을 치렀다고도 합니다. 제가 아는 누구는 국제 통화로 '잘못' 한 말 때문에 김포 공항 귀국 때에 '빤쓰'까지 훑이는 조사를 당하고 풀려났습니다. 그 모욕스런 조사가 전화 도청 때문인 줄을 어찌 알았다더냐고요? 조사를 지시하는 사람 따로 있고 조사하는 세관원 따로 있었는데, 그 세관원이 귀엣말로 "국제 전화로 쓸데없는 말씀 하셨습니까?"라고 묻더라나요?

공화국인가가 여섯 번째나 들어서서도 그 도청 공포심이 우리의 마음에서 완전히 가시지 않았습니다. 오로지 기계속의 잘못일 뿐이어서 쓸데없는 걱정일 줄로 믿고 싶습니다만, 전화하다가 상대방 소리가 '행방불명'이 되거나 '감'이 멀어지거나 '왕왕' 하거나, '찍' 하는 소리가 간헐적으로 배경에

깔리거나 하면, 공권력이 그 통화를 도청하고 있다고 믿는 이들이 시방도 많습니다. 그래서 할 말 다 못하고 흔히 따로 만나 쓸데없이 시간, 차비, 찻값, 곧 국력을 낭비합니다.

그런가 하면 많은 국민들이 비밀 보장을 걱정하는 것으로 서신, 곧 편지가 있습니다. 또 쓸데없는 걱정인지 아닌지는 모르지만, 전보, 텔렉스, 팩시밀리, 컴퓨터 사서함의 비밀 보장을 걱정하는 사람이 없는 것도 아닙니다. 그러나 여기서는 편지 얘기만 하겠습니다.

일찍이 박정희 때부터 외국에서 온 편지이면 흔히 뜯었다가 다시 붙인 흔적이 있는 수가 숱했다고도 합니다. 김을 쐬어 감쪽같이 뜯었다가 다시 붙인다는 유언비어도 있었습니다. 엄청나게 밝은 빛을 쐬어, 봉투를 뜯지 않고도 그 안의 글을 읽는 재주가 개발되었다던가 도입되었다던가 하는 소문도 듣지 않은 바 아닙니다. 심지어는 어느 우체국 건물 몇 층에 그런 '부서'가 있다는 소문도 꽤 버젓이 나돌았습니다.

우리끼리야 참고 견디면 되지만, 어찌 이런 소문 또는 헛소문이 듣는 이의 국적을 가리겠습니까? '서울로 전화나 편지를 할 때에는 이런 얘기는 말하지 말고 쓰지 말라' 하는 당부들이 세계 만방에 확산되어 왔다고 봐야 할 듯합니다. 한국의 경찰 국가 인상의 형성에는 정녕코 전화 도청과 우편 검열의 걱정이 한몫을 해 왔다고 봐야 할 듯합니다.

여기까지의 모든 이야기는 이른바 통신의 비밀에 관한 것입니다. 이 모든 소문 또는 사실이 번지거나 벌어지고 있는 동안에, 통신의 비밀은 헌법 조문으로 언급되어 왔습니다. 이승만 때의 제헌 헌법부터 박정희 때의 유신 헌법까지에는 "모든 국민은 법률에 의하지 아니하고는 통신의 비밀을 침해받지 아니한다"라고 되어 있었고, 천구백팔십년의 전두환 헌법과 작년에 통과된 새 헌법에는 "모든 국민은 통신의 비밀을 침해받지 아니한다"라고 되어 있습니다. 법률에 의하지 아니하고는 침해받지 아니한다던 소리는 실제로 법률로는 침해할 수 있다는 소리였습니다. 그러길래, 일찍이 천구백사십팔년에 '임시 우편 단속법', 천구백육십구년에 '임시 우편 단속법 시행령'을 만들어, "대통령은 국방상 또는 치안상 위해를 끼칠 염려가 있다고 인정할 때에는 해당 공무원으로 하여금 우편물을 검열하게 할 수 있다"거나, "체신부 장관이 필요하다고 인정하여 지정하는 우편 관서는 그 관서를 경유하는 우편물을 검열할 수 있다"라고 할 수 있었달 수 있습니다. 이 법과 시행령으로 따지면, 적어도 박정희 때까지는 공권력이 국민의 편지를 훔쳐보는 것만은 합법적이었습니다. 그러나 전두환 때부터 오늘까지는, 곧 지난 팔 년 동안에는, "모든 국민은 통신의 비밀을 침해받지 아니한다"라고 못 박아 선언한 새 헌법 조문 때문에, 공권력이 혹시 전화를 도청하고 그 위헌적인 단속법과 시행령을 구실로 하여 편지를 검열해 왔다면 헌법을 버젓이 어겨 온 셈입니다.

그래서 민주화를 내건 제육공화국의 출범과 함께 그 위헌적인 전화 도청과 우편 검열은 아예 하지 않아 왔다고 믿고 싶습니다. 이 믿음이 옳다면 새 정부는 만천하에 전화 도청과 우편 검열은 더는 하지 않는다고 공포하기를 권고합니다. 국민이 전화로도 편지로도 좀 켕긴 얘기라도 마음 놓고 하는 나라가 알고 보면 훨씬 더 튼튼한 나라이기 때문입니다.

천구백팔십팔년, 샘이깊은물

금강산 개발을 걱정한다

　세상 돌아가는 것 참 묘하기도 합니다. 한국 쪽과 '조선' 쪽은 판문점에서 만나서는 서로 이녁 쪽 옳고 상대방 그르다 하며 말다툼을 해 왔습니다. 비록 웃는 시늉, 예의 바른 시늉을 흔히 해 왔기는 해도 그 양쪽의 만남은 근본적으로 말다툼이 되어 왔습니다. 그러면서도 양쪽은 주로 장삿일을 맡은 사람들을 시켜서 뒷거래를 해 왔습니다. 오늘도 홍콩과 일본에서는 저쪽 장사꾼과 이쪽 장사꾼이 서로 머리를 맞대거나 중간 거간을 내세워 이쪽 물건 저쪽에 팔고 저쪽 물건 이쪽에 사 오는 흥정을 하고 있을 터입니다.
　이쪽에는 그런 '짓' 하면 누구를 가릴 것 없이 크게 처벌을 받는 법이, 이를테면 저는 한 번도 읽어 본 일이 없는 국가 보안법 같은 것이 있다고 하나, 정부의 부탁이나 양해나 암시나 장려나 지시나 허락을 받고 하면 무방하다고 이해되어 있는 듯합니다. 말하자면 그런 법 어겨도 처벌하지 않겠다고 약속할 권한, 그런 법을 어기라고 암시할 권한이 이쪽 정부의 손에 쥐어져 있다고 생각할 수밖에 없어졌습니다. 그런 법 이미 없어졌다거나 있으나 마나 하다거나 하는 소리를 아직 듣지 못했기 때문입니다.
　정말로 권력자의 눈에는 법이 쓸데없는 것으로 보이는지도 모릅니다. 마침내는 근본적으로 아무나 그럴싸한 구실만 있으면 신고인가만을 미리 하고 북한을 다녀와도 된다던가 하는 발표를 정부에서 하기에 이르렀으니까요. 저희들 생각으로는, 시대의 조류가 달라짐에 따라 법 얼른 먼저 고치고 그 다음에 허용인가 장려인가를 할 법한데도 말씀입니다.

아무튼 이런 묘한 시대에 그 정주영이라는 이, 그 청문회 국회의원들에게는 '존경'과 아첨의 대상이 됐으나 막상 많은 국민들의 마음에는 관권과 '합작'해서 노조 탄압을 한 중심 인물로 떠오른 사람이 묘한 나들이를 하고 돌아왔습니다. 몇 해 전에부터 북한의 '수령님'인가 '지도자'인가 그 밑엣사람들인가와 줄이 닿는 일본 중신아비들과 귀엣말로 소곤거린 끝에, 청와대의 허락인가 부탁인가를 받아 북한에 가 푸짐한 대접을 받고 귀국한 것이지요. 돌아와서 한다는 소리에 "금강산 '합영' 관광 개발" 어쩌고 하는 말이 포함되어 있었습니다. 온 나라의 신문과 방송이 별안간에 들떠 마치 경사가 났다는 듯이 법석을 떨어 남한 땅의 북쪽 변두리에 투기 바람이 이는 지경에 이르렀습니다.

금강산을 '우리 손'으로 '개발'하는 결과로 우리와 저 북녘 '조선' 사람들이 서로 왕래하게 될지도 모르는데 무슨 곡절로 그리 찬물 끼얹는 투의 말을 하느냐고요? '왕래', '교류', '통일' 같은 것이 이 시대의 가장 거룩한 가치를 반영하는 말인 줄이야 전들 어찌 모르겠습니까? 게다가 금강산 개발이 남북 '합영'으로 이루어진다면 그것들이 앞당겨질 터임도 좁은 소견으로나마 알고 있습니다. 그러나 '우리 손'과 '관광 개발'이라는 말을 '금강산'과 연관시켜 생각하면, 고백하건대, 공포 같은 것을 느낍니다. 독재자 박정희 때부터 '우리 손의 관광 개발'이라는 것이 남한 땅에 저질러 놓은 그 범죄, 그 영원히 돌이킬 수 없는 상처 때문입니다.

점잖다는 사람들 말로 정경 유착이라고 하던가요? 손에 칼 쥔 사람들과 주머니에 돈 있는 사람들이 서로 짝짜꿍이 되어 나라 말아먹는 일 말입니다. 아무튼 그 군사 독재 체제의 한국판 정경 유착에 따라, 농촌 사람들 가난하게 만들어 도시로 모여들게 하여 이미 선점해 놓은 도시 땅의 값을 올려 황금 값으로 팔거나 세놓거나 하고, 거의 텅 비게 된 농촌 땅 똥값으로 사들여 온 나라의 사유지를 거의 죄다 독차지해 온 쪽이 이 나라의 지배 계층이라고 하면 억울한 표현이다 할 사람 많겠습니까? 토지 공개념 연구 위원회가 최근에 슬그머니 발표한 자료가 그런 해석을 가능하게 하지 않던가요?

아무튼 그렇게 거의 텅 비게 된 땅에, 비록 밥 사정 때문에 몸은 도시에 부렸으나 마음은 시골에 있기 십상인, 지칠 대로 지친 도시 인구 대다수를 되끌고 가 술과 계집으로 호주머니를 다시 '털' 요량으로 펼쳐져 온 사업이 이른바 관광 개발이었달 수도 있겠습니다. 흔히 외화 획득 어쩌고 했지만 관광지에 가 보면 얼른 알 수 있듯이 그건 말짱 헛말이고 주로 지배 계층이 힘과 돈의 합작으로 제 동포 돈 '뜯으려는' 음모에서 나온 것이 그 이름도 거룩한 관광 개발이었다면 지나친 말이 되겠습니까?

그런 관광 개발을 '우리 손'으로 했다고 신문과 방송이 자랑들을 해 왔습니다. 참으로 대견스러워 보였던 모양입니다.

그렇다면 그 솜씨나 좀 살펴봅시다. 우선 말로는 자연 보호 어쩌고 하면서도 명승지일수록 먼저 찾아가 불도저로 땅을 마구 파헤쳤습니다. 길은 넓을수록, 시설물은 흔히 되바라지게 보이면 보일수록, 크면 클수록 더 좋은 것으로들 쳤습니다. 전통 보존 어쩌고 하면서도, 흔히 헌것 하면 무턱대고 부끄러운 것으로 치고 치우고 때려 부수고 했습니다. 눈썰미 있는 사람들보다는 말 잘하는 사람들이 득세하여, 새로 들어서는 것 아름답게 보이도록 애쓴 노력 자체들 때문에 흔히 그것들이 오히려 추악하게 되었습니다. 꼼꼼히 잘하는 것보다 늘 빨리 해내는 것이 장기였습니다. '우리 손'의 관광 개발, 그것은 남한 땅 자연 파손의 원흉에 들어 왔고, 남한 땅이 더 아름다워질 기회를 영원히 박탈한 수탈 사업이 되어 왔습니다.

금강산은 손대기조차 민망한 세계의 보배입니다. 그 여러 벼랑에 이마적에 너무 많은 글씨들이 파였다고 해서 걱정하는 사람들도 있습니다. 그런 보배를 놓고 그렇게 거친 '우리 손'이 관광 개발을 한다니 공포를 느끼지 않을 수 없습니다.

그러나 본디 관광 개발은 좋게 할 수도 있는 것입니다. 게다가 우리가 고대하듯이, 왕래와 교류와 통일을 촉진하는 밑거름이 될 수도 있습니다. 그래서 정주영 씨와 그이를 북한에 보냈던 대통령, 또 그이를 따뜻이 맞아 주게 했던 '수령님'과 '지도자' 들께 당부합니다. 금강산은 훨씬 더 조심스러운 손으로 개발하라고 말씀입니다. 되도록 땅, 바위, 벼랑, 자갈, 모래, 흙, 내, 물, 나무, 풀포기, 짐승, 벌레 덜 다치게 하고, 길 좁게 내고, 산 오르고 싶은 이 걸어서 오르게 하고, 새로 집 지으려거든 되도록 작게, 적게, 겸허하게, 덜 되바라지게 지으라고 말씀입니다.

천구백팔십구년, 샘이깊은물

세계화, 무엇인지나 알고 하자

우리 나라 같은 데서 대통령 노릇은 한번 해 볼 만한 모양이다. 지난달 육일에 했던 연두 기자 회견에서 세계화, 국제화란 말을 떨구자 온 나라의 거의 모든 신문과 방송이 알아들었다는 듯이 입을 모아 세계화, 국제화의 깃발을 들어 주었다.

언론이 제대로 알렸어야 할 일

그 세계화, 국제화의 외침은 공교롭게도—까마귀 날자 배 떨어졌나?—대통령이 그이 입으로 내세운 공약, 대통령 자리를 걸고 쌀 수입을 막겠다던 뜻의 언약을 어기시고, 우루과이 쌀 흥정에서 져서 국민에게 미안하다고만 했던 말씀이 아직도 귓전에서 사라지기 전에 나왔다. 그럴 때였으니, 작은 실패 위에 큰 성공 있다, 큰 성공은 이 시대의 지고한 미덕인 세계화, 국제화에 있다, 국가 경쟁력 길러 세계로 뻗어 보자—이런 말은 패배자 쪽에 서라면 해 볼 만한 말이었다.

그러나 판단력이 강한 언론이 받아서 하루 이틀도 아닌 몇 주일 동안 맞장구칠 일은 아니었다. 오히려 언론은 그 기나긴 방영 시간, 그 넓디넓은 보도 지면을 정부 주장 '홍보'에 낭비하지 말고, 우루과이 흥정에 미숙했던 이 정부의 대표들이 이미 애써 받아 놓았던 것 되물려 주기, 상대방 약점 들추기는커녕 이쪽 약점에만 압도되어 "마치 지옥에 다녀온 느낌이 들" 정도로 쩔쩔매기, 프랑스 대표보다도 훨씬 더 유리한 처지에 있었으면서도 그 사람들 끝까지 지키고야 만 것 죄다 양보하고 그것으로도 모자라 쌀 개방은 약과인 엄청난 그밖의 개방에 합의하기나 하고 허겁지겁 돌아온 것을 꾸짖고, "기정사실이란 웬말이냐. 우리 국회 비준도 남아 있고, 저쪽 눈치 잘 살피어 뒤늦게나마 할 수 있는 일 남아 있다" 했어야 했다. 그런가 하면, 패배 인정의 의미가, 국가 경쟁력 길러 세계로 뻗자는 말의 의미가 무엇인지도 국민에게 알려 주었어야 했다.

그것은 다름이 아니라 공장 주인들 미국 같은 나라에 공산품 쉽게 팔게 하려고 오천 년 농사 포기하자는 말이고, 국민은 거의 모두 이 공장주들이 나눠 주는 품삯 먹고 살자는 말이고, '온 국토'를 공장화하자는 말이고, 농사를 짓게 하더라도 소수 부자에게 농토 독점시켜 대규모 '공장 농사' 시키자는 말이었다. 그런가 하면 논농사가 크게 해결해 주던 홍수 피해 '막지 말자는' 말이고, 그런 날이 오기 전인 오늘날에도 이미 대구와 부산과 목포 같은 대도시에서 그러듯이 공해에 '썩은 물' 마시고 살자는 말이고, 앞으로 그린 라운드가 실제화한 뒤로는 그 공해 공산품마저 팔아먹을 데가 '없어' 닭쫓던 개 팔자가 될 각오를 하자는 말이다.

서로 지갑 털어먹고 사는 사회?

기나긴 사연을 짤막하게 나타내다 보면 억울해 하거나 화내는 사람들이 생기기 쉬워, 새기고 한정해서 들으시라고 여기저기에 따옴표를 붙였다. 아무튼 그 신문, 방송 들은 정부 장단에 발을 맞추어 세계화, 국제화를 외치면서 위와 같은 소리는 아예 싹 감추다시피 했을뿐더러 우루과이 라운드 흥정을 뒤늦게나마 농촌 사회 덜 와해하는 방향으로 마무리 지으라는 전국 농민의 외침은 남의 집 불구경하다시피 다루었다. 몇 십 년 군사 독재 체제 아래에서 잘 훈련받은 대로 도시 대중이 근본적으로 자기들 눈앞의 잇속과 관계없는 어떤 말썽도 싫어하는 줄 뻔히 알고 있고, 도시 대중이 외면하고 싶어하는 말썽을 지면에, 화면에 상품으로 내놓는 것을 장삿속에 어긋나는 어리석은 일로 귀결 지었기 때문일 수 있겠다. 그러나 똑같은 언론들이 자기들이 부채질하는 세계화가 해결하기는커녕 오히려 촉진할 것이 뻔한 강물, 아니, 당장 제 목구멍에 들어갈 수돗물의 공해 문제를 두고는 하늘이 무너졌다는 듯이 소란을 피웠다.

도시 사람들 발암 물질 녹아든 물 먹고 죽으라는 소리를 하고 있는 것은 아니다. 자기들이 노래하는 공장화가, 자기들이 바라는 대로 더 전면화되기 전인 이 '초창기'에도, 어쩔 수 없이 발발 싸고 있는 똥오줌이 그 물이라고 말하고 있을 따름이다.

그 대책을 논의한다는 사람들도 그 근원이 이 정부가 더 추진한다는 '세계화'에 있음은 말하지 않는다. 앞으로 사정이 나아져서 공장에서 죄다 거른다면 그 걸러 낸 더럼은 또 어디에 감출까? 더럼이 또 다른 더럼 낳지 않고 걸러 낼 수 있기나 하는 것일까? 더럼 거른 비용을 값에 보태어 파는 물건 그린 라운드 뒤에도 경쟁력 있을까? 이런 근본적인 물음에 대답할 수 없이, '온 나라'를 공장화하여 온 국민이 땅 배반하고 푼돈 벌고 서로 지갑 털어먹고 사는 사회의 도래를 재촉하여야 할까?

세계화는 공장화다

낙동강 오염을 공장화와 직결시키는 것에는 언뜻 수긍하면서도, 첫인상이 거룩하게까지 느껴지는 '세계화'를 공장화와 동일시하는 듯함에서는 논리의 비약이 발견된다고 느끼는 이도 있을 것이다. 그래서도 하는 말인데, 본디 이 '화'자 돌림말들은 뜻이 알쏭달쏭하기가 십상이다. '세계화'도 '국제화'도 예외는 아니어서, 심지어는 공연한 소리 그럴싸하게 들리게 하려고 마구 갖다 쓰기까지 하는 단어가 된다.

우리가 기억하는 군사 독재자와 그 졸도들이 쓰기로는 주로 한국의 세계 진출을 뜻했던 듯하고, 지난번의 대통령 말씀에 나온 개방화도 그 뜻이 된다면 한국의 세계 시장화를 뜻하기도 하고, 우리 것, 우리 모습을 좀 바꾸어 보자는 말도 된다. 대통령 연설에 나온 '의식의 세계화'는 우리 것, 우리 모습 바꾸자는 말씀이고, '제도의 세계화'는 얼핏 들으면 이쪽 것들 바꾸자는 말로 들리지만, 실제로는 신문, 텔레비전에 얼굴 내밀고 세계 물정 해설해 주는 이들이 일러 주듯이, '이 무한 경쟁의 시대에', '국경 없는 경쟁의 싸움판에서 살아 남도록' 수출에 걸림돌이 되는 법, 제도를 뜯어고치자는 말일 수밖에 없다.

실제로 대통령이 말한 '세계화'는 뜻이 여럿임에도 불구하고 신문, 방송이 받아 펼친 대로는 주로 박정희 때부터 줄곧 이 나라의 국시가 되어 왔다 할 '수출 증대'였다. 실례를 무릅쓰고 좀 섭섭하게 들릴지도 모르게 말해 보자면, 공장 주인이 되는 소수에게 더 넓은 땅 쉽게 파헤쳐 서민이면 도저히 받을 수 없는 융자 받아 공장 지어 되도록 싼값으로 물건 만들어 수출하게 하자는 소리를 그 소리 아닌 추상 단어들의 나열로 해 왔다 할 수 있겠다. 세계화를 공장화와 동일시하다시피 한 것은 그 때문이다.

땅 배반, 땅 훼손, 땅 오염

그 '세계화'는 요컨대 '국가 경쟁력' 기르자는 것, 곧 좋은 물건 싸게 만들어 내다 팔 수 있게 하자는 것이다. 이 부문의 지혜를 물어 오라고 케이비에스에서 파견한 대학 교수에게 피터 드러커 교수는 대뜸 이 세상에 그런 말이 어디 있느냐고, 오로지 사업의 국제 경쟁력만이 있을 수 있다는 뜻의 말을 해 질문자를 민망해 보이게 했다. 우리는 그 노교수의 말에서 그이에게는 전혀 글러 보이지 않을지도 모를 것을 새삼스레 발견하였다. 오늘날의 세계 경제는 '큰손'들의 손놀림이라는 것이다. 그럴싸한 대의명분을 걸고 통과시킨 '우루과이 라운드'도 정치판 쥐고 조절한다는 거대 농산물 수출업자의 농간에서 나온 것이지, 수많은 미국 농민이 바라는 것이 아니라고 한다. 우리 나라의 그 '세계화', 곧 공장화, 수출 증대도 여태까지 해 온 것의 연장선 위에서라면, 농촌에서 꼬여 온 다수를 부려 추진하는 땅 배반, 땅 훼손, 땅 오염으로 소수가 채우는 뱃속이라 하면 지나칠까? 앞으로 공해 단속 잘하면 되지 않느냐일지도 모른다. 그러나 잘은 모르지만 '경찰'이 '도둑'보다 훨씬 더 많아도 하기 어려운 것이 이 단속일 듯하다. 여태까지는 법이, 제도가, 대통령이, 공무원이 없어서 그대로 방치했나?

케이비에스가 또 다른 대학 교수를 보내 지혜를 물은 대니얼 벨 교수는, 비록 오염 문제 말고 손에 때 묻히는 일 싫어한다는 우리 나라 젊은이들 문제에 답한 것이기는 했어도, 그런 일 후진국에 맡기면 되지 않느냐는 말을 서슴없이 했다. 손에 때 묻히는 일, 거친 일, 더러운 일 선진국 심부름으로 국토 더럽히고 하다가 몇 푼 벌었다고 해서 더 가난한 나라에 떠맡기면 그 가난한 나라들이 땅 더럽히고 몇 푼 벌 즈음이면 그 일은 또 누구에게 떠맡기게 될까? 선진국 젊은이들 부모 돈 뜯어 요트 사 선유하고 놀거나, 일한다 손 치더라도 이른바 고부가 가치 일, 손에 때 덜 묻히는 일만 골라 하고 손품 적게 들었으되 비싸디비싸게 값 매긴 물건들, 그것들을 쓰는 버릇 텔레비전, 영화, 비디오로 후진국 사람들에게 번지게 하여 팔고, 싼 물건 팔더라도 농약, 제초제 쳐서 대량으로 생산하여 방부제 뿌려 실어 온 곡식이나 팔고, 생각하기에 따라서는 불로 소득에 가까운 로열티 거두어들이고, 심지어는 여태까지 총칼 팔아 오히려 제 파수꾼 만들어 왔듯이, 공해 방지 시설까지 돈 받고 팔아 지구 청소부에게 빗자루 값까지 물린다면, 이 지구 위의 사람들은 종국에 딱 두 패로 갈리는 것은 아닐까, 여태까지보다도 훨씬 더 첨예하게 갈린 상전들과 노예들로?

강대국이 주는 모이 몇 톨 더 먹자고

이런 질문들을 하면서도 세계화와 당장 결별하자고 하는 것은 아니다. 다만 이 정부와 언론들이 뜻하는 세계화는 종국적으로 농업 포기하자는 것, 포기하지 않더라도 도시의 부자들에게 대량 '공장 농사' 짓게 하겠다는 것, 종국에는 온 국민의 생업을 '공장'에 예속시키겠다는 것 말고도 실제로 '해외 진출을 하자는 것'을 뜻하는데, 그 말은 그 평화로운 인상에도 불구하고 세계를 투쟁 대상으로 치는 싸움꾼의 언사이면서도 강대국이 뿌려 주는 모이 몇 톨 더 쪼아 먹겠다고 다툴 뿐인, 말 잘 듣는 자의 언사일 뿐이라고 말하고자 했을 따름이다. 다시 말해 박정희, 전두환, 노태우 때부터 줄곧 듣고 듣고 또 들어 온 소리라는 것이다.

여기에서 암시하고자 하는 바가 우리의 생존 자체가 수출에 달렸는데 그것 포기해도 된다는 것일까? 아니다. 수출 덜 하게 되더라도, 이 나라의 땅과 물과 공기만큼은 그 오염을 실제로 강요해 왔다 할 선진국을 위해서도 덜 더럽히자는 말일 뿐이다. 후진국 사람들이 땅 더럽히고 손에 때 묻히며 만들어 수출하는 많은 물건들이 선진국 사람들 손을 새하얗게 퇴화시키고 있는 줄이야 다들 알지만, 선진국 사람들이 땅에서 '피', 곧 기름 헤프게 빨아먹고 앉아 하늘이 주신 손의 기능 배반하는 짓 하지 않았던들 아예 필요해 하지 않을 쓰레기들이라는 것이다. 아니, 필요해 하더라도 한 번 쓰고 나면 당장 쓰레기가 되어 쓰레기로서 지니는 목숨이 물건으로서 지니는 목숨보다 훨씬 더 길고 흔히는 영원하기까지 한 것이니, 푼돈 받고 쓰레기 양산하면서 좋아들 한다는 것이다. 그러나 이 논의는 여기에서 접어 두자. 오늘의 화제는 어디까지나 세계화다.

제주 목사 '각하'와 제주 목사 '개새끼'

　대통령이 '세계화' 얘기를 꺼냈으면, 이 나라의 신문과 방송 들은 이미 귀가 따갑게 들어 온 그 사탕발림 세계화 말고 세계 사회, 곧 지구에서 남들과 함께 공생하는 주민으로서 추구함 직한 세계화, 이를테면 대통령 말씀에 나온 '의식의 세계화'를 다룸 직했다. 올해가 '한국 방문의 해', '서울 정도 육백 주년'이라고 해서 외국 사람들을 유치할 참이라니 더욱 그랬다. 먼저 세계 속의 우리 모습이 무엇인지나 알아야 설사 세계를 공생의 처소로 보기 전에 투쟁의 대상으로 여기더라도 투쟁의 결과가 화합의 관계에서 덜 이탈된다. 그래서 신문, 방송이 이 적절한 기회에 대체로 외면했다 할 바를 생각나는 대로 적어 보겠다.

　"처음에 만난 제주 목사 각하께서는 이랬고, 그 다음으로 만난 새 제주 목사, 그 개새끼는 저랬다." 몇 백 년 전에 타고 가던 배가 좌초하여 제주도 모슬포 해변에 몸을 부린 화란 사람 하멜이 이 나라에 오래 묶여 살다가 마침내 도망쳐 제 나라에 가서 쓴 《하멜 표류기》에 나온 말을 요약한 것이다. 처음으로 자기들을 대하여 말도 피부도 형색도 다른 '오랑캐'임에도 불구하고 자기들을 사람으로 공평하게 다룬 그 첫 제주 목사를 그렇게 부르지 않는다 해서 아무도 나무랄 턱이 없는 제 나라에 가서 '각하'라고 했고, 자기들을 말이 안 통하고 낯설게 생겼다 해서 '짐승'으로 다루어 학대한 그 둘째 제주 목사는 그렇게 불렀다 해서 아무도 칭찬해 주지 않을 처지에서 '개새끼'라 했다. 낯선 사람들이나마 사람답게 다룬 이는 '각하'로, 그이들을 짐승같이 학대한 이는 '개새끼'로 아직까지 온 세계에 알려져 있다.

한 서양 청년에게 봉변당한 '우리' 청년

우리는 '우리 의식'이랄까가 유난히 강하다. 이는 '우리' 아닌 쪽의 위협에 대항하여 결속하는 일이 필요할 때에는 대단한 연대성을 발휘하는 이점도 되지만, 많은 경우에 쓸데없이, 또 더러는 억울하게 그 둘째 제주 목사처럼 '개새끼'가 되는 계기가 되기도 한다. 다양한 민족들과 서로 접촉할 기회가 적고 접촉해 봤다 해야 주로 침략자였을 뿐이어서 그런지는 모르지만, 외국인이 시야에 들어왔다 하면 얼른 외면하거나, 외면하지 않았다손 치더라도 '우리'와 다름을 보고 킥킥거리며, 언어 장벽에도 불구하고 조롱하는 말임만은 알아차릴 것이 뻔한 소리들을, 돌아서서만이 아니라 아예 면전에서도 한다. 그리하여 흔히 현대판 '개새끼' 사건이 생긴다.

이를테면 얼마 전에 이런 일이 일어났다. 서울의 한 거대 빌딩 엘리베이터에서 몇몇 '우리' 청년 중의 한 명이 같은 엘리베이터에 있는 서양 청년을 가리켜 "저 새끼 되게도 못생겼네" 하자, 그 서양 청년이 대뜸 '우리' 말로 "그래서 어떻다는 거야? 내가, 이 새끼야, 너한테 딸 달라 했어? 개새끼!" 했다. 그 '우리' 청년이 "죄송합니다. '우리' 말을 하시는 줄을 모르고……" 어쩌고 하며 얼버무리고 사과해야 했음은 말할 나위도 없다. 그러나 어찌 그것이 사과의 말이 되나? 한국말을 모르는 상대에게는 무슨 소리나 해도 되나? 진정한 사과를 하겠다면, "죄송합니다, 순간적으로 제가 사람 됨을 깜박 잊고 개가 되어 버렸습니다"라고나 해야 했을 것이다.

그러나 이런 처신은 요새 '세계 경영' 어쩌고 하는 거대 회사가 들어 있는 그 초현대 건물에 드나드는, 옷 말쑥하게 차려입은 진취적 젊은이들만의 것은 아닐 것이다. 아마 이 글을 읽는 독자들 중에도 '좀 그랬으면 어때?' 하는 심리적 반응을 일으킨 이도 전혀 없다 할 수 없을지도 모른다.

외국인에게 '놈' 자 '년' 자 쓰는 사람

우리는 세상 사람을 '우리'와 '비 우리'로 나누는 경향이 있다. 아니, 어느 서양 사람의 말을 빌리자면, '사람(아는 사람)'과 '비 사람(모르는 사람)'으로 나눈다. 그리하여 아는 사람, 알아야 될 사람은 헌신적으로 잘 대해 주면서도 모르는 사람, 몰라도 될 사람이면 아예 그 존재조차 인정하지 않거나 외면하고 싶어한다는 것이다. 대수롭지 않게나 거만하게 대하다가도 막상 상대방이 대학 선배임을 알고는 느닷없이 겸허해지거나, 길거리, 지하철에서 허겁지겁 걸어가다가 남의 몸을 광폭하게 밀치고도 그 상대방이 모르는 사람이면 미안하다는 말 한마디 없이 지나쳐도 정상적인 신사, 숙녀의 행동으로 이해되기가 예사인 데서도 그런 느낌을 받는다고 했다.

무릇 편견은 사람이 남이나 남의 것이 자기나 자기 것과 다르면 두려워하거나 미워하여 적대시하거나 얕잡아 보거나 따돌리거나 외면하고 싶어하는 마음가짐이다. 그것은 무지의 아들이요, 무지한 사람의 방패다. 실례를 무릅쓰고 감히 한마디 하자면, 한 나라나 세계를 쥐고 노는 모습이 마음에 안 드는 정치 지도자도, 자기에게 특별한 해를 끼친 사람도 아닌 앰한 여느 외국인을 두고 왜놈, 되놈, 미국놈, 소련놈, 중국놈, 양놈 할뿐더러 더러는 '년' 자 돌림의 말까지 쓰는 심리는, 아는 사람 보아서만 꼬리 치고 낯선 사람 보았다 하면 무조건 짖고부터 보는 개의 심리와 크게 다를 바 없을지도 모른다. 아마 그래서 하멜이 그 둘째 제주 목사를 '개새끼'라고 기록하여 세계에 알렸을지도 모른다.

외국인을 가리켜 '놈' 자, '년' 자 헤프게 쓰는 사람일수록 후진국 사람 만나면 거들먹거리기 예사인가 하면, 선진국 사람 만나면 '꺼뻑 죽기', 간까지 내주게 마련이다. 아까 소개한 그 엘리베이터 청년도 그런 심리로 강남 '룸쌀롱'에 외국 바이어 접대하러 나가는 길이었는지도 모른다. 그리하여 집에 처자식 버젓이 두고도, 술 받아 퍼먹고 퍼먹이고, 풍악 사서 춤추고 추게 하고, 계집 사서 안고 안겨 주었을지도 모른다. 그러나 술집 여자를 품을 기회는 그 나라의 후진성과 정비례한다. 에티오피아의 살라세 황제는 방한했을 때에 박정희 정부가 베풀었다는 풍문의 그 대접을 받았다면 소문대로 페니실린 주사를 맞을 필요가 없다손 치더라도 이 나라를 싸잡아 얕잡아 보았을 것이다.

꺼뻑 죽어, 간까지 내주고 하는 대접은 어딘가 켕겨서 하는 대접이다. 잘못 만든 물건 잘 만든 것으로 보아 달라거나 잘못한 일 없었던 것으로 해 달라는 대접이기 쉬우니, 마치 돈 먹고 이권 성사시킨 관리가 정당한 일 결재하면서도 돈 받았다고 오해할까 봐 망설이고, 돈 먹고 기사 써 주기 버릇한 신문 기자가 보도 가치가 있는 기삿거리를 두고도 짜고 썼다는 편잔 들을까 봐 제쳐 두기 쉽듯이, 다음번엔 좋은 물건 눈앞에 보고도 외면하게 되기 쉬운 것이 그런 대접일 것이다. 그렇게 꺼뻑 죽고, 간까지 내주는 것도 제 이웃, 제 친척에게는 하지 않을 것이라는 점에서 실제로는 상대방을 '비 사람'으로 보는 데서 나오는 처사일 수 있겠다.

'비 사람'도 사람이다

　말이 통하지 않는 '비 사람'인 사람들도 눈치코치로 많이 알아듣는다. 검지손가락의 가리킴도, 눈과 입의 표정도, 고개의 저음이나 끄덕임이나 갸웃함도, 두 손 모으거나 양팔 벌림도, 오거나 가라는 손짓도, 그리고 무엇보다도 그 못 알아들을 말 자체도, 그 말소리의 크고 작음, 높고 낮음도, 다 그 '비 사람'이 알아듣는 말만은 못하지만, 유용한 의사 소통의 수단이 된다. 그 엘리베이터의 외국 청년도 설사 우리말을 못 알아들었다손 치더라도 그 한국 청년들이 자기 놀리고 있다는 눈치는 기필코 챘을 것이다.

　상대방 언어 배워 좋은 데서 써먹지 못하고 국제 사기 치는 데에나 써먹는 사람보다는 외국어 한마디 모르는 처지에서 '국어'와 표정과 눈치로 외국인 이웃처럼 대하는 사람이 훨씬 더 위대한 세계인이자 애국자이다. 세계화, 선진화는 양복, 양장 잘 차려입는 것에 훨씬 앞서 낯선 사람 대하여서도 제 고장 사람에게 하지 않을 일 하지 않고, 제 고장 사람에게 해야 할 일 해주는 것이다. 외국 사람에 덤터기, 바가지 씌운 것 자랑스럽게 여기는 사람들이 많은데, 비록 '왜놈'에게 그랬더라도 그런 사람은 애국자이기는커녕 오히려 반역자다. 더러는 긍정적 가치를 대표하기도 하는 민족주의, 국수주의를 넘어서서 선진 세계 사회가 가장 야만스럽게 여기는 '제노포비어', 곧 외국인 혐오증이 우리에게 걸린 것으로 오해시켜서는 안 된다.

　민족 사이에 문화의 차이가 있다고들 한다. 있기는 있다. 차이가 있기는 하되, 아흔여덟아홉은 서로 닮고 한둘이 다를 뿐이다. 그 한둘 다른 것을 죄다 다르거나 아예 그르다고 보고 행동하거나 행동하지 않거나 하면, 제 자신은 그만두고라도 온 나라에 폐를 끼치게 된다. 그런 폐를 끼치지 않는 것이 세계화다.

구식 콤플렉스의 결과

흔히 세계화, 국제화를 말하면서 가장 한국적인 것이 가장 세계적, 국제적이라고들 한다. 참으로 옳은 말이다. 세계라는 뜰이 한국이라는 꽃도 피어 있어야 더 아름답고 조화로워 보일 터이니 말이다. 그러나 일찍이 독재자 박정희 대통령이 민주주의 아닌 것을 '한국적 민주주의'로 위장하기 훨씬 전부터, 이 한국적이라는 말처럼 흔히 세계적이라는 말과 나란히 상업화되고 도용되고 오용되고 오해되기까지 한 말도 드물다.

일제 시대, 해방, 육이오 그리고 특히 오일륙 군사 정변 뒤로 처음에는 진보, 나중에는 근대화하자는 외침에 밀려 금은보화 같은 전통 문화의 가치들이 사라진 것은 다들 아는 대로다. 그러는 동안에 실상은 구식 콤플렉스에 걸려 신식 문물이라 하면 눈에 불을 켜던 군사 독재자들은 그이들의 켕긴 위상 그럴싸하게 보이게 하려고 입치레로 전통, 전통 하기 예사였고, 잇속에 밝은 장사꾼들은 주로 텔레비전이라는 사람 혼 빼는 대량 최면 장치를 동원하여 사람 손 퇴화시키는 이런저런 기계 나부랭이, 사람 오장육부 골병들게 하는 대량 생산 식품, 쓸데없는 살림살이 따위의 소비를 창조하여 땅, 물, 공기 더럽히는 한편으로, 사람들이 전통 단절에서 느끼는 소외감, 급격한 서구화에서 느끼는 심리적 이질감을 볼모로 삼아 손쉬운 가짜 전통들을 상품화했다. 흔히 이것들이 오늘날 '한국적'이라는 것들이요, 우리가 정치 체제, 경제 체제로부터 자랑스럽게 여기라는 훈련을 받은 것들이다. 여기서는 주로 의식주와 연관된 것들만 말해 보겠다.

쳐다보기 민망한 한복

'원더풀' 하더라고 해서 별로 좋아할 일 아니다. 이 세계에 유례없이 야해진 한복들을 보고 뭔가 한마디 해 줘야 한다는 의무감 느끼고 외국인들이 한번 해 주는 소리다. 육이오 뒤로 색에 굶주린 우리 아낙들의 심성을 파악한 직조 업체들이 형광빛 버무려 물들여 온 것이 오늘날의 울긋불긋한 한복 옷감이요, 한복이 양장, 아니, 서양 공주 옷 닮았으니 사 입으라고 마름질한 것이 오늘날의 한복이다. 인류 역사에 아마 칠십년대에 반짝했던 '사이키델릭' 환각파와 오늘날의 이 남한 사람들 말고는 쳐다보기조차 민망해 하지 않을 사람들 또 있어 왔을까 할 정도의 옷이 이것들이다.

이런 것 장사꾼들이 지어 주는 대로 입고 경복궁에 나와 사진 찍고 있는 모습 텔레비전에서 비춰 온 나라에 소개하고, 텔레비전에 나와 온 국민 마음 휘어잡은 이 시대의 우상들까지 이 미친 한복들 입고 나와 전통이 어떻고 하니, 진정코 훌륭하던 전통 한복 부끄러운 것으로 세뇌받아 까마득히 잊고 있던 백성이 이 신식 전통 '뽄' 따르지 않겠나. 전두환, 노태우 부부들조차 이런 것들을 한국적인 것, 또 하도 훌륭해서 세계적인 것으로들 오해하고 입었다.

한 군데도 없는 전통 한식집

문화 선진국에서는 가장 잘 받는 대접을 집에 초대받아 가는 것으로 치고, 객지에 여행을 가서도 호텔 안 식당의 규격화된 음식 먹는 것을 가장 멋대가리 없는 일로들 친다. 서울에 왔다 하면, 티 없이 전통적인 한식집에 가서 티 없이 한국적인 음식을 먹어 보기를 소원한다. 그러나 이제 그런 데는 서울은 고사하고 온 나라에도 없다. 시대에 따라서, 잇속에 따라서 전통 자체도 조금씩 바꾸어 왔음은 다들 아는 대로지만, 지킴 직한 것일수록 버리고 못된 것일수록 날로 새로 등장하는 것이 한식이요, 한식집이다.

기생집들은 일본 단체 관광객 집단 간음 주선처로 전락한 지 오래고, 서울에서 가장 수준 높다는 한식집으로 말하자면, 하나는 일본식 집에 있고, 하나는 중국식 식탁에 음식을 차리고, 또 하나는 맛과 품위 말고 오로지 많이 차려 내고 많이 남기게 하는 것으로 성공을 거둔다. 곰탕집, 설렁탕집, 추탕집이 남아 있다면, 전통 중에서도 가장 저급한 것, 이를테면 불결한 것만을 전통으로 남겨 두고 식기로는 유독성 그릇을 사용하고 있기가 예사다. 전통을 등에 업었으면서도 낯짝 좋게 무슨 '가든' 하기 예사인 거대 갈비집에서는 반짇고리에 있어야 훨씬 더 아름다울 가위로 설탕, 조미료 범벅인 고기를 싹둑싹둑 썰어 준다. 그런가 하면, 옛날에는 재료 아끼느라고도 그러지 못했는데, 요새는 대중 음식점일수록 음식이 너무 맵고 너무 짜고 너무 퀴퀴하기 일쑤다. 게다가 그 많은 업소들이 쓸데없이 돈은 돈대로 들이면서 대문을, 실내를 전통의 탈을 쓴 전통 아닌 것들로 꾸며 오히려 괴물스럽게 만든다. 그 많은 식당들의 입구에 관광객들 안심하고 들어와 전통 음식 먹으라고 '모범 음식점' 딱지가 영문으로 붙어 있기까지 한 것은 말할 나위도 없다.

  이런 것들 말고도, 같은 그릇 음식에 여러 사람이 손가락, 젓가락 대어 침 교환하는 것, 뜨거운 국물 입으로 식히면서 소리 내어 빨아먹다시피 하는 것, 너무 많이 먹고 '어허, 잘 먹었다' 하고 트림하는 것, 마늘 먹고 가까이서 입내 피우는 것까지를 전통적인 것, 한국적인 것으로들 오해하고 있다. 상황이 이러하니, 많은 외국 방문객이 호텔에 틀어박혀 먹거나 밖에 나가더라도 오히려 자기 사회에서는 경멸하던 패스트 푸드 가게에서 끼니를 때운다.

부끄러운 서울 육백 년

  '서울 정도 육백 주년'이라고 해서 벌써 몇 해 전부터 기념 사업을 한다, 세미나를 한다 하고 법석을 떨어 왔다. 중간에 무슨 계획서인가를 한번 본 일이 있는데, 아니나다를까, 그 예술 문화 결핍증에 걸려 올림픽, 엑스포에 가욋돈 퍼붓던 군인들의 발상을 이어받았음을 과시하고 싶어하기나 한다는 듯이 이것을 상징하는 기념 조형물, 저것을 선양하는 기념 건축물, 그것을 계승하는 기념 굿판 같은 것들을 쭉 나열했다. 없던 것 제 손으로 새로 있게 해야 업적이 이루어진다고 믿는 관리들과, 말 잘하는 예술가, 건축가, 건설업자의 합작으로 생땅 파헤치고 새로 '한탕'하여 오히려 경치 추악하게 하거나, 요란하게 한판 벌여 관리들이 열심히 일하고 있다고 시민, 국민에게 '홍보'하는 일들 말이다. 그리고 또 한다는 소리가 전통 문화 계승 어쩌고이다. 그러나 이 '자랑스런' 역사를 지닌 도시의 전통 가옥들은 어찌 되었나?

이 지상의 육백 년, 아니 그 절반인 삼백 년 된 도시치고 전통 가옥을 서울만큼 죄다 쓸어 내 버렸다 할 데는 아예 없을 것이다. 일제 강점 시대에 크게 회를 쳤어도, 육이오 때에 크게 파괴됐어도, 박정희 장군이 입성할 때까지 서울 강북은 그런대로 옛 모습을 꽤 많이 보존했었다. 그러나 그 모습은 불행하게도 통치자 눈에도, '잘살아 보세!' 하던 구호의 세뇌를 받던 시민, 국민의 눈에도 결코 자랑스러운 것이 못 되었다.

그리하여 그 군인 정치인들은 그 사람들대로 먼지 털고 헌 데 고치고 쓰러진 것 다시 세우는 궁리를 하기보다는 이 수도의 '치부들' 언제 다 없앨까 했다. 시민들은 시민들대로 침대, 에어컨, 냉장고 사고 싶어하며 한옥 벽 서까래 끝까지 늘리고 반짝이는 것 좋아하여 들보에 니스칠 하고 벽에 타일 두르고 하다가, 작자 있을 때에 얼른 팔고 아파트로 이사하기 예사였다. 정부에서 '보존' 한다고 해서 손댄 것으로 몇몇 궁들이 있으나 보수한 집치고 거친 손 때문에 버려지지 않은 것이 드물다. 당주동 같은 전통 도시 마을을 재개발로 쓸어 냈는가 하면, 가회동은 전통 보존 마을로 지정했다가 돈으로 셈해 불리하다고 여긴 주민들의 반발을 못 이겨 내고 슬그머니 꼬리를 감추었다. 심지어는 대통령까지 북경에서 평양으로, 평양에서 서울로 이어지는 그 신식 '전통' 건물, 한때 베이지색 칠해 놓고 좋아들 하던 그 콘크리트 가짜 한옥을 청와대에 새로 거대하게 지어 놓고, 정주영 씨한테서 밀린 품삯 공개 독촉까지 받으면서도, 그것 부끄럽고 추악한 줄을 알기는커녕 오히려 전통 계승했다고 자랑스러워 했다.

그래서 우리는 반성해야 한다. 이렇게 전통이 파괴되고 추악하게 비대해진 서울의 육백 년 나이는 자랑해야 할 것이 아니라 오히려 감추어야 할 것이다. 육백 년 전통을 이렇게 파괴한 것 부끄러운 줄 아는 것이 세계화다.

세계는 진짜 전통 부끄러워하는 나라를, 도시를 우러러보지 않는다.

'여자' 말고는 성공한 적 없는 국제 관광

세계화 소리에 올해가 '한국 방문의 해'라는 소리가 곁들여졌으니 할 말이 남아 있다. 무릇 독재 정권들이 내세우는 그럴싸한 명분들의 과제가 주로 그런 것 실천한다고 하는 노력들 자체 때문에 산산조각이 나기 쉽듯이, 이 나라의 관광 명소들도, 그 '상품성'도 관광 사업 촉진한다는 정부의 손으로 거의 파괴되었다.

천년 고도 경주는 그 지역에 있는 '낡은 것들' 자랑스러워 하기는커녕 부끄러워하는 '과감한' 정부가 불도저로 밀어 새로 '창조'하여 이제는 옷 새로 쪽 뽑아 입은 시골 건달 꼴이 되어 버렸다. 온 나라의 명승지치고 도시 자본이 쳐들어가 푼돈 주고 원주민 쫓아내고 거대 시설 반지르르하게 하여 쫓겨난 사람들 다시 무더기로 유혹해 들여 얼른얼른 지갑 털고 돌아가게 하는 곳 아닌 데가 없을 정도이다. 외화 벌어들인다는 명분 내세우고 '관광', '관광' 하면서 무지막지한 재벌들에게 조국 산하 무참히 파헤치게 하고, 재벌들에게 시킨 짓거리는 기껏해야 동포 돈 터는 것이었다. 이 나라는 여태까지 그 요란한 북소리에도 불구하고 국제 관광에 성공한 일이 없다. 한때 일본 남자 관광객이 줄지어 오기도 했으되, 다들 알 듯이 정부가 버려 놓은 산천 관광하러가 아니라 지갑 꺼내자마자 얼른 치마끈 끄르는 여자 품으러 왔었다.

이제 교통부, 국제 관광 공사는 외국 관광객 유치하겠다는 말이 진심에서 나온 것이라면, 그 많은 돈 쓸데없는 데에 더는 낭비하지 말고, 우선 김포 공항과 서울 시내를 오가는 버스 안에 정류장 안내나 영문으로 써 붙이고, 외국인들이 차를 어찌 탈지 몰라 갈팡질팡하는 서울역, 고속 버스 터미널 같은 데에 관광 안내 카운터나 설치하고, 명승지, 도시 골목골목, 그리고 그런 데에 가는 방법이 자세히 나타난 영문 지도나 제작해야 할 것이다. 그리고 사람 손 대지 않아 그대로 남아 있는 데만 아름답고 사람이 무슨 시설 해 놓았다 하면 추악하다는 외국인들의 흔한 논평이야 다시 때려 부수기 전에는 어찌할 수 없는 일이니, 우선 온 나라의 호텔 아닌 관광 업소들의 지린내, 구린내 나는 측간 청소나 잘 시켜야 할 것이다. 측간의 수준도 한 나라 세계화의 척도이기 때문이다.

'주제 파악'이 요긴하다

정부와 언론들이 요새 '홍보'하는 '세계화', '국제화'는 밖으로 뻗자는 소리로 옳을지는 모르지만 새로운 것 없는 케케묵은 소리요, 높이 질러 딴소리 상쇄하고자 해서 내는 소리다. 오히려 우리에게 더 필요한 세계화가 있다면, 그것은 우리 자신의 발견이랄 수 있겠다. 요즈음의 속어로 말하자면, '주제 파악' 말이다. 우리의 우리 됨에 속하지만, 마치 등허리에 난 검은 점처럼, 몸을 노출했을 때에 남의 눈에는 보이지만 우리의 눈에는 보이지 않는 것이 있을 수 있다. 그런 것 알아내어 제거하면 우리 됨을 손상시키기는 커녕 오히려 더 완성시킬 수 있을 것이다.

외국인에게서 사람 됨 말고 '짐승' 됨 보는 버릇이 우리에게 없지 않다고 했다. 그런 것 얼른 시정하는 것이 세계화일 것이다. 정치 권력은 세계화의 깃발을 들고 무엇 시정하고 개선한다고 하면서 관광 사업에서처럼 그것 오히려 악화시키기가 예사였다. 그러나 세계를 지향할수록 한 치 발밑을 보는 것이 더 중요하다. 이를테면 '은근과 끈기' 어쩌고 하는 것도 한 치 발밑을 외면하고 하는 소리다. 성급하고 참을성 없다는 것이 가까운 외국인이면 우리에게 가장 자주 귀띔해 주는 소리인 것이다. 바쁠 턱도 없어 보이는 사람들의 무례한 음식 독촉, 운전자들의 잦은 말다툼 같은 하찮은 것들이 바깥 사람들의 눈에는 하찮아 보이지 않음을 우리는 모르고 있기 예사다. 그런 것 아는 것이 세계화다.

그런가 하면, '세계화' 외치는 사람들이 내세우는 '전통'을 우리는 경계해야 한다. 흔히 가짜다. 진실로 전통적인 긍정 가치들은 바로 그 사람들의 군홧발에 짓밟힌 것들이고 이미 세계화에 가까이 있는 것들이다. 가장 한국적인 것이 가장 세계적이라는 말은 그래서 옳은 것이지, 그런 말 겉치레로 하며 권력 다지고 잇속 챙기는 사람들이 자주 되뇌서 옳은 것은 아니다.

천구백구십사년, 샘이깊은물

한창기 연보

· **천구백삼십육년 구월 이십팔일**

전남 보성군 벌교읍 고읍리 지곡 부락에서 아버지 청주 한씨 귀섭과 어머니 옥천 조씨 이남 사이에서 이남 이녀 중 장남으로 태어나다.

· **천구백사십삼년~천구백칠십삼년**

벌교남 초등학교, 순천 중학교, 광주 고등학교, 서울 대학교 법과 대학, 서울 대학교 신문 대학원 들을 졸업하다.

· **천구백육십팔년~천구백팔십오년**

한국 브리태니커 회사 대표 이사를 역임하다.

· **천구백칠십년~천구백칠십육년**

월간 《배움나무》를 발행하다.

· **천구백칠십육년~천구백팔십년**

월간 종합지 《뿌리깊은나무》를 창간하고 발행-편집인을 역임하다. 천구백팔십년 이른바 신군부에 의해 《뿌리깊은나무》가 강제 폐간되다.

· **천구백팔십사년~천구백구십칠년**

월간 《샘이깊은물》을 창간하고 발행-편집인을 역임하다.

· **천구백칠십삼년~천구백팔십칠년**

우리 나라 전통 음악에 대한 이해와 보급을 위해 정기 판소리 감상회를 백 회 개최하다(한국 브리태니커 회사 및 뿌리깊은나무 주최). 《뿌리깊은나무 판소리 전집》, 《뿌리깊은나무 팔도 소리 전집》, 《뿌리깊은나무 산조 선집》, 《뿌리깊은나무 한반도의 슬픈 소리》, 《해남 강강술래》, 《뿌리깊은나무 판소리 다섯 마당》, 《뿌리깊은나무 조선 소리 선집》 들을 출간하거나 출반하다.

- **천구백팔십이년~천구백구십일년**

  종합 인문 지리지 《한국의 발견》(전 열한 권), 《뿌리깊은나무 민중 자서전》(전 스무 권) 들을 발간하다.

- **천구백칠십일년~천구백팔십칠년**

  재단법인 언어 교육 이사장, 외솔회 회원, 한글 학회 회원, 한글 문화 협회 회원, 한글 박물관 회 이사 들을 역임하다.

- **천구백칠십사년**

  한글 학회 공로상을 받다.

- **천구백팔십삼년**

  《한국의 발견》이 제일회 '오늘의 책'으로 선정되다.

- **천구백팔십사년**

  《한국의 발견》으로 한국일보 한국 출판 문화상을 수상하다. 《뿌리깊은나무 판소리 전집》으로 케이비에스 국악 대상을 수상하다.

- **천구백구십일년**

  《뿌리깊은나무 민중 자서전》으로 한국일보 한국 출판 문화상을 수상하다.

- **천구백구십칠년**

  월간지 《샘이깊은물》로 한국 간행물 윤리 위원회의 제팔회 간행물 윤리상(출판 부문)을 수상하다.

- **천구백구십칠년 이월 삼일(음력 십이월 이십육일)**

  숙환으로 세상을 떠나다. 전남 보성군 벌교읍 고읍리 지곡 부락 뒷산 선영 아래에 안장되다.

- **이천년 사월 이십구일**

  대한민국 보관 문화 훈장이 추서되다.

배움나무의 생각

지은이 | 한창기
엮은이 | 윤구병 김형윤 설호정

1판 1쇄 발행일 2007년 10월 8일
1판 3쇄 발행일 2009년 10월 28일

발행인 | 김학원
편집인 | 선완규
경영인 | 이상용
기획 | 정미영 최세정 황서현 유소영 유은경 박태근 김은영 김서연
디자인 | 송법성
마케팅 | 하석진 김창규
저자·독자 서비스 | 조다영(humanist@humanistbooks.com)
스캔·출력 | 이희수 com.
용지 | 화인페이퍼
인쇄 | 청아문화사
제본 | 정민제본

발행처 | (주)휴머니스트 출판그룹
출판등록 | 제313-2007-000007호(2007년 1월 5일)
주소 | (121-869) 서울시 마포구 연남동 564-40
전화 | 02-335-4422 팩스 | 02-334-3427
홈페이지 | www.humanistbooks.com

ⓒ 차정금, 2007

ISBN 978-89-5862-202-4 03100
ISBN 978-89-5862-203-1 03100(세트)

만든 사람들

편집 주간 | 선완규(swk2001@humanistbooks.com)
편집장 | 최세정(se2001@humanistbooks.com)
책임 편집 | 김수영 문해순 박숙희
디자인 | 민진기디자인